Staatsbürgerschaft in Europa

Historische Erfahrungen und aktuelle Debatten

Herausgegeben von
Christoph Conrad und Jürgen Kocka

edition KÖRBER-STIFTUNG

Die Deutsche Bibliothek – CIP-Einheitsaufnahme

Ein Titeldatensatz für diese Publikation ist bei
Der Deutschen Bibliothek erhältlich

Umschlag: Kraiker/Simson, Design Hamburg Berlin
Herstellung: Das Herstellungsbüro, Hamburg
Satz: Rüdiger Mohrdieck, Hamburg
Druck und Bindung: Fuldaer Verlagsagentur
Printed in Germany
ISBN 3-89684-018-5

Inhalt

Vorwort

Die hier versammelten Beiträge sind durch die Konferenz »Staatsbürgerschaft und Zivilgesellschaft in West- und Osteuropa im 19. und 20. Jahrhundert« angeregt worden, die das Zentrum für Vergleichende Geschichte Europas (Freie Universität und Humboldt-Universität Berlin) in Zusammenarbeit mit der Körber-Stiftung Hamburg 1999 ausgerichtet hat. Zwei Ziele standen dabei im Mittelpunkt: Zum einen sollten das Verständnis historischer Prozesse und die Ergebnisse international vergleichender Analysen herangezogen werden, um die aktuellen Probleme von Staatsangehörigkeit, Integration und Teilhabe in einer ganzen Reihe nicht nur europäischer Gesellschaften besser zu verstehen. Zum anderen ging es darum, die Reichweite und Fruchtbarkeit des im angloamerikanischen Sprachgebrauch so bündig mit *Citizenship* benannten Konzepts auszuloten.

Einige der Spezialistinnen und Spezialisten in den Sozialwissenschaften, der Geschichte und der Rechtswissenschaft, die wir für dieses Vorhaben gewinnen konnten, sind auch im Dialog zwischen Politikberatung, Öffentlichkeit und Wissenschaft tätig. In ihrer Tätigkeit sind Wanderungsströme, Staatsangehörigkeit, Minderheitenrechte, Integration und postnationale Identitäten aktuelle Stichworte, die hier im Lichte historischer Erfahrungen und analytischer Politikvergleiche betrachtet und versachlicht werden. Die Autorinnen und Autoren haben erfreulicherweise die Herausforderung angenommen, zwischen Fachdiskursen und öffentlichem Interesse zu vermitteln; sie haben ihre Beiträge angesichts jüngster wissenschaftlicher und politischer Debatten weitgehend aktualisiert oder ganz neu geschrieben.

Wir danken der Körber-Stiftung, die dieses Vorhaben maßgeblich unterstützt hat, und der edition Körber-Stiftung für die Aufnahme dieses Bandes in ihr Programm. Die Berliner Tagung ist dank der Ermutigung und unbürokratischen Begleitung durch Dr. Wolf Schmidt von der Körber-Stiftung zu einem in der breiteren Fachöffentlichkeit und der Presse beachteten Ereignis geworden.

Der Volkswagen-Stiftung sind wir für die Förderung des Zentrums für Vergleichende Geschichte Europas in Berlin zu Dank verpflichtet; mit ihrer Hilfe wird von 1998 bis 2003 eine Forschungsstelle gefördert, die unter dem Leitthema »Zivilgesellschaft als Projekt« eine Reihe von Forschungs-, Tagungs- und Publikationsprojekten verwirklicht, in denen die Verbindung ost- und westeuropäischer Perspektiven erprobt und gefördert werden soll. Es ist erfreulich, dass die Spannbreite der behandelten Länder und Themen diesmal vom östlichen Mittelmeer bis Großbritannien, von Russland bis zur Europäischen Union reicht; auch der außereuropäische Vergleich bleibt nicht ausgespart.

An der inhaltlichen Vorbereitung war Dietmar Müller, Doktorand am ZVGE, engagiert beteiligt; dem Sekretariat und den studentischen Mitarbeitern, die für eine reibungslose Tagungsorganisation sorgten, gilt unser Dank. An der Bearbeitung des Bandes haben die Übersetzer Jürgen Scheunemann und Dominik Nagl sowie die Redakteure Max Müller-Härlin und Lukas Imhof wesentlichen Anteil. In Hamburg danken wir den Mitarbeiterinnen der edition Körber-Stiftung für die hervorragende Betreuung.

Berlin, im Mai 2001

Christoph Conrad   Jürgen Kocka

Einführung

Christoph Conrad und Jürgen Kocka

Das Staatsangehörigkeitsrecht der Bundesrepublik Deutschland wurde im Juli 1999 entscheidend erneuert. Das seit 1913 festgeschriebene Monopol des Abstammungsrechts mit restriktiver Einbürgerung wurde aufgehoben und zu einer liberaleren Praxis hin geöffnet. Zum ersten Mal erwerben hierzulande geborene Kinder ausländischer Eltern automatisch den Rechtsanspruch auf die deutsche Staatsangehörigkeit. Kommentatoren haben aus Ländern wie Frankreich, Großbritannien und den USA diese Relativierung des *ius sanguinis* und die Hinwendung zum *ius soli* als grundsätzliche Neuorientierung der Berliner Republik beschrieben.

Kaum war die Gesetzesnovelle verabschiedet und am 1. Januar 2000 in Kraft getreten, kam die Ernüchterung. Die Probleme der Mitgliedschaft in und der Teilhabe an modernen, national verfassten Gesellschaften sind so komplex, dass der Besitz eines Passes als Eintrittskarte allein wenig aussagt. Kulturelle und soziale Distanzen, multiple Identitäten, verschiedene Vorstellungen von Integration, supranationale Rechte sowie ausgeprägte Ungleichheiten im rechtlichen Status der zugewanderten Gruppen prägen dagegen die tatsächliche Lage. Die im Vorfeld der Gesetzesnovelle vehement geführte Kampagne gegen den »Doppelpass«, d. h. das Weiterbestehen doppelter Staatsangehörigkeiten unter bestimmten Bedingungen, oder die zu Beginn des Jahres 2001 ebenfalls unter parteipolitischen Vorzeichen begonnene Debatte um eine »deutsche Leitkultur« waren Symptome weit verbreiteter Bedenken und Abwehrhaltungen. Gleichzeitig zeigen die Entscheidung für die Anwerbung ausländischer Computerexperten und die erneute Aufmerksamkeit für die demographische Minusbilanz der deutschen Gesellschaft, dass Nützlichkeitsargumente in kurzer Zeit die lange gepflegten Argumentationslinien unterminiert haben. In der heute insgesamt offenen Situation wird deutlicher wahrgenommen, dass bei unseren Nachbar- und Partnerländern ganz ähnliche Fragen anstehen, aber oft auf interessante Weise anders verstanden und anders gelöst werden (D'Amato 2000). Andere nationale Erfahrungen – z. B. aktuell die holländischen und kanadischen oder traditionell die US-amerikanischen und französischen – scheinen in dieser Situation eine wichtige Rolle bei der Neuformulierung deutscher Politik zu spielen.

Im Mai und Juli 2001 legen Kommissionen zunächst den Oppositionsparteien CDU/CSU und dann der Bundesregierung ihre Vorstellungen zu Einwanderung und Integration vor. Die Verabschiedung eines Einwanderungsgesetzes noch in dieser Legislaturperiode ist wahrscheinlich.

Wer unter welchen Bedingungen deutscher Staatsangehöriger werden kann oder soll, ist die eine Frage; darum kreisen die meisten aktuellen Debatten. Woran man in einem Staat, einer Gemeinschaft von Staatsbürgern, einer Gesellschaft teilhat, ist die andere Frage. Was bedeutet Staatsbürgerschaft als Norm, Status und Praxis? Wie hat sie sich ausgebildet, welche unterschiedlichen Pfade sind in Europa und in Übersee begangen worden? Solche Fragen stehen im Mittelpunkt dieser Aufsatzsammlung. Staatsbürgerschaft – das geht aus den historischen Rückblicken und international vergleichenden Analysen hervor – ist kein stabiler und homogener Zustand, keine einmal erreichte und dann feststehende Identität. Wie in ihrer Entstehungsphase in den vergangenen beiden Jahrhunderten ist sie heute wieder umstritten und herausgefordert: Sie löst sich zunehmend vom Nationalstaat, verliert durch Globalisierung und kulturelle Pluralisierung an Verbindlichkeit, ändert ihre Gestalt in neuen, supranationalen Einheiten und muss ihren egalitären Charakter gegenüber religiösen und ethnischen Fundamentalismen verteidigen.

Jenseits der tagespolitischen Aktualität ist in den letzten 15 Jahren das wissenschaftliche Interesse an Fragen der *Citizenship* und Staatsbürgerschaft außerordentlich gewachsen; verschiedene Disziplinen – von den Sozialwissenschaften über die Geschichte bis hin zur politischen Theorie – sind daran beteiligt. Offensichtlich sind es mehrere Faktoren, die dieses erneuerte Interesse angeregt haben und weiter fördern (vgl. Janoski 1998, S. 4; Kymlicka/Norman 1994, S. 352): erstens die Debatten über die Legitimität, Finanzierbarkeit, ja, Zukunftsfähigkeit des Wohlfahrtsstaates und der an ihn gerichteten Ansprüche in allen hoch industrialisierten Ländern; zweitens die Anerkennung der Verschiedenheit und rechtlichen Gleichstellung der Geschlechter; drittens die politischen Umbrüche und sozioökonomischen Transformationen in den Ländern des früheren Ostblocks (vgl. Liebich u.a. 1995); viertens die Folgen internationaler Migration für die mobilen Menschen ebenso wie für die aufnehmenden Gesellschaften, insbesondere die intensivere Politisierung ethnischer und kultureller Differenz; schließlich, fünftens, die Relativierung des klassischen

Nationalstaats selbst, die Infragestellung seiner Souveränität in vielen Bereichen der Wirtschaft, Währung, Medien, Umwelt oder Menschenrechte.

Bündel von Rechten und Verpflichtungen

Damit sind Gegenstände angesprochen, für die im öffentlichen Sprachgebrauch wenig trennscharfe Begriffe im Umlauf sind. Staatsbürgerschaft in einem engeren Sinne meint in vielen Fällen das, was im Gesetz und auch in den hier versammelten Texten »Staatsangehörigkeit« (im Englischen »nationality« und im Französischen »nationalité«) genannt wird – also die rechtlich definierte Zugehörigkeit zu den Bürgerinnen und Bürgern eines Staates, kurz: der Besitz des Passes. In Österreich spricht aber auch das Gesetz von »Staatsbürgerschaft« statt Staatsangehörigkeit; ebenso verfuhr die DDR. In Politik und Medien war auch in der Bundesrepublik während der gesamten »Doppelpass«-Debatte von der »doppelten Staatsbürgerschaft« die Rede.

Die deutsche Begrifflichkeit ist schon wegen der Vielgestaltigkeit und Brüche der deutschen Geschichte des 19. und 20. Jahrhunderts uneinheitlich. Die an sich sinnvolle – und im Folgenden angewandte – Unterscheidung zwischen der engeren Bezeichnung »Staatsangehörigkeit« und dem weiter gefassten Begriff »Staatsbürgerschaft« entspricht der in Frankreich eingeführten Unterscheidung zwischen *citoyenneté* und *nationalité* (s. Schnapper/Bachelier 2000); sie bietet den Vorteil der transnationalen Anschlussfähigkeit: Für den Begriff »Staatsbürgerschaft« steht dann das englische Äquivalent *citizenship* zur Verfügung, das als Konzept in der angloamerikanischen Debatte so einflussreich geworden ist und deshalb in nicht wenigen deutschsprachigen Arbeiten umstandslos übernommen ist. Doch würde man damit die nationale Prägekraft der politisch-sozialen Semantik unterschätzen. Gerade in der neueren deutschen Debatte bleibt die Ungewissheit, was mit »Staatsbürgerschaft« gemeint ist. Besonders die Beiträge von John Breuilly, Dieter Gosewinkel, Ute Gerhard und Patrick Weil beleuchten daher die Begrifflichkeit.

Im ersten Abschnitt dieses Bandes wollen wir für die notwendige Differenzierung sorgen. Denn nicht die bloße Benennung steht zur Diskussion, sondern eine grundlegende Erweiterung der Perspektive: von der juristisch-technischen Begrenztheit der Staatsangehörigkeit zur politischpartizipatorischen Öffnung der Staatsbürgerschaft. Historische Verlaufsanalysen und der vergleichende Blick auf andere nationale Erfahrungen zusammen erlauben es, die einzelnen Elemente der Staatsbürgerschaft (Mitgliedschaft und Teilhabe, aktive und passive Aspekte, Beziehungen zwischen Staat und Individuum) im Zusammenhang zu sehen.

Welchen Inhalt hat der Status des Staatsbürgers im gesellschaftlichen und politischen Alltag? Wie hat er sich historisch entwickelt? Für wen gilt er – für wen nicht oder nur teilweise? Dem englischen Soziologen Thomas H. Marshall verdanken wir die Fassung des Begriffs *citizenship*, von der die meisten heutigen Diskussionen der umfassenden Staatsbürgerschaft ausgehen. In seiner klassischen, 1949 erstmals veröffentlichten Abhandlung (Marshall 1992, S. 33–94) stellt er eine Sequenz von bürgerlichen Rechten (z. B. Rechtsgleichheit), politischen Partizipationsrechten (z. B. Wahlrecht) und sozialen Rechten (z. B. Recht auf Gesundheitsversorgung) dar. Im englischen Fall, auf den er sich allein bezieht, lassen sich die drei Wellen der Ausdehnung und Ausfüllung der *citizenship* grob mit dem 17./18., dem 19. und schließlich dem 20. Jahrhundert verbinden. Das Modell weist zahlreiche Unstimmigkeiten und blinde Flecken auf: Es ignoriert die Entwicklungspfade anderer Länder und lässt die Probleme von Frauen, Ausländern und Minderheiten unbeachtet; dennoch hat es die Debatte entscheidend angeregt (vgl. Bulmer/Rees 1996). Zum einen erlaubt es, den Wohlfahrtsstaat sowohl als klassengesellschaftliches wie auch als demokratietheoretisches Phänomen zu begreifen. Zum anderen hat Marshalls Differenzierung verschiedener Rechte den Weg freigegeben, um Pakete oder Bündel von Rechten und Pflichten zu identifizieren. Sie erlaubt es weiterhin, die Entstehung und zunehmende Beanspruchung weiterer Rechte, v. a. solcher, die sich auf kulturelle Differenz berufen, als Fortentwicklung des Modells in Richtung einer vierten, identitären Dimension zu begreifen. Schließlich hat sein ungebrochener evolutionärer Optimismus zur Kritik am teleologischen Charakter des Modells angeregt – Kritik, die ihrerseits stärkere Aufmerksamkeit auf die Instrumentalisierung und Überformung des liberalen Kerns der Bürgerrechte durch nationalistische, rassistische und totalitäre Regime im 20. Jahrhundert gelenkt hat.

Für unsere Zwecke der historischen und komparativen Betrachtung ist festzuhalten, dass ›Staatsbürgerschaft‹ am besten als ›Pakete‹ oder ›Bündel‹[1] von Rechten (und – vielfach übersehen – auch Verpflichtungen) definiert wird – Pakete, die je nach ethnischer Herkunft, Klasse, Geschlecht,

Familienstand und Alter verschieden geschnürt worden sind. Diese Kombinationen folgten keiner eindeutigen historischen Sequenz; beispielsweise wurden soziale Rechte von Angehörigen der Arbeiterschaft oder von Frauen häufig früher erworben als das allgemeine Wahlrecht; auch Steuern oder die Wehrpflicht mussten von vielen Angehörigen moderner Staaten geleistet werden, bevor sie Anteil an politischen Entscheidungen gewannen. Innerhalb jeder Gruppe von Rechten können Diskriminierungen und Ungleichheiten festgeschrieben und versteckt sein. Sowohl Inklusion als auch Exklusion kann sich in Abstufungen, Privilegierungen und Minderungen äußern. Die starke Ausweitung der sozialen Dimension von *citizenship* hat die Bedeutung der Teilnahme am ökonomischen Leben, v. a. am Arbeitsmarkt, stark in den Vordergrund gerückt: So mussten etwa die Forderungen nach gleichen Handlungs- und Dispositionsrechten von Frauen in mühsamen, weit in das 20. Jahrhundert hinein reichenden Schritten in Rechtsbereiche hineingetragen werden, die Marshall sehr fern lagen: in das Privatrecht sowie in das Ehe- und Familienrecht (vgl. Gerhard in diesem Band; für Frankreich Schnapper/Bachelier 2000, S. 213ff.).

Die Nation erfindet ihre Bürger

Was heutzutage mit Blick auf Neumitglieder eines Staates diskutiert wird, haben die Deutschen wie auch die Franzosen, Briten, Polen und andere historisch als allmähliche, über zwei Jahrhunderte zu erkämpfende Entfaltung einer vollen Staatsbürgerschaft selbst erlebt. Um die aktuellen Herausforderungen besser zu verstehen, lohnt es sich deshalb, einen Schritt zurücktreten und den Weg zur Staatsbürgerschaft, den die europäischen Nationalstaaten in ihrer Geschichte beschritten haben, genauer zu betrachten. Dabei wird deutlich, dass die Entwicklung des Bündels von Rechten und Pflichten, das die Staatsbürgerschaft ausmacht, im Kern mit dem Charakter der Nationsbildung, der staatlichen Verfassung und der Regierungsform zusammenhängt (Gosewinkel in diesem Band). Es ist deshalb nicht überraschend, dass die Beiträge über Russland (Medushevskij) und Polen (Skąpska) besonderes Augenmerk auf die Archäologie der durch Revolution oder Fremdherrschaft abgebrochenen Ansätze zur Entwicklung von Rechtsstaatlichkeit, repräsentativer Demokratie und Bürgerrechten legen. In allen nationalen Fällen aber gilt: Die Definition des

Staatsbürgers wird einerseits im Hinblick auf die Einheimischen entwickelt, andererseits enthält sie immer eine Abgrenzung nach außen. Inklusion und Exklusion gehören zusammen – aber wie sie aufeinander bezogen sind und wie sie mit Inhalt gefüllt werden, variiert sowohl historisch als auch im internationalen Vergleich.

Diese »Integration der Inländer«, die sich dem langfristigen Rückblick erschließt, steht auch im Zentrum des Projekts Europa, der supranationalen Staatsbildung in der Europäischen Gemeinschaft. Diese Analogie ins Bewusstsein zu rücken, kann ein Beitrag der historischen Betrachtungsweise zur heutigen Diskussion sein. Denn so lässt sich die oft unterschwellige Annahme korrigieren, dass die Identität der jeweiligen Staatsbürger feststeht und nur der Rechtsstatus, die Inklusion und Integration der jeweiligen Fremden, Ausländer oder Minderheiten verhandelbar ist. Vielmehr war im 19. und 20. Jahrhundert zunächst der Status der eigenen *citizenship* zu klären. Historiker haben diesen Prozess in verschiedenen Bildern zu erfassen gesucht: »Von Bauern zu Franzosen« heißt ein bekanntes Buch über die Modernisierung der französischen Gesellschaft vor dem Ersten Weltkrieg – eine Studie, die die sozialen Komponenten der inneren Staatsbildung unterstreicht (Weber 1976). »Vom Untertanen zum Staatsbürger« nennt auch der russische Rechtshistoriker A. N. Medushevskij in diesem Band die mehrfach unterbrochene Entwicklung in seinem Land, wobei er Verfassungs- und Wahlrechtsfragen betont. Der Richter am Straßburger Menschenrechtsgerichtshof Egil Levits erinnert in seinem Beitrag die heutigen Demokratien an ihre eigene mühsame Demokratisierungsgeschichte: »Es ist jedoch interessant, sich die historische Entwicklung des demokratischen Selbstverständnisses in Bezug auf die Inklusion in den bzw. die Exklusion vom Demos zu vergegenwärtigen. Den Gründervätern der ersten modernen Demokratie – den USA – erschien es selbstverständlich, die (bis heute textlich unveränderten) Verfassungssätze über Demokratie und Grundrechte mit der Sklaverei zu vereinbaren.[2] In Europa erschien es selbst für überzeugte Demokraten bis in die ersten Jahrzehnte des letzten Jahrhunderts selbstverständlich, die Hälfte der Bevölkerung – die Frauen – vom Demos fernzuhalten. In vielen lateinamerikanischen Staaten wurden bis in die Mitte des 20. Jahrhunderts die Analphabeten vom Wahlrecht ausgeschlossen. Die Südstaaten der USA haben bis Mitte des 20. Jahrhunderts und Südafrika bis Anfang der 90er Jahre die nichtweiße Bevölkerung von der Mitgliedschaft im Demos ausgeschlossen.«

Von den inneren Trennungslinien einer Gesellschaft, die die ›Pakete‹ von Rechten und Pflichten für die Angehörigen der Staaten des 19. und 20. Jahrhunderts scharf differenzierten, ist der Geschlechterunterschied in der neueren Forschung besonders beachtet worden (vgl. Appelt 1999; Auslander/Zancarini-Fournel 2000). Der Beitrag von Ute Gerhard führt vor, in welchem Maße die Frage nach »gender« als Sonde benutzt werden kann, um die das Staatsbürgerkonzept begründenden Diskurse seit dem 18. Jahrhundert zu analysieren. Sie bleibt aber nicht bei einer kritischen Rekonstruktion der »Theorie der bürgerlichen Gesellschaft«, sondern unterstreicht, wie sehr die verschiedenen Wellen der Frauenbewegungen und feministische Forderungen nach politischen und sozialen Rechten die Dynamik von *citizenship* selbst prägten und umlenkten. Sie möchte dieses Wissen um die zivilgesellschaftliche Vorgeschichte vieler staatsbürgerlicher Errungenschaften und das geschärfte feministische Bewusstsein von der notwendigen »Verbindung von politischen, bürgerlichen und sozialen Rechten – als Status und Praxis und nicht nur als Rechtsanspruch« – zur Begründung der »politischen Handlungsfähigkeit von Frauen und Frauenbewegungen« in den europäischen Einigungsprozess eingebracht sehen.

Fassen wir zusammen: Die Beachtung historischer Verläufe verflüssigt die scheinbar eindeutige und stabile Kategorie »Staatsbürger«. Die Beachtung nationaler Unterschiede unterstreicht, dass es mehrere Wege nach Rom gibt – bei zunehmender Konvergenz im Ergebnis. Als Hauptergebnis ist festzuhalten, dass der volle Status der Staatsbürgerschaft innerhalb moderner Gesellschaften über lange Perioden nicht allen Angehörigen dieser Staaten gleichermaßen zugekommen ist und dass seine Ausweitung meist mühsam erkämpft werden musste. Umgekehrt hat sich eine Reihe der zum Paket der Staatsbürgerschaft gehörenden Rechte und Verpflichtungen über den Kreis der Staatsangehörigen ausgedehnt. Steuern und Sozialversicherungsbeiträge muss man zahlen, ohne den jeweiligen Pass zu besitzen; Sozialhilfe kann man beantragen oder staatliche Stellen vor das Verwaltungsgericht ziehen, ohne eingebürgert zu sein.

Dennoch bleibt die Frage, wie die Nationen den Zugang für neue Mitglieder definieren. *Wer* kann *wie* Staatsangehöriger werden? Die historische Perspektive und der internationale Vergleich geben dabei ein Versuchslabor ab, in dem heute die lange gehegten Vorstellungen vom ›typisch‹ deutschen im Unterschied zum ›typisch‹ französischen Weg in Frage gestellt werden. Dieter Gosewinkels Beitrag hebt in Absetzung von dem einflussreichen Buch von Rogers Brubaker über Staatsbürgerschaft in Frankreich und Deutschland hervor, dass sowohl das Abstammungsrecht als auch das Territorialrecht zu den legalen und politischen Optionen beider Staaten im 19. Jahrhundert zählten und dass es kontextabhängige, interessengeleitete Einzelentscheidungen waren, die die beiden Länder kurz vor dem Ersten Weltkrieg in verschiedene Richtungen gehen ließen. Nimmt man noch die nüchterne komparative Analyse von mehr als zwei Dutzend Ländern durch Patrick Weil hinzu, wird der Eindruck gradueller Differenzierungen und europäischer, ja, weltweiter Konvergenzen noch stärker.

Gosewinkel geht jedoch einen Schritt weiter und bleibt nicht bei der ›Korrektur‹ politischer Stereotypen durch historische Fakten stehen. Vielmehr weist er auch auf die prägende Kraft politischer Sprache und nationaler Selbststilisierung hin. So wird deutlich, wie das jeweilige nationale Selbstverständnis als ethnokulturell definiertes »Volk« gegenüber der republikanisch konstituierten »Nation« ein Eigenleben angenommen hat und zur Deutung aller weiteren staatlichen Einwirkungen auf Fragen der Staatsangehörigkeit und Einbürgerung beigetragen hat. Noch die deutsche Reformdebatte, die zur Novellierung des Staatsangehörigkeitsgesetzes von 1999 führte, lebte von der schematischen, allerdings nun zu überwindenden Gegenüberstellung von ›Blut‹ und ›Boden‹ (*ius sanguinis* versus *ius soli*). Auch die bis vor kurzem gültige Maxime »Deutschland ist kein Einwanderungsland« kann in dieser Perspektive eher als Sprechakt verstanden werden, der nicht *trotz*, sondern *wegen* der Realität kontinuierlicher und massiver Zuwanderung eine Definition des staatlichen Selbstverständnisses vorgeben wollte. Beide Ebene auseinander zu halten und dennoch ernst zu nehmen, die pragmatische Ebene konkreter Politik und die identitäre Ebene normativer Diskurse und rhetorischer Formeln, hilft auch beim Verständnis der sich aktuell verschiebenden Argumentationslinien in der Bundesrepublik.

Aktive Bürgerschaft in der Zivilgesellschaft

Bisher war vor allem von staatlichen Regelsetzungen die Rede. Die Staatsangehörigkeit im engeren Sinne, die Bürgerrechte, das Wahlrecht usw. sind politisch ausgehandelte Elemente der Verfassung und unterliegen der Souveränität der einzelnen Nationalstaaten. Doch wie gewinnen die einzelnen sozialen Gruppen Zugang zu diesen Rechten, wie werden sie in der Praxis erlebt und genutzt? Damit Staatsbürgerschaft nicht bloß eine Verfassungsnorm, sondern eine gelebte Wirklichkeit von Einbeziehung und Teilhabe werden kann, sind nicht nur rechtsstaatliche Praxis, demokratische politische Kultur und ein Mindestmaß an sozioökonomischer Statusgarantie, sondern auch eine lebendige Zivilgesellschaft notwendig.

In der wissenschaftlichen wie der politisch-normativen Debatte ist immer wieder die Frage gestellt worden, ob Staatsbürgerschaft ausreichend durch die Dreifaltigkeit der Marshall'schen Rechte gegenüber dem Staat definiert wird. Man hat diese kritische auch eine »passive« Staatsbürgerschaft genannt, die Ansprüche und Schutzrechte in den Vordergrund rückt und Pflichten klein schreibt (Kymlicka/Norman 1994). Braucht es nicht, fragten zunächst kommunistaristisch orientierte Autoren, ein gewisses Quantum von Engagement, Partizipation und Selbstorganisation, um Staatsbürgerschaft »aktiv« zu praktizieren und die erreichten Standards an Rechten mit Leben zu füllen und vor dem Verfall zu schützen? Zweifellos äußert sich in dieser Umakzentuierung die Renaissance der Idee der Zivilgesellschaft, die sich seit den 1980er Jahren vollzogen hat (Kocka in: Hildermeier u. a. 2000, S. 13–39). Nicht nur die Herrschaftskritik der Bürgerbewegungen in Osteuropa, sondern auch die in den westlichen neuen sozialen Bewegungen vorgetragene Skepsis gegenüber anonymen Großorganisationen und den paternalistischen Zügen des Wohlfahrtsstaates machen sich darin bemerkbar. Ferner hat man sich – ausgehend von den USA – mit neuem Interesse den assoziativen Basisstrukturen der Zivilgesellschaft zugewandt. Im Einklang mit der Demokratietheorie Tocquevilles sieht man in Vereinen, Verbänden und bürgerschaftlichem Engagement die Produktionsstätten von »sozialem Kapital« und Vertrauen, also Voraussetzungen für funktionierende Demokratie, öffentliche Verwaltung und Marktbeziehungen (Putnam 2000).

In der heutigen Debatte vermischen sich Argumente, die noch vor wenigen Jahren als ›linke‹, auf Rechtsansprüche im Wohlfahrtsstaat pochende, und ›rechte‹ oder neoliberale, Verpflichtung und Selbstverantwortung einfordernde Positionen hart gegeneinander gestellt worden sind (Kymlicka/Norman 1994). Nicht dass die Spannungen ganz überwunden wären: Im Hinblick auf seine Feldforschungen in postsozialistischen Ländern Osteuropas hat etwa der Ethnologe Chris Hann keinen Zweifel daran gelassen, dass das Konzept der *citizenship* (oder Bürgerschaft, wie er es übersetzt) viel mehr mit den Lebensrealitäten der Menschen zu tun hat als die auf ›Zivilgesellschaft‹ zielende Rhetorik von städtischen Intellektuellen und westlichen Stiftungen (Hann 2000).

Aus historischer Sicht spricht einiges für eine Vermittlung der konträren Positionen. Zunächst – das ist schon gezeigt worden – ist das Marshall'sche Modell selbst einer bestimmten historischen Konstellation verhaftet. Es formuliert – früh und hellsichtig – die Ergebnisse des sich entfaltenden Wohlfahrtsstaates der Nachkriegszeit. Die Vermittlung von Demokratie, industriellem Wachstum und Klassenunterschieden war Marshalls Problem – nicht die Transformation von einer Gesellschaftsordnung in eine andere; auch die Gestaltung multiethnischer Gesellschaften, die Folgen von transnationalen Migrationen oder der Umgang mit »identity politics« lagen ihm fern. Man wird – bei all seiner Fruchtbarkeit – das Marshall'sche Schema also nicht gegen Ansätze ausspielen können, die diese postsozialistischen, postkolonialen und postnationalen Herausforderungen auf andere Art aufnehmen (vgl. Habermas 1998, bes. S. 113ff.).

Zudem – und das wiegt schwerer – sind gerade die Kernelemente der Staatsbürgerschaft, also die Gleichheit vor dem Gesetz, das Wahlrecht, die Freiheit, sich zu organisieren, der gleichberechtigte Status von Frauen und Männern usw., im Konflikt gesellschaftlicher Gruppen errungen worden. Zumeist waren es zivilgesellschaftliche Formen der Organisation, Interessenartikulation und Einwirkung auf die Öffentlichkeit, die die Ausweitung der staatlichen Garantien für einzelne Bürger bzw. Bürgerinnen und ganze soziale Gruppen erreicht haben. Die Arbeiterbewegungen, die Frauenbewegungen, die Bürgerrechtsbewegungen in den USA, die Menschenrechts- und Dissidentengruppen Osteuropas und viele andere, selbst organisierte gesellschaftliche Kräfte haben entscheidenden Anteil daran, die einzelnen staatsbürgerlichen Rechte zu verallgemeinern und zu verwirklichen. Sicher reicht dieser Faktor nicht aus, um Fundamentaldemokratisierung oder den Aufstieg von Wohlfahrtsstaaten als gesellschaftsgeschichtliche Prozesse zu erklären Doch genügt der Hinweis auf die in die Verbreitung bürgerlicher und politischer Rechte eingebaute Dynamik zu mehr kollektiven und individuellen Ansprüchen, um die gegenseitige Abhängigkeit von Staatsbürgerschaft und Zivilgesellschaft zu unterstreichen.

Schließlich hat eine Reihe von Studien eindrucksvoll hervorgehoben, dass Realität und alltägliche Erfahrung von Integration und Teilhabe viel eher auf der Ebene der Zivilgesellschaft, der Kommune, des Betriebs, der religiösen Gemeinschaft oder der Jugendgruppe geprägt werden als durch staatliche Regulierung von Einwanderung und Einbürgerung allein (u. a. Soysal 1994). Akkulturation, Wachsen der Zugehörigkeit und Identifikation sind komplexe und fragile Prozesse, sie leiten sich nicht automatisch von dem Erwerb abstrakter Bürgerrechte ab (Schütze 2000).

Im Zugriff des Staates

Ob staatsbürgerliche Rechte und Pflichten mit einer besonderen Identität ihrer Träger einhergehen, ist ebenfalls eine Frage, die historische Analyse und heutige Debatten verbinden. Auch wenn man wie John Breuilly ›Identität‹ für ein sperriges, empirisch schwer einzulösendes Konzept hält, kann man feststellen, dass soziale Bewegungen, Parteien, Regierungen an die Erkämpfung oder Gewährung politischer und sozialer Rechte regelmäßig die Absicht und die Erwartung knüpften, dass die so ausgestatteten Staatsbürger ein korrespondierendes Bewusstsein von nationaler Identität, Verbundenheit mit der Regierung, Treue zur Ideologie oder – in jüngster Version – Verfassungspatriotismus entwickeln würden. Dies umso mehr, als der Status des typischen *citizen*, also des männlichen Staatsangehörigen im wehrfähigen Alter, eng mit seiner Hauptpflicht verbunden war: im entscheidenden Moment für sein Land in den Krieg zu ziehen und eventuell zu sterben. In einer einflussreichen Studie zur Konstruktion der modernen Nation als einer »vorgestellten Gemeinschaft« hat Benedict Anderson die Bereitschaft zum Tod für diese abstrakte Einheit als das Kernelement des Nationalgefühls identifiziert – und damit auch als das eigentliche Rätsel für eine angemessene Nationalismustheorie bezeichnet. Der Zusammenhang des in der Französischen Revolution geborenen allgemeinen Männerwahlrechts mit der ebenfalls revolutionären Pflicht, in der allgemeinen Bürgerarmee zu dienen, ist offensichtlich. Mit den Revolutionskriegen und den napoleonischen Eroberungen werden die Nachbarländer Frankreichs gezwungen, ihre eigene Verfassungsidee auf die lebensnotwendige Massenmobilisierung ihrer Untertanen umzustellen. 1917, mehr als ein Jahrhundert später und unter dem Eindruck von Massendemokratisierung, entstehendem Sozialstaat und der Schlachten des Weltkriegs, rechtfertigt Max Weber die Abschaffung des nach Vermögensklassen gestaffelten Wahlrechts in Preußen:

»Gegenüber der nivellierenden unentrinnbaren Herrschaft der Bürokratie, welche den modernen Begriff des ›Staatsbürgers‹ erst hat entstehen lassen, ist das Machtmittel des Wahlzettels nun einmal das einzige, was den ihr Unterworfenen ein Minimum von Mitbestimmungsrecht über die Angelegenheiten jener Gemeinschaft, für die sie in den Tod gehen sollen, überhaupt in die Hand geben kann.« (Weber 1988, S. 268)

Für den Staat und seine Bürokratie stellte sich weniger das Problem der Identität der Bürger als das ihrer Identifikation. Der französische Historiker Gérard Noiriel, der u. a. wichtige Bücher zum Asylrecht und zur Arbeitsmigration veröffentlich hat, hat den Vorschlag gemacht, die Geschichte der Staatsbürgerschaft an ihren äußeren Symbolen und Markierungen nachzuzeichnen (Noiriel 1994). Erst durch die Entwicklung einer ganzen Reihe bürokratischer Praktiken, durch die nationale Institutionen den einzelnen Staatsangehörigen ein Zeichen ihrer ›nationalen‹ Zugehörigkeit gaben und ihn gleichzeitig in den Augen der Bürokratie individuell markierten, sei ein Bewusstsein von gemeinsamer Staatsbürgerschaft entstanden. Abgesehen von den militärischen Musterungsakten weist Noiriel auf die Wahllisten und Wahlzettel, die Arbeitsbücher, die Haushaltbögen der Volkszählungen oder die Unterlagen der Sozialversicherung hin – alles Papiere, die für die große Masse der Bevölkerung typischer und wichtiger waren als der Pass. Trotzdem ist natürlich der Besitz des Passes oder des Ausweises zum eigentlichen Symbol der Staatsangehörigkeit geworden, wenngleich auf vielen Umwegen und erst spät für die gesamte Bevölkerung (Torpey 2000). Bei Flucht und Vertreibung, im Transit oder Exil erweist sich die ganze Macht der ›Papiere‹; in seinen Gesprächen zweier Flüchtlinge aus Hitlers Reich lässt Brecht den Proletarier unter den beiden die Apotheose des Passes aussprechen.[3]

Die Geschichte des Passes – darauf zielte Noiriels Vorschlag, der inzwischen von der Forschung eingelöst worden ist – lenkt unsere Aufmerksamkeit weg vom Bürger, der Rechte gegenüber dem Staat erwirbt, und hin zum Staat, der auf den Bürger zugreift. Neben der Erfolgsgeschichte der Inklusion und des Zuwachses von Rechts- und Sozialstaatlichkeit wird eine andere, ambivalentere Geschichte von Identifikation, Zählung, Sortierung sichtbar. Auf dieser Ebene findet man später Volkstumslisten, Fragen nach Religions- oder Rassenzugehörigkeit in Volkszählungen, Eintragungen der ethnischen Zugehörigkeit im Ausweis oder den Stempel

»J« im Pass. Im 20. Jahrhundert, als nicht nur Menschen über Grenzen wanderten, sondern sich auch Grenzen über Menschen hin bewegten – wie Rogers Brubaker in seinem Beitrag treffend schreibt –, kann die Zugehörigkeit zu und Identifizierung mit einem bestimmten Staat, einer bestimmten Nationalität, in kurzer Zeit das Vorzeichen wechseln.

Norm und Wirklichkeit: die Landkarte der Konflikte

> »Viele Bewohner des ehemaligen Jugoslawien wie des übrigen Balkanraums haben im Verlauf der letzten anderthalb Jahrhunderte infolge von Staatsbildung, Staatszerfall und Gebietsveränderung ihre Staatsangehörigkeit wiederholt wechseln müssen – mitunter mehrmals in einer Generation.«

Diese Feststellung steht am Anfang von Holm Sundhaussens kritischem Panorama von Inklusions- und Exklusionsprozessen in Südosteuropa. Für die ›andere Seite‹ des ehemaligen Osmanischen Reiches erläutert Günter Seufert die Beziehungen zwischen nationaler bzw. religiöser Selbstdefinition und Feindbildern in der Türkei, dem Libanon und Israel.

Die Konflikte und besonderen Anforderungen an die Verwirklichung von Verfassungsnormen in Staaten mit multiethnisch zusammengesetzten Bevölkerungen stehen beim Blick auf diese Regionen auch im Mittelpunkt der Tagespolitik. Innerhalb der Gesellschaften des Balkans ging es im 20. Jahrhundert in erster Linie nicht um Einwanderung oder Flucht, sondern um die Abgrenzung von Territorialansprüchen und die Ausgrenzung von Bevölkerungsgruppen, die meist seit Jahrhunderten auf dem fraglichen Land lebten. Sundhaussen skizziert in seinem Beitrag damit auch die Voraussetzungen dafür, dass die Mechanismen der Umsiedlung und ethnischen Säuberung seit dem frühen 20. Jahrhundert eine solche Verbreitung in der Region erfahren konnten.

Rogers Brubaker diskutiert eine Reihe Fragestellungen, die auch auf andere Regionen anwendbar sind. In einem diachronen Vergleich stellt er die Beziehungen der Weimarer Republik zu den deutschen Minderheiten in den seit Ende des Ersten Weltkriegs gebildeten Nationalstaaten Ostmitteleuropas der heutigen Politik Russlands gegenüber den in den postsowjetischen Staaten angesiedelten Russen gegenüber. Brubaker illustriert damit sein theoretisches Modell, nach dem Nationalitäten- und Minderheitenprobleme nur in einem Dreieck von Titularnation, »externem Heimatland« und nationaler Minderheit analysiert werden können. Während Brubaker besonders die Politik der externen »homelands« in den Blick nimmt, ergänzt dies Falk Lange in seinem Beitrag durch die Sicht der wieder begründeten baltischen Staaten gegenüber den russischen Bevölkerungsanteilen und der früheren ›Kolonialmacht‹.

Die grundsätzliche Frage, die in einer Reihe von Beiträgen unabhängig von der geografischen Verortung der Fälle aufgeworfen wird, zielt auf die Notwendigkeit oder Wünschbarkeit von Gruppenrechten. Im Verhältnis zu den bisher diskutierten individuellen Bürgerrechten kommt damit eine andere Logik ins Spiel – eine Logik, an der kritisiert werden kann, dass sie den egalitären und universalisierbaren Kern der *citizenship* zugunsten der Einhegung ethnischer, religiöser und kultureller Gruppenbildungen aufgibt, die doch den Konflikten selbst zugrunde liegen. Doch wird, so wird dagegen argumentiert, in Gesellschaften, die Status in erster Linie kollektiv fassen, die formale Garantie individueller Schutz- und Freiheitsrechte immer ungenügend sein. »Die Glaubensfreiheit zum Beispiel wird problematisch, wenn dem Individuum zwar das Bekenntnis zu seiner Religion erlaubt, das gemeinschaftliche Praktizieren des Bekenntnisses im Rahmen einer Glaubensgemeinschaft dagegen verboten ist.« Aufgrund solcher Befunde lautet Sundhaussens Folgerung: »Die Vorstellung, Staatsbürger- bzw. Grundrechte könnten von Gruppenrechten scharf getrennt werden, ist eine Fiktion.« Für das polnische Verfassungsdenken weist Grażyna Skąpska die Parallelentwicklung von eher individualistisch und eher kollektivistisch argumentierenden Strängen nach und verfolgt ihren Einfluss in den aktuellen gesellschaftlichen Auseinandersetzungen Polens.

Egils Levits fügt diesen empirischen Befunden zwei wesentliche normative Argumente hinzu. Als Beobachter verschiedener Gesellschaften unterstreicht er die unterschiedlichen Fragestellungen oder Kriterien, nach denen ›Minderheiten‹ und ›Mehrheiten‹ erzeugt werden. Von solchen Grundunterscheidungen, vom »framing« der Probleme, hängt der Umgang mit ihm ab; nicht in jedem Fall führen die Trennlinien zu Diskriminierungen, die den Kern der Menschen- und Bürgerrechte berühren. Bei solchen Kriterien hingegen, die »Eigenschaftsminderheiten« begründen, sieht Levits den Staat in der Pflicht, die so konstituierten Gruppen – d. h. hier v. a. nationale Minderheiten und eingewanderte Gruppen – nicht nur anzuerkennen, sondern auch zu tolerieren und sogar bei der Pflege ihrer Eigenart zu fördern. Levits formuliert allerdings auch seine noch weitergehende Forderung nach einem Grundrecht auf »Toleranz« von Anderssein im Rahmen einer Theorie von Persönlichkeits- und Menschenrechten, die über die engere Staatsbürgerschaft hinausweist. Er schreibt somit die staatliche Pflicht zur Akzeptanz von Gruppenidentitäten und Minderheitenkulturen dem Individuum als Recht zu.

Citizenship jenseits der Nation?

Betrachtet man heute die Rolle ethnischer Minderheiten oder die kulturellen Identitäten von Migranten oder grenzüberschreitenden Arbeitnehmern, wird die zentrale Rolle des Nationalstaats, die er bei der Entstehung der Staatsbürgerschaft und demzufolge im Denken über Inklusion und Exklusion gespielt hat, aus verschiedenen Richtungen relativiert. Zum einen spielen soziale, ökonomische und kulturelle Prozesse, die über den Nationalstaat hinausgehen, eine viel stärker beachtete Rolle. Globalisierung, Transnationalität, Weltgesellschaft sind dazu die Schlagworte der öffentlichen Debatte; hinter dieser rhetorischen Hochglanzoberfläche verbergen sich konkrete Herausforderungen und Chancen für die Gestaltung dessen, was Staatsbürgerschaft (noch) sein kann. Die Soziologin Yasemin Soysal zeigt dies in ihrem Beitrag an konkreten Beispielen. Die paradoxen Praktiken alltagskultureller Integration von Muslimen in ihren britischen, französischen oder deutschen Aufnahmegesellschaften haben Soysal zufolge eine wichtige theoretische Pointe: Sie lassen uns an der Stabilität und unbefragten Identität der Konzepte Nation und Ethnizität zweifeln.

Einen weiteren wichtigen Bereich supranationaler Normenbildung und institutioneller Weichenstellungen führt Bernd Schulte (in diesem Band) vor, indem er den der breiteren Öffentlichkeit kaum bekannten Umfang der sozialpolitischen Regulierungen als Teil der seit Maastricht bestehenden europäischen »Unionsbürgerschaft« ausbuchstabiert.

Des Weiteren ist in der zweiten Hälfte des 20. Jahrhunderts die Souveränität des Nationalstaats gerade auch dort sehr stark relativiert worden, wo die Rechte und Pflichten der Staatsbürger bestimmt werden. Die abnehmende Notwendigkeit der Wehrpflicht, die Verallgemeinerung wohlfahrtsstaatlicher Garantien auf In- und Ausländer gleichermaßen, die Rolle internationaler Normenbildung für Flüchtlings- und Menschenrechtsfragen lassen nur noch das aktive und passive Wahlrecht als Kernrecht der Staatsbürger übrig. Etwas überspitzt ist formuliert worden, dass sich *citizenship* von etwas, was für die Bürger innerhalb eines Staates wesentlich war, zu etwas entwickelt hat, was sie nur betrifft, wenn sie die Grenzen ihres Staates verlassen (Liebich 1995, S. 34). Richtig bleibt jedoch, dass sowohl unterhalb als auch oberhalb der Ebene des Nationalstaats entscheidende Kräfte wirksam sind, die die Bedeutung der Staatsbürgerschaft zunehmend relativieren.

Angewandt auf die Themenbereiche Wanderungen, Zugehörigkeit und plurale Identitäten kann ein solcher Blick verdeutlichen, dass internationale Migranten, Beschäftigte multinationaler Unternehmen oder ethnokulturelle Minoritäten schon das erfahren und durchleben, was insbesondere der deutschen Mehrheitsgesellschaft erst allmählich deutlich wird oder was sie bisher nur im Spiegel anderer Länder, v. a. der USA, wahrgenommen hat (Kroes 2000; Münz u.a. 2001; Todd 2000).

»So wird die Staatsbürgerschaft also auf verschiedenste Weise in viele verschiedene Gruppen von Rechten und Pflichten zersplittert und nicht mehr im Machtcontainer Nationalstaat gebündelt.« (Breuilly in diesem Band) Wieweit dieser Weg zu einer »transnationalen Staatsbürgerschaft« (Kleger 1997) bereits tatsächlich zurückgelegt ist, kann offen bleiben. Im Konfliktfall – und das ist schließlich der interessante Fall – sind institutionelle Garantie, politische Einforderung und praktische Einlösung politischer und sozialer Rechte doch noch weitgehend von staatlichen Instanzen und real existierenden Bürokratien abhängig. Dennoch führen das Auspacken der ›Pakete‹ von Staatsbürgerschaften und ihre Ablösung von dem alleinigen Bezug auf den jeweiligen Nationalstaat zu einer ebenso politisch bedeutsamen wie analytisch weiterführenden Dezentrierung der bisherigen Art, mit diesen Fragen umzugehen. Die historischen Beiträge dieses Bandes führen vor, dass die offene Situation heute auch eine willkommene Gelegenheit bietet, die oft linear und allzu homogen geschilderte Konsolidierungsgeschichte des Nationalstaats und der von ihm entwickelten Staatsbürgerschaft neu zu verstehen. Was wir heute erleben, erlaubt eine vielfältigere, aber auch ernüchterte Rekonstruktion der Vorgeschichte heutiger Staatsbürgerschaft – umgekehrt kann die historische und vergleichende Perspektive entscheidend dazu beitragen, die heutigen Debatten für andere Argumente zu öffnen und ihre Grundannahmen neu zu justieren.

Anmerkungen

1 Zu diesem Ausdruck vgl. Janoski (1998, S. 5 und 104) mit Bezug auf William Galston.

2 Hier ist zu ergänzen, dass erst infolge des amerikanischen Bürgerkriegs das 14. und das 15. Amendment zur Verfassung den materiellen Rechsstatus des *citizen* auf alle Personen »born or naturalized in the United States« erstreckten und damit erst das Territorialprinzip der amerikanischen *citizenship* im heutigen Sinn schufen. – Die Herausgeber danken Dieter Gosewinkel für diese Präzisierung und weitere wichtige Hinweise zur Einleitung.

3 »Der Pass ist der edelste Teil von einem Menschen. Er kommt auch nicht auf so einfache Weise zustand wie ein Mensch. Ein Mensch kann überall zustandkommen, auf die leichtsinnigste Art und ohne gescheiten Grund, aber ein Pass niemals. Dafür wird er auch anerkannt, wenn er gut ist, während ein Mensch noch so gut sein kann und doch nicht anerkannt wird.« (Brecht 1997, S. 9)

Literatur:

Appelt, Erna (Hg.) (1999): Citizenship, in: L'Homme. Zeitschrift für Feministische Geschichtswissenschaft 10 (Heft 1).

Auslander, Leora/Zancarini-Fournel, Michelle (Hg.) (2000): Le Genre de la Nation, in: CLIO. Histoire, Femmes et Sociétés, Heft 12.

Brecht, Bertold (1997): Flüchtlingsgespräche, in: Ausgewählte Werke in sechs Bänden, Bd. 5, Frankfurt/Main, S. 9.

Bulmer, Martin/Rees, Anthony M. (Hg.) (1996): Citizenship Today: the Contemporary Relevance of T. H. Marshall, London/Bristol.

D'Amato, Gianni (2000): Vom Ausländer zum Bürger. Der Streit um die politische Integration von Einwanderern in Deutschland, Frankreich und der Schweiz, Amsterdam.

Habermas, Jürgen (1998): Die postnationale Konstellation und die Zukunft der Demokratie, in: ders., Die postnationale Konstellation. Politische Essays, Frankfurt/Main, S. 91–169.

Hann, Chris (2000): Zivilgesellschaft oder Citizenship? Skeptische Überlegungen eines Ethnologen, in: Manfred Hildermeier/Jürgen Kocka/Christoph Conrad (Hg.), Europäische Zivilgesellschaft in Ost und West, Frankfurt/Main/New York, S. 85–109.

Hildermeier, Manfred/Kocka, Jürgen/Conrad, Christoph (Hg.) (2000): Europäische Zivilgesellschaft in Ost und West, Frankfurt/Main/New York.

Janoski, Thomas (1998): Citizenship and Civil Society. A Framework of Rights and Obligations in Liberal, Traditional, and Social Democratic Regimes, Cambridge/New York.

Kleger, Heinz (Hg.) (1997): Transnationale Staatsbürgerschaft, Frankfurt/Main/New York.

Kroes, Rob (2000): Them and Us. Questions of Citizenship in a Globalizing World, Urbana, IL.

Kymlicka, Will/Norman, Wayne (1994): Return of the Citizen: A Survey of Recent Work on Citizenship Theory, in: Ethics 104, S. 352–381.

Liebich, André/Warner, Daniel/Dragovic, Jasna (Hg.) (1995): Citizenship East and West, London/New York.

Liebich, André (1995): Citizenship in its International Dimension, in: André Liebich u.a. (Hg.), Citizenship East and West, London/New York, S. 25–39.

Marshall, Thomas H. (1992): Bürgerrechte und soziale Klassen. Zur Soziologie des Wohlfahrtsstaates, Frankfurt/Main/New York.

Münz, Rainer/Seifert, Wolfgang/Ulrich, Ralf (Hg.) (2001): Zuwanderung nach Deutschland. Strukturen, Wirkungen, Perspektiven, Frankfurt/Main/New York.

Noiriel, Gérard (1994): Die Tyrannei des Nationalen. Sozialgeschichte des Asylrechts in Europa, Lüneburg.

Putnam, Robert D. (2000): Bowling Alone. The Collapse and Revival of American Community, New York.

Schnapper, Dominique/Bachelier, Christian (2000): Qu'est-ce que la Citoyenneté?, Paris.

Schütze, Yvonne (2000): »Ich bin nur ein Jude und dann ein Russe.« Der Akkulturationsprozess junger russischer Juden im Zeitverlauf, in: Soziale Welt 51, S. 303–324.

Todd, Emmanuel (1998): Das Schicksal der Immigranten. Deutschland, USA, Frankreich, Großbritannien, Hildesheim.

Torpey, John (2000): The Invention of the Passport. Surveillance, Citizenship and the State, Cambridge/New York.

Weber, Eugen (1976): Peasants into Frenchmen, Stanford.

Weber, Max (1988): Wahlrecht und Demokratie in Deutschland (1917), in: ders., Gesammelte Politische Schriften, 5. Aufl., Tübingen, S. 245–291.

1. Historische Modelle: Die Nation erfindet ihre Bürger

Über das Schreiben einer vergleichenden Geschichte der Staatsbürgerschaft im modernen Europa[1]

John Breuilly

Dieser Beitrag präsentiert Elemente eines Rahmenkonzepts zur Analyse der Staatsbürgerschaft als facettenreiches Konzept. Dabei argumentiere ich, dass Staatsbürgerschaft nur in der Epoche des Nationalstaates einen einheitlichen und definitiven Charakter erlangt hat: Da sich diese Epoche ihrem Ende zuneigt, lässt sich beobachten, wie zuvor gebündelte Fragen sich nun wieder in verschiedene Arten von Staatsangehörigkeiten, Rechten und Pflichten differenzieren lassen. Dieser Prozess eröffnet dem Historiker neue Perspektiven, die zum Verständnis der Geschichte der Staatsbürgerschaft beitragen.

Die Formulierung eines komparativen Modells

Komparative Geschichtsschreibung stellt bestimmte Grundanforderungen. Zunächst einmal muss ein Modell entwickelt werden, das auf keiner der beiden Fallstudien beruht. Würde man von diesem Prinzip abweichen, bestimmte der Ansatz zum Verstehen *eines* Falles die gesamte Analyse, d.h., was man an dem anderen Fall überhaupt untersuchte, würde stets auf den Grad des Unterschieds zum Musterfall begrenzt bleiben – ein solcher Vergleich wäre unausgewogen. Um Ausgewogenheit zu erreichen, ist ein Modell erforderlich, das von beiden Vergleichsfällen abstrahiert.

Allerdings sollte das Modell nicht so abstrakt gestaltet werden, dass die Besonderheiten eines jeden Falles nicht mehr genau bestimmt werden können. Es ist insbesondere entscheidend, dass der Historiker charakteristische Aspekte eines jeden Vergleichsfalles identifizieren und diese Aspekte Quellen zuordnen kann, die einer Überprüfung standhalten. Mit Blick auf die hier zu behandelnde Frage der Staatsbürgerschaft würde ich außerdem argumentieren, dass Historiker die verschiedenen Komponenten von Staatsbürgerschaft berücksichtigen müssen, die oft Gegenstand verschiedener Untersuchungen gewesen sind: Staatsbürgerschaft und politische Rechte sowie Pflichten; Staatsbürgerschaft und Rechtsgleichheit; Staatsbürgerschaft als Grundlage sozialer (und zunehmend kultureller) Ansprüche und Leistungen; Staatsbürgerschaft und Staatsangehörigkeit.

Vor dem Hintergrund dieser allgemeinen Überlegungen wende ich mich nun einigen der Schwierigkeiten zu, die sich beim Schreiben einer Geschichte der Staatsbürgerschaft stellen.

Konzeptionelle Schwierigkeiten

In aller Regel haben sich Historiker auf die politische Staatsbürgerschaft konzentriert, vor allem auf Verfassungsänderungen, die Ausweitung des Wahlrechts und den Militärdienst. Das geschieht gewöhnlich staatsfixiert und in narrativer Form. Erst seit dem späten 19. Jahrhundert haben Historiker auch Aspekte gesellschaftlicher Staatsbürgerschaft berücksichtigt, und zwar meist im Kontext des »Aufstiegs des Wohlfahrtsstaats«. Aspekte der rechtlichen Staatsbürgerschaft (Definitionen von Staatsangehörigkeit, Rechte in der privaten und bürgerlichen Gesetzgebung, Eigentumsfragen usw.) wurden zumeist der Teildisziplin der Rechtsgeschichte überlassen, auch wenn narrative Darstellungen der politischen Staatsbürgerschaft die Debatten über bürgerliche Freiheiten integriert haben mögen. Historiker mögen bestimmte juristische Fragen, beispielsweise in sozialhistorischen Studien zur Kriminalität oder z. T. in wirtschaftshistorischen Untersuchungen zum Eigentumsrecht, behandelt haben, aber in aller Regel nicht mit Blick auf die Staatsbürgerschaft als solche.

Wir stehen also einer in sich fragmentierten Reihe von Untersuchungen gegenüber, die einen Vergleich erschweren – zumal dann, wenn es um Studien geht, die sich am Staat orientieren und in narrativer Form abgefasst sind. Hinzu kommt die Schwierigkeit, das Untersuchungsobjekt zu definieren, denn es impliziert eine sehr differenzierte Gruppe von Rechten und Pflichten, Staatsangehörigkeiten und Nichtangehörigkeiten.

Historiographische Schwierigkeiten

Die in der Geschichtswissenschaft vorherrschende Vorgehensweise, um historische Bezüge herzustellen, besteht in der erzählenden Überblicksdarstellung politischer Geschichte, in der die Realisierung politischer Staatsbürgerschaft mit Veränderungen anderer Bereiche der Staatsbürgerschaft verknüpft wird. So stellt die von Marshall speziell für Großbritannien entwickelte Argumentation die Verwirklichung der Rechtsgleichheit als die Einführung von Bedingungen dar, die politische Staatsbürgerschaft zu erwerben, die wiederum zur gesellschaftlichen Staatsbürgerschaft führt (Marshall 1964). In einer anderen Darstellung wird Frankreich als Beispiel vorgestellt, in dem die durch die Revolution erreichte politische Staatsbürgerschaft gleichzeitig die Rechtsgleichheit eingeführt habe.

Doch der Vergleich nationaler Fallbeispiele gestaltet sich schwierig: Wann immer er durchgeführt wird, berücksichtigt er normalerweise nur einen Strang, eine Komponente der Staatsbürgerschaft, beispielsweise die Frage der *Staatsangehörigkeit* (wie jemand die Staatsbürgerschaft erlangt) oder die politische Staatsbürgerschaft (warum wird diese reformerisch, revolutionär oder unvollständig realisiert?) oder die gesellschaftliche Staatsbürgerschaft (komparative Studien zur Entwicklung des Sozialstaates).

Wichtige Untersuchungen und ihre Probleme

Die Arbeit von Marshall hat einen weit über Großbritannien hinausgehenden Einfluss ausgeübt. Seine dreiteilige Typologie der Staatsbürgerschaft (rechtlich, politisch, sozial) bietet eine Grundlage für einen weit reichenden Vergleich. Doch Marshall verwendete diese Typologie vor allem dazu, um eine *Sequenz* für einen einzelnen Fall zu entwickeln. *Prozesse* betrachtete er nicht, auch wenn diese bis zu einem gewissen Grade impliziert sind – und *Staatsangehörigkeit* sah er als vorausgesetzt an.

Bei den Arbeiten von Brubaker, Gosewinkel und Fahrmeir handelt es sich um kontrollierte, systematische Vergleiche zweier Fallbeispiele – Frankreich und Deutschland –, wobei sich das Hauptinteresse auf die Frage der *Staatsangehörigkeit* richtet und weniger auf Aspekte von Rechten und Pflichten. Bei Brubaker (1992) wird vor allem der *Prozess* mit

Blick auf die staatlichen Eliten und ihre politische Kultur untersucht. Das Abstammungs- oder Geburtsrecht wird auf verschiedene politische Traditionen und Nationalismen zurückgeführt. Bei Gosewinkel (1995) werden Prozesse als spezifische und verschiedenartige Krisen interpretiert. Die Frage der Staatsangehörigkeit dient auch als Vergleichsebene in einer aktuellen Monografie von Fahrmeir (2000). Das alles sind ausgezeichnete Untersuchungen, und man kann argumentieren, dass sich ein Vergleich nur mit exakt definierten Untersuchungsgegenständen durchführen lässt. Aber das ruft auch Probleme hervor.

Zunächst einmal kann man die *Staatsangehörigkeit* nur schwer von *Rechten* und *Pflichten* unterscheiden: Wenn die Staatsangehörigkeit wichtige Rechte oder Pflichten einer bestimmten Kategorie überträgt, dann mag dies die Art und Weise, in der Staatsangehörigkeit definiert wird, beeinflussen.[2]

Zweitens kann man die Frage von Rechten und Pflichten auch nur in Bezug auf die *politische Staatsbürgerschaft* betrachten. Dort, wo Fragen der rechtlichen Gleichheit oder des Zugangs zu Sozialleistungen auftauchen, können diese die Staatsangehörigkeit bedingen und umgekehrt auch die Art und Weise, in der politische Staatsbürgerschaft betrachtet wird.

Staatsbürgerschaft und ihre moderne Form

Für die Definition von Staatsbürgerschaft ist es wichtig, die Staatsangehörigkeit mit Rechten und Pflichten in Verbindung zu setzen. Dabei folge ich Tilly (1996, S. 6f.):

»Staatsbürgerschaft ist eine Kategorie, die auf den Verbindungen zwischen Staat und Individuum basiert, dem bestimmte Rechte und Pflichten zugeordnet sind.«

Diese weite Definition ergänzt Tilly mit einigen Anmerkungen:

- Kategorie meint eine Gruppe, die sich durch eine bestimmte Qualität auszeichnet.
- Eine Verbindung ist eine Reihe von Handlungen zwischen zwei Parteien.
- Die Kategorie behandelt die Frage der Staatsangehörigkeit; die Verbindungen beziehen sich auf die mit bestimmten Rechten und Pflichten zusammenhängenden Fragen.

- Das Verhältnis zwischen Staat und Individuum: Die einzelne Person ist in dieser Beziehung *direkt definiert.* Darin unterscheidet sie sich von verschiedenen Arten vormoderner ›Staatsbürgerschaft‹, die an die Zugehörigkeit des Einzelnen zu einem Kollektiv geknüpft war, das eine vom Staat unabhängige ›corporate identity‹ hat. In solchen Fällen wird die Staatsbürgerschaft beispielsweise Gildemitgliedern vorbehalten oder einer Erbaristokratie, wie sie in städtischen oder ständischen Formen von Staatsbürgerschaft zu beobachten ist. Wie bei Tilly definiert, ist es der Staat, der die Kriterien zur Erlangung der Staatsbürgerschaft (Geburt, Abstammung, Heirat, langjährige Ortsansässigkeit, Eigentum, Besitz) festlegt, die vom Einzelnen erfüllt werden müssen.

Dies wiederum definiert den Staat als ›öffentliche Körperschaft‹, die auf einer von den jeweiligen kollektiven Identitäten und Interessen seiner Staatsangehörigen/Bürger unabhängigen, d.h. abstrakten Ebene existiert, soweit die formale Definition von Staatsbürgerschaft betroffen ist.

Zwar gibt es vormoderne Formen der Staatsbürgerschaft, insbesondere in antiken griechischen Stadtstaaten, im Römischen Reich und in bestimmten frühneuzeitlichen Stadtstaaten – doch sie unterscheiden sich von der Staatsbürgerschaft im modernen Territorialstaat.

In ihm ist die *politische Staatsbürgerschaft* nicht als ›direkte Demokratie‹ institutionalisiert (wie etwa im Stadtstaat), sondern durch ein System der Repräsentation, das wiederum bestimmte Definitionen von politischen Rechten und Pflichten erfordert, d.h. Wahlrecht, Wahlmethode, Beziehung zwischen Parlament und anderen Staatsorganen und schließlich die Wähler.[3]

Darüber hinaus gibt es wichtige Qualitäten, die man als *nichtpolitische Staatsbürgerschaft* bezeichnen könnte: Staatsbürgerschaft beinhaltet mehr als nur Angelegenheiten politischer (inklusive militärischer) Rechte und Pflichten. Dies führt zur Frage von ›privaten‹ Komponenten der Staatsbürgerschaft, der Gleichheit vor dem Gesetz, den Freiheiten vom Staat sowie den sozialen, wirtschaftlichen und kulturellen Leistungen. Diese letztgenannten Arten von Staatsbürgerschaft führen wiederum zur Frage der Unterscheidung zwischen ›öffentlich‹ und ›privat‹, die auf verschiedene Weise durch die ›klassischen‹ bzw. ›republikanischen‹ und durch die liberalen Auffassungen von Staatsbürgerschaft aufgeworfen wird. Sie konzentrieren sich auf die Freiheit in bzw. vom Staat und finden in der Doppelbedeutung des Begriffes ›Bürger‹ als einer privaten Person, dem

Burgher/Bourgeois, und dem Staatsbürger, dem *Citoyen/Citizen*, ihren Ausdruck.

Das moderne Konzept des *Staatsbürgers* hat den Beigeschmack des Beliebigen, denn es verschmilzt mit dem Konzept des *Staatsangehörigen*. Das bedeutet, dass die Staatsbürgerschaft mit Eigenschaften verknüpft wird, die alle Staatsangehörigkeiten in ihren Interessen und in ihren Identitäten auszeichnet. Hier gewinnt das Konzept der Nation Bedeutung; der Territorialstaat wird in den Nationalstaat verwandelt, die Begriffe Staatsbürgerschaft und Nationalität werden austauschbar.

Die drei Marshall-Typen, gemäß der Definition bei Tilly verwendet, können darauf hindeuten, dass es *verschiedene Arten von Staatsbürgern/Staatsbürgerschaften* gibt. Marshall selbst hat dies nicht bedacht, da er sich nicht mit Fragen über die Staatsangehörigkeit in Opposition zur Staatsbürgerschaft beschäftigte und weil sein Hauptinteresse in der langfristigen Entwicklung zu einer ›vollen‹ Staatsbürgerschaft lag. Anders gesagt: Er ließ die Probleme von ›Teilstaatsbürgerschaften‹ schon in der Anfangsphase seiner Analyse aus. Nach Marshalls Kriterien war die ›rechtliche‹ Staatsbürgerschaft im Großbritannien vor 1832 eine viel wichtigere Kategorie als jene der ›politischen‹ Staatsbürgerschaft, und es gab noch keine ›soziale‹ Staatsbürgerschaft. In einigen Fällen muss eine neue Form der Staatsbürgerschaft eingeführt werden (vor allem in Bezug auf die vielen Sozialrechte); in anderen Fällen muss sie über kleine Gruppen hinaus erweitert werden (vor allem politische Rechte). Dies wird gewöhnlich von der allgemeinen Geschichtswissenschaft ignoriert, da sie sich auf jeweils eine Art von Staatsbürgerschaft konzentriert. Und auch Untersuchungen über Staatsangehörigkeit setzen sich mit dieser Frage nicht auseinander, weil sie verschiedene Gruppen von Rechten und Pflichten außer Acht lassen.

Ein entscheidender Vorteil in Marshalls Ansatz liegt jedoch in seinem Interesse an den *Institutionen*. Jede Art von Staatsbürgerschaft erlangt ja ihre Bedeutung erst durch die Bildung, Adaption und Arbeit bestimmter Institutionen. Damit beispielsweise Rechtsgleichheit und bürgerliche Rechte wirksam werden können, bedarf es nicht nur einer entsprechenden Gesetzgebung, sondern auch eines modernen, d. h. von spezifischen Interessen freien Gerichtssystems, außerdem eines Polizeiwesens, das solche Rechte schützt (und nicht angreift), sowie gesellschaftlicher Vereinbarungen und Bewegungen, die das Gesetz nutzen, um diese Rechte zu realisieren. Die Staatsangehörigkeit erreicht ihre Bedeutung durch ein

Dokumentationssystem, das die relevanten Informationen aufzeichnet, ein Überwachungssystem (sowohl an der Staatsgrenze wie auch im Inland), das diese Dokumentation überwacht, einen Gerichts- und/oder Verwaltungsapparat, der Entscheidungen fällt und umsetzt (z. B. Einbürgerung, Deportation). Die politische Staatsbürgerschaft geht einher mit der Organisation von Parlamenten und Wahlen (mit Verfahren zur Wahlberechtigung, für die Wahlorganisation und -beobachtung) und mit der Parteienbildung zur Wählermobilisierung und Organisation der Gewählten. Die soziale Staatsbürgerschaft hängt mit der Entwicklung von Einrichtungen wie allgemeinen Grundschulen, sozialen Sicherungssystemen oder öffentlichen Gesundheitseinrichtungen zusammen. Diese achten nicht nur auf die Durch- und Umsetzung von Pflichten (wie der Schulpflicht, dem Bezahlen der Sozialversicherungsabgaben, dem Einhalten von Standards in der öffentlichen Gesundheitsfürsorge), sondern erfüllen auch Ansprüche, die sich durch die betreffende Staatsbürgerschaft ergeben. In jüngerer Zeit ist das, was man als kulturelle Staatsbürgerschaft bezeichnen könnte (um etwa Geschlechter- oder Rassendiskriminierung auszuschließen), auch mit der Verabschiedung neuer Gesetze sowie der Errichtung von Kontroll- und Vollstreckungsbehörden verbunden.

Entscheidend bei der Konzentration auf Institutionen ist die Tatsache, dass sie Routinevorgänge und – unter modernen Bedingungen – Akten in großem Umfang erzeugen, die für Historiker wichtig sind, um verlässliche Aussagen treffen zu können. Die Institutionen verweisen auch auf die Trennung zwischen ›formaler‹ und ›substanzieller‹ Staatsbürgerschaft: Juristische Studien mögen vor allem den Moment im Auge haben, an dem Rechtsgleichheit, allgemeines Wahlrecht, die Schulpflicht oder ein ›Nationalitätengesetz‹ eingeführt werden. Doch im Grunde bleiben sie alle rein formal, bis sie wirksam institutionalisiert worden sind.

Bei der Beschäftigung mit diesen Institutionen sollte man unterscheiden zwischen solchen, die integraler Bestandteil des zu behandelnden Rechts und der Pflicht sind, und jenen, die man als indirekt notwendig erachten mag, um dieses Recht oder diese Pflicht mit Sinn zu erfüllen. Beispiele der ersten Kategorie von Institutionen sind Parlamente und Wahlsysteme, ein Konvolut von Eigentums- und Vertragsgesetzen sowie Schulen. Beispiele für die zweite Kategorie sind politische Parteien und Vereinigungen, gesellschaftliche Bewegungen, die bestimmte soziale Fragen im Auge haben usw. Auf diese Weise kann das Modell weit reichende Fragen der ›Zivilgesellschaft‹ integrieren, die viele dieser indirekten Institutionen neben dem für ihr Funktionieren wichtigen, gesetzlichen Rahmen beinhalten, und es kann darüber hinaus den Blick von den Rechten und Pflichten auf die Fragen der Partizipation lenken.

Dies kann wiederum zur Frage der Staatsbürgerschaft als Identität führen. Ich habe Staatsbürgerschaft als Kategorie betont, die Tilly als eine »Gruppe von Handelnden, die durch ein einziges Kriterium, ob einfach oder komplex, voneinander unterscheidbar sind«, definiert. Doch diese Kategorien gewinnen ihre Bedeutung erst durch Institutionen – und zwar sowohl die Institutionen, die unerlässlich sind, um die jeweilige Bindung zwischen Staat und Individuum zu schaffen, als auch die Institutionen und unterstützenden Rahmen, um diese Bindung aufrechtzuerhalten. Nur dann werden die Mitglieder einer solchen Kategorie kollektive Identitäten entwickeln. (Tilly: »wie ein Handelnder eine Kategorie wahrnimmt, die Verbindung, Rolle, Netzwerk, Gruppe oder Organisation, verbunden mit der öffentlichen Repräsentation dieser Erfahrung; die öffentliche Repräsentation nimmt oft die Gestalt einer gemeinsamen Geschichte, einer Narration an«.)

Historische Fragen, erste Antworten

Nachdem nun der Rahmen für eine komparative Untersuchung formuliert worden ist, wende ich mich einigen Fragen über die Entwicklung der modernen Staatsbürgerschaft zu. Unter den vielen möglichen Fragestellungen möchte ich hier vier vorstellen:

a) Unter welchen Bedingungen versuchen Staaten enge und explizite Definitionen von Staatsangehörigkeit durchzusetzen, die auf die Einzelperson als solche und nicht auf Mitglieder zuvor definierter Gruppen anwendbar sind?

b) Welche spezifischen Rechte und Pflichten werden diesen Definitionen von Staatsangehörigkeit zugeordnet?

c) Lassen sich bestimmte Situationen und Prozesse identifizieren, die insbesondere die rechtliche, politische, soziale oder kulturelle Staatsbürgerschaft fördern?

d) Was verleiht der Staatsbürgerschaft die emotionale Kraft einer ›Identität‹, und was bedeutet dies für die Definitionen von Staatsangehörigkeit und den damit einhergehenden Rechten und Pflichten?

Die folgenden Gedanken sind nur erste Überlegungen.

Was die erste Frage betrifft, denke ich, dass dies in Situationen geschieht, in denen Konflikte entweder *zwischen Staaten* und/oder *zwischen Staaten und substaatlichen Systemen* auftreten. Dies veranlasst einen Staat, Territorialgrenzen und Staatsangehörigkeiten enger zu definieren, wobei diese über Gruppen hinausgehen, die bereits mit kollektiven Definitionen und Privilegien ausgestattet sind.

Weiterhin gehe ich davon aus, dass dies, wenn überhaupt, nur selten in Fällen auftritt, in denen die rechtliche Staatsbürgerschaft betroffen ist: Viele verbürgte Rechte sind fakultativ, d. h., sie werden jeweils im Einzelfall von Personen beansprucht. Sofern man bestimmten Personen die Inanspruchnahme solcher Rechte nicht verweigern möchte (beispielweise 1857 im amerikanischen Dred Scott-Fall, in dem einem Schwarzen die Klage aufgrund bürgerlichen Rechts abgesprochen wurde), ist es nicht notwendig, zuvor explizite Definitionen von Staatsangehörigkeit zu formulieren. In vielen Fällen ist das Recht wie auch die Berechtigung, es zu beanspruchen, nicht an das Individuum gebunden, sondern an eine Qualität jenseits des Einzelnen, z. B. an (Land-)Besitz.

Im Falle der sozialen Staatsbürgerschaft in den vorindustriellen Gesellschaften war das einzige wichtige, allgemein zuerkannte soziale Recht das der Armenfürsorge. Marshall führt dazu aus, dass unter den Bedingungen der Kommerzialisierung und der wachsenden sozialen und vor allem geografischen Mobilität die Armenfürsorge ihre einstmals informelle und nicht eindeutig definierte Funktion im Kontext lokaler Beziehungen und Tradition verloren hat. Sie muss in eine explizit institutionelle Praxis überführt und aus ihrem lokalen Geflecht befreit werden (normalerweise dem »Parish of Birth«, dem Geburtsort). Staaten sehen sich nun zwei Fragen gegenüber: Zum einen müssen sie die örtlichen Definitionen durch staatliche Definitionen ersetzen; zum anderen müssen sie, um die Ansprüche an die staatlich kontrollierte Armenwohlfahrt zu begrenzen, eine Trennung zwischen Staatsangehörigen und Nichtstaatsangehörigen vornehmen.

Diese beiden Fragen spielten vor allem in den deutschen Staaten eine wichtige Rolle – denn es handelte sich um viele Kleinstaaten, die mit zwischenstaatlichen Bewegungsströmen konfrontiert waren. Zunächst war die Staatsangehörigkeit implizit durch eine Reihe bilateraler Verträge über Ausweisung geregelt (Beziehungen *zwischen* Staaten). Preußen war nicht nur mit diesem Problem konfrontiert, sondern auch mit Bewegungen zwischen seinen Provinzen, von denen zwei vom Rest Preußens getrennt waren, und dem zunehmenden Versagen der an die *Gemeinde* (in der man geboren war) gebundenen Armenfürsorge. Dies führte zu Gesetzen, die die Gemeindekontrolle aufweichten, und – am selben Tag im Jahre 1842! – gleichzeitig zu einem Gesetz, das die Staatsangehörigkeit definierte. Bemerkenswert an diesem Gesetz, das als Modell für alle späteren deutschen Gesetze dieser Art dienen sollte, ist die Tatsache, dass es auf dem *ius sanguinis* beruhte. Man kann dies auf Rechtstraditionen zurückführen, aber gleichwohl feststellen, dass ein solches Gesetz für einen Staat, der Einwanderer anzog, anstatt sie abzuweisen, zur Begrenzung der Ansprüche auf Armenfürsorge von Vorteil war. Bei diesem Gesetz ging es ausdrücklich *nicht* um die Formulierung von Staatsbürgerschaft in ethnischen Begrifflichkeiten – auch wenn die Staatsbürgerschaft diese Konnotation in der späteren Ära der Nationalstaaten erhielt, da die Erlangung der Staatsbürgerschaft nun durch Abstammung und nicht durch den Geburtsort geregelt wurde.

Zwischen den frühen 1830er und den 1860er Jahren unterzeichneten die meisten Staaten des Deutschen Bundes multilaterale Vereinbarungen, die u.a. regelten, wie Aufenthaltsrechte zu einem Transfer der Staatsbürgerschaft von einem zum anderen Staat gestaltet werden sollten. Allerdings blieb dies bedeutungslos, solange es keine Übereinkünfte zur Bewegungs- und Niederlassungsfreiheit zwischen den Staaten gab. Einen wichtigen Fortschritt in diesem Bereich brachte die Gründung des Norddeutschen Bundes mit sich: Logischerweise führte die Entwicklung zu einem Typus einer deutschen Staatsangehörigkeit (aufgrund des »Indigenats«, einer Gleichstellungsklausel in den Verfassungen des Norddeutschen Bundes und des Deutschen Reiches von 1866 bzw. 1871), obwohl diese eher föderal und weniger zentralistisch aussah. Deutscher Staatsbürger war man als Staatsbürger eines deutschen (Teil-)Staates – und nicht umgekehrt. In der Praxis hieß dies, dass ein Sachse, wenn er sich z.B. in Preußen aufhielt, als Preuße behandelt wurde und umgekehrt. Dies führte zu Problemen, weil beispielsweise das Einbürgerungsverfahren in einem Staat des Bundes leichter war als in einem anderen – Differenzen, die bis zu einem gewissen Grad im Reichsgesetz von 1913 gelöst wurden, als die Diskussion um die Staatsangehörigkeit einen emotionalen und ethnischen Beigeschmack annahm.

Das alles erklärt zum Teil die nüchterne und instrumentelle Art, mit der die Staatsangehörigkeit im deutschen Nationalitäts- und Verfassungsrecht zunächst definiert wurde: Es war die Arbeit von Juristen und Verwaltungsbeamten, die vor allem bemüht waren, den Zugang zu wirtschaftlichen und sozialen Leistungen zu regulieren. In dieser Hinsicht gibt es bestimmte Ähnlichkeiten zur gegenwärtigen Praxis der Europäischen Union. Auch im Europa des 19. Jahrhunderts finden sich Parallelen, beispielsweise in Großbritannien, wo der Poor Law Amendment Act 1834 nicht nur die informelle, sondern auch die in der Gemeinde verankerte Praxis der Armenfürsorge ersetzte. Allerdings gab die bündnishafte und dann föderale Art der Organisation des deutschen Staates den Gesetzen zur Staatsbürgerschaft eine andere Bedeutung als jene, die sie im zentralistischen britischen Staat hatte. Darüber hinaus hatte Großbritannien keine geschriebene Verfassung und keinen Grundrechtekatalog – Probleme der Staatsbürgerschaft betrafen eher die Ausweitung des Wahlrechts. Noch bis weit ins 20. Jahrhundert hinein kannte das britische Gesetz keine Staatsbürger, sondern nur Untertanen der Krone.

Der nüchterne Instrumentalismus der deutschen Staatsbürgerschaftsregelung und die reformistische Konzentration auf die Ausweitung des Wahlrechts in Großbritannien unterschieden sich sehr vom französischen Weg zur Staatsbürgerschaft: Dort war sie mit dem plötzlichen Durchbruch zur politischen Staatsbürgerschaft und der Rechtsgleichheit verknüpft, die sich in der Umformung der Generalstände in die Nationalversammlung 1789 manifestierte. Die Staatsbürgerschaft wurde zunächst in der Begrifflichkeit individueller politischer Rechte definiert (Kopfwahlrecht anstatt Besitzwahlrecht) und dann im Rahmen von rechtlicher Egalität. Diese implizierte auch die »Abschaffung des Feudalismus« am 4. August 1789; die Neuzuordnung des Klerus, dessen Mitglieder nun nicht mehr einer Körperschaft angehörten, sondern Staatsdiener waren; die Abschaffung (1790) des Adelsstandes; die Abschaffung der Gilden und das Verbot wirtschaftlicher Korporationen sowie die Abschaffung bestimmter städtischer Privilegien und Autonomien. Durch das Aufkommen regionalen Widerstandes gegen das neue Regime, gefolgt vom Krieg gegen andere Staaten, wurde die Frage gleichsam militarisiert: Die Staatsbürgerschaft wurde nun mit der Pflicht zum Kampf für die Revolution verknüpft. Mit dem Kriegsausbruch ging eine eindeutige und enge Definition der Staatsgrenze einher.

In diesem Fall war die Staatsbürgerschaft eine öffentliche Angelegenheit, in der miteinander konkurrierende Identitäten und Ansprüche mobilisiert wurden. Verständlicherweise wurde die Staatsangehörigkeit nicht primär durch »private Rechte«, sondern eher durch »öffentliche Pflichten« definiert.

Diese Situationen und Prozesse haben Varianten: Beispielsweise sahen sich die neuen, von Napoleon geschaffenen Staaten veranlasst, die substaatlichen Identitäten, die mit den älteren, kleineren politischen Einheiten zusammenhingen, zu ersetzen. Eine Möglichkeit dafür bestand darin, Verfassungen zu schaffen und repräsentative Versammlungen einzuberufen, die die neue Staatsidentität und -angehörigkeit betonten. In Großbritannien hieß dies, dass in den Auseinandersetzungen um die politische Staatsbürgerschaft das Wahlrecht im Vordergrund stand, denn hier gab es bereits ein Parlament und eine etablierte Rechtsgleichheit (eine Folge der frühen Kommerzialisierung, der Unterordnung der Kirche unter staatliche Kontrolle und einer sehr kleinen, privilegierten Aristokratie). Außerdem war der Prozess dort nach dem Frieden von 1815 und der Verwirklichung britischer Globalhegemonie rein innenpolitischer Natur, frei von Konflikten mit anderen Staaten. Erst mit dem Ersten Weltkrieg sollte in Großbritannien die politische Staatsbürgerschaft mit dem Militärdienst verknüpft werden – im deutlichen Kontrast zu Frankreich, Österreich und Preußen.

Ich habe die Aufmerksamkeit auf die wichtigsten Unterschiede im gemeinsamen Weg zur modernen Staatsbürgerschaft in diesen drei Ländern gelenkt. Man könnte auch auf eine in einem Land dominierende Entwicklung hinweisen, die in den anderen Ländern eine präzise, wenn auch untergeordnete Rolle spielte. Die Frage der Staatsbürgerschaft und des Militärdienstes, die für die Französische Revolution eine so entscheidende Bedeutung hatte, war auch in den preußischen Reformen 1807–1815 präsent und tauchte in der preußischen Verfassungskrise in den frühen 1860er Jahren wieder auf. In den südlichen deutschen Staaten kurz vor und sogar nach 1871 wurde sie zum Streitfall. Die Definition der Staatsbürgerschaft im Kontext von Aus- und Einwanderung war nicht nur für die deutschen Staaten relevant, sondern auch für Frankreich – dort vor dem Hintergrund sinkender Bevölkerungszahlen und einer Schwächung der Machtposition: Beide Entwicklungen schürten Ängste und beherrschten so die Diskussion um das französische Staatsbürgerrecht in den 1880er Jahren. In den deutschen Staaten hatten bis kurz vor Ausbruch des Ersten Weltkrieges Fragen zur Wahlrechtsreform, d.h. zum allgemeinen Wahlrecht für Männer auf demokratischer Basis, eine zentrale Bedeutung in den Diskussionen um die politische Staatsbürgerschaft – ebenso wie in den Debatten über das parlamentarische Wahlrecht in Frankreich bis zur Bildung der Dritten Republik. Die Geschichte der Entstehung der modernen Staatsbürgerschaft setzt sich weniger aus völlig verschiedenen Wegen zum selben Ziel zusammen, als vielmehr aus einer Reihe sich überschneidender Fragen, die – zusammen genommen – in jedem Land eine jeweils eigene Gestalt annahmen.

Die hier vorgestellten Überlegungen zur ersten Frage haben Implikationen für die anderen.

Erstens gibt es keine spezifische Reihenfolge im Erreichen der verschiedenen Arten von Staatsbürgerschaft. In Frankreich waren politische und rechtliche Staatsbürgerschaft in der revolutionären Transformation einer *Ancien-Regime*-Monarchie und einer privilegierten Gesellschaftsordnung eng miteinander verknüpft. In deutschen Staaten wurde die Staatsangehörigkeit in Verbindung mit einem Minimum an sozialer Staatsbürgerschaft definiert. Sie unterschied sich eindeutig von der politischen Staatsbürgerschaft und vollzog sich in einer Gesellschaft, die noch durch unterschiedliche Privilegien gekennzeichnet war, selbst wenn diese in der absolutistischen Monarchie zunächst untergraben worden waren und schließlich als Reaktion auf Napoleon weiter abgenommen hatten. Ein Vergleich impliziert nicht eine gemeinsame Gruppe von Phasen, sondern eher die Notwendigkeit für einen Rahmen, der sehr unterschiedliche Sequenzen zu integrieren vermag.

Zweitens scheint es unwahrscheinlich, dass die gravierenden Unterschiede zwischen Staaten zu suchen oder dass sie mit nationalen Traditionen verknüpft sind (z. B. dem französischen assimilatorischen *ius soli* im Gegensatz zum deutschen und exkludierenden *ius sanguinis*): Eher werden die verschiedenen Kriterien eklektisch ausgewählt und angewandt, um jeweils unterschiedliche Ziele zu erreichen.

Wir müssen außerdem alle Aspekte der Definitionen von Staatsangehörigkeit berücksichtigen, beispielsweise die Frage, inwieweit langjähriger Aufenthalt oder Heirat neben die Abstammung/Geburt als Mittel der automatischen Erlangung der Staatsangehörigkeit traten, wie auch die Frage, wie großzügig und offen das Einwanderungsverfahren durchgeführt wurde.

Gemeinsamkeiten: Rechtsgleichheit und soziale Rechte

Ich habe hier einen Vorschlag präsentiert, wie der Prozess der Definition und Realisierung von Staatsangehörigkeit beginnt, und ich habe seine verschiedenen gesellschaftlichen und politischen Ursprünge dargestellt, wie sie die damit zusammenhängenden Definitionen, Rechte, Pflichten und Identitäten beeinflussen. Diese Betrachtungen haben sich auf Unterschiede zwischen den Staaten konzentriert. Man sollte jedoch auch die Gemeinsamkeiten festhalten.

Ich denke, dass es zwei besondere Prozesse gibt, die auf verschiedene Weise die Erosion von Privilegien und die Neudefinition von Menschen als Individuen/Staatsbürger fördern.

Der erste Prozess besteht in einer breiten Kommerzialisierung, vor allem, wenn er mit einer großen Umschichtung von Landbesitz oder der Schaffung von neuen Arten beweglichen Wohlstands und Eigentums verbunden ist. Im Zuge dieses Prozesses wird Besitz in allgemeinen und individualisierten Begrifflichkeiten definiert und es allen Landbesitzern gestattet, sich in gleicher Weise auf das Recht zu berufen, und zwar unabhängig von ihrer gesellschaftlichen Position.

Der zweite Prozess beinhaltet die Bildung eines mächtigen Zentralstaates; normalerweise geht dessen Entstehung mit der Entwicklung einer Bürokratie einher, die zunehmend auf der Grundlage formaler Kriterien für Qualifikation und Leistung Mitarbeiter mit festen Gehältern einstellt und befördert. Solche Staaten versuchen, verschiedene Klassenangehörige als gleichgestellte Subjekte neu zu definieren. Allerdings kann dies ohne eine breite Kommerzialisierung und/oder politische Krise und Transformation lediglich zu einer formalen Nivellierung führen.

Höherwertige, formale Sozialrechte, die über reine Armenfürsorge hinausgehen, sind mit der Entstehung einer urban-industriellen Gesellschaft verknüpft. Alle derartigen Gesellschaften führen die allgemeine Schulpflicht ein – obgleich das Warum unterschiedlich diskutiert wird. Die Erosion informeller Altersversorgung, die Probleme der Altersfürsorge, die sich aus den zyklischen Bewegungen eines großen, anonymen Arbeitsmarktes ergeben, schließlich die Schwierigkeiten des öffentlichen Gesundheitssystems einer urban-industriellen Gesellschaft (neben der Entwicklung von wissenschaftsbasierter Medizin, die Diagnosen und mögliche Therapien anbietet): Alle diese Probleme liefern jeweils auf ihre Weise funktionelle Erklärungen für die Ausweitung einer Reihe von Sozialleistungen, von denen einige in Form individueller Ansprüche für Staatsbürger auftreten. Inwiefern diese weiterhin als ein einziger ›Typus‹ betrachtet werden können, und inwieweit man hier ein allgemeines Muster einer Ausweitung von verschiedenen Sozialrechten beobachten kann, und schließlich, inwieweit man eine Reihe von ›kulturellen‹ Rechten und Pflichten hinzufügen muss: Das sind allesamt Fragen, die eine nähere Betrachtung verlangen.

Der Nationalstaat als Machtcontainer

Verschiedene dieser Prozesse hängen nicht notwendig mit dem Nationalstaat zusammen, obwohl schwer vorstellbar ist, wie sie sich ohne eine feste Verankerung in Territorialstaaten in einer geteilten Welt, die sich in verschiedenen Entwicklungsphasen befindet, künftig entwickeln können. Überdies kann man beobachten, dass einige dieser Entwicklungen in ›subnationalen‹ Staaten (beispielsweise den deutschen und italienischen Ländern) wie auch in supranationalen Staaten (z. B. dem Habsburger- und dem Zarenreich vor 1914) ablaufen.

Jedenfalls sind eine urban-industrielle Gesellschaft und eine formalisierte allgemeine politische Staatsbürgerschaft nur in zwei Sorten von Staaten entstanden: in Nationalstaaten mit mehr oder weniger privaten Marktwirtschaften oder in riesigen supranationalen (oder wenigstens multiethnischen) kommunistischen Staaten wie der UdSSR und China. Darüber hinaus ging in bestimmten Regionen Westmitteleuropas und den USA die Bildung eines Nationalstaates oder eines kommunistischen Staates derartigen Entwicklungen *voraus*.

Es fehlt hier der Platz, um die Frage von Staatsbürgerschaft in kommunistischen Staaten aufzugreifen. Ich möchte nur so viel anmerken, dass diese nicht einfach in negativen Begrifflichkeiten erfasst werden kann. Die Argumentation, nach der im Kommunismus keine Form von Staatsbürgerschaft möglich gewesen sei und die Frage erst wieder mit seinem Zusammenbruch aufgegriffen werden könne, lehne ich ab.

Ebenso wenig möchte ich die Frage behandeln, weshalb andere Arten von Territorialstaaten (z. B. die multinationalen Dynastien oder die kleinen subnationalen Einheiten) zum überwiegenden Teil am Übergang zur Moderne gescheitert sind. Dies mag zum Teil auch eine Definitionsfrage sein: Staaten, die noch monarchistisch oder polyethnisch sind, stellen sich selbst aus verschiedenen Gründen als Nationalstaaten dar und bedienen sich dabei einer antimodernen Rhetorik.

Ich würde lediglich behaupten wollen, dass die Entwicklung moderner Formen von Staatsbürgerschaften größtenteils innerhalb von Nationalstaaten stattgefunden hat – die ihrerseits die Form eines ›Machtcontainers‹ angenommen haben (ein Begriff, den ich von Michael Mann entlehnt habe). Das hat mehrere Konsequenzen: Erstens wurde die Staatsangehörigkeit mit der Nationalität verknüpft. Zweitens hat die zunehmende Fähigkeit des Nationalstaates, die Staatsangehörigkeit und die Grenzen wirkungsvoll zu kontrollieren, zu einer wachsenden Zahl verschiedener Arten von Staatsbürgerschaften geführt, die in einer einzigen Kategorie gebündelt wurden (obwohl Geschlecht und Alter weiterhin den Staatsbürger von anderen Staatsangehörigen deutlich unterschied).

Drittens war es überall dort, wo die Bildung des Nationalstaates mit der Schaffung einer breiten Rechtsgleichheit, politischen Staatsbürgerschaft und Sozialrechten einherging, eher die Nationalität und nicht die unabhängig definierten rechtlichen, politischen oder sozialen Kategorien, die wiederholt dazu verwendet wurden, die Staatsbürgerrechte zu strukturieren und differenziert zu vergeben. Daher findet man in den ostmitteleuropäischen Staaten in der Zeit nach 1919 Definitionen von Nationalitäts- und Staatsbürgerschaftsrechten, die in Form von ethnischer oder kultureller Identität gefasst sind. Dies unterscheidet sie in gewisser Weise von einer Situation, in der ein Territorialstaat zunächst Formen von Staatsbürgerschaft konstruierte und dann erst damit begann, einen nationalen Charakter zu formen – dort verhielt es sich tendenziell eher so, dass die Staatsbürgerschaft die Nationalität definierte und nicht umgekehrt. Das bringt uns zu weitergehenden Fragen der Staatsbürgerschaft, u. a. ob Nationalität eine Voraussetzung für Staatsbürgerschaft darstellt oder aber deren Folge ist.

In der Ära des Nationalstaates schließlich wird die Staatsbürgerschaft als Nationalität geheiligt, etwa in der Weise, in der die Jakobiner die Staatsbürgerschaft in eine heilige Identität verwandelten. Das macht es äußerst schwierig, die verschiedenen Elemente der Staatsbürgerschaft voneinander oder vom Kontext des Nationalstaates zu lösen, weil die zur Diskussion stehenden Fragen nicht mehr ausschließlich mit bestimmten Interessen, sondern mit Identität zusammenhängen.

Über den Nationalstaat hinaus denken

Ohne zu behaupten, wir träten gerade in eine postnationale Epoche ein und der Nationalstaat sei im Niedergang begriffen, möchte ich das Augenmerk darauf lenken, dass sich heute viele Fragen zur Staatsbürgerschaft in der Analyse und in der Praxis aus dem Kontext des Nationalstaates herauslösen lassen.

Zunächst einmal sollte man auf das von mir hier ausgelassene, allerdings entscheidende Experiment des Kommunismus verweisen. Hier haben sich Gesellschaften entwickelt, denen eine Struktur rechtlicher Individualität und Gleichheit, verknüpft mit Privateigentum, und ein explizites System politischer oder bürgerlicher Rechte (basierend auf dem Gedanken von Individualfreiheit, parlamentarischer Demokratie mit Mehrparteiensystem) fehlten, die aber durch ausgeprägte Sozialrechte und politische Pflichten gekennzeichnet waren, durch allgemeine Schulpflicht und Alphabetisierung und durch urban-industrielles Wachstum. Wenn dies die Schlüsselelemente der Moderne sind, und wenn wir die moderne Staatsbürgerschaft mit der Moderne assoziieren, dann müssen wir das Verhältnis von Staatsbürgerschaft und Kommunismus betrachten.

Des Weiteren hat die Entwicklung von supranationalen und internationalen Machtzentren dazu geführt, dass verschiedene Komponenten der Staatsbürgerschaft vom Nationalstaat losgelöst wurden. Die Trennung zwischen Menschen- und Bürgerrechten hat es seit jeher gegeben (man denke an die ursprünglichen Menschenrechtserklärungen in den USA und Frankreich im 18. Jahrhundert) – doch die Entscheidung darüber, wie diese Trennung und die Abwehr jeder ›Einmischung‹ von außen in die jeweils verfolgte Politik funktionieren sollte, blieb den Nationalstaaten überlassen. Zugegeben – einige Staaten konnten auf andere Staaten in Fragen der Menschenrechte Druck ausüben, indem sie direkt die Verfassungsgebung dieser Staaten beeinflussten, so im Fall der rumänischen Staatsgründung. Und doch werden Menschenrechte erst in der Moderne supranational definiert; und erst in dieser Epoche werden derartige Definitionen schwächeren Nationalstaaten gelegentlich oktroyiert.

Darüber hinaus ist insbesondere in der Europäischen Union die Trennung von bestimmten Staatsbürgerschaftsrechten vom Nationalstaat zu beobachten – dies betrifft vor allem Sozialrechte zur Sicherung des Arbeitsplatzes und Sozialleistungen. Außerdem werden einige dieser Rechte nicht nur auf Staatsbürger der Europäischen Union ausgeweitet, sondern auch auf langjährige Ortsansässige aus anderen Staaten. Selbst einige politische Rechte wie das lokale und das Europawahlrecht sind vom Nationalstaat gelöst und auf die EU-Ebene übertragen worden.

Es ist wichtig, dass diese Rechte zunehmend in Institutionen festgeschrieben werden. Selbst wenn es sich hierbei nur um beobachtende Institutionen handelt, so können diese doch Druck auf Nationalstaaten ausüben, um bestimmte Rechte zu realisieren. Das kann über die EU hinausgehen, wenn Staaten die Mitgliedschaft oder Hilfe der Europäischen Union beantragen und dann der Verpflichtung gegenüberstehen, einige dieser Staatsbürgerschaftsrechte einzuführen. Dabei kann schon ausschlaggebend sein, dass diese Staaten glauben, sie müssten solche Rechte einführen, um EU-Zuwendungen zu erhalten, ohne dass die EU direkte Bedingungen gestellt hätte.

So wird die Staatsbürgerschaft also auf verschiedenste Weise in viele verschiedene Gruppen von Rechten und Pflichten zersplittert und nicht mehr im Machtcontainer Nationalstaat gebündelt. Abgesehen von der Auswirkung für die künftige Entwicklung heißt dies nichts anderes, als dass der Historiker sich noch deutlicher der verschiedenen Elemente dieser Frage bewusst sein muss, als dies früher, in der Epoche des Nationalstaats, der Fall war: Mit dem Ende dieser Epoche können wir auch einige ihrer Grundannahmen hinter uns lassen.

Aus dem Englischen übersetzt von Jürgen Scheunemann.

Anmerkungen:

1 Der vorliegende Beitrag ist das Ergebnis eines für eine Konferenz verfassten Papers. Er beschränkt sich deshalb auf wenige Literaturangaben.

2 Weils Beitrag in diesem Band zeigt, dass – solange nicht viel auf dem Spiel steht – bereits bestehende Traditionen im Rechtsdenken die Art und Weise, in der Staatsbürgerschaft gestaltet wird, bestimmen, aber auch, dass dies sich ändert, sobald sie umstritten ist. Anders ausgedrückt: Sobald die Rechte und Pflichten zum Konfliktthema werden, geraten die Lösungen zur Definition von Staatsangehörigkeit in die Kritik.

3 Es hat Versuche direkter Demokratie gegeben (in den Schweizer Kantonen wie auch in bestimmten Fragen US-amerikanischer Lokalregierung), doch im Allgemeinen scheitern sie aufgrund der Menge der Beteiligten und des Umfangs moderner Staatsgeschäfte.

Literatur:

Brubaker, Rogers (1992): Citizenship and Nationhood in France and Germany, Cambridge, Mass.

Fahrmeir, Andreas (2000): Citizens and Aliens. Foreigners and the Law in Britain and the German States 1789–1870, New York/Oxford.

Gosewinkel, Dieter (1995): Staatsbürgerschaft und Staatsangehörigkeit, in: Geschichte und Gesellschaft 21, S. 533–566.

Marshall, T. H. (1964): Class, Citizenship and Social Development, New York.

Tilly, Charles (Hg.) (1996): Citizenship, Identity and Social History, Cambridge.

Staatsangehörigkeit in Deutschland und Frankreich im 19. und 20. Jahrhundert

Dieter Gosewinkel

Die Staatsangehörigkeit der Nationalstaaten ist eine Konstruktion ihrer nationalen Eliten. Sie ist zugleich eine rechtliche Institution, die von jeher als spezieller Aufgabenbereich staatsrechtlicher Experten galt, historisch jedoch weit reichende Wirkung im Alltag der Staatsbürger entfaltete. Regierungspolitiker, Parlamentarier und Verbände gestalteten und beeinflussten die Rechtsregeln über die Staatsangehörigkeit, Juristen und Staatsbeamte kommentierten sie und wandten sie an. Entscheidungen über die Staatsangehörigkeit grenzten Nationalstaaten voneinander ab und bestimmten die persönliche ›Würdigkeit‹ zur Aufnahme in die Staatsbürgerschaft. Sie teilten Rechte und Pflichten zu, die Staatsbürger von Ausländern unterschieden und materielle Lebenschancen mitbestimmten. Im Zeitalter der Nationalstaaten wurden Regelungen, die über den Aus- und Einschluss in die nationale Gemeinschaft der Staatsbürger entschieden, konstitutiv für den nationalen Diskurs. Sie waren nationalpolitisch umkämpft und wurden symbolisch aufgeladen. In der Konzeption der Staatsangehörigkeit schlug sich die jeweils leitende Konzeption der Nation nieder. Die nationalen Unterschiede zwischen den Staatsangehörigkeitssystemen repräsentierten daher Unterschiede zwischen den Nationskonzepten.

Diese Zusammenhänge sind im Verlauf des letzten Jahrzehnts in das Bewusstsein der politischen und wissenschaftlichen Öffentlichkeit gedrungen. Die politischen Auseinandersetzungen um die Neugestaltung des Staatsangehörigkeitsrechts stellen zugleich Kämpfe um die Bestimmung der nationalstaatlichen Tradition dar. Die Tradition erschließt sich ihrerseits nur im historischen Rückblick, der auf den Vergleich mit anderen nationalen Traditionen der Staatsangehörigkeit angewiesen ist. Die Deutung der Geschichte der Staatsangehörigkeit wird somit erheblich für die Nationalstaatskonzeption der Gegenwart. Ein Beispiel für eine solche erfolgreiche Deutung liefert die Studie von Rogers Brubaker (1992). Seine historisch vergleichende Arbeit über die Staatsangehörigkeit in Deutschland und Frankreich ist bereits selbst Teil der nationalen Geschichtskonstruktion in den beiden Ländern geworden. Die Verschiedenheit des deutschen und französischen Entwicklungspfades, so scheint es, liegt auf der Hand und ist nirgends so schlüssig erklärt worden wie bei Brubaker. Seine Thesen werden daher einleitend dargelegt.

Der folgende Beitrag hingegen deutet die Geschichte der deutschen und französischen Staatsangehörigkeit anders. Nicht die nationalen Unterschiede als solche stehen dabei im Vordergrund, sondern die Frage, unter welchen politischen Bedingungen sich die nationalen Unterschiede herausbildeten – und gegebenenfalls wieder zurückbilden.

Rogers Brubaker zeigt, wie sich zwei gegensätzliche politisch-kulturelle Leitbilder der Staatsangehörigkeit historisch aus einander entgegengesetzten Nationsvorstellungen bildeten. In Deutschland blieb die Vorstellung der Entstehung der Nation vor dem Staat bestimmend. Dadurch konnte sich ein *ethnisch-kulturelles*, am vorstaatlichen Begriff des Volkes orientiertes Leitbild ausprägen. Es trat in Spannung zum Staat, setzte auf restriktive, objektive Kriterien, welche die Einbürgerung beschränkten. Dieser restriktive Grundcharakter war im herrschenden Abstammungsprinzip *(ius sanguinis)* verkörpert, das vom Reichs- und Staatsangehörigkeitsgesetz 1913 auf Dauer gestellt wurde. In Frankreich dagegen entwickelte sich ein Leitbild, das auf die Nation und den Staat zugleich bezogen war. Diese *staatsnationale* Konzeption der Staatsangehörigkeit verknüpfte sich mit der Staatsform der Republik. Sie setzte auf Assimilation und erleichterte die Einbürgerung. Ihre Verkörperung fand sie in einem weit gefassten Territorialprinzip *(ius soli)*, das sich mit dem republikanischen Gesetz von 1889 durchsetzte.

Die beiden Leitbilder waren freilich nicht immer unangefochten. Sie wurden geprägt, aufrechterhalten und verteidigt durch nationale Eliten, die sie zu nationalen, kulturellen ›Idiomen‹ (cultural idioms) verfestigten. So entstanden zwei polare Leitbilder, die die Praxis der Einbürgerung bis in die Gegenwart hinein prägten: ein relativ geschlossenes, volksbezogenes Modell in Deutschland; ein offenes, auf Assimilation angelegtes, staatsbezogenes Modell in Frankreich.

Zusammengefasst und anders gewendet: Die bekannte Gegenüberstellung des deutschen und des französischen Nationsbegriffs – ›Staatsnation versus Kulturnation‹ – erhält eine neue, vertiefte Begründung. Das Wesen, die Essenz der differenten Nationsbegriffe wird historisch geradezu herauspräpariert, indem mit der Staatsangehörigkeit die Wirkung einer zentralen Institution des Nationalstaats in ihren gegensätzlichen historischen Wirkungen gezeigt wird. Vor uns stehen, idealtypisch geschieden, zwei Modelle, die die nationalen Unterschiede der Staatsangehörigkeitspolitik historisch begründen. Es sind keine ›ehernen Gehäuse‹, gleichwohl aber stabile, kulturell geprägte Strukturen, die dem Wandel der materiellen Interessen Grenzen ziehen.

Doch wie stabil sind die zugrunde liegenden Nationskonzepte? Sind sie nicht ihrerseits zeitverhaftete, politisch interessengeleitete Konstruktionen? Und wenn dies zutrifft: Welchen spezifischen historischen Bedingungen verdankt sich ihrerseits die Stabilität der nationalen ›cultural idioms‹ – und damit auch ihr Wandel? Von zwei Richtungen her soll im Folgenden die idealtypische Konstruktion Rogers Brubakers kritisch auf ihre zeitgebundenen Voraussetzungen hin befragt werden. Dabei geht es zunächst um die Konzeptionen der Nation und der Staatsangehörigkeit als Konstrukte widerstreitender politischer Interessen (I.). Sodann werden die Zäsuren der Staatsangehörigkeitsentwicklung in Deutschland und Frankreich aus ihren unterschiedlichen politisch-sozialen Rahmenbedingungen heraus entwickelt (II.). Aus der Zeitbedingtheit der nationalen Unterschiede ergibt sich abschließend die Frage nach einer Konvergenz der beiden Staatsangehörigkeitssysteme (III.).

I. Nationsbegriffe als politische Konstruktionen

Es ist bekannt und soll eingangs nochmals betont werden: Die deutsche und die französische Konzeption der Nation waren von Beginn an nicht nur aufeinander bezogen, sondern gegeneinander gerichtet, im historischen Widerstreit entstanden. Die transzendente, auf Innerlichkeit und kulturellen Zusammenhalt gegründete Nationsvorstellung der deutschen Romantik wurde erst im Krieg gegen die Besatzung des napoleonischen Frankreich zu Beginn des 19. Jahrhunderts zur politischen und massenwirksamen Vorstellung. Die Hegemonie der Kultur, die Ästhetisierung und der Anspruch auf Einzigartigkeit als Kernbestand dieser nationalen Selbstdefinition waren gegen den politischen Hegemonialanspruch der französischen Nation gerichtet (Giesen 1993, S. 161). Diese definierte sich zwar selbst überwiegend als politisch, universalistisch und expansiv.

Verabsolutiert wurde diese Selbstzuschreibung aber erst in der feindlichen Wahrnehmung der deutschen Seite, die daraufhin ihrerseits das deutsche Gegenbild scharf konturierte.

Unter umgekehrten politischen Vorzeichen setzte sich dieser Prozess der Nationsdefinition durch Abgrenzung mit der Gründung des deutschen Nationalstaats 1871 fort (Jeismann 1992). Im Streit um die Annexion Elsass-Lothringens entspann sich unter führenden deutschen und französischen Wissenschaftlern jener Zeit eine Debatte, welche die Frage »Wem gehört das Elsass?« zum Anlass nahm, die jeweiligen Nationsvorstellungen zu systematischen Gegensätzen zuzuspitzen. Numa Denis Fustel de Coulanges und Ernest Renan verfochten den subjektiven, voluntaristischen – französischen – Begriff der Nation, Theodor Mommsen und David Strauss das sprachlich-ethnische – deutsche – Gegenidiom. Dieser Gegensatz wurde im Übergang zum 20. Jahrhundert geradezu wissenschaftlich kanonisiert in den beiden idealtypischen Grundkategorien »Staatsnation« und »Kulturnation« bei Friedrich Meinecke (Gosewinkel 1996, S. 320–336).

Damit soll weder die Existenz gegensätzlicher Nationsvorstellungen noch ihre prägende Kraft für die jeweiligen Staatsangehörigkeitskonzepte bestritten werden. Vielmehr geht es darum, den Blick zu öffnen für einen Grundsachverhalt, den Dominique Schnapper so fomuliert hat: »Depuis la Révolution française, la pensée de la nation, qui a accompagné la naissance et le développement des nations européennes, a toujours été indissolublement normative et descriptive, dans la mesure où la pensée fait elle-même partie de la réalité objective, où elle traduit et renforce les valeurs implicites ...« (Schnapper 1991, S. 69). Indem also der zugleich zeitbedingte und polemische Charakter der hergebrachten Nationsvorstellungen zu Tage tritt, wird ihr analytischer Wert zweifelhaft. Hinter der suggestiven politischen Eindeutigkeit der Konzeption muss die Analyse die Ambivalenz der Motivationen und der politischen Entwicklungsmöglichkeiten freilegen.

Ein Beispiel soll zeigen, was damit gemeint ist: Das Staatsangehörigkeitgesetz von 1889 ist geradezu ein *lieu de mémoire* (vgl. Nora 1984–1994) des französischen Republikanismus geworden. Die Einführung des uneingeschränkten *ius soli* für die zweite Generation der Zuwanderer prägt noch heute das französische Staatsangehörigkeitsrecht. Ein Jahrhundert nach der Revolution galt es – und gilt noch heute – als prägnantes Symbol des politischen, subjektiven Verständnisses von Nation, das sich durch das freie Bekenntnis des Einzelnen und seine Assimilationsbereitschaft auszeichnet. Es ist gängige Auffassung, dass sich darin der Sieg des universalen Republikanismus über die Gegenströmung des partikularistischen Boulangismus niederschlägt (Brubaker 1992, S. 104ff.).

Doch die neuere Forschung zeichnet ein anderes Bild. Das Gesetz von 1889 ist der Schlusspunkt einer Entwicklung, die von der freien Willensentscheidung wegführt zur staatlichen Vereinnahmung des Einzelnen, eben weil er auf französischem Boden sozialisiert ist. Das Territorialprinzip war auch keine Neuschöpfung der französischen Republik, sondern knüpfte an die Rechtskonstruktion des Ancien Régime an. Der republikanische Wert der Gleichheit setzte sich deswegen durch, weil er – in der Situation des Jahres 1889 – mit dem ökonomischen und militärischen Ordnungsinteresse des französischen Staates zusammenfiel. Dass den Nachkommen der Italiener in den Grenzprovinzen Savoyen und Nizza sowie in Algerien die französische Staatsangehörigkeit gewährt wurde, sollte der Entstehung eines italienischen Irredentismus entgegenwirken. Auch die Vorstellung, dadurch die Zahl der Wehrpflichtigen zu erhöhen, spielte eine herausragende Rolle. Schließlich lag den Unternehmern an einer höheren Anzahl verfügbarer Arbeitskräfte. Die Gegner der Reform, die am *ius sanguinis* festhielten, wurden hingegen nicht nur als Parteigänger der Aristokratie und als Antimodernisten, sondern geradezu als Gegner nationaler Interessen angesehen (Weil 1994 und 1995, Noriel 1988 und 1991).

Angesichts dieser Mischung politisch-pragmatischer Motive erscheint die ›republikanische‹ Interpretation des Gesetzes von 1889 als Teil eines republikanischen Gründungsmythos. Sie verdeckt einen grundlegenden Sachverhalt. In der Geschichte beider Nationalstaaten, in Deutschland wie in Frankreich, existierten von Beginn an *sowohl* ethnisch-kulturelle *wie* auch staatsnationale Elemente nebeneinander.[1]

II. Die Staatsangehörigkeit im Wandel politischer Rahmenkonstellationen

Grundsätzlich waren die Staatsangehörigkeitsprinzipien also ambivalent. Entscheidend ist jedoch, welches Element sich in welcher historischen Situation durchsetzte.

Dafür ist die Verfestigung und Verselbständigung eines kulturellen Idioms der Ethnokulturalität oder Staatsnationalität *eine* wichtige Erklärung. Aber sie ist – und dies führt zu der zentralen These – weder eine hinreichende noch die ausschlaggebende Erklärung. Entscheidend ist vielmehr die *politisch-soziale und institutionelle Rahmenkonstellation*, die ein (kulturelles) Leitbild erst durchsetzt, trägt – und verblassen lässt, wenn sie sich wandelt.

1. Was ist mit der »politisch-sozialen Rahmenkonstellation« gemeint? Dies soll an einem Beispiel erläutert werden. Es führt zurück in die Entstehungszeit des französischen Gesetzes von 1889 und zeigt nochmals, wie eng in Deutschland und Frankreich mit den Konzeptionen der Nation auch jene der Staatsangehörigkeit aufeinander bezogen sind. Die Novellierung der französischen Staatsangehörigkeitsgesetzgebung war über Jahre hinweg in Deutschland aufmerksam beobachtet worden, insbesondere im Hinblick auf die damit verbundenen militär- und bevölkerungspolitischen Implikationen. Als aufgrund des Gesetzes von 1889 die Zahl der Einbürgerungen in Frankreich in die Höhe schnellte, nahm der deutsche Reichsstatthalter in Elsass-Lothringen dies zum Anlass, um eine Änderung des deutschen Staatsangehörigkeitsrechts vorzuschlagen. Das reine Abstammungs- sollte generell um das Territorialprinzip ergänzt werden. Insbesondere sollte damit die Bildung »französischer Kolonien« in Elsass-Lothringen vermieden werden, damit diese Gruppen zum Wehrdienst herangezogen werden konnten. Ebenso war für die französische Gesetzesnovelle argumentiert worden – eine frappierende Parallele. Im Unterschied zu Frankreich jedoch scheiterte die Einführung des Territorialprinzips, und zwar am Widerspruch der Verwaltungschefs in den östlichen Provinzen des Deutschen Reiches. Sie lehnten die Einbürgerung der Nachkommen »polnischer, russischer und jüdischer« Familien ab, weil, wie es hieß, diese »schwer assimilierbar« seien.

Man könnte schlussfolgern: Eben dies ist ein Beleg für den Primat der ethnisch-kulturellen Staatsangehörigkeitskonzeption. Antislawische und antijüdische Abwehrhaltungen verhinderten die Liberalisierung des deutschen Staatsangehörigkeitsrechts. Doch die Erklärung ist komplizierter. Zunächst einmal waren die Einwanderer aus Osteuropa relativ arm, verglichen mit den ausländischen Arbeitsmigranten in den westlichen Gebieten des Reiches, vor allem Holländern und Belgiern. Deren staatsbürgerliche Integration wurde vielmehr begrüßt, da sie sich – nach Erkenntnis der

Behörden – sprachlich anpassten und bereitwillig an allen öffentlichen Einrichtungen beteiligten. Polen und ihren Nachkommen wurde hingegen – ebenso wie Dänen – von Beginn an unterstellt, sie seien nicht bereit, sich zu assimilieren. »Der Pole ... [hält] zäh an seinem nationalen Wesen fest. Den unausgesetzten Germanisierungsbestrebungen hat er bisher erfolgreich Stand gehalten«, vermerkte dazu der Oberpräsident von Schlesien (Geheimes Staatsarchiv, Rep. 77; zur deutschen Seite Gosewinkel 2001).

Diese Argumente weisen auf grundlegende demographische und sozioökonomische Voraussetzungen jeder Staatsangehörigkeitsgesetzgebung hin. Das Deutsche Reich wurde genau zum Zeitpunkt der Reformüberlegungen, Mitte der 90er Jahre des 19. Jahrhunderts, zum Einwanderungsland, weil es nach einem Jahrhundert der Auswanderung als inzwischen boomender Industriestaat Arbeitskräfte anwarb. Dabei wurden vorwiegend Osteuropäer, insbesondere aus den polnischen Gebieten Russlands und Österreichs, rekrutiert. Sie sollten im Osten des Deutschen Reiches landwirtschaftliche Arbeitskräfte ersetzen, die in die westlichen Industriegebiete abwanderten. Auch Frankreich fragte zu dieser Zeit nach industrieller Arbeitskraft im Ausland, in deutlich höherem Maße noch als das Deutsche Reich. In entscheidendem Gegensatz zum östlichen Nachbarn jedoch wies Frankreich ein deutlich niedrigeres Bevölkerungswachstum auf. Diese Diskrepanz beunruhigte die französische Öffentlichkeit am Ende des 19. Jahrhunderts und war ein wesentliches Motiv für die inklusive Staatsangehörigkeitsgesetzgebung. Frankreich war – und sah sich – stärker auf stetige und stabile Zuwanderung angewiesen als das Deutsche Reich, das eine schärfere Auswahl unter den Einwanderergruppen und Einbürgerungsbewerbern treffen konnte.

Insoweit spielten die Auswahlkriterien der Assimilierbarkeit und Assimilationsbereitschaft in Deutschland eine größere Rolle als in Frankreich. Dies galt umso mehr, als die Zuwanderergruppen in den beiden Ländern sowohl nach ihrer sprachlich-kulturellen wie ihrer nationalen Herkunft als unterschiedlich assimilierbar wahrgenommen wurden (Mondonico-Torri 1995, S. 42, 45). In Frankreich stellten zwischen den Volkszählungen 1851 und 1921 die Italiener (Milza 1981, S. 172ff., 271), Belgier und Spanier, d.h. die ›lateinischen‹ und katholischen Nationen, zugleich die drei größten Ausländergruppen, insgesamt bis zu drei Viertel.[2]

In Deutschland hingegen wuchs seit Beginn des 20. Jahrhunderts der Anteil der Ausländer mit slawischer Muttersprache an, überwiegend Angehörige polnischer Nationalität aus Russland und Österreich.[3] Dieser Umstand, der noch verstärkt wurde durch die überwiegende katholische und jüdische Religionszugehörigkeit der Einwanderer in einer mehrheitlich protestantisch geprägten Aufnahmegesellschaft, warf objektiv größere Schwierigkeiten der Assimilierbarkeit auf als die lateinisch-katholische Einwanderung in Frankreich. Auch die vor dem Ersten Weltkrieg erhebliche Gruppe der Dänen ließ sich nicht unversehens der als leicht assimilierbar geltenden ›germanischen‹ Sprachfamilie zuschlagen. Denn in Deutschland bestand eine Konfliktlage, die in dieser Form in Frankreich unbekannt war. ›Polen‹ und ›Dänen‹ – wohlgemerkt: deutsche Staatsangehörige dänischer und polnischer Nationalität – waren starke, organisierte Minderheitengruppen innerhalb des Reiches, die sich seit dem ausgehenden 19. Jahrhundert immer schärfer gegen die deutsche Mehrheitskultur richteten und abschlossen. Mit der Einbürgerung von Ausländern polnischer oder dänischer Nationalität wurde ein nationales Widerstandspotenzial gestärkt, das den staatlichen Zusammenhalt von innen her bedrohte. So jedenfalls stellte es sich aus der Sicht des deutschen Staates dar. Angesichts von Nationalisierungstendenzen, die sich wechselseitig verstärkten, schwand der Glaube an die Assimilationskraft des deutschen Staates am Ende des 19. Jahrhunderts. Einerseits war die Assimilationserwartung des Staates in den Augen der nationalen Minderheiten durch eine maßlose Germanisierungspolitik diskreditiert. Andererseits verschärfte sich der Konflikt durch die latente, zunehmende Drohung des Separatismus. Die dänische Nationalbewegung in Nordschleswig strebte die Rückkehr nach Dänemark, die polnische Bewegung auf lange Sicht die Wiedergründung eines polnischen Nationalstaats an. Die französische Minderheit in Elsass-Lothringen arbeitete auf die Revision der Annexion hin.

Hier wird deutlich: Auf dem Höhepunkt der Nationalisierung Europas, im ausgehenden 19. Jahrhundert, stieß jede Staatsangehörigkeitspolitik in Deutschland, die assimilierend und inklusiv wirken wollte, auf den Widerstand organisierter und zunehmend sezessionistischer Nationalbewegungen bzw. wurde in ihrer Integrationswirkung unterlaufen. Dies stellt einen entscheidenden Unterschied zu Frankreich dar, das im 19. Jahrhundert keine reale separatistische Herausforderung kannte (Lequin 1984, S. 92). Zwar soll damit nicht die politische Bedeutung der starken italienischen Minderheit und Zuwanderung in Frankreich unterschätzt werden, denn angesichts der 1860 eingegliederten italienisch geprägten Grenzprovinzen Savoyen und Nizza kam in Frankreich immer wieder die Furcht vor italienischem Irredentismus auf. Insgesamt aber gab es unter der italienischen Bevölkerung der Grenzprovinzen keine nationale Bewegung (Milza 1981, S. 269), die an Umfang, Organisationskraft und politischer Entschiedenheit mit der polnischen Bewegung in Deutschland vergleichbar gewesen wäre.

Zusammengefasst: Die nationalen Staatsangehörigkeitskodifikationen, die das gesamte 20. Jahrhundert prägten, formierten sich sowohl in Frankreich wie in Deutschland während des ausgehenden 19. Jahrhunderts und waren aufeinander bezogen. In beiden Nationalstaaten bildeten staatliche Assimilation und Integration den Ausgangspunkt. Dass Deutschland sich schließlich – mit dem Reichs- und Staatsangehörigkeitsgesetz von 1913 – definitiv gegen das Territorialprinzip entschied, ist mit der Beharrungskraft eines ethnisch-kulturellen Leitbildes nicht hinreichend erklärt. Ausschlaggebend war vielmehr die unterschiedliche politische Rahmenkonstellation demographischer, wirtschaftlicher und nationalpolitischer Bedingungen, die die Auswahl zwischen den Prinzipien der Staatsangehörigkeit verengte und letztlich bestimmte.

2. Ausgehend von diesem Befund für die ›Sattelzeit‹ der nationalen Gesetzgebung zur Staatsangehörigkeit lässt sich die Frage nochmals auf den Vergleich für das 19. und 20. Jahrhundert insgesamt ausweiten: Welche verschiedenen politischen Rahmenbedingungen lagen der Durchsetzung verschiedener nationaler Leitbilder der Staatsangehörigkeit zugrunde?

Ein wesentlicher Unterschied bestand darin, dass sich die Staatsangehörigkeit in Frankreich in einem Einheitsstaat, in Deutschland hingegen in einem Bundesstaat herausbildete. Die erste französische Kodifikation der Staatsangehörigkeit in der Revolutionsverfassung von 1791, die den (allgemeinen und gleichen) Status des ›citoyen‹ einführte, prägte nicht nur den französischen Staat, sondern zugleich die Nation. Die Gleichzeitigkeit der Entstehung von Staat und Nation und der rechtlichen Kodifikation der französischen Staatsangehörigkeit verlieh ihr bereits an ihrem Ursprung größere institutionelle Stabilität als der deutschen. Der revolutionäre Nationalstaat trat auch insoweit das Erbe des zentralisierenden absoluten Staates an, als er von Beginn an die Staatsangehörigkeit als Angelegenheit der Nation zentral und einheitlich regelte. Dem französischen Staatsangehörigkeitsrecht von 1889 (mit Wirkung für das gesamte 20. Jahrhundert) war ein Jahrhundert der Kodifikationsbemühungen vorausgegangen. In dieser Zeit waren die beiden Grundprinzipien, das Abstammungs- und das Territorialprinzip, in wechselnden politischen Systemen erprobt worden. Erst nach einem Jahrhundert also wurde der Primat des *ius sanguinis* gegenüber dem *ius soli* aufgegeben, weil die Mehrheit der Franzosen dadurch die innere Homogenität und die äußere Integrität ihres Nationalstaats besser gewährleistet sah.

In Deutschland hingegen entstand die Staatsangehörigkeit zu Beginn des 19. Jahrhunderts als Instrument der territorialen und staatlichen Neuordnung zumeist regionaler politischer Einheiten, die sich bis 1871 gegenseitig als Ausland behandelten (Fahrmeir 2000a, S. 85f.; ders. 2000b, S. 5, 22). Selbst im deutschen Nationalstaat gab es keine zentrale und einheitliche Staatsangehörigkeit. Deutscher wurde man nur mittelbar, durch die Aufnahme in einen Bundesstaat, und zwar bis 1934, als der Absolutismus der nationalsozialistischen Herrschaft eine einheitliche nationale Staatsangehörigkeit einführte. Die institutionelle Uneinheitlichkeit zeigte sich in der Unsicherheit des staatsrechtlichen Begriffs. Das Grundgesetz von 1949 war die erste deutsche Verfassung – eineinhalb Jahrhunderte nach der Französischen Revolution –, die den Begriff des ›Deutschen‹ bestimmte.

Bei der Kodifikation des nationalen Staatsangehörigkeitsrechts beider Staaten seit den 80er Jahren des 19. Jahrhunderts spielten unterschiedliche Interpretationen hinsichtlich der politischen Stellung des eigenen Nationalstaats eine wesentliche Rolle. In Frankreich beruhte die Staatsangehörigkeitspolitik auf der Erfahrung eines institutionell gefestigten Staates und seiner territorialen Stabilität. Die Raumvorstellung der ›natürlichen Grenzen‹ Frankreichs und die Erfindung des ›Hexagons‹ (siehe Weber 1986, S. 98; Nordmann 1986, S. 51ff.) waren konstitutiv für die politische Nationsvorstellung. Diese ›mental map‹ der französischen Nation wurde durch den Verlust Elsass-Lothringens nach 1871 eher noch verstärkt.

Die bekannte Feststellung, dass Deutschland ein später Nationalstaat, eine ›verspätete Nation‹ ist, wirkte sich auch in der Konzeption der Staatsangehörigkeit aus. Die Vorstellung eines gefestigten nationalen Territoriums konnte sich erst nach 1871 entwickeln und wurde zunächst durch die Politik der ›Saturiertheit‹ begrenzt. Im kolonialen Wettlauf rangierte Deutschland als späte Kolonialmacht weit hinter England und Frankreich. Die so genannten ›Auslandsdeutschen‹ in fremden überseeischen Staaten und Kolonien wurden auch deswegen zum Bezugspunkt eines volksbezogenen Nationalgefühls, weil die relativ kleinen deutschen Kolonialgebiete nur einen schwachen territorialen Anknüpfungspunkt boten. Die Reichstagsmehrheit, die in dem Gesetz von 1913 die Beibehaltung der deutschen Staatsangehörigkeit für Auslandsdeutsche stärkte, erstrebte damit zunächst die Angleichung an die nationalbewusste Rechtstradition der Kolonialmächte England und Frankreich (Gosewinkel 2001, Kap. VI).

Ethnisch-kulturelle Nationsvorstellungen wurden also durchaus als Mittel der *Kompensation politischer Schwäche des Staates* empfunden und auch eingesetzt. Dieser Zusammenhang deutete sich im deutschen Kaiserreich an. Er wurde evident und dominant nach 1918. Infolge der Niederlage im Ersten Weltkrieg, des Verlusts aller Kolonien und großer Gebietsabtretungen, die insbesondere dem neu entstandenen polnischen Staat zufielen, brach ein grundsätzliches Spannungsverhältnis zwischen Staatsangehörigkeit und Volkszugehörigkeit auf. Die Volkszugehörigkeit der Deutschen in den abgetretenen Gebieten und in anderen Regionen Osteuropas wurde zum Symbol der Irredenta und zum Instrument des territorialen Revisionismus, der fast alle politischen Lager der Weimarer Republik einte. Erst in dieser Phase politischer und wirtschaftlicher Depression und des gesteigerten Nationalismus gelangte die ethnisch-kulturelle, völkische Konzeption der Staatsangehörigkeit zum Durchbruch. Erst in dieser Zeit formte sie das deutsche Staatsangehörigkeitsrecht und seine Interpretation. Erst in dieser Phase fanden radikale rassistische Konzeptionen wachsende Aufnahmebereitschaft, sodass der Nationalsozialismus auf ihrer Grundlage ein rassistisches Staatsangehörigkeitsrecht schaffen konnte.

Der enge Zusammenhang zwischen politischer, insbesondere territorialer Stabilität und inklusiver Staatsangehörigkeitskonzeption lässt sich aber auch am französischen Beispiel erhärten. Nach dem militärischen Sieg wurde Elsass-Lothringen ohne Befragung der Bevölkerung ins französische Staatsgebiet eingegliedert. Das Staatsangehörigkeitsrecht wurde zwar 1927 liberalisiert, auch um die demographische Lücke infolge der hohen Kriegsverluste zu schließen (Découflé 1992, S. 359; Schor 1985, S. 540ff.). Aber die folgende Phase tief greifender wirtschaftlicher und politischer Instabilität (Harouni 1999, S. 62, 75), die in die militärische Niederlage von 1940 mündete, brachte in Frankreich eine fremdenfeindliche und antijüdische Bewegung hervor, wie sie seit der ›Affäre Dreyfus‹ nicht bestanden hatte. Auch dies weist auf die latente Existenz einer ethnischen, antiassimilatorischen Strömung im französischen Nationsverständnis hin, die durch tief greifende politische Erschütterungen aktualisiert wurde – bis hin zum Bruch mit der assimilationsfreundlichen Rechtstradition. »Vichy: La victoire du principe ethnique«, wie Patrick Weil es genannt hat (1995, S. 54), belegt dies auf beklemmende Weise: Wie das nationalsozialistische Regime kurz nach seinem Machtantritt, verfügte die Vichy-Regierung im Juli 1940, dass jenen »unerwünschten Ausländern« die Staatsangehörigkeit entzogen würde, die aufgrund liberaler Gesetze während der 20er Jahre eingebürgert worden waren. Beide Maßnahmen trafen insbesondere Staatsangehörige jüdischer Konfession[4] und leiteten die Zerstörung der hergebrachten rechtsstaatlichen Systeme der Staatsangehörigkeit ein.

III. Tendenz zur Konvergenz

Wenn also das Ausgangsargument zutrifft, dass erst verschiedene politische Rahmenkonstellationen unterschiedliche nationale Staatsangehörigkeitskonzeptionen ausprägen und aufrechterhalten, so folgen aus der Angleichung dieser Rahmenbedingungen Tendenzen der *Konvergenz*.

Dies soll abschließend für Deutschland und Frankreich nach 1945 bzw. 1989 erläutert werden. In beiden Staaten veränderte sich die Einwanderungssituation nach 1945 grundlegend. Zuwanderer aus islamisch geprägten Gebieten außerhalb Europas wurden zur stärksten Immigrationsgruppe. Die Staatsangehörigkeitspolitik reagierte in beiden Staaten mit Abweichungen von den jeweiligen nationalen Leitbildern. Deutschland lockerte in den 90er Jahren, wenn auch unter heftigen Auseinandersetzungen, sein ethnisch-kulturelles Leitprinzip und führte ein ergänzendes territoriales Prinzip ein. Dem lag die territoriale und innere Konsolidierung des deutschen Nationalstaats nach 1989 zugrunde. Vertreibung und Exodus der deutschen Volksgruppen aus Osteuropa infolge des Zweiten Weltkrieges und ihre weitgehende räumliche Konzentration in den beiden deutschen Staaten ließen das Spannungsverhältnis zwischen Volk und Staat schwinden. Schließlich verfestigte die definitive, völkerrechtlich gesicherte Grenzziehung Deutschlands nach der Wiedervereinigung 1989 eine grundlegend neue Rahmenkonstellation. Sie ermöglichte den Bruch mit dem traditionellen System der deutschen Staatsangehörigkeit.

Frankreich hingegen sieht sich seit den 80er Jahren einer Destabilisierung seiner Staatsangehörigkeitspolitik ausgesetzt. Eine Kette rasch aufeinanderfolgender Gesetzesänderungen zeugt davon. Das assimilative *ius soli* ist nicht aufgehoben, aber unter politischen Druck geraten und modifiziert worden. Angesichts der veränderten Immigrationssituation ist das Vertrauen in die sozialisierende, assimilierende Wirkung des Lebens in Frankreich nicht mehr ungebrochen. Dies deutet noch nicht auf einen Systemwechsel hin. Insgesamt aber zeigt sich: Unter der gemeinsamen Herausforderung neuer Immigration in ein territorial gefestigtes Westeuropa verlieren die Systeme der Staatsangehörigkeit ihre nationale Eigenart und Prägekraft.

Anmerkungen:

1 Eingehend dazu Giesen/Junge, 1998, die ein zusätzliches »traditionales Element« einführen.

2 Zwischen 62 und 76% der Einwanderer, errechnet nach Weil (1995), S. 356f. Zwar begegneten die polnischen Immigranten, die seit den 30er Jahren hinter den Italienern die zweitgrößte Ausländergruppe stellten, verstärkten Vorbehalten, doch bildete ihr Katholizismus eine kulturelle Brücke zur französischen Gesellschaft, vgl. Schor (1985), S. 143ff.; einschränkend Ponty (1988), S. 152ff., 386. Die Belgier galten als ›bons immigrés‹ oder ›Français du Nord‹ aufgrund ihrer geografischen Nähe und kulturellen Verwandtschaft zu Frankreich. Die relativ stärksten Konflikte gab es mit italienischen Einwanderern, die jedoch am Vorabend des Ersten Weltkriegs fast zur Hälfte als französische Staatsbürger integriert waren. Sezessionistische Tendenzen in gegen Frankreich gerichteten politischen Organisationen spielten auch in diesen Konflikten keine nennenswerte Rolle, zumal sich in der italienischen Einwanderergruppe starke Tendenzen zur Fluktuation und Rückwanderung nach Italien zeigten, vgl. Amas/Milza (1990), S. 64f., 184f.

3 Dies verschob sich nach 1918 aufgrund der deutschen Gebietsabtretungen. 1925 sprachen von 921 900 Reichsausländern 669 292 deutsch, s. Statistisches Jahrbuch für das Deutsche Reich 1928, S. 19.

4 Marrus/Paxton (1995), S. 4; Birnbaum (1992), S. 444, 447; mit differenzierten Zahlenangaben Laguerre (1988), S. 11ff.

Literatur:

Amas, Marianne/Milza, Pierre (1990): L'Immigration en France au XXe Siècle, Paris.

Birnbaum, Pierre (1992): Les Fous de la République. Histoire politique des Juifs d'Etat de Gambetta à Vichy, Paris.

Brubaker, Rogers (1992): Citizenship and Nationhood in France and Germany, Cambridge/London.

Découflé, André Clément (1992): Historic Elements of the Politics of Nationality in France (1889–1989), in: Donald L. Horowitz/Gérard Noiriel, Immigrants in Two Democracies, New York/London 1992, S. 357–367.

Fahrmeir, Andreas (2000a): Passwesen und Staatsbildung im Deutschland des 19. Jahrhunderts, in: Historische Zeitschrift 271, S. 57–91.

Fahrmeir, Andreas (2000b): Citizens and Aliens. Foreigners and the Law in Britain and the German States, 1789–1870, New York/Oxford.

Giesen, Bernhard (1993): Die Intellektuellen und die Nation, Frankfurt/Main.

Giesen, Bernhard/Junge, Kay (1998): Nationale Identität und Staatsbürgerschaft in Deutschland und Frankreich, in: Berliner Journal für Soziologie 8, S. 523–537.

Gosewinkel, Dieter (1996): Les Historiens allemands, in: Commentaire 19, S. 320–326.

Gosewinkel, Dieter (2001): Einbürgern und Ausschließen. Die Nationalisierung der Staatsangehörigkeit vom Deutschen Bund zur Bundesrepublik Deutschland, Göttingen.

Harouni, Rahma (1999): Le Débat autour du Statut des Etrangers dans les Années 1930, in: Mouvement social, No. 188, S. 61–75.

Jeismann, Michael (1992): Vaterland der Feinde, Stuttgart.

Laguerre, Bernard (1988): Les Dénaturalisés de Vichy, in: Vingtième Siècle, No. 20, S. 3–15.

Lequin, Yves (1984): Histoire des Français aux XIXe–XXe Siècles, Bd. 1, Un Peuple et son Pays, Paris.

Marrus, Michael R./Paxton, Robert O. (1995): Vichy France and the Jews, Stanford/Cal.

Milza, Pierre (1981): Français et Italiens à la Fin du XIXe Siècle.

Mondonico-Torri, Cécile (1995): Aux Origines du Code de la Nationalité en France, in: Mouvement Social, No. 171, S. 31–46.

Noiriel, Gérard (1988): Le Creuset français, Paris.

Noiriel, Gérard (1991): La Tyrannie du National, Paris.

Nora, Pierre (Hg.) (1994): Les Lieux de Mémoire, Bd. I–III, Paris 1984–1994.

Nordmann, Daniel (1986): Des Limites d'Etat aux Frontières Nationales, in: Pierre Nora (Hg.), Les Lieux de Mémoire, La Nation, Bd. 2, Paris 1986, S. 35–61 (51ff.).

Ponty, Janine (1988): Les Polonais méconnus, Paris.

Preußisches Geheimes Staatsarchiv Dahlem, Rep. 77, Tit. 227, Nr. 53, Bd. 2. Der Oberpräsident von Schlesien an den Preußischen Minister des Innern: 14.10.1893.

Schnapper, Dominique (1991): La France de l'Intégration, Paris.

Schor, Ralph (1985): L'Opinion française et les Etrangers, Paris.

Statistisches Jahrbuch für das Deutsche Reich 1928.

Weber, Eugen (1986): L'Hexagone, in: Pierre Nora (Hg.), Les Lieux de Mémoire, La Nation, Bd. 2, Paris 1986, S. 97–116.

Weil, Patrick (1994): Immigration, Nation et Nationalité: Regards comparatifs et croisés, in: Revue française de Science Politique 44, S. 308–326.

Weil, Patrick (1995): La France et ses Etrangers, Paris.

Bürgerrechte und Geschlecht

Herausforderung für ein soziales Europa

Ute Gerhard

Das Konzept der ›Bürgerrechte‹ bzw. der Staatsbürgerschaft bedarf im Deutschen ähnlich wie das der Zivilgesellschaft/Civil Society nicht nur der Übersetzung, sondern der Übertragung und Erläuterung. Das gilt in besonderem Maße in internationalen Zusammenhängen oder komparativen Studien, also gerade auch im feministischen Diskurs, in dem das Konzept ›citizenship‹ international eine zentrale Rolle spielt. Hier wird die Debatte um Staatsbürgerschaft oder Bürgerrechte nicht zuletzt im Kontext einer international vergleichenden Wohlfahrtspolitik vorwiegend in angloamerikanischen Begrifflichkeiten geführt. Weil ich diese komparative Perspektive für überaus anregend halte, möchte ich zunächst versuchen, die Terminologie zu klären, um Anschluss im internationalen Vergleich zu finden. Denn das Vokabular ist sehr vielfältig (vgl. Bussemaker/Voet 1998): Da wird unterschieden zwischen Staatsangehörigkeit und Staatsbürgerschaft; zwischen Bürgerrechten nicht nur als rechtlicher Position, sondern als sozialem Status (T.H. Marshall 1992); zwischen Staatsbürgerschaft als Status und politischer Praxis (R. Lister 1997); und zwischen dem Diskurs um Rechte oder um Identität (z.B. Y. Soysal 1994; Kymlicka/Norman 1994). In diesem Zusammenhang möchte ich auch die neueren feministischen Ansätze zum Konzept der Bürgerrechte/Citizenship vorstellen und diskutieren.

Weil die historischen Entwicklungspfade und politischen Kontexte das Konzept der Bürgerrechte prägen und bestimmen, wird im zweiten Teil die Bedeutung von Geschlecht im Prozess der Herausbildung von Staatsbürgerrechten skizziert. Die Analyse stützt sich einerseits auf eine breite sozialphilosophische und historische Kritik am Ausschluss von Frauen aus Staat und Politik und an der für die Ordnung der Geschlechterverhältnisse konstitutiven Trennung von öffentlicher und privater Sphäre. Andererseits geben erst konkrete rechts- und sozialhistorische Studien

Auskunft über länderspezifische Entwicklungsprozesse und Teilhabechancen. M.E. stellt sich die schließliche Zulassung und Partizipation von Frauen an politischer Willensbildung, ihre privatrechtliche Gleichberechtigung sowie soziale Teilhabe durchaus als eine Erfolgsgeschichte dar, die – wie immer unabgeschlossen und gefährdet – die zivilgesellschaftliche Sphäre und den Raum des Politischen verändert hat.

Im dritten und letzten Teil wird im Anschluss an aktuelle Überlegungen zu europäischer Staatsbürgerschaft diskutiert, welche Schlussfolgerungen aus diesen historischen Erfahrungen und kontextualisierenden Überlegungen für das Konzept europäischer Bürgerrechte bzw. einer europäischen, ›postnationalen‹ bzw. föderalen Staatsbürgerschaft zu ziehen sind. Dabei frage ich, ob die Europäische Union, ohne das bisherige Demokratiedefizit europäischer Institutionen zu unterschätzen, möglicherweise als ›politische Gelegenheitsstruktur‹ für den »schrittweisen Aufbau eines Raumes der Freiheit, der Sicherheit und des Rechts« (Art. 61 Amsterdamer Vertrag) zu nutzen wäre.

I. Zur Terminologie des Konzepts Bürgerrechte/Staatsbürgerschaft

1. Die Doppeldeutigkeit des Begriffs ›Bürger‹

Die Unbestimmtheit und Vieldeutigkeit der Begriffe ›Bürger‹/›Staatsbürger‹ im Deutschen hat eine lange Vorgeschichte (vgl. Riedel 1979, S. 672ff.). Selbst wenn wir sie erst in der Prägezeit des neuzeitlichen Staatsbürgerbegriffs beginnen lassen, am Ende des 18. Jahrhunderts, begleitet die Schwierigkeit der Übersetzung bzw. Übertragung des Terminus ›Bürger‹ und ›Staatsbürger‹ in andere Sprachen und Kontexte die Geschichte der bürgerlichen Gesellschaft bis heute. Ein ganzes Spektrum von Bedeutungen enthielt der Begriff ›Bürger‹ im Deutschen in dieser Übergangszeit: Er kennzeichnete den Stadtbürger im Unterschied zum bloßen Einwohner oder sog. Schutzverwandten; er bedeutete die Zugehörigkeit zu einem Stand im Unterschied zum Bauernstand und Adel, und er trat an die Stelle des Untertans und bezeichnete insoweit ein neues, unmittelbares Verhältnis zwischen Bürger und Staat, in das jedoch erst mehr als ein Jahrhundert später wirklich alle Menschen als formal gleiche Staatsbürger entlassen wurden. Unter dem Einfluss der Französischen Revolution versuchte Christian Garve gleichwohl, im zweideutigen deutschen Sprachgebrauch einen Vorzug zu sehen:

> »Das Wort Bürger hat im Deutschen mehr Würde als das französische Bourgeois ... Und zwar deswegen, ... weil es bei uns zwei Sachen zugleich bezeichnet, die im Französischen zwei verschiedene Benennungen haben. Es heißt einmal ein jedes Mitglied der bürgerlichen Gesellschaft, – und das ist das französische citoyen; es bedeutet zum anderen den unadligen Stadteinwohner, der von einem gewissen Gewerbe lebt, – und das ist bourgeois.« (Garve 1792, zit. n. Riedel 1979, S. 701)

»Die Doppeldeutigkeit des Begriffs ›Bürger‹ (*bourgeois* und *citoyen* zugleich) verweist auf realhistorische Zusammenhänge«, erläutert Jürgen Kocka in seiner Einleitung zu der mehrbändigen Studie *Bürgertum im 19. Jahrhundert*, in der die Vielschichtigkeit dieser historischen Kontexte im europäischen Vergleich analysiert wird (Kocka 1995, S. 24). Bedeutungsvoll und ambivalent ist insbesondere der Zusammenhang zwischen der Sozialgeschichte des Bürgertums und der Geschichte der bürgerlichen Gesellschaft als Projekt und Programm, einer Gesellschaft, die im deutschen Kontext viel eher mit der bürgerlichen Klasse bzw. der Klassengesellschaft des 19. Jahrhunderts assoziiert wird und nicht ohne weiteres mit dem englischen Begriff ›civil society‹ identisch ist. Unter allen Bedeutungen hat in der Staats- und Rechtslehre des 19. Jahrhunderts die immer wieder behandelte und betonte Unterscheidung zwischen dem Bürger als privatem Individuum, dem Inhaber bürgerlicher, d. h. privater Rechte, einerseits und dem öffentlich berechtigten, politischen Staatsbürger andererseits, der teilhat an Herrschaft und Souveränität, eine wichtige Rolle gespielt.

Kants definitorische Klarstellung zielt auf diese Unterscheidung und enthält bereits alle Widersprüche der bürgerlichen Gesellschaft: »Derjenige nun, welcher das Stimmrecht in dieser Gesellschaft hat, heißt *Bürger*, (citoyen, d.i. *Staatsbürger*, nicht Stadtbürger, *bourgeois*). Die dazu erforderliche Qualität ist, außer der *natürlichen*, (dass es kein Kind, kein Weib sei,) die einzige: dass er *sein eigener Herr (sui juris)* sei, mithin irgendein *Eigentum* habe, (wozu auch jede Kunst, Handwerk, oder schöne Kunst, oder Wissenschaft gezählt werden kann,) welches ihn ernährt; ... folglich dass er Niemandem, als dem gemeinen Wesen, im eigentlich Sinne des Wortes *diene.*« (Kant 1922, Bd. 5, S. 198) Neben Eigentum oder bürgerlicher Selbständigkeit ist also die *natürliche* Eigenschaft, weiblichen Geschlechts zu sein, ein Ausschlusskriterium. In der Systematik seiner Rechtslehre ist Staatsbürgerschaft, die ausdrücklich Teilhabe an der »zur Gesetzgebung vereinigten Glieder« meint, deshalb Teil des Staatsrecht. Sehr ähnlich heißt es da: »Nur die Fähigkeit der Stimmgebung macht die Qualität zum Staatsbürger aus; jene aber setzt die Selbständigkeit dessen im Volk voraus.« (Kant 1922, Bd. 5, S. 434f.) In den Ausführungen hierzu wird zwischen »aktiven« und bloß »passiven« Staatsbürgern unterschieden – »eine Unterscheidung«, die, wie Kant selbst zugibt, »mit der Erklärung des Begriffs von einem Staatsbürger überhaupt in Widerspruch zu stehen scheint«. Unter den Beispielen, die anscheinend für sich selbst sprechen, wird das weibliche Geschlecht entsprechend der liberalen Theorie des Besitzindividualismus »als zur Habe des Subjekts gehörend« (Kant 1922, Bd. 5, S. 364) unter den Besitz subsumiert. Denn zu denen, die »Schwierigkeit« haben, aktive Staatsbürger zu sein, gehören, weil sie »keine bürgerliche Selbständigkeit besitzen«, neben dem Gesellen, dem Dienstboten, den Unmündigen, »alles Frauenzimmer und überhaupt jedermann, der ... nach der Verfügung anderer ... genötigt ist, seine Existenz (Nahrung und Schutz) zu erhalten« (Kant 1922, Bd. 5, S. 435).

Die Trennung von öffentlicher oder politischer und privater Sphäre, die von da an zugleich die bürgerlich-liberale Ordnung im Geschlechterverhältnis markiert, spiegelt sich noch einmal in der Unterscheidung zwischen ›citoyen‹ und ›bourgeois‹. G.F. Hegel hat diese Trennung von Staat und bürgerlicher Gesellschaft in seiner Rechtsphilosophie ausdrücklich auch im Blick auf die Familie systematisch begründet (Hegel 1972, § 158–160). Angesichts einer geschichtlichen Entwicklung, in der ein Staat in Deutschland als Verfassungsstaat noch nicht existent ist, wendet sich Hegel gegen eine Theorie der Staatsbürgerrechte, sind für ihn die »Individuen als Bürger des Staates Privatpersonen, welche ihr eigenes Interesse zu ihrem Zwecke haben« (Hegel 1972, § 187). In der Kritik von Karl Marx an Hegels Rechtsphilosophie wiederum treten sich in der Differenz zwischen Staatsbürger und Privatbürger/›citoyen‹ und ›bourgeois‹ »die Charaktermasken des modernen sozialen Konflikts« (Dahrendorf 1992, S. 54) als Klassengegensätze gegenüber, wobei – dies war die Utopie des frühen Marx und beispielhaft für seine Dialektik – der Staatsbürger, repräsentiert im Proletarier, doch das Ziel menschlicher Emanzipation erst erreichen kann, wenn der auf das Gemeinwohl ausgerichtete, »abstrakte Staatsbürger« und der auf sein Privatinteresse reduzierte ›bourgeois‹ im »wirkliche(n), individuelle(n) Menschen« identisch werden oder – wie es in der viel zitierten Phrase heißt – »erst wenn der Mensch seine eigenen Kräfte als *gesellschaftliche* Kräfte erkannt und organisiert hat und daher die gesellschaftliche Kraft nicht mehr in der Gestalt der politischen Kraft von sich trennt ...« (Marx 1988, S. 370)

Die »Schwierigkeiten der deutschen Sprache mit dem Begriff Bürger«, die Ralf Dahrendorf am Vergleich zum englischen Begriff ›citizen‹ und ›citizenship‹ diskutiert, ist somit durch eine Reihe von Trennungen, Oppositionen und Ungleichzeitigkeiten bestimmt. Es ist der zeitliche Abstand zwischen Staat und demokratischer Verfassung, auch der zwischen Staatsgründung und Nation sowie die Verspätung der allgemeinen Bürgerrechte, die in Deutschland »die Rechte der Einzelnen an den Staat binden, statt vor ihm zu schützen«. »*Citizenship*« hingegen, so Dahrendorf weiter, »beschreibt Einzelne, insoweit sie nicht bloß Glieder des Staates sind. Das Verhältnis von Bürger und Staat ist gerade nicht in der Definition eines Staatsbürgers gegeben, sondern Thema der Freiheit.« (Dahrendorf 1992, S. 54f.)

›Citizenship‹ wird also mit dem deutschen Terminus ›Staatsbürgerschaft‹ nur unvollkommen beschrieben, wir sollten daher in der Terminologie zwischen Mitgliedschaft im Staat, die rechtlich als Staatsangehörigkeit institutionalisiert wird, und Bürgerrechten im weiteren, umfassenderen Sinn unterscheiden. Die im Vergleich zu Frankreich späte nationale Einigung, das Auseinandertreten von Staat und Nation in Deutschland, ist somit paradoxerweise der Grund dafür, dass Nationalität bzw. *Volkszugehörigkeit*, definiert über die Abstammung, nicht über den Wohnsitz, in den Staatsangehörigkeitsgesetzen des Deutschen Reiches (zuletzt 1913) eine so entscheidende Rolle spielen (vgl. Brubaker 1994, S. 79–105). Dabei ging es um die Normierung der Mitgliedschaft, also des Aus- bzw. Einschlusses, während von Bürgerrechten in diesem Kontext nicht gesprochen wird.

2. Das Spektrum der Bürgerrechte

Mit der Positivierung der Staatsbürgerrechte in einer demokratischen Verfassung, zunächst in der Weimarer Verfassung, dann im Grundgesetz der Bundesrepublik Deutschland, ist der Staatsbürgerbegriff in Deutschland entscheidend erweitert und qualifiziert worden. Im Katalog der Grundrechte der bundesdeutschen Verfassung wird unterschieden zwischen den Menschen- und den Bürgerrechten, also Rechten, die allen »Menschen« zustehen (dazu gehören Art. 2, das allgemeine Freiheitsrecht, Art. 3, das Recht auf Gleichheit, aber auch Art. 4, die Glaubens-, und Art. 5, die Meinungsfreiheit) im Unterschied zu den ›nur‹ Bürgerrechten, die Grundrechte heißen und nur Deutschen zustehen (z.B. die Versammlungs- und Vereinigungsfreiheit nach Art. 8 und 9 GG, ferner die Freizügigkeit, Art. 11, oder Berufsfreiheit, Art. 12 GG). Schließlich gibt es Rechtsgarantien und Staatszielbestimmungen, die allgemein formuliert, jedoch erst in Verbindung mit einem Bundesgesetz inhaltlich bestimmt sind (z. B. das Wahlrecht, Art. 38 GG, oder das Sozialstaatsgebot der Art. 20 und 28 GG). Die Staatsbürgerrechte im engeren Sinn sind also gerade im Hinblick auf politische Teilhaberrechte exklusiv, nur deutschen Staatsbürgern vorbehalten (vgl. Art. 116 GG). Immerhin ist die Systematik des Staatsangehörigkeitsrechts seit dem 1.1.2000 durch neue staatsbürgerliche Rechte der im Lande geborenen Kinder von Migranten und durch die Erleichterung der Einbürgerung von Ausländern prinzipiell verändert worden, ist das rigide Abstammungsrecht durch Geburtsrechte ergänzt worden. An der unterschiedlichen Reichweite und Bedeutung der Grundrechte wird gleichwohl deutlich, warum es so fällt schwer, ohne weiteres an die aktuelle Diskussion um ›citizenship‹ anzuschließen.

Warum das Konzept ›citizenship‹ in der Weltordnung nach 1989, nach dem Ende des Ost-West-Konflikts, eine so hohe Konjunktur und Aktualität erfahren hat, dafür sind verschiedene Gründe genannt worden (z. B. Keane 1988; Cohen/Arato 1992) Sie sind teilweise identisch mit der Renaissance und der Rekonstruktion des Konzepts *Zivilgesellschaft*, die als gemeinsamer politischer, normativer wie auch theoretischer Bezugspunkt für die Diskussion um notwendige Demokratisierungsprozesse in postsozialistischen, aber eben auch liberalen Gesellschaften dienen kann und einen Raum des Politischen für die Beteiligung der Betroffenen als Bürger jenseits und neben den bestehenden Institutionen eröffnet hat. Zugleich verweist die ›Rückkehr des Bürgers‹ (Kymlicka/Norman 1994) auf die anstehenden Probleme weltweiter Migration und multikultureller Staatsbürgerschaft in trans- oder postnationalen Zusammenhängen. Bemerkenswert bleibt, dass T. H. Marshalls Theorie der Bürgerrechte (1950, deutsch 1992), bereits am Ende der 1940er Jahre im Blick auf eine international vergleichende Analyse moderner Wohlfahrtstaaten entwickelt, in der aktuellen Diskussion eine so breite Rezeption erfahren und Anschlussfähigkeit erwiesen hat. Das gilt insbesondere auch für die feministische Diskussion.

Die These, die Marshall am Beispiel Englands entwickelt, geht von drei notwendigen Bestandteilen gelingender Staatsbürgerschaft aus. Es sind dies erstens die bürgerlichen oder zivilen Rechte, die notwendig sind, um die persönliche Freiheit zu sichern; in der juristischen Terminologie werden sie auch als individuelle Freiheits- und Abwehrrechte gegenüber dem Staat bezeichnet. Zweitens geht es um die Anerkennung der politischen Teilhaberechte, den ›status activus‹ des Staatsbürgers (und der Staatsbürgerin), der die verschiedenen Formen der politischen Partizipation, auch »den Gebrauch politischer Macht«, beinhaltet, und drittens um soziale Bürgerrechte. Als solche nun bezeichnet Marshall »eine ganze Reihe von Rechten, vom Recht auf ein Mindestmaß an wirtschaftlicher Wohlfahrt und Sicherheit über das Recht an einem vollen Anteil am gesellschaftlichen Erbe bis zum Recht auf ein Leben als zivilisiertes Wesen entsprechend der gesellschaftlich vorherrschenden Standards. Die am engsten mit ihm verbundenen Institutionen sind das Erziehungswesen und die sozialen Dienste.« (Marshall 1992, S. 40).

Während die Gewährleistung der ersten beiden Rechtselemente für den (männlichen) englischen Bürger im 18. bzw. 19. Jahrhundert errungen wurde, bezeichnen die sozialen Bürgerrechte in Marshalls Gliederung typische und unverzichtbare Gestaltungsräume des 20. Jahrhunderts. Nun ist zunächst aus der Frauenperspektive einzuwenden, dass diese idealtypische Abfolge auf die Geschichte der Frauenrechtskämpfe wieder einmal nicht zutrifft. Nicht nur haben Frauen grundsätzlich erst im 20. Jahrhundert das politische Wahlrecht erhalten, bevor sie, noch später, auch in den bürgerlichen und privaten Rechten, auch im Hinblick auf ihre Stellung in Ehe und Familie, mit Männern gleichgestellt wurden. Besondere Schutzrechte (z. B. gegen Frauenarbeit) oder Armenrechte sind ihnen aber bereits im 19. Jahrhundert zugestanden worden, auch wenn – darauf weist auch Marshall hin (S. 50) – gerade der Bezug des Armenrechts eine zusätzliche Begründung dafür lieferte, Frauen wie Zuchthäusler und andere Unterstützungsempfänger aus dem Kreis der Staatsbürger auszuschließen. Giddens hat außerdem in seiner Würdigung und Kritik darauf hingewiesen, dass sich Marshalls Darstellung wie ein »natürlicher Evolutionsprozess« lese und er zu wenig berücksichtigt habe, dass die verschiedenen Stufen von Bürgerrechten erst nach langen historischen Kämpfen »gegen zähen Widerstand« errungen wurden, ja, bis heute »Auslöser für neue Konflikte« bleiben (Giddens 1983, S. 19 u. 22). Dem ist insbesondere auch mit Blick auf die Geschichte der Frauenbewegungen zuzustimmen.

Trotzdem, entscheidend ist, dass Bürgerrechte bei Marshall nicht nur als staatliche oder juristische Gewährleistungen, sondern als Inhaberschaft eines Status verstanden werden, der nicht etwa ökonomisch begründet ist, sondern Rechte und Pflichten beschreibt, die sich aus der Mitgliedschaft in einer sozialen Gemeinschaft, in der Regel einer Nation, ergeben. Tatsächlich wirft diese Genese und dieser Zusammenhang die Frage auf, inwieweit die Geltung und Anerkennung der Bürgerrechte in Marshalls Typologie an den verhältnismäßig homogenen Nationalstaat seiner Zeit gebunden bleibt und nicht auf die soziale Problematik multikultureller Gesellschaften bzw. transnationaler Gemeinschaften übertragbar sei (Turner 1993, S. 9), doch dazu weiter unten. Der Bürgerstatus als Ensemble von Berechtigungen und Pflichten weist über das klassisch-liberale Modell der Freiheitsrechte hinaus und betont als Element eines staatsbürgerlichen Republikanismus die Möglichkeit zu aktiver Teilhabe *aller* Mitglieder einer Gemeinschaft. Die soziale Dimension der Bürgerrechte bezieht sich darüber hinaus nicht nur auf Sozialleistungen des Staates an seine Bürger, sondern auf das ganze Spektrum zivilen und sozialen Lebens, also auf Rechte und Pflichten im Bereich Bildung, Erziehung, Gesundheit, Pflege und Fürsorge (im Englischen steht für diesen letzten Bereich der komplexe und umfassende Begriff ›care‹, der in der angelsächsischen und skandinavischen feministischen Sozialstaatskritik an die Stelle der Debatte um den Arbeitsbegriff getreten ist; vgl. hierzu beispielhaft für viele Sevenhuijsen 1998; Lewis 2000).

Wenn wir bedenken, welchen mühsamen Weg die sozialen Grundrechte auf der Basis der Deklaration der Sozialstaatlichkeit seit der Geltung des Grundgesetzes in der BRD genommen haben, so wird die Differenz und Tragweite des Konzepts von Marshall umso deutlicher. Hier ist der rechtsdogmatische Streit zwischen Wolfgang Abendroth und Ernst Forsthoff u.a. über das Verhältnis von Rechtsstaatlichkeit und Sozialstaatlichkeit, der die Anfänge der bundesrepublikanischen Diskussion in den 1950er Jahren beherrschte (vgl. Forsthoff (Hg.) 1968), sehr schnell dahingehend entschieden, dass Art. 21 und 28 GG, die vom sozialen Bundesstaat bzw. sozialen Rechtsstaat sprechen, lediglich als Staatszielbestimmungen zu lesen sind, deren Konkretisierung dem Gesetzgeber, aber auch der Verwaltung bzw. den Gerichten obliegt. Subjektive soziale Rechte ergeben sich aus dieser Sozialstaatsgarantie dagegen unmittelbar nicht. Die Bedeutung dieser verfassungsrechtlichen Bestimmungen soll nicht geschmälert werden, da sie die Grundlage z. B. für die Fürsorge- und Sozialhilfegesetzgebung oder die Schaffung sozialer Sicherungssysteme und damit allgemein für Chancengleichheit und eine gerechtere Sozialordnung bieten. Trotzdem wird gerade an diesen Beispielen deutlich: Soziale Bürgerrechte beschränken sich nicht, wie die deutsche juristische und sozialpolitische Diskussion vorgibt, auf Sozialleistungen des Staates an seine Bürger, etwa auf den Anspruch auf eine Mindestsicherung oder soziale Sicherheit, sondern beziehen sich auf das ganze Spektrum zivilen und sozialen Lebens und damit auch auf das »Recht an einem vollen Anteil am gesellschaftlichen Erbe«, wie Marshall ausführte (s. o.). Auch in der Fachdiskussion um die Grundrechte-Charta der Europäischen Union sind die unterschiedlichen juristischen Traditionen und die Differenzen in der Dogmatik offenbar geworden. Erhard Denninger plädiert daher, um die »Aufgabe der gegenwärtigen europäischen Grundrechte-Politik« zu bewältigen, für »die Zusammenführung der beiden Entwicklungslinien: derjenigen der ›klassischen‹ Freiheitsrechte einschließlich traditioneller ›politischer‹ Rechte wie des Wahlrechts mit der Linie der ›sozialen Rechte‹«, wobei der Verfasser – auch dies ist wiederum deutsche Sozialstaatstradition – vor allem an die sozialen Grundrechte der Arbeitnehmer denkt (Denninger 2000, S. 147).

Feministische Theoretikerinnen haben in ihren Demokratietheorien und Sozialpolitikanalysen in Anknüpfung an T. H. Marshall die verschiedenen Elemente der Theorie der Bürgerrechte aufgenommen und zu theoretischen Ansätzen weiterentwickelt, nicht zuletzt, um aus der Verbindung von politischen, bürgerlichen und sozialen Rechten – als Status und Praxis und nicht nur als Rechtsanspruch – die politische Handlungsfähigkeit von Frauen und Frauenbewegungen zu begründen (vgl. Lister 1997; Bussemaker/Voet 1998; Siim 2000; Gerhard 1997a; Appelt 1999). Ruth Lister definiert ›citizenship‹ daher folgendermaßen:

»To be a citizen, in the sociological sense, means to enjoy the rights necessary for agency and social and political participation. To act as a citizen involves fulfilling the full potential of the status. Those who do not fulfil that potential do not cease to be citizen.« (Lister 1997, S. 41) In dieser Perspektive der Staatsbürgerrechte als nicht nur statischem, sondern dynamischem Konzept, das insbesondere an Handlungsfähigkeit interessiert ist, kommen dann die sozialen Akteure und Bewegungen, aber auch die Arbeit von Frauen im Bereich der Reproduktion des Lebens und in der Privatsphäre in den Blick. Bevor ich auf diese feministischen Ansätze zurückkomme, soll zur Vervollständigung der historischen Analyse kurz die andere Geschichte verhinderter Bürgerinnenrechte skizziert werden.

II. Staatsbürgerschaft und Geschlecht

1. Zur politischen Theorie der bürgerlichen Gesellschaft

Die ›Frauenfrage‹ im Zusammenhang der Staatsbürgerschaft zu thematisieren, ist eine andere Geschichte. Die feministische Forschung und Kritik hierzu ist breit und profund. Am gründlichsten ausgearbeitet ist die Kritik an der politischen Theorie und Philosophie der bürgerlichen Gesellschaft, in der gleichzeitig mit der Denkbarkeit allgemeiner Bürgerrechte der Ausschluss sowie die besondere und mindere Stellung der Frauen systematisch begründet wurde. Die Widersprüche, die sich aus dem Versprechen der Freiheit und Gleichheit aller Menschen für die Frauen ergeben, sind in dem oben erwähnten Kant-Zitat deutlich geworden und wurden bereits von Zeitgenossen der Französischen Revolution (vgl. Condorcet oder de Gouges 1791) aufgegriffen. Die Geschlechtsblindheit neuzeitlicher Rationalität und der von ihr geleiteten Wissenschaften ist diagnostiziert, und der Androzentrismus des Bildes vom Menschen, des als männliches Rechtssubjekt vorgestellten Individuums, ist in den verschiedenen Hinsichten kritisiert worden (vgl. z.B. Fraisse 1989; Frevert 1988; Gerhard 1990; Honegger 1991; Phillips 1995). Denn warum Frauen in den neuzeitlichen Lehren vom Gesellschaftsvertrag als gleiche Staatsbürgerinnen und Partner dieses fiktiven Vertrages gar nicht in Betracht kommen, ist philosophisch vielfältig begründet worden. Doch während sich die frühen Naturrechtslehrer bis ins 18. Jahrhundert hinein noch Gedanken darüber machten, ob nicht die Anbindung der Frauen an den Staatsvertrag über den Ehevertrag als »freiwillige« Unterwerfung unter den Willen des Ehemannes zu deuten sei (vgl. Wolff 1980, § 870), wurde diese Form des Ausschlusses und zugleich des Einschlusses in die Familie im bürgerlichen Zeitalter zu einer Einrichtung der »Natur« (Rousseau 1963, S. 719ff.). In Fichtes *Grundlage des Naturrechts*, insbesondere seinen »Deduktionen der Ehe«, die das bürgerliche Familienrecht entscheidend beeinflussen sollten, hatte die Unterwerfung der Frau unter die Hausherrschaft des Mannes dadurch ihre »juridische Gültigkeit«, dass die Frau »sich mit freiem Willen, aus Liebe« hingegeben habe (Fichte 1960, S. 317). In dieser Doppelbödigkeit der bürgerlichen Gesellschaft, die der Zweistufigkeit von Gesellschafts- und Ehevertrag entsprach, wird *Geschlecht* – und zwar nur das weibliche – von da an zu einem alles Recht und alle gesellschaftlichen Ressourcen strukturierenden Prinzip und damit zu einer politischen Kategorie.

Wenn Frauen heute formal die gleichen Rechte haben wie Männer und folglich auch als gleiche Staatsbürgerinnen anerkannt sind, stellt sich allerdings die Frage, ob diese Kritik inzwischen obsolet geworden und nur noch als historische zu betrachten ist. Abgesehen davon, dass die Gleichberechtigung der Frauen weder materiell noch symbolisch, etwa im Bereich der Politik, verwirklicht ist, betonen feministische Theoretikerinnen, dass Frauen nicht nur ›aus Versehen‹ oder wegen einer Verspätung aus dem Kreis der ›Vernunftwesen‹ und damit aus dem Kreis der am politischen Diskurs beteiligten Bürger ausgeschlossen wurden, vielmehr war die Konstruktion der Geschlechterdifferenz mit ihrer kulturellen und institutionellen Choreografie konstitutiv für die Herausbildung der neuen politischen Öffentlichkeit (Gerhard 1990, S. 49f.; vgl. Landes 1988, S. 11; vgl. neuerdings auch Habermas 1990, S. 19), sie bestimmt bis heute die Funktionsweise der bürgerlichen Gesellschaft. Am pointiertesten ist die Kritik an der Konzeption des modernen Staates von Carole Pateman in ihrer Analyse der Lehren vom Gesellschaftsvertrag formuliert worden.

Pateman kennzeichnet den Gesellschaftsvertrag als Pakt unter Brüdern, der insbesondere das Recht der Männer über die Sexualität und den Körper der Frau sichere (Pateman 1989, S. 52). Sie kann sich deshalb nur ein geschlechtsspezifisch differenziertes Konzept von ›citizenship‹ vorstellen, da Frauen, um an voller Staatsbürgerschaft zu partizipieren, »wie Männer« werden und alle ihre Erfahrungen, Bedürfnisse und Interessen ›als Frauen‹ aufgeben müssten (ebd., S. 14). Andere, die Patemans historische Kritik teilen, jedoch die bürgerlichen Institutionen für universalisierbar halten, gehen davon aus, dass das sog. Wollstonecraft-Dilemma zu lösen ist – nämlich Gleichheit als Bürgerin zu fordern, ohne die Geschlechterdifferenz zu leugnen, aufzuheben oder perpetuieren zu wollen. Hier bricht erneut die Kontroverse darüber auf, was unter Gleichheit als Rechtsprinzip zu verstehen ist, ob Gleichheit Angleichung heißen muss oder vielmehr gerade unter der Voraussetzung und in der Anerkennung der Verschiedenheit der Menschen einen zu verhandelnden Maßstab für mehr Gerechtigkeit bietet (Gerhard 1990). Der »Streit um Gleichheit und/oder Differenz«, der die feministischen Debatten weltweit mehr als ein Jahrzehnt beherrschte, soll und kann hier nicht geschlichtet werden (vgl. Benhabib u.a. 1992). Allerdings impliziert eine Theorie der Bürgerrechte/Citizenship, dass Recht auch für Frauen grundsätzlich ein Instrument der Befreiung, der Ermöglichung und Ermächtigung sein kann. Mehr noch, gerade weil das mehrdimensionale Konzept der Bürgerrechte über die Verrechtlichung der menschlichen Beziehungen hinausweist, wird der Diskurs und Kampf um Bürgerrechte zugleich als ein politisches Handlungspotenzial verstanden sowie als ein strategisches Mittel zur Mobilisierung und zur Veränderung der Verhältnisse diskutiert (vgl. Lister 1997, S. 195; Yuval-Davis 1997, S. 22). Einig sind sich die Vertreterinnen dieses Ansatzes darin, dass diese Veränderung vor allem die geschlechtsspezifische Zuordnung der öffentlichen und privaten Sphären überwinden muss, weil diese Trennung eine der größten Barrieren gegen eine gleichberechtigte Staatsbürgerschaft der Frauen ist.

2. Bürgerinnenrechte im europäischen Vergleich

Die sozial- und rechtshistorische Analyse der Bürgerrechte von Frauen zeigt, dass rechtliche Diskriminierungen, insbesondere aber der Ausschluss und die Verhinderung politischer Partizipation von Frauen, auch in den sog. demokratischen Gesellschaften des Westens mit den gleichen Argumenten praktiziert wurden. Auffällig ist auch, dass die Rechtserrungenschaften im öffentlichen wie privaten Bereich in verhältnismäßig gleichen Zeitschüben durchgesetzt wurden (etwa das Wahlrecht der Frauen in den meisten Ländern nach dem Ersten Weltkrieg, die zivilrechtliche Gleichstellung nach dem Zweiten Weltkrieg bzw. in den 1970er Jahren). Trotzdem sind die Unterschiede in den verschiedenen nationalen Kontexten groß. Eine komparative Analyse vermittelt daher wichtige Einsichten über die Bandbreite der Handlungsmöglichkeiten von Einzelnen, Frauenvereinen und Frauenbewegungen, aber auch über die strukturellen Barrieren im Zusammenwirken von Familie, Staat und zivilgesellschaftlicher Sphäre.

Birte Siim, die die Bürgerrechte von Frauen in drei Ländern historisch und im Blick auf ihre unterschiedlichen Pfade in der Sozialpolitik untersucht hat, macht im Vergleich von Frankreich, Großbritannien und Dänemark drei unterschiedliche Traditionen aus, die auch verschiedenen Wohlfahrtskulturen entsprechen: Frankreich steht seit der Französischen Revolution mit der Betonung ›aktiver Staatsbürgerschaft‹, der politischen Mitwirkungsrechte der Männer, explizit nicht der Frauen (vgl. das frühe und rigide Verbot der Frauenclubs 1793), beispielhaft für eine starke republikanische Tradition. Das kompensatorische Konzept »republikanischer Mutterschaft« hat eher die Geschlechtertrennung in der Politik gestützt, erklärt aber auch den besonderen Familialismus der französischen Sozialpolitik. Großbritannien wird charakterisiert als ›passive‹ Demokratie mit starker Betonung privater Freiheit. Der durch seine Wohlfahrtspolitik gezügelte ›soziale Liberalismus‹ hat gleichwohl mit der Aufrechterhaltung der geschlechtsspezifischen Arbeitsteilung das Familienernährer-Modell gestärkt, das Frauen sozialpolitisch nur die Wahl lässt, entweder Mutter oder Arbeiterin sein, aber nicht beides kombinieren zu können. Lediglich die skandinavischen Wohlfahrtsstaaten ermöglichen beides, Erwerbstätigkeit und Mutterschaft, und zwar auf der Basis einer universell konzipierten Staatsbürgerschaft, die ausdrücklich politische und soziale Rechte integriert. Siim erläutert das Zustandekommen dieser Form der Bürgerrechte aus der Genese der skandinavischen Wohlfahrtsstaaten, in denen der Demokratisierungsprozess von der Kooperation zwischen Sozialdemokratie, Gewerkschaften und sozialen Bewegungen und Wohlfahrtsorganisationen, z. B. auch der Frauenbewegung, getragen wurde (vgl. zu Schweden auch Hobson 1996). Die fortgeschrittene Integration frauenpolitischer Anliegen in die politische Arena aber birgt nach Ansicht der Autorin auch Probleme, etwa, dass der nach wie vor segregierte Arbeitsmarkt als politisches Problem zunehmend unsichtbar bleibt. Ein anderes Problem zeigt sich, wenn auch in den sog. frauenfreundlichen Wohlfahrtsstaaten die Unterschiede unter Frauen, die sich auf Bildung und Beruf, insbesondere aber auch auf Ethnizität gründen, nicht angemessen zur Sprache kommen, weil die Gleichberechtigung der Frauen gelöst zu sein scheint (Siim 2000, S. 20f.).

Inspirierend sind diese Analysen, weil sie tatsächlich das Spektrum der notwendigen Bürgerrechte erweitern und empirisch füllen. Deutlich wird außerdem, dass die Fixierung auf staatsbürgerliche Rechte im engeren Sinn, das Erlangen des Wahlrechts etwa, die Fragestellung und die historischen Kontexte verfehlt. Erst in der Verbindung von Staatsbürgerschaft mit sozialen Bürgerrechten werden die Handlungsspielräume thematisierbar, die im Englischen als ›agency‹ bezeichnet werden und die verschiedenen Arenen der Beteiligung der Einzelnen in der politischen und zivilgesellschaftlichen Sphäre ins Blickfeld rücken: neben der rechtsförmig gesicherten politischen Partizipation auch die Mitbestimmung am Arbeitsplatz, das Engagement in Nachbarschaften, Netzwerken, Vereinen und gemeinnützigen Organisationen oder in sozialen Bewegungen.

Fragen wir nun, wie der deutsche Fall zu charakterisieren ist, so teilt die Entwicklung der Bürgerinnenrechte zunächst auch das Schicksal der demokratischen Verspätungen und nationalen Katastrophen, die die deutsche Geschichte in den vergangenen beiden Jahrhunderten begleiten. Folgen wir der Typologie, die im Anschluss an Gosta Esping-Andersen (1990) für komparative Studien der verschiedenen Wohlfahrtsstaaten oder -regime entwickelt wurde, so ist der deutsche Sozialstaat der Musterfall eines konservativ-korporatistischen Modells, in dem die über die Gewerkschaften institutionalisierten Arbeitnehmerinteressen die Standards sozialer Rechte und Sicherheit bestimmen mit der Folge, dass es zwei Klassen von Leistungsempfängern gibt: die kontinuierlich, vorwiegend männlichen Erwerbstätigen und die Familienangehörigen und nur hilfsweise unterstützten Sozialhilfeberechtigten. Die Kennzeichnung ›konservativ‹ bezieht sich vor allem auf die Familienpolitik und die ihr zugrunde liegende Ideologie, die sich auf eine als typisch deutsch bezeichnete Familienkultur und die »Familienhaftigkeit des weiblichen Geschlechts« (vgl. Riehl 1855) stützt und nach dem Ende des Zweiten Weltkrieges unter dem Einfluss der Kirchen auch die Weichenstellungen in der Sozialpolitik markierte. Anders als in Skandinavien haben die Arbeiterbewegung und die Gewerkschaften bei der Konstitution des Sozialstaates die Frauenbewegungen trotz ihrer Vorarbeit im Bereich der Sozialarbeit und Sozialpolitik nicht an dem Sozialstaatskonsens beteiligt, und dies, obwohl die historische Frauenbewegung eine der Wegbereiterinnen vieler Institutionen des modernen Wohlfahrtsstaates war.

Zweifellos aber bleiben die erwähnten Klassifizierungen in dieser Verkürzung unbefriedigend, vernachlässigen sie doch vor allem die dem

Mainstream abgewandten Strömungen und Potenziale. Deshalb möchte ich mich an dieser Stelle auf zwei beispielhafte Diskurse und rechtliche Probleme beschränken, die die Vielschichtigkeit, aber auch die Widersprüchlichkeit staatsbürgerlicher Entwicklung in Deutschland aus der Geschlechterperspektive belegen. Gerade der Partikularismus und die Buntscheckigkeit der Rechtsverhältnisse im Deutschland des 19. Jahrhunderts eröffneten Nischen des Rechts und der Beteiligung. Die widersprüchlichen Folgen waren Ungleichzeitigkeiten und die Verzögerung der Bürgerrechte, aber auch rechtsstaatliche Errungenschaften auf dem Weg zu einer modernen Gesellschaft.

3. Bürgerinnenrechte in Stadt und Gemeinde

Die aus früheren Jahrhunderten überhängenden Stadt- und Gemeindebürgerrechte, insbesondere die Städteordnungen, die in Preußen im Zuge der Stein-Hardenbergischen Reformen seit 1808 eingeführt wurden, sind ein gutes Beispiel für die Übergangsprobleme von modernem zu bürgerlichem Recht. Obwohl die städtischen Bürgerrechte für Frauen und Männer teilweise gleiche Rechtspflichten enthielten, wie etwa die Abgaben- und Steuerpflicht, und Frauen auch Rechtsschutz als sog. Schutzverwandte boten, blieben sie doch grundsätzlich von allen Vertretungsrechten und politischen Ämtern ausgeschlossen. Die preußische Städteordnung von 1808 z. B. unterschied zwischen *Bürgern* und *Einwohnern.*

Sie erleichterte den Erwerb des Bürgerrechts für jeden »Unbescholtenen« und sogar für »unangesessene« Bürger, die kein Grundstückseigentum, aber ein bestimmtes Einkommen hatten. Und obwohl in diesem Kontext auch »unverheiratete Bürger weiblichen Geschlechts« genannt werden (§ 18), wurde doch das jedem Bürger zustehende Recht zur Wahl der Stadtverordneten für alle »Bürger weiblichen Geschlechts« gemäß § 74c ausdrücklich ausgeschlossen (Preußische Städteordnung von 1808, zit. n. Engeli/Hans 1975, S. 106–112). Das Beispiel zeigt, es wurde unterschieden zwischen Bürgerrechten einerseits, die die Befugnis beinhalteten, »städtische Gewerbe zu betreiben und Grundstücke ... zu besitzen«, und dem aktiven und passiven Stimmrecht andererseits. Wenn in Bezug auf Frauen von Bürgerrechten gesprochen wurde, waren also allenfalls diese eher privaten Einwohnerrechte, keineswegs staatsbürgerliche oder politische Rechte gemeint. Um diese Berechtigungen ging es auch in dem

Disput zwischen der preußischen Verwaltung und den Provinziallandständen darüber, ob Frauen überhaupt oder nur den unverheirateten oder Witwen wenigstens Bürgerrechte zugestanden werden. Als die ständisch-korporativen Stadtverfassungen im Laufe des 19. Jahrhunderts zunehmend durch repräsentative Vertretungen und eine hoheitliche Verwaltung ersetzt wurden, kam die Beteiligung von Frauen immer weniger in Betracht. Wurde zur Klarstellung in der revidierten preußischen Städteordnung von 1831 noch ausdrücklich ein »Personen männlichen Geschlechts« hinzugefügt, so fand die geschlechtsspezifische Präzisierung 1853 und 1856 schon keine Erwähnung mehr. Es war offensichtlich selbstverständlich, dass »jeder selbständige Preuße« männlichen Geschlechts war (zit. n. Engli/Hans 1975, S. 104ff.; vgl. auch Spree 1994; Frevert 1995, S. 74f.; Gerhard 1997b, S. 515ff.).

Noch größer war die Unübersichtlichkeit, aber wohl auch die Verunsicherung, über den Bürgerstatus der Frauen in den Landgemeinden, in denen die ständische Gliederung mit ihren an das Grundeigentum geknüpften Privilegien sehr viel länger überdauerte (vgl. für Österreich/Ungarn auch Bader-Zaar 1997, S. 548–556). Auch hier wurden im Laufe des Jahrhunderts die tradierten Rechte der Grundbesitzerinnen, selbst wenn sie in der Regel nur durch einen männlichen Stellvertreter ausgeübt werden konnten, in ihrer Bedeutung politisch zunehmend abgewertet. Zudem hatte die herrschende Juristenmeinung – nicht nur in Deutschland – zum Ende des 19. Jahrhunderts durch eine subtile Unterscheidung zwischen individuellen öffentlichen Rechten und politischen Rechten eine neue Sprachregelung gefunden. Weil politische Teilhaberechte der ausdrücklichen Berufung oder Verleihung durch das »geschriebene oder ungeschriebene Recht« bedurften – so die Argumentation in der von der Pariser Juristischen Fakultät preisgekrönten Schrift über die Stellung der Frau im öffentlichen Recht in der »Geschichte und Gesetzgebung der civilisierten Länder« von Jahovlevic M. Ostrogorski –, war Frauen der Zutritt zur Regierung und zur Teilhabe an der Herrschaft zu verweigern, denn »das geschriebene Recht hat die Frau nicht berufen, und auch die Gewohnheit ist immer gegen die Zulassung der Frauen zur politischen Macht gewesen und ist es noch« (Ostrogorski 1897, S. 40).

4. Der Ausschluss der Frauen von Vereins- und Versammlungsrechten

Das andere Beispiel bezieht sich auf ein für jegliches Bürgerengagement zentrales Grund- und Menschenrecht des liberalen Verfassungsstaates, »das Recht, sich zu beliebigen, auch politischen Zwecken öffentlich zu vereinen und Versammlungen zur Beratung gemeinsamer Angelegenheiten abzuhalten« (Reyscher 1832, zit. n. Hardtwig 1990, S. 814). Vereine, Gesellschaften oder Assoziationen, aus denen später die Parteien erwuchsen, bilden gleichsam die Basis der gesellschaftlichen, rechtlichen und politischen Ordnung der bürgerlichen Gesellschaft. Mit der Durchsetzung der Presse-, Vereins- und Versammlungsfreiheit im Zuge der 1848er Revolution hatte »der mächtige Geist der Assoziation« gesiegt, war die Voraussetzung für das Zusammenwirken und die Artikulation eines Volkswillens, ein »neuer Typus sozialer Organisation«, geschaffen (Nipperdey 1972; vgl. auch Dann 1976). Als die reaktionären Regierungen des Deutschen Bundes nach dem Scheitern der Revolution 1850 als wichtigste Maßnahme der Repression die »Verordnungen über die Verhütung eines die gesetzliche Freiheit und Ordnung gefährdenden Missbrauchs des Versammlungs- und Vereinigungsrechts« erließen, zielten diese auf die Überwachung und Verfolgung aller demokratischen Bestrebungen. Ausdrücklich verboten aber war nicht nur die politische Betätigung der Arbeitervereine, sondern auch aller »Frauenspersonen«. Diese Maßnahme war eindeutig eine Reaktion auf politische Mobilisierung der Frauen und die Gründung von ›demokratischen Frauenvereinen‹ im Zuge der 1848er Revolution, und es mag aus heutiger Sicht allenfalls erstaunen, wie gefährlich den Obrigkeiten die Frauenaktivitäten erschienen sein müssen. Das Verbot traf die Frauen und die Frauenbewegung an der Wurzel ihrer Bürgerrechte und zeigt, dass der Ausschluss des weiblichen Geschlechts aus dem Bereich der neuen politischen Öffentlichkeit nicht nur über ein bürgerlich-patriarchalisches Eherecht oder hauptsächlich durch die Verweigerung des Stimmrechts, sondern bereits im Vorfeld über das Vereinsrecht inszeniert wurde. Die Rigidität, mit der Frauen in Deutschland nun über mehr als zwei Generationen – und zwar in Bayern, Preußen und vielen anderen Staaten bis 1908, in Österreich sogar bis 1918 – verboten wurde, politische Vereine zu gründen oder auch nur an politischen Versammlungen teilzunehmen, ist einmalig in den ›civilisierten Ländern‹ in Europa und in der Welt. Der politische Maulkorb wurde wiederholt durch reichsgerichtliche Entscheidungen bestätigt und mit Polizeigewalt und Schikanen alltäglich durchgesetzt. Er hat die Organisierung von Fraueninteressen und die Aktivitäten sowohl der bürgerlichen wie der proletarischen Frauenvereine alltäglich behindert und in der Anpassung an diese Verhältnisse auch geprägt. Erst nachdem die verschiedenen Richtungen der Frauenbewegung, um die Jahrhundertwende durch Massenproteste und Petitionen, durch ihre Bildungsinitiativen, Selbsthilfeprojekte, eine Vielzahl gemeinnütziger Vereine, und ihr Eintreten für soziale Reform und die professionelle Praxis ihrer Sozialarbeit zu einem unübersehbaren Faktor im öffentlichen Leben geworden waren, gerieten die Vereinsgesetze zur Farce. Nachdem sie zu guter Letzt noch einmal bis zur Lächerlichkeit verteidigt wurden durch die Einführung eines sog. Segments (eines im Versammlungslokal eingezogenen Seils, das Frauen von den Männern trennen sollte), wurde 1908 ein Reichsvereinsgesetz verabschiedet, das nicht mehr nach Geschlecht diskriminierte. Aus der Sicht der Aktivistinnen war dieser Schritt zur Anerkennung der ›Bürgerin‹ noch vor dem Erreichen des Wahlrechts ein Meilenstein in der Geschichte der Frauenrechte. »Die Bahn ist frei für das politische und öffentliche Leben der Frau!«, titelte die Zeitschrift *Die Frauenbewegung*, auch wenn Minna Cauer in ihrem Kommentar im gleichen Atemzug die neue Dimension des Ausschlusses im Vereinsrecht, den sog. Sprachenparagrafen, scharf verurteilte, der sich damals insbesondere gegen die polnischen Mitbürger richtete und das Versammlungsrecht nur in deutscher Sprache erlaubte (Cauer 1908, S. 65).

5. Zwischenbilanz

Die Untersuchungen zu Bürgerrechten aus der Geschlechterperspektive sowie in Anlehnung an das Konzept ›citizenship‹ zeigen, dass es vielfältige Arenen der Teilhabe und Mitwirkung in der Bürgergesellschaft oder Zivilgesellschaft gibt. Und sie belegen, in welcher Weise Frauen, auch weil ihnen nichts anderes übrig blieb, die weniger formellen Beziehungen, soziale Hilfstätigkeiten und ihre ›weibliche Bestimmung‹ zu bürgerrechtlichem Engagement nutzten und damit die engen Begrenzungen ihrer Privatsphäre sprengten, »quasi durch die Hintertür« ins öffentliche Leben eintraten (Klein 1971, S. 17). Als Antwort auf die Behinderungen haben die Frauenbewegungen in den verschiedenen Ländern und Phasen mit unterschiedlichen Argumenten, Strategien und sozialer Praxis reagiert und immer wieder politische Handlungsfähigkeit bewiesen. Sie argumentierten dabei zunächst und vor allem mit der Gleichheit aller Menschen, aber auch dem der Differenz, der anderen Lebensweise und den Erfahrungen von Frauen. Die bürgerlichen Frauenrechtlerinnen der Jahrhundertwende rechtfertigten ihr Programm als »organisierte Mutterliebe«, die die »Frauen nicht nur in die Krippen, Kindergärten und Schulen (sendet), sondern auch in die Parlamente« (v. Zahn-Harnack 1928, S. 77; vgl. auch Sarvasy 1994, S. 306f.). Dies war ein starkes Argument angesichts patriarchalischer Machtverhältnisse überall auf der Welt. Ein andermal wird die Kritik mit den Defiziten einer unsolidarischen, unsozialen Politik begründet, der das Moment der Fürsorge für andere fehle, weshalb Feministinnen auch heute wieder für eine Rekonzeptionalisierung von »Demokratie als fürsorgliche(r) Praxis« eintreten (Tronto 2000, S. 25f.). Die schließliche Erfolgsgeschichte dieser Bewegungen in unserem Jahrhundert stellt sich dar als ein sehr dynamischer und unabgeschlossener Prozess, in dem der Raum des Politischen ständig erweitert und verändert wurde. Das Ziel dieses Kampfes um Selbstbestimmung und politische Partizipation aber war und ist nicht die Angleichung an den Mann bzw. die Mannesstellung oder gar die Herstellung von Identität, sondern vielmehr die Ermöglichung der Freiheit für unterschiedliche Menschen und die Relevanz von Erfahrungen, die als Unrechtserfahrungen zur Sprache kamen. Inzwischen wird auch immer wieder betont, dass es im theoretischen wie praktischen Prozess des »Re-gendering citizenship« insbesondere um die Überwindung falscher Dichotomien gehe, jenseits von Gleichheit und Differenz und jenseits einer Ethik der Gerechtigkeit im Gegensatz zu einer Ethik der Fürsorge (Lister 1997, S. 91f.). Weil aber die Kategorie Geschlecht neben Schichtung, Alter, Nationalität oder Ethnie sowie neben anderen als wesentlich erkannten Differenzen nicht der einzige Bezugspunkt politischer Mobilisierung sein kann, ist die unabgeschlossene Geschichte der Gleichberechtigung von Frauen möglicherweise ein beispielhaftes Verfahren und kann als Modell dienen für eine neue, ›multiple‹ und dynamisch zu denkende Staatsbürgerschaft.

Dabei gibt es unter den feministischen Ansätzen zur Theorie der Bürgerrechte durchaus unterschiedliche Akzentsetzungen, die ich im Blick auf europäische Bürgerrechte noch einmal kurz zusammenfassen möchte. Alle Feministinnen sind sich einig darin, dass das Recht, ›als Bürgerin zu handeln‹, die Einbeziehung der Fürsorgetätigkeiten (care) in die Konzeptionalisierung von ›citizenship‹ voraussetzt, und zwar die Sorge um andere in der privaten wie in der gesellschaftlichen Sphäre. Das beinhaltet auch das Recht, Zeit zu haben für Erziehung und Pflege (Knijn/Kremer 1997, S. 357). Und während die einen zur Begründung dieser notwendig neuen Konzeption differenztheoretische Positionen einnehmen, also ein nach Geschlecht differenziertes, duales Modell der Bürgerrechte vertreten (vgl. Elshtain 1981; auch Pateman 1989), kritisieren andere diese auf eine bestimmte weibliche Identität festgelegte Staatsbürgerschaft. Sie sprechen angesichts der Migrationsbewegungen und vielfältigen Mitgliedschaften eher von einem pluralistischen und postnationalen Modell (Soysal 1996, S. 181f.). Iris Youngs Konzept »nach Gruppen differenzierter Bürgerrechte«, das allen bisher ausgeschlossenen sozialen Gruppen in der Gesellschaft jenseits von Klasse, Rasse, Geschlecht oder Nationalität eine politische Stimme geben und zu Anerkennung und Beteiligung verhelfen soll, ist mehrfach problematisiert worden (vgl. Kymlicka/Norman 1994, S. 370). Auch Chantal Mouffe befürchtet, dass eine solche Politik der Differenzen die Diskriminierung bestimmter Gruppen eher befestige als beseitige. Mouffe plädiert in ihrer »radikal demokratischen Konzeption von Staatsbürgerschaft« daher für ein pluralistisches, multiples und dynamisches Modell, das davon ausgeht, dass jeder und jede Einzelne in vielfältige soziale Beziehungen bzw. in ein Ensemble von »Subjektpositionen« eingebunden ist. Ihr Ausgangspunkt sind die Akteure sozialer Bewegungen: Frauen, Arbeiter, Schwarze und andere, die sich mit bestimmten demokratischen Zielen »identifizieren« und deren Identität durch bestimmte Diskurse geprägt und veränderbar ist. Doch sie besteht darauf, dass ein radikal demokratisches Projekt nicht alle Differenzen anerkennen kann, seine Zielsetzungen und Normierungen vielmehr die Umsetzung der demokratischen Prinzipien der Freiheit und Gleichheit gewährleisten müssen, denn die Anerkennung von Pluralität dürfe nicht zu Beliebigkeit und Indifferenz führen. Es müsse Kriterien geben, die darüber entscheiden, was zulässig ist und was nicht (Mouffe 1992, S. 13, vgl. ebd., S. 225–239). Bürgerrechte sind also immer wieder neu auszuhandeln und zu erwerben. Sie sollten wie andere Rechte auch nicht verstanden werden als ein Besitz oder Haben, sie sind vielmehr Ausdruck und Regel für soziale Beziehungen und die Verbundenheit mit anderen Menschen. Oder in den Worten von Iris Young: »Rights refer to *doing* more than *having*, to social relationships that enable or constrain action.« (Young 1990, S. 25)

III. Europäische Bürgerrechte – Geschlechterdifferenz als Modell?

Was bedeuten nun diese Überlegungen zur Geschlechterdifferenz für eine Diskussion um europäische Bürgerrechte? Gibt es einen Grund, den beschwerlichen Weg zu mehr Frauenrechten mit den Rechtsproblemen der Europäischen Union (EU) zu vergleichen, jenem völkerrechtlichen Zusammenschluss aus gegenwärtig 15 Mitgliedsstaaten, den die Juristen als Gebilde eigener Art bezeichnen, kein Staat, aber auch nicht nur Staatenbund? Tatsächlich hat sich die Europäische Gemeinschaft, seit 1992 EU genannt, seit ihrer Gründung vor mehr als 40 Jahren inzwischen zu einer auch durch verschiedene Institutionen abgesicherten Rechtsgemeinschaft entwickelt, deren Rechtsordnung zwar sehr komplex und unübersichtlich ist, die jedoch zunehmend auch den Alltag aller EU-Bürger bestimmt. Und tatsächlich gibt es den *Unionsbürger* seit dem Vertrag von Maastricht von 1992, und noch einmal bestätigt und ausgeführt auch im Amsterdamer Vertrag von 1997, als juristischen Terminus. Zunächst wird da in Art. 17 EG-Vertrag, Amsterdamer Fassung, nicht viel mehr gesagt, als dass »Unionsbürger ist, wer die Staatsangehörigkeit eines Mitgliedsstaates besitzt«. Als Rechte werden aufgezählt die Freizügigkeit, ein kommunales aktives und passives Wahlrecht sowie diplomatischer und konsularischer Schutz und ein Petitionsrecht beim Europäischen Parlament (Art. 18–21 des Vertrages von Amsterdam 1997). Und das ist keineswegs wenig für all die, die Bürger eines der EU-Staaten sind. Trotzdem, mit der juristischen Definition der Unionsbürgerschaft gibt es noch keine europäischen Staatsbürger oder -bürgerinnen im Sinne eines Staatsvolkes oder Souveräns, ist auch das Problem, inwieweit die Europäische Union eigentlich von der Bevölkerung getragen bzw. die Unionsbürger in den Institutionen der EU repräsentiert werden, noch nicht demokratisch gelöst. Bisher erscheint diese Bürgerschaft wie ›von oben‹ verordnet, sie ist noch nicht ein Anliegen der Bürgerinnen und Bürger. Immerhin ist der Bürgerstatus jetzt vertraglich vereinbart und rechtlich fixiert, und es geht ausdrücklich nicht nur um die ›Völker Europas‹, sondern um individuelle Rechte und Pflichten. Damit sind die Anliegen der Bürger auf die politische Tagesordnung gesetzt.

Ohne die inzwischen breit gefächerte Debatte und Literatur zu europäischer Staatsbürgerschaft hier berücksichtigen zu können (vgl. Böckenförde 1997; Evers 1994; Grimm 1995), ist festzustellen: Einerseits wird zu Recht das Demokratiedefizit der europäischen Institutionen, die unzureichende demokratische Kontrolle der Bürokratie und der Vorrang ökonomischer Zielsetzungen, kurz, das Fehlen der Politik beklagt. Andererseits ist nicht zu leugnen, dass mit der europäischen Integration ein dynamischer Prozess in Gang gesetzt wurde, der die Zukunft der Bürger und Einwohner, aber auch Zuwanderer, sowie die Staatengemeinschaft überhaupt bestimmen wird. Aus der Geschlechterperspektive sind nicht unwesentliche europäische Errungenschaften auf dem Gebiet der Gleichberechtigung zu erkennen, die durch Art. 119 des EWG-Vertrages zur Lohngleichheit angestoßen, dann aber vor allem durch verschiedene Richtlinien der Europäischen Kommission zur Ausgestaltung der Gleichbehandlung sowie durch die Judikatur des Europäischen Gerichtshofs vorangetrieben wurden. Dennoch haben feministische Kritikerinnen beklagt, dass das Mehr an Gleichstellung sich nur auf Arbeitnehmerinnen beziehe und einseitig einer Marktlogik der Anpassung an männliche Standards folge. Gefragt wird, inwieweit es gelingt, »dem dominanten Wirtschaftsprojekt der Marktliberalisierung ein genuin demokratisches politisches Projekt an die Seite zu stellen«. Christiane Lemke entwickelt anhand dieser Frage ihre These, wonach Europa als »politischer Gestaltungsraum« verstanden werden sollte, um »die konflikthaften, mit der Integration verbundenen Prozesse wirtschaftlicher und politisch-sozialer Umgestaltung demokratisch zu fundieren« (Lemke 1999, S. 1–14).

Politikwissenschaftlerinnen, die vom englischsprachigen Raum her die Dynamik der europäischen Integration seit längerer Zeit beobachten und analysieren, entdecken jedoch neben einer neuen Gemeinschaft durch Recht einen parallelen Prozess der Integration durch eine formelle wie informelle Bürgerrechtspraxis (Wiener 1999, S. 272). Antje Wiener hat in ihrer breit angelegten Studie *›European‹ Citizenship Practice. Building Institutions of a non-State* (1998) die historischen Phasen des europäischen Integrationsprozesses kritisch daraufhin untersucht, seit wann und in welchen Zusammenhängen die Idee eines »Europas der Bürger« auftaucht, und identifiziert die Konferenzen in Paris und Kopenhagen in den frühen 1970er Jahren als Orte, an denen der ausdrückliche Wille zu einer politischen Union neben die nur ökonomische Ausrichtung tritt. Ohne die Verhältnisse zu idealisieren, kennzeichnet die Autorin die politischen Diskurse und Praktiken im weiteren Verlauf durch Veränderungen im so genannten *acquis communautaire*. *Acquis communautaire* ist ein Terminus technicus, der auch in den Vertragstexten auftaucht. Es ist der Besitzstand an Regeln, Gerichtsurteilen, Vereinbarungen und Formen der Zusammenarbeit, die sowohl formeller Art als auch informelle Usancen, Meinungen und Praktiken sein können (vgl. Art. 2 EU-Vertrag, Gemeinsame Bestimmungen). Wichtig sind für Wiener vor allem auch die informellen Praktiken und Diskurse zu Bürgerrechten, die sozialen Bewegungen und verschiedenen Ausdrucksformen europäischer Identität. Sie zählt dazu die Grenzüberschreitungen und Reisen europäischer Bürger mit burgunderfarbenem Pass, den Wissenstransfer und Austausch von Schülern und Studierenden sowie die Wahlen zum europäischen Parlament. Damit würde Schritt für Schritt ein Gefühl der Zusammengehörigkeit geschaffen, das nicht an die Stelle nationaler Identitäten tritt (Wiener 1999, S. 286).

Wenn von europäischen Bürgerrechten die Rede ist, wird immer wieder nach europäischer Identität gefragt. Es wird argumentiert, dass nicht zuletzt die Sprachenvielfalt eine europaweite Kommunikation und damit die Herausbildung einer europäischen Öffentlichkeit und eines europäischen politischen Diskurses erschwere (Grimm 1994, S. 46). Aber brauchen wir erst eine kollektive Identität, brauchen wir sie, um europäische Bürgerrechte zu begründen? Ich meine, nein, und gehe wie Erhard Denninger davon aus, »dass weder die Einheit der Sprache noch die Einheit eines ›Volkes‹ nach dem Muster des Nationalstaates unabdingbare Voraussetzung für die Herausbildung eines europäischen Bewusstseins der Zusammengehörigkeit« ist (Denninger 2000, S. 150). Dies schließt nicht aus, dass sich im Verlauf einer weiteren Verständigung über die Verfassung Europas, über Grundrechte, einen föderativen Aufbau und den Beitrag der neuen Mitglieder ein Gefühl der Zugehörigkeit und der Verantwortung – ›Europeaness‹ – herstellt. Denn was wir »von Europa« und in Europa »lernen« können, ist der Umgang mit Vielfalt und Unterschieden, gerade auch in seiner Geschichte. Das gilt für seine Entwicklungsgeschichte in ökonomischer, rechtlicher wie kultureller Hinsicht. Auch die Modernisierungsgeschichte Europas war von zunehmenden Ungleichzeitigkeiten, Interdependenzen und Prozessen »nachholender Entwicklung« gekennzeichnet, die schließlich eine spezifische Entwicklungsdynamik erzeugten (Senghaas 1982, S. 25f.). Im Blick auf die europäische Rechtsgeschichte wird die heutige europäische Architektur häufig mit dem Heiligen Römischen Reich deutscher Nation verglichen, das etwa seit der Jahrtausendwende bis 1806 Bestand hatte. Wegen seiner vielschichtigen Herrschaftsformen, ständisch geteilten Gewalten und partikularen, ineinander geschichteten Rechtsinstanzen wurde es bereits von aufklärerischen Juristen als »ein Monstrum ähnlicher Staatskörper« oder »Mitteldding« zwischen Monarchie und Föderation verspottet (Wesel 1997, S. 352f.), es sicherte gleichwohl dem Reich, unabhängig vom Wechsel der Territorien, wegen seiner Rechtsinstitutionen und obersten Reichsbehörden »allen Mängeln zum Trotz über Jahrhunderte unangefochtene Legitimität« (Evers 1994, S. 123). Was diesen Vergleich für die Konstruktion einer postnationalen Staatlichkeit mit einer pränationalen Form der Staatlichkeit interessant macht, ist nicht restaurative Absicht, sondern der Hinweis auf eine vielschichtige Kompetenzstruktur und die Form vielfältiger oder doppelter Legitimitäten, die möglicherweise »eine wirklichkeitsnähere und in diesem Sinne ›moderne‹ Repräsentanz der gesellschaftlichen Kräfte« ausdrückt als eine exklusive, durch nationale Identifikation gestiftete staatliche Gewalt (ebd.). Europäische Kultur aber ist wohl am ehesten durch die permanente Auseinandersetzung mit einer Vielfalt von Kulturen, auch der außereuropäischen, zu charakterisieren. Ihre zerstörerische Geschichte der Kriege und Kolonisation ist deshalb so widersprüchlich, weil sie zugleich das intellektuelle Prinzip des Dialogs und der Diskurse hervorgebracht hat, die Höhepunkte europäischer Kultur beschreiben können, z.B. die *Querelles des femmes*, wie der genuin europäische Streit um die Geschlechter bezeichnet wird, oder die Rezeption des römischen Rechts (vgl. Koschaker 1947) und die Idee der Menschenrechte.

In dieser kulturellen Tradition steht das Konzept aktiver Staatsbürgerschaft, das Elizabeth Meehan in ihrer Vision von europäischen Bürgerrechten folgendermaßen kennzeichnet: Es ist »eine neue Form von Bürgerschaft, die weder national noch kosmopolitisch ist, sondern mehrfach (multiple) bestimmt ist, insofern Identitäten, Rechte und Verpflichtungen ... durch eine zunehmend komplexe Figuration von Gemeinschaftsinstitutionen, Staaten, nationalen und transnationalen Vereinigungen, Regionen und regionalen Zusammenschlüssen ausgedrückt werden« (Meehan 1993, S. 11). Interessant sind diese Überlegungen, weil sie sich von der Exklusivität des traditionellen Staatsbürgerbegriffs verabschieden, der an Nationalität und Territorialität anknüpfte, und weil sie stattdessen ein mehrstufiges System von Rechten, Pflichten und Loyalitäten als eine entscheidende Voraussetzung für die Demokratisierung Europas vorsehen. Deshalb ist die Rede von postnational (Habermas 1998), womit nicht die Aufhebung, sondern zunächst nur die Ergänzung oder Kompensation für den Verlust staatlicher Ausschließlichkeit intendiert ist. Oder wie Ulrich

K. Preuß formuliert: »Der bürgerschaftliche Status (›citizenship‹) beruht nicht nur auf der abstrakten Gleichheit, die aus der gleichen Zugehörigkeit zum Staatsverband resultiert, sondern gründet in der Vielfalt der gesellschaftlichen Lebensbereiche, die nach diesem Demokratiekonzept in der Sphäre der Politikformulierung präsent sein müssen.« (Preuß 1999, S. 167)

Die Europäische Union als Demokratieprojekt wäre danach ein Probelauf für zivilgesellschaftliche Aktivitäten und eine politische Gelegenheitsstruktur auch für Frauen. Die Frauenbewegungen in Europa bringen eine politische Praxis und historische Erfahrungen ein, die für die Ausgestaltung von Bürgerrechten unverzichtbar sind, denn sie haben neue, notwendig auch die Privatsphäre betreffende Standards für Gerechtigkeit zur Sprache gebracht und um ihre Anwendung gerungen. Ohne Zweifel sind neue Formen der Einmischung und der Koalitionsbildung gefragt, die über staatliche Begrenzungen hinausweisen und auch die vielfältigen Ebenen europäischer Politik nicht meiden. Der Prüfstein für einen gelingenden ›aktiven‹ Bürgerstatus aber wird m. E. vor allem unser Umgang mit Asylsuchenden und MigrantInnen aus den Nicht-EU-Ländern werden. Es wird sich die Frage stellen, wie wir es mit der Exklusivität des neuen Gemeinschaftsstatus halten und ob wir Europa mit Hilfe der gemeinsamen Außen- und Sicherheitspolitik tatsächlich zu einer ›Festung‹ ausbauen werden. Auch hierzu lohnt es sich, den Amsterdamer Vertrag ernst zu nehmen, der just im Zusammenhang der Maßnahmen in Bezug auf Asyl und Einwanderung »die Erhaltung und Weiterentwicklung der Union als Raum der Freiheit, der Sicherheit und des Rechts« anmahnt (vgl. Art. 2 des Vertrages über die EU und Art. 61 des EG-Vertrages in der Amsterdamer Fassung).

Literatur:

Appelt, Erna (1999): Geschlecht, Staatsbürgerschaft, Nation. Politische Konstruktionen des Geschlechterverhältnisses in Europa, Frankfurt/Main.

Bader-Zaar, Birgitta (1997): Bürgerrechte und Geschlecht. Zur Frage der politischen Gleichberechtigung von Frauen in Österreich, 1848–1918, in: Ute Gerhard (Hg.): Frauen in der Geschichte des Rechts. Von der Frühen Neuzeit bis zur Gegenwart, München, S. 547–562.

Benhabib, Seyla u.a. (Hg.) (1992): Der Streit um Differenz. Feminismus und Postmoderne in der Gegenwart, Frankfurt/Main.

Böckenförde, Ernst-Wolfgang (1997): Welchen Weg geht Europa?, München.

Brubaker, Rogers (1994): Staats-Bürger: Deutschland und Frankreich im historischen Vergleich, Hamburg.

Bussemaker, Jet/Voet, Rian (Hg.) (1998): Vocabularies of Citizenship and Gender in Northern Europe. Special Issue, Critical Social Policy, Vol. 18 (3).

Cauer, Minna (1908): Freie Bahn, in: Die Frauenbewegung, XIV. Jg., Nr. 9, S. 65f.

Cohen, Jean L./Arato, Andrew (1992): Civil Society and Political Theory, Cambridge.

Condorcet, Jean Antoine de (1979): Über die Zulassung der Frauen zum Bürgerrecht, 1789, in: Hannelore Schröder (Hg.): Die Frau ist frei geboren, München, Bd. 1, S. 55–65.

Dahrendorf, Ralf (1992): Der moderne soziale Konflikt, Stuttgart.

Dann, Otto (1976): Die Anfänge politischer Vereinsbildung in Deutschland, in: Ulrich Engelhardt u.a. (Hg.): Soziale Bewegung und politische Verfassung. Beiträge zur Geschichte der modernen Welt, Stuttgart, S. 197–232.

Denninger, Erhard (2000), Anmerkungen zur Diskussion um Europäische Grundrechte, in: Kritische Vierteljahresschrift für Gesetzgebung und Rechtswissenschaft, H. 2, S. 145–152.

Elshtain, Jean B. (1981): Public Man, Private Woman. Women in Social and Political Thought, Princeton.

Engeli, Christian/Hans, Wolfgang (Hg.) (1975): Quellen zum modernen Gemeindeverfassungsrecht in Deutschland, Stuttgart.

Evers, Tilman (1994): Supranationale Staatlichkeit am Beispiel der Europäischen Union, in: Leviathan, Nr. 22, S. 115–134.

Fichte, Johann G. (1960): Grundlage des Naturrechts nach den Prinzipien der Wissenschaftslehre (1796), Hamburg.

Forsthoff, Ernst (1968): Rechtsstaatlichkeit und Sozialstaatlichkeit, Darmstadt.

Fraisse, Geneviève (1989): Muse de la Raison. La démocratie exclusive et la différence des sexes, Aix-en-Provence.

Frevert, Ute (1995): Unser Staat ist männlichen Geschlechts, in: dies. (Hg.): »Mann und Weib, und Weib und Mann«. Geschlechter-Differenzen in der Moderne, München, S. 61–132.

Frevert, Ute (Hg.) (1988): Bürgerinnen und Bürger. Geschlechterverhältnisse im 19. Jahrhundert, Göttingen.

Garve, Christian (1979): Versuch über verschiedene Gegenstände aus der Moral, der Literatur und dem gesellschaftlichen Leben, Bd. 1, Breslau (1792), zit. n. Manfred Riedel: Bürger, Staatsbürger, Bürgertum, in: Brunner/Conze/Koselleck (Hg.): Geschichtliche Grundbegriffe, Bd. 1, Stuttgart, S. 672–725.

Gerhard, Ute (1990): Gleichheit ohne Angleichung. Frauen im Recht, München.

Gerhard, Ute (1997a): Soziale Bürgerrechte – ein Konzept für Frauen?, in: Ute Behning (Hg.): Das Private ist ökonomisch, Berlin, S. 23–39.

Gerhard, Ute (1997b): Grenzziehungen und Überschreitungen. Die Rechte der Frauen auf dem Weg in die politische Öffentlichkeit, in: dies. (Hg.): Frauen in der Geschichte des Rechts. Von der Frühen Neuzeit bis zur Gegenwart, München, S. 509–546.

Giddens, Anthony (1983): Klassenspaltung, Klassenkonflikt und Bürgerrechte, in: Reinhard Kreckel (Hg.): Soziale Ungleichheiten, Göttingen, S. 15–33.

de Gouges, Olympe (1990): Erklärung der Rechte der Frau und Bürgerin, in: Ute Gerhard: Gleichheit ohne Angleichung. Frauen im Recht, München, S. 263–269.

Grimm, Dieter (1995): Braucht Europa eine Verfassung?, München.

Habermas, Jürgen (1990): Strukturwandel der Öffentlichkeit, 2. Aufl., Frankfurt/Main.

Habermas, Jürgen (1998): Die postnationale Konstellation, Frankfurt/Main.

Hardtwig, Wolfgang (1990): »Verein«, in: Brunner/Conze/Koselleck (Hg.): Geschichtliche Grundbegriffe, Bd. 6, Stuttgart, S. 789–829.

Hegel, Georg Wilhelm Friedrich (1972): Grundlinien der Philosophie des Rechts, Frankfurt/Main/Berlin/Wien.

Hobson, Barbara (1996): Frauenbewegung für Staatsbürgerrechte – Das Beispiel Schweden, in: Feministische Studien, 14. Jg., S. 18–34.

Honegger, Claudia (1991): Die Ordnung der Geschlechter: die Wissenschaften vom Menschen und das Weib 1750–1850, Frankfurt/Main/New York.

Kant, Immanuel (1922): Über den Gemeinspruch: Das mag in der Theorie richtig sein ..., in: ders.: Sämtliche Werke in sechs Bänden, Bd. 1, Leipzig, S. 174–220.

Keane, John (Hg.) (1988): Civil Society and the State: New European Perspectives, London/New York.

Klein, Viola (1971): The Feminine Character. History of an Ideology (1946), London.

Knijn, Trudie/Kremer, Monique (1997): Gender and the Caring Dimension of Welfare States: Toward Inclusive Citizenship, in: Social Politics: International Studies in Gender, State, and Society, Vol. 1, S. 328–361.

Kocka, Jürgen (1995): Das europäische Muster und der deutsche Fall, in: ders. (Hg.): Bürgertum im 19. Jahrhundert, Bd. 1: Einheit und Vielfalt Europas, Göttingen, S. 9–75.

Koschaker, Paul (1947): Europa und das römische Recht, München u.a.

Kymlicka, Will/Norman, Wayne (1994): Return of the Citizen: a Survey of Recent Work on Citizenship Theory, in: Ethics, S. 352–381.

Landes, Joan B. (1988): Women and the Public Sphere in the French Revolution, Itaca/London.

Lemke, Christine (1999): Europa als politischer Raum. Konzeptionelle Überlegungen zur aktiven Bürgerschaft und zur Demokratie in der europäischen Union, in: Kritische Justiz, S. 1–14.

Lewis, Jane (2000): Wohlfahrtsstaat und unbezahlte Betreuungsarbeit, in: L'Homme, Zeitschrift für feministische Geschichtswissenschaft, 11. Jg., S. 251–268.

Lister, Ruth (1997): Citizenship. Feminist Perspectives, Basingstoke.

Marshall, Thomas H. (1992): Bürgerrechte und soziale Klassen. Zur Soziologie des Wohlfahrtsstaates, Frankfurt/Main/New York.

Marx, Karl (1988): Zur Judenfrage (1844), in: Marx-Engels-Werke, Bd. 1.

Meehan, Elisabeth (1993): Citizenship and European Community, London.

Mouffe, Chantal (1992): Feminism, Citizenship and Radical Democracy Politics, in: Judith Butler/Joan W. Scott (Hg.): Feminists Theorize the Political, New York/London, S. 369–384.

Nipperdey, Thomas (1972): Verein als soziale Struktur in Deutschland im späten 18. und frühen 19. Jahrhundert, in: Geschichtswissenschaft und Vereinswesen im 19. Jahrhundert. Beiträge zur Geschichte historischer Forschung, Göttingen, S. 1–44.

Ostrogorski, Moisej Jakovlevic (1897): Die Frau im öffentlichen Recht. Eine vergleichende Untersuchung der Geschichte und Gesetzgebung der civilisierten Länder, Leipzig.

Pateman, Carol (1988): The Sexual Contract, Cambridge/Oxford.

Pateman, Carol (1989): The Fraternal Social Contract, in: dies. (Hg.): The Disorder of Women: Democracy, Feminism and Political Theory, Cambridge, S. 33–57.

Phillips, Anne (1995): Geschlecht und Demokratie, Hamburg.

Preuß, Ulrich K. (1999): Auf der Suche nach Europas Verfassung: Europa hat noch keine Verfassung, in: Transit 17, S. 154–174.

Riedel, Manfred (1979): Bürger, Staatsbürger, Bürgertum, in: Brunner/Conze/Koselleck (Hg.): Geschichtliche Grundbegriffe, Bd. 1, Stuttgart, S. 672–725.

Riehl, Wilhelm Heinrich (1855): Die Familie, Stuttgart.

Rousseau, Jean-Jacques (1963): Emile oder über die Erziehung, Stuttgart.

Sarvasy, Wendy (1994): From Man and Philantropic Service to Feminist Social Citizenship, in: Social Politics: International Studies in Gender, State, and Society, Vol. 1, S. 306–325.

Sarvasy, Wendy/Siim, Birte (1994): Gender, Transitions to Democracy, and Citizenship, in: Social Politics: International Studies in Gender, State, and Society, Vol. 1, S. 249–255.

Senghaas, Dieter (1982): Von Europa lernen. Entwicklungsgeschichtliche Betrachtungen, Frankfurt/Main.

Sevenhuijsen, Selma (1998): Citizenship and the Ethics of Care. Feminist Considerations on Justice, Morality and Politics, London.

Siim, Birte (2000): Gender and Citizenship. Politics and Agency in France, Britain and Denmark, Cambridge.

Soysal, Yasemin N. (1994): The Limits of Citizenship: Migrants and Postnational Membership in Europe, Chicago.

Spree, Ulrike (1994): Die verhinderte »Bürgerin«? Ein begriffsgeschichtlicher Vergleich zwischen Deutschland, Frankreich und Großbritannien, in: Reinhard Koselleck/Klaus Schreiner (Hg.): Bürgerschaft, Rezeption und Innovation der Begrifflichkeit vom Hohen Mittelalter bis ins 19. Jahrhundert, Stuttgart, S. 274–306.

Tronto, Joan (2000): Demokratie als fürsorgliche Praxis, in: Feministische Studien extra, Jg. 18, S. 25–42.

Turner, Bryan S. (1993): Contemporary Problems in the Theory of Citizenship, in: ders. (Hg.): Citizenship and Social Theory, London, S. 1–18.

Vertrag von Amsterdam (1998). Texte des EU-Vertrages und des EG-Vertrages, hg. v. Thomas Läufer. Presse- und Informationsamt der Bundesregierung, Bonn.

Wesel, Uwe (1997): Geschichte des Rechts. Von den Frühformen bis zum Vertrag von Maastricht, München.

Wiener, Antje (1998): European Citizenship Practice. Building Institutions of a non State, Boulder.

Wiener, Antje (1999): The Constructive Potential of Citizenship. Building European union, in: Policy & Politics, 27. Jg., H. 3, S. 271–293.

Wolff, Christian (1980): Grundsätze des Natur- und Völkerrechts worin alle Verbindlichkeiten und alle Rechte aus der Natur des Menschen in einen beständigen Zusammenhang hergeleitet werden (1754), Meisenheim.

Young, Iris (1990): Justice and the Politics of Difference, Princeton.

Yuval-Davis, Nira (1997): Gender & Nation, London.

Zahn-Harnack, Agnes von (1928): Die Frauenbewegung. Geschichte, Probleme, Ziele, Berlin.

Zugang zur Staatsbürgerschaft

Ein Vergleich von 25 Staatsangehörigkeitsgesetzen

*Patrick Weil**

Die Staatsangehörigkeit steht neben dem Hoheitsgebiet im Zentrum der Definition des Nationalstaates. Legt das Hoheitsgebiet die geografischen Grenzen der Staatssouveränität fest, so bestimmt die Staatsangehörigkeit seine Bevölkerung. Jenseits dieser Grenzen sind fremdes Staatsgebiet, fremde Hoheitsgewalt und ›Ausländer‹. Grenzen zu ziehen, die einige Menschen ein- und andere ausschließen, und zu bestimmen, wer unter welchen Bedingungen Staatsbürger wird und wer nicht, ist ein staatliches Vorrecht, das gesetzlich geregelt werden muss. Das Staatsangehörigkeitsrecht setzt sich aus diesen Regelungen zusammen. Sie können mit verschiedenen Farben verglichen werden, die man anschließend mischt, um eine bestimmte Wirkung zu erzielen. Zwei dieser Farben werden in Staatsangehörigkeitsgesetzen immer erwähnt:

- der Geburtsort oder das *ius soli*: die Tatsache, in einem Gebiet geboren zu sein, über das der Staat herrscht, geherrscht hat oder seine Hoheit ausdehnen möchte;
- die Blutsverwandtschaft oder das *ius sanguinis:* Die Staatsbürgerschaft ist Folge der Staatsangehörigkeit eines Elternteils oder weiter entfernter Vorfahren.

Zwei weitere ›Farben‹ werden oft vergessen oder vernachlässigt:

- der Familienstand, da die Eheschließung zum Erwerb der Staatsbürgerschaft des Ehepartners führen kann;
- der vergangene, gegenwärtige oder zukünftige Wohnsitz innerhalb der früheren, gegenwärtigen oder geforderten Grenzen (einschließlich kolonialer Grenzen).

Die Mischung dieser Merkmale legt die Bedingungen fest, unter denen Staatsangehörigkeit in jedem Land der Welt verliehen wird. Sie bestimmt auch die Verfahrensweisen, durch welche die Staatsbürgerschaft entweder übertragen oder erworben wird. Diese Merkmale und Verfahrensweisen erzeugen zusammen die besondere Gesetzgebung eines Landes, prägen seine nationale ›Konfiguration‹. Das Staatsangehörigkeitsrecht ist nicht nur eine Angelegenheit der staatlichen Politik, denn es berührt öffentliches Recht und Privatrecht. Im öffentlichen Recht ist die Bestimmung der Staatsangehörigkeit Element des souveränen Staates, ein inhärenter Teil seiner Macht zu entscheiden, wie Staatsangehörigkeit übertragen oder erworben wird. Im Privatrecht legt die Staatsangehörigkeit die Art und Weise fest, auf die nationales Recht in das Leben eines Menschen in so unterschiedlichen Angelegenheiten wie Eigentum, Reise, Gleichheit der Geschlechter innerhalb der Ehe, Erbschaftsansprüche usw. eingreift. Das Staatsangehörigkeitsrecht befindet sich außerdem auf der Grenze zwischen staatlichem und internationalem Recht. Wie an der zunehmenden Anerkennung von doppelten Staatsbürgerschaften ersichtlich ist, führen diese rechtlichen Verhältnisse manchmal zu einer Vermischung von Gesetzen und zum Verschwinden der rechtlichen Bindung einer Person an einen Staat, zur Staatenlosigkeit.

Berücksichtigt werden muss auch die Komplexität des Staatsangehörigkeitsrechts. Es gründet landesspezifisch auf bestimmten Rechtstraditionen, der Schaffung eines Nationalstaats, dem internationalen Einfluss und der Rolle von Auswanderung und Einwanderung bzw. der Anwesenheit von Minderheiten. In einer vergleichenden Untersuchung sollen folgende 25 Länder betrachtet werden: Australien, die baltischen Staaten (Estland, Lettland und Litauen), Kanada, die Europäische Union (Österreich, Belgien, Dänemark, Finnland, Frankreich, Deutschland, Griechenland, Irland, Italien, Luxemburg, die Niederlande, Portugal, Spanien, Schweden und Großbritannien), Israel, Mexiko, die Russische Föderation und die Vereinigten Staaten. Divergenzen zwischen den Staatsangehörigkeitsgesetzen verschiedener Länder wurden zuweilen als Folge verschiedener Nationskonzeptionen dargestellt (Brubaker 1992). Diese Erklärung trifft jedoch nicht zu. Die am häufigsten vorgenommene Einteilung behauptet eine Divergenz zwischen Rechtssystemen, die sich vorwiegend auf das Prinzip des *ius soli* gründen, und denen, die auf dem *ius sanguinis* basieren. Mit dem erstgenannten Prinzip assoziierte Verfahrensweisen werden als integrativer und weniger zuschreibend angesehen als Verfahrensweisen, die auf dem zweiten Prinzip beruhen. Dieses stützt sich auf Blutsverwandtschaft als fundamentales Kriterium für den Erwerb der Staatsangehörigkeit. Diese Abhängigkeit hat viele akademische und nichtakademische Beobachter dazu verleitet, ein vom *ius sanguinis* geprägtes

Rechtssystem auf den ethnischen Charakter der Nationskonzeption ihrer Gestalter und damit auf einen allgemeinen Ausdruck des nationalen Selbstverständnisses eines Staates zurückzuführen. Solche generischen Erklärungen erweisen sich jedoch als höchst problematisch, sobald man den historischen Hintergrund berücksichtigt (vgl. den Beitrag von Gosewinkel). Um zwei europäische Beispiele heranzuziehen: Frankreich wird häufig nachgesagt, eine starke integrative nationale Identität zu besitzen, die von seinem Revolutionserlebnis geprägt ist; aber von 1803–1889 herrschte in seinen Staatsangehörigkeitsgesetzen das *ius sanguinis* (ohne ethnischen Beiklang) vor. Im Gegensatz dazu wurde das moderne deutsche Selbstverständnis oft als ein fast paradigmatischer Fall des ethnischen *ius sanguinis* dargestellt. Seit 1998 jedoch hat sich die deutsche Regierung in eine Richtung bewegt, die das Staatsangehörigkeitsrecht durch eine Verbindung von Elementen des *ius soli* und des *ius sanguinis* integrativer macht. Obwohl Frankreich und Deutschland nach dem Französisch-Preußischen Krieg von 1870 Staatsangehörigkeitsgesetze beibehielten, die auf dem *ius sanguinis* basierten (Weil 1996), stritten französische und deutsche Philosophen und Politiker über zwei sehr verschiedene Nationskonzeptionen. Auf der anderen Seite führten sowohl Deutschland unter dem NS-Regime als auch Vichy-Frankreich rassistische und antisemitische Gesetze ein, während sie gegensätzliche Kriterien (*ius sanguinis* bzw. *ius soli*) als Basis ihrer Staatsangehörigkeitsgesetze behielten. Unterschiede in Staatsangehörigkeitsgesetzen können daher nicht mit Unterschieden in der philosophischen Nationskonzeption erklärt werden. Aber was *kann* die Konvergenz von Staatsangehörigkeitsgesetzen erklären? Veranschaulicht wird sie durch die in vielen Staatsangehörigkeitsgesetzen jüngst vorgenommenen Änderungen, die sich in den folgenden vier Tabellen widerspiegeln. Diese sind nach der Art des Zugangs zur Staatsangehörigkeit angelegt: Geburtserwerb, Einbürgerung, Heirat und besondere Bestimmungen für Einwanderer der zweiten und dritten Generation.

Um die Unterschiede und Ähnlichkeiten in den verschiedenen Gesetzen zu verstehen, müssen zwei Hauptfaktoren berücksichtigt werden: die Rechtstradition und die Trennung von Territorium und konstituierter Bevölkerung, die durch das Phänomen der Aus- und Einwanderung veranschaulicht wird. Wir werden zeigen, dass – ausgehend von unterschiedlichen Rechtstraditionen und unterschiedlichen historischen Strukturen in der Ein- und Auswanderung und bei Minderheiten – auf verschiedenen Wegen und über unterschiedliche nationale politische Tagesordnungen eine Konvergenz stattfindet, da viele dieser Länder im Zusammenhang mit der Stabilisierung von Grenzen und der Aneignung demokratischer Werte mit neuen Einwanderungsproblemen konfrontiert werden: ›*Ius-soli*-Staaten‹ wurden etwas restriktiver, und die ›*Ius-sanguinis*-Staaten‹ bewegten sich in Richtung des *ius soli*.

Geburtserwerb

	ius soli (Aufnahmedatum)	*ius sanguinis* (Aufnahmedatum)
Australien	Ja (entweder ein Elternteil Staatsbürger oder dauerhafter Einwohner, oder das Kind selbst nach zehnjährigem ständigen Aufenthalt)	Ja (ein Elternteil Staatsbürger und Registrierung des Kindes in einem Konsulat innerhalb von 18 Monaten nach der Geburt)
Belgien	Nein	Ja (1831)
Dänemark	Nein	Ja (1898)
Deutschland	Ja (mit Voraussetzung der doppelten Staatsbürgerschaft: 1999)	**Ja (Preußen: 1842)**
Estland	Nein	**Ja**
Finnland	Nein	**Ja (1941)**
Frankreich	Ja (für die 3. Generation: 1889)	**Ja (1803)**
Griechenland	Nein	**Ja (1856)**
Großbritannien	**Ja (unter Voraussetzung des Wohnsitzes)**	Ja (keine Übertragung an 3. Generation, es sei denn, Wohnsitznahme in GB vor Geburt des Kindes)
Irland	Ja (1935)	Ja (1935)
Israel	Nein	**Ja (1950: Rückkehrgesetz)**
Italien	Nein	**Ja (1865)**
Kanada	Ja	Ja (Verlust der Staatsbürgerschaft in der 3. Generation, außer Wohnsitz in oder besondere Verbindung zu Kanada vor 28)
Lettland	Nein	**Ja**
Litauen	Ja (mit Voraussetzung der doppelten Staatsbürgerschaft)	**Ja (1991)**
Luxemburg	Nein	Ja (1804)
Mexiko	Ja	**Ja (nur bis zur 2. Generation)**
Niederlande	Ja (für die 3. Generation)	Ja (1888)
Österreich	Nein	Ja (1811)
Portugal	**Ja (unter Voraussetzung des ständigen Wohnsitzes)**	Ja, 1. Grades (falls allein, Verpflichtung des Bewerbers, seinen Willen zu erklären)
Russland	Ja (unter Vorbehalt)	Ja (1864)
Schweden	Nein	Ja (1894)
Spanien	Nein	**Ja (1837)**
Südafrika	**Ja (beide Eltern Einwohner)**	Nein (Meldung der Geburt bei südafrikanischen Behörden)
Vereinigte Staaten	**Ja (durch die Verfassung: 1868)**	Ja (keine Übertragung an 3. Generation, es sei denn, Wohnsitznahme in den USA vor Geburt des Kindes)

Einbürgerung

	Aufenthaltsdauer	Geschichtskenntniss	Sprachkenntnis	Treueschwur	Ausreichendes Einkommen	Gute Persönlichkeit	Abwesenheit Vorstrafen	Verzicht auf frühere Staatsbürger schaft
Australien	Unbefristet, nicht weniger als 1 von 2 Jahren vor Beantragung oder nicht weniger als 2 von 5 Jahren vor Beantragung	–	Ja	–	–	Nein	–	–
Belgien	3 Jahre	–	–	–	–	–	–	–
Dänemark	7 Jahre	–	Ja	–	Ja	–	Ja	–
Deutschland	Unbefristet nach 8 Jahren	–	Ja	–	Ja	–	–	Ja
Estland	5 Jahre	Ja	Ja	Ja	Ja	–	–	–
Finnland	5 Jahre	–	–	–	Ja	–	Ja	–
Frankreich	5 Jahre	–	Ja	–	Ja	Ja	Ja	–
Griechenland	5 Jahre nach Beantragung oder 10 von 12 Jahren vorher	–	–	–	–	–	–	–
Großbritannien	Hauptsächlicher Aufenthalt (5 Jahre) oder Anstellung im Crown Service	–	Ja	–	–	Ja	–	–
Irland	1 Jahr ununterbrochener Aufenthalt vor Beantragung und 4 von 8 Jahren vor Beantragung	–	–	Ja	–	Ja	–	–
Israel	Unbefristet; 3 von 5 Jahren vor Beantragung	–	Ja	–	–	–	–	Ja
Italien	10 Jahre	–	–	–	–	–	–	–
Kanada	Unbefristet; 3 von 4 Jahren vor Beantragung	Ja	Ja	Ja	–	–	Ja	–
Lettland	5 Jahre vor 1990	Ja	Ja	Ja	Ja	–	–	–
Litauen	Unbefristet, 10 Jahre vor Beantragung	–	Ja (Test)	Ja	Ja	–	–	Ja
Luxemburg	10 Jahre, ununterbrochener Aufenthalt in den letzten 5 Jahren	–	Ja	–	Ja	–	Ja	Ja
Mexiko	5 Jahre	Ja	Ja	–	–	–	–	Ja
Niederlande	Unbefristet; gewohnheitsmäßig in 5 aufeinanderfolgenden Jahren vor Beantragung	–	Ja	–	–	–	–	–
Österreich	10 Jahre	–	Ja	Ja	Ja	–	Ja	Ja
Portugal	10 Jahre	–	Ja	–	Ja	Ja	–	–
Russland	5 Jahre	–	–	–	–	–	–	–
Schweden	5 Jahre	–	–	–	–	–	Ja	–
Spanien	10 Jahre	–	–	–	–	–	–	–
Südafrika	Unbefristet, 1 Jahr ohne Unterbrechung vor Beantragung, von 8 Jahren vor der Beantragung 4 Jahre Einwohner	–	Ja	–	–	Ja	–	–
Vereinigte Staaten	5 Jahre, unbefristeter Aufenthalt	Ja	Ja	Ja	–	Ja	Möglicherweise	Ja*

Heirat

	Existenz einer besonderen Bestimmung	Aufenthalt	Wartefrist	sonstige Anforderungen
Australien	Nein	–	–	–
Belgien	Ja	3 Jahre	–	–
Dänemark	Nein	–	–	–
Deutschland	Ja	5 Jahre	–	–
Estland	Nein	–	–	–
Finnland	Ja	3 Jahre	2 Jahre	–
Frankreich	Ja	–	1 Jahr	Erleichterte Einbürgerung (durch Erklärung)
Griechenland	Nein	–	–	–
Großbritannien	Ja	3 Jahre	–	–
Irland	Ja	–	3 Jahre	–
Israel	Ja	–	–	Ermessen des Innenministers
Italien	Ja	6 Monate in Italien oder 3 Jahre gemeinsam im Ausland	–	Bestimmte Verbrechen nicht verübt
Kanada	Nein	–	–	–
Lettland	Nein	–	–	–
Litauen	Nein	–	–	–
Luxemburg	Ja	3 Jahre	–	Nachweis der gemeinsamen Lebensführung
Mexiko	Ja	2 Jahre	–	–
Niederlande	Ja	3 Jahre	–	–
Österreich	Ja	1 + 4 Jahre Aufenthalt oder 2 + 3 Jahre Aufenthalt	1 Jahr	–
Portugal	Ja	3 Jahre	–	–
Russland	Ja	–	–	Erleichterte Einbürgerung
Schweden	Ja	Unbefristeter Aufenthalt (3 Jahre)	2 Jahre	–
Spanien	Ja	–	1 Jahr	–
Südafrika	Ja	2 Jahre	–	–
Vereinigte Staaten	Ja	3 Jahre	–	Genauso wie andere Ausländer

Einwanderer der zweiten Generation*

	Recht auf Staatsbürgerschaft	Existenz einer besonderen Vorschrift	Aufenthalt	Alter	Weitere Informationen
Australien	Ja	Automatisch	Keiner	–	–
Belgien	Ja	Ja	Eltern seit 10 Jahren Einwohner	Vor 12, zwischen 18 und 30	Registrierung
Dänemark	Ja	Ja	10 Jahre (ununterbrochener Aufenthalt)	21–23	Erklärung
Deutschland	In Deutschland geboren Ja	Ja	Eltern dauerhaft Einwohner	Bei Geburt	Mit 23: Doppelte Staatsbürgerschaft
	Nicht in Deutschland geboren Ja	Ja	8 Jahre, inkl. 6 in Grundschule und 4 in weiterführender Schule	16–23	Doppelte Staatsbürgerschaft, Registrierung und keine Vorstrafen
Estland	Ja (Dez. 1998)	Ja	Geburt	Vor 15	Antrag durch Eltern
Finnland	Ja	Ja	10 Jahre	21–23	Erklärung
Frankreich	Ja	Ja	5 Jahre (mit Unterbrechung)	Nach 13	Mit dem Einverständnis der Eltern mit 13, auf Wunsch mit 16, automatisch ab 18
Griechenland	Nein	Nein	–	–	–
Irland	Ja	Automatisch	Keiner	–	–
Israel	Nein	Nein	–	–	–
Italien	Ja	Ja	Ununterbrochen seit Geburt	Volljährigkeit	–
Kanada	Ja	Automatisch	Keiner	–	–
Lettland	Ja (Juni 1998)	Ja	–	–	Geburt nach 1990 und Antrag von Eltern
Litauen	Ja	Ja	Keiner	–	–
Luxemburg	Nein	Nein	–	–	–
Mexiko	Ja	Automatisch	Keiner	–	–
Niederlande	Ja	Ja	ständig seit Geburt	18–25	Erklärung
Portugal	Ja	Ja	Keiner	Jederzeit	Eltern 10 Jahre Einwohner oder 6, falls aus einem portugiesischsprachigen Land
Österreich	Nein	Ja	6 oder 4 Jahre statt 10	–	Naturalisierung
Russland	Nein	Nein	–	–	–
Spanien	Ja	Ja	1 Jahr	18–20	Erklärung
Südafrika	Ja	Ja	–	–	Eltern dauerhaft Einwohner
Schweden	Ja	Ja	10 Jahre	21–23	Erklärung
Großbritannien	Ja	Ja	Keiner (1981)	–	Eltern dauerhaft Einwohner
Vereinigte Staaten	Ja	Automatisch	Keiner	–	–

* Für EU-Länder wurden die Informationen hauptsächlich entnommen aus: Hansen, 1998.

Die verschiedenen Rechtstraditionen

Fielen eine Bevölkerung und ein Hoheitsgebiet genau zusammen, machte es keinen Unterschied, ob man die Staatsangehörigkeit auf der Basis des *ius sanguinis* oder des *ius soli* übertragen würde. Es beträfe dieselben Menschen und hätte dieselben rechtlichen Folgen. Im Europa des 18. Jahrhunderts war das *ius soli* das vorherrschende Kriterium in den beiden mächtigsten Königreichen: in Frankreich und dem Vereinigten Königreich. Dabei wurde eine feudalistische Tradition auf den Staat übertragen: Menschen waren an den Herrn gebunden, der das Land besaß, auf dem sie geboren wurden. Die Französische Revolution brach mit dieser feudalistischen Tradition. Weil das *ius soli* gleichbedeutend mit feudalistischer Untertanentreue war, wurde gegen den Willen Napoleon Bonapartes beschlossen, dass das neue bürgerliche Gesetzbuch von 1804 die französische Staatsangehörigkeit nur einem entweder in Frankreich oder im Ausland geborenen Kind eines französischen Vaters zuerkannte.[1] Dies war nicht ethnisch motiviert, sondern bedeutete lediglich, dass die väterliche Verwandtschaftslinie das Kriterium ›Untertänigkeit‹ zurückdrängte. Dies bedeutete die Wiedereinführung römischen Rechts in das moderne Staatsangehörigkeitsrecht. Diese französische Neuerung wurde durch nachahmende Kodifizierung auf dem europäischen Kontinent allmählich gängiges Recht der Länder. Folgende Länder übernahmen das *ius sanguinis* in ihre bürgerlichen Gesetzbücher: Österreich (1811), Belgien (1831), Spanien (1837), Preußen (1842), Russland (1864), Italien (1865), Niederlande (1888), Norwegen (1892) und Schweden (1894) (vgl. Weiss 1907).

Im Gegensatz dazu wurde die britische Tradition des *ius soli* ungebrochen auf die Kolonien in Nordamerika (USA und Kanada), Europa (Irland), Afrika (Südafrika) und Australien übertragen (Watson 1974). Sie beeinflusste auch Portugal und Dänemark, bis die nordischen Länder in den 1920er Jahren die Einführung eines gemeinsamen Staatsangehörigkeitssystems beschlossen.

Die Trennung von Hoheitsgebiet und konstituierter Bevölkerung

Wenn sich das Hoheitsgebiet und die konstituierte Bevölkerung nicht (mehr) decken, kann man zwischen Einwanderer- und Einwanderungsländern sowie Auswanderer- und Auswanderungsländern unterscheiden.

1. ›Einwandererländer‹ sind Länder, die von Einwanderern gegründet werden und deren Bürger mehrheitlich Einwanderer oder Nachkommen von Einwanderern sind. Die Vereinigten Staaten, Kanada, Australien und (bis vor kurzem) Südafrika können zu dieser Gruppe gezählt werden.
2. ›Einwanderungsländer‹ sind Länder, in denen eine ausländische Bevölkerung sich als Einwohner niedergelassen hat. Dennoch existiert in diesen Ländern ein vorherrschendes Gefühl, dass eine die Mehrheit bildende Kernbevölkerung schon seit Urzeiten existiert und nicht von Einwanderern abstammt und dass eine eingewanderte Bevölkerung sich zusätzlich mit dieser Kernbevölkerung verbunden hat. In Westeuropa hat sich Frankreich seit der Mitte des 19. Jahrhunderts in einer solchen Lage befunden. Seit dem Zweiten Weltkrieg haben sich alle westeuropäischen Länder von Auswanderungsländern zu Einwanderungsländern gewandelt. Südafrika hat sich seit dem Ende der Apartheid ebenfalls zu einem Einwanderungsland entwickelt. Auf andere Art, aber mit ähnlichen Folgen, sind die baltischen Staaten Länder, in denen eine große russische Minderheit lebt.
3. ›Auswandererländer‹ sind Länder, deren Bevölkerung sich zum Teil außerhalb der Staatsgrenzen befindet, in einem anderen Staatsgebiet lebt und Verbindungen zu ihrem Ursprungsland aufrechterhält. In diese Kategorie fallen Deutschland zwischen 1913 und 1933 und zwischen 1949 und 1989, Russland seit 1989 und, wie wir später sehen werden, Israel.
4. Schließlich gibt es noch die ›Auswanderungsländer‹, aus denen Teile der Bevölkerung ausgewandert sind, um sich in einem anderen Land ein neues Leben aufzubauen. Dies trifft (mit Ausnahme Frankreichs) auf die meisten europäischen Staaten bis zum Zweiten Weltkrieg und Mexiko seit den 1930er Jahren zu.

Wenn eine Rechtstradition den Staatsinteressen in der Frage der Migration als angemessen erscheint oder ihnen zumindest nicht zuwiderläuft, wird der Kern dieses Staatsangehörigkeitsrechts beibehalten: In Einwandererländern wie den USA, Kanada oder Australien erlaubt das *ius soli* den Kindern von Einwanderern den automatischen Erwerb der jeweiligen Staatsangehörigkeit. Großbritannien und Irland waren Auswanderungsländer. Um die Verbindung zu ihren Staatsangehörigen im Ausland aufrechtzuerhalten, ergänzten beide ihr *ius soli* um *Ius-sanguinis*-Bestimmungen. Das *ius soli* konnte so lange in Kraft bleiben, wie diese Länder nicht in großem Ausmaß von Einwanderung betroffen waren; den Auswanderungsländern unter den kontinentaleuropäischen Staaten erlaubte das *ius sanguinis* den Kontakt zu ihren Bürgern im Ausland, bis ihre Nachkommen ihn verloren.

Aber seit dem Zweiten Weltkrieg haben sich die Staatsangehörigkeitsgesetze aufeinander zu bewegt. Länder, deren Staatsangehörigkeitsgesetze auf dem *ius soli* basierten, haben Einwanderer weit über das politisch Gewollte hinaus angezogen, was sie dazu zwang, restriktiver zu werden. Das Vereinigte Königreich zum Beispiel verfolgte eine imperiale und expansive Territorialitätskonzeption, sodass das *ius soli* ungewollt die Einwanderung nach Großbritannien förderte. Vor dem Zweiten Weltkrieg waren alle Untertanen des Britischen Empire in ihrer Treuepflicht dem Monarchen gegenüber gleich, und jeder, der im Gebiet des Empire geboren wurde, konnte einfach durch Niederlassung im Vereinigten Königreich die britische Staatsangehörigkeit erhalten. Dem kanadischen Beispiel folgend, reagierte die Gesetzgebung von 1948 auf die Herausbildung von sechs verschiedenen Formen der Staatsbürgerschaft. Ihre Summe ergab die Vorstellung von britischer Nationalität. Nachdem dieser ausgedehnte Zugang zum *ius soli* zu einer unerwartet hohen Zahl von Einwanderern aus den Kolonien führte, die schon bald Staatsbürger wurden, erlebte die britische Staatsangehörigkeitsgesetzgebung eine schnelle und lautlose Revolution weg vom ausgedehnten und reinen *ius soli*. Seit Mitte der 50er Jahre veränderte Großbritannien seine Gesetzgebung, um die weitere Einwanderung aus den Ländern des Commonwealth einzuschränken. Die Verabschiedung des Commonwealth Immigrant Act 1962 und des Immigration Act 1971 beschränkte die Einreisemöglichkeiten nach Großbritannien und schuf eine besondere Kategorie zwischen Staatsangehörigen und Ausländern: *patrials*, oder jene, die von einem Aufenthaltsrecht profitieren. Dieses Recht wurde Bürgern des Vereinigten Königreichs oder der Kolonien zuerkannt, vorausgesetzt, sie waren im Hoheitsgebiet des Vereinigten Königreichs geboren, adoptiert oder registriert worden oder mindestens seit fünf Jahren Einwohner Großbritanniens. Die Gesetze von

1981 schufen eine britische Staatsbürgerschaft. In Großbritannien geborenen Kindern britischer Staatsbürger oder dort geborenen nichtbritischen Einwohnern wurde automatisch das *ius soli* beigemessen. Darüber hinaus konnten Minderjährige die britische Staatsangehörigkeit erwerben, sofern sie zehn Jahre vor Antragstellung ohne Unterbrechung Einwohner Großbritanniens gewesen waren. Außerdem wird die britische Staatsbürgerschaft durch das *ius sanguinis* automatisch an die erste im Ausland geborene Generation übertragen. In der folgenden Generation müssen die Nachkommen von britischen Bürgern sich in Großbritannien niederlassen, sonst verlieren sie ihre britische Staatsbürgerschaft (Hansen 1999).

Die Entwicklung Großbritanniens könnte schon bald auf der Tagesordnung des irischen Parlaments stehen, da Irland in jüngster Zeit zu einem Einwanderungsland geworden ist. Irland, das in den letzten zehn Jahren das einzige Land Westeuropas mit anhaltender Auswanderung war, nimmt seit kurzem mehr und mehr Einwanderer auf. Die Wanderungsbilanz hat sich seit 1995 zugunsten der Einwanderung verschoben (von 20 000 auf 45 000 im Jahr 1998), und die Zahl der Asylbewerber ist gestiegen (von 39 im Jahr 1992 auf 4626 im Jahr 1998).

In den Vereinigten Staaten eröffnet das *ius soli* den Kindern von illegalen Einwanderern den Zugang zur Staatsbürgerschaft (Schuck/Smith 1985). Es wäre jedoch nicht einfach, die amerikanische Staatsbürgerschaft zu beschränken, da mit der Aufnahme des XIV. Verfassungszusatzes die *Ius-soli*-Bestimmung Teil der US-Verfassung geworden ist. Sie erklärt alle im Rechtsgebiet des Bundesstaates geborenen Personen zu US-amerikanischen Staatsbürgern (Aleinikoff 1998). Schuck und Smith haben dagegen eingewandt, dass eine so weit reichende Anwendung des XIV. Verfassungszusatzes nie beabsichtigt gewesen sei.

Eine auf derselben restriktiven Grundlage stattfindende Bewegung muss ebenfalls erwähnt werden: Alle 25 Länder mit einer gesetzlich verankerten Regelung zum automatischen Erwerb der Staatsbürgerschaft durch Heirat haben diese innerhalb der letzten 40 Jahre zurückgenommen. Dies war zum Beispiel 1950 in Schweden, 1951 in Dänemark, 1959 in Portugal, 1983 in Italien, 1984 in Belgien, 1984 in Griechenland und 1996 in Israel der Fall. Außerdem wurde die erforderliche Wartezeit vor einer Beantragung der Staatsbürgerschaft durch den Ehepartner in vielen Fällen verlängert. Dies resultierte überall aus einer neuen Betrachtung von Staatsbürgerschaft: Die Gleichbehandlung von Männern und Frauen sollte gewährleistet und die Ehe in ihrer umfassenden Bedeutung eingeschränkt werden. Aber in vielen Fällen bestand auch eine berechtigte Besorgnis über Scheinehen mit illegalen Einwanderern.

Auf der anderen Seite kam es zu einer Trennung von Rechtstradition und Einwanderung in den kontinentaleuropäischen Staaten: Sie brachen mit ihrer Rechtstradition des *ius sanguinis,* als sie Länder mit ständiger Einwanderung wurden. Frankreich war am Ende des 19. Jahrhunderts das erste Land, das einem Widerspruch von Rechtstradition und Migration gegenüberstand. Frankreich, dem häufig eine offene, auf der Integration von Einwanderern basierende Nationskonzeption nachgesagt wird, hatte von 1804 bis 1889 Staatsangehörigkeitsgesetze, die von einem überwiegend nicht ethnisch motivierten *ius sanguinis* geprägt waren. In den Jahren nach der Einführung des bürgerlichen Gesetzbuches von 1804 mit seinen *Ius-sanguinis*-Bestimmungen traten unvorhergesehene und unerwünschte soziale Folgen auf. Die Mehrheit der im französischen Hoheitsgebiet geborenen Kinder ausländischer Eltern hatte keine Eile, die französische Staatsangehörigkeit einzufordern, obwohl sie Angehörige von Familien waren, die schon seit langem in Frankreich lebten. Auf diese Weise entgingen sie dem Militärdienst, der mit der Staatsangehörigkeit verbunden war. Am 7.2.1851 wurde deshalb ein Gesetz verabschiedet, das ein optionales doppeltes *ius soli* einführte: Ein in Frankreich geborenes Kind eines ausländischen Vaters wurde damit bei der Geburt französischer Staatsbürger. Bei Erreichen der Volljährigkeit konnte die französische Staatsbürgerschaft widerrufen werden. Diese Möglichkeit wurde mit dem Gesetz von 1889 zurückgenommen: Um dem Prinzip der gleichen öffentlichen Rechte und Pflichten gerecht zu werden, erhielten ›Einwanderer‹ der dritten Generation automatisch die französische Staatsangehörigkeit und wurden zum Militärdienst eingezogen. Seit damals bildet das doppelte *ius soli* den Kern des französischen Staatsangehörigkeitsrechts. Es ist sowohl ein Mechanismus zur automatischen Verleihung der französischen Staatsangehörigkeit an in Frankreich geborene ›Einwanderer‹ der dritten Generation als auch das einfachste Mittel, mit dem französische Staatsbürger ihre Staatsangehörigkeit nachweisen können (Die Eltern müssen nur ihre eigene und die Geburtsurkunde ihrer Eltern vorlegen). Zusätzlich zum doppelten *ius soli* wird ein in Frankreich geborenes Kind ausländischer Eltern, die selbst im Ausland geboren wurden, zwar nicht bei Geburt, aber mit Erreichen der Volljährigkeit Franzose, es sei denn, es wünscht ausdrücklich, Ausländer zu bleiben (Weil 2000).

Unterdessen blieben die anderen kontinentaleuropäischen Staaten bis zum Zweiten Weltkrieg Einwanderungsländer und behielten das *ius sanguinis* als vorherrschenden Maßstab für die Zuerkennung der Staatsbürgerschaft bei der Geburt bei. Als Folge der großen Einwanderung nach dem Krieg blieben jedoch große Teile der Bevölkerung, namentlich Einwanderer der zweiten und dritten Generation, zunehmend von einem einfachen Zugang zur Staatsbürgerschaft ausgeschlossen.

Beständige Zuwanderung in großem Umfang beförderte Regelungen, die Einwanderern einen unbefristeten Aufenthalt garantieren und ihrem Recht, Zugang zur Staatsbürgerschaft zu erhalten, den Weg ebnen sollten. Die obersten Verfassungsgerichte Frankreichs und Deutschlands erkannten in den 1970er Jahren das unbefristete Aufenthaltsrecht der in ihrem Hoheitsgebiet lebenden Ausländer an. In einer seiner Entscheidungen bekämpfte das oberste französische Verwaltungsgericht den Versuch der französischen Regierung zwischen 1978–1980, zwangsweise die Mehrheit der legalen nordafrikanischen Einwanderer auszuweisen. Die Regierung war gezwungen, dem öffentlichen und juristischen Druck nachzugeben. Im Juni 1984 wurde ein Gesetz verabschiedet, das 95% der ausländischen Arbeitnehmer und ihren Familien ein ständiges Aufenthaltsrecht garantierte. Dieselbe Entwicklung vollzog sich auch in Deutschland. 1972 bestätigte das Bundesverfassungsgericht, dass ein länger als fünfjähriger Aufenthalt eines ausländischen Arbeitnehmers kein hinreichender Grund sei, »eine weitere Aufenthaltsgenehmigung zu verweigern, da jede verlängerte Aufenthaltsgenehmigung auf Niederlassung abziele« (Kanstroom 1991). Dieses Recht auf Integration wurde später für Einwanderer der zweiten und dritten Generation durch das Recht auf Zugang zur Staatsbürgerschaft (durch das *ius soli* oder erleichterte Einbürgerung) erweitert.

Um ›Einwanderern‹ der dritten Generation den Zugang zur Staatsbürgerschaft zu sichern, hat das doppelte *ius soli* 1992 in Belgien (Art. 10, unter Voraussetzung eines fünfjährigen Aufenthaltes der Eltern in den zehn Jahren vor der Geburt), 1989 in Frankreich, 1990 in Spanien (Art. 17) und 1953 in den Niederlanden (bei Abstammung mütterlicherseits) formell Eingang in die Staatsangehörigkeitsgesetze gefunden. In Irland existiert ein *De-facto*-Zugang in allen und in Großbritannien und Portugal in fast allen Fällen. In Irland und – unter Vorbehalt des legalen Aufenthalts – in Großbritannien und Portugal wird die Staatsbürgerschaft in der zweiten Generation automatisch durch Geburt verliehen, wenn die Eltern sechs oder zehn Jahre davor in Portugal ansässig waren. In der Mehrheit der europäischen Staaten jedoch ergibt sich aus der Geburt kein automatischer Zugang zur Staatsbürgerschaft. Voraussetzung ist vielmehr der dauernde Aufenthalt und/oder der freiwillige Erwerb, von denen man annimmt, dass sie eine Sozialisation zur Folge haben (Weil/Hansen, 1999). In Belgien, Dänemark, den Niederlanden, Italien und Schweden kann ein Kind ausländischer Eltern bei Volljährigkeit die Staatsbürgerschaft nach Erfüllung bestimmter Aufenthaltskriterien erwerben. In Belgien wird sie im Alter zwischen 18 und 30 erworben[2], in Dänemark, Finnland und Schweden zwischen 21 und 23 (Voraussetzung: ständiger Aufenthalt seit dem 16. oder fünfjähriger Aufenthalt vor dem 16. Geburtstag), in den Niederlanden zwischen 18 und 25 (Voraussetzung seit 1984: Aufenthalt seit der Geburt) und in Italien im Jahr nach Erreichen der Volljährigkeit (Voraussetzung: Aufenthalt seit der Geburt). In Spanien kann die Einbürgerung von den Eltern ein Jahr nach Geburt des Kindes beantragt werden. Schließlich wurde mit Ausnahme Griechenlands (Berücksichtigung des Einbürgerungsverfahrens), Österreichs und Luxemburgs überall in der Europäischen Union der Zugang für die zweite und dritte Generation erleichtert, häufig als Ergebnis der jüngsten Reformen. Im Falle Österreichs definiert die letzte Ergänzung zwei privilegierte Gruppen ausländischer Bürger, die nach mindestens vier bzw. sechs Jahren Aufenthalt eingebürgert werden können: Antragsteller, die eine ›dauerhafte persönliche und berufliche Integration‹ in Österreich nachweisen können, und dort geborene Bewerber. Die zweite Kategorie ist bedeutsam, da damit zum ersten Mal in Österreich die Geburt als relevanter Faktor für den Erwerb der Staatsangehörigkeit eingeführt wurde. In Österreich geborene ausländische Staatsbürger besitzen jedoch immer noch keinen individuellen Anspruch auf Einbürgerung.

Übrig bleibt noch der Fall Deutschland. Die preußische Gesetzgebung übernahm 1842 mit dem *ius sanguinis* das im französischen Staatsangehörigkeitsrecht vorherrschende Prinzip. Außerdem war das preußische Gesetz nicht ethnisch: Es schloss polnische und jüdische Preußen ein und Deutsche aus anderen deutschen Staaten aus (Fahrmeir 1997). Das *ius sanguinis* wurde 1913 vor dem Hintergrund bekräftigt, dass Deutschland ein Auswanderungsland und ein Land der Auswanderer geworden war. In Frankreich aber nahm man das deutsche Kaiserreich wegen der Annektierung Elsass-Lothringens ethnozentrisch wahr. Diese Vorstellung wurde in den USA durch das Gesetz von 1913 und in allen alliierten Ländern während des Ersten Weltkrieges erzeugt. Erst das Nazi-Regime formte das *ius sanguinis* ethnisch und rassistisch aus. Nach 1949 wurde das *ius sanguinis* beibehalten, um rechtliche Verbindungen mit den Ostdeutschen aufrechtzuerhalten. Wie in Frankreich am Ende des 19. Jahrhunderts, konnte die Verlagerung zum *ius soli* erst mit dem gleichzeitigen Auftreten von drei Faktoren stattfinden: stabile Grenzen, die die Mehrheit der Staatsangehörigen einschließen, Einwanderer, die das Recht auf dauerhafte Niederlassung erworben hatten, und die Festigung von demokratischen Werten. Seit Beginn der 1970er Jahre ist Deutschland ein Land mit ständiger Einwanderung, und seit 1990 ist die Mehrheit der Deutschen innerhalb derselben Grenzen wiedervereinigt und bildet eine demokratische Bürgerschaft. Deswegen sind die Bedingungen für eine Konvergenz der europäischen Staatsangehörigkeitsgesetze erfüllt.

Diese konvergierende Aufenthaltsgarantie für ausländische Einwohner gehört – zusammen mit der Vorstellung von territorialer Nationalität – zu den neuen Paradigmen des internationalen Rechts, die von Diane Orentlicher (1998) analysiert worden sind. Die westeuropäischen Staaten haben sich durch interne Debatten und entlang parallel laufender Wege angenähert (Hansen/Weil 2000). In den baltischen Staaten vollzog sich diese Konvergenz durch den Druck internationaler Organisationen, welche die Rechte ausländischer Einwohner betonen.

Die Analyse dieser Fälle – entscheidend sind das estische und das lettische Beispiel – erfordert zunächst eine Untersuchung der Staatsangehörigkeitsgesetze der drei baltischen Staaten zum Zeitpunkt ihrer Unabhängigkeit 1991. Damals schien es, als würden sie unterschiedliche Wege einschlagen. Während Litauen 1991 und Estland 1992 neue Staatsbürgerschaftsgesetze erließen, tat Lettland dies nicht, sondern stellte nur die lettische Staatsbürgerschaft derjenigen, die sie schon vor der Zeit der Sowjetunion besessen hatten, und ihrer Nachkommen wieder her. Da Regierungsvertreter behaupteten, ein solches Gesetz müsse bis zur Wahl eines neuen Parlaments zurückgestellt werden, wurde das lettische Staatsangehörigkeitsgesetz erst am 21. Juni 1994 angenommen. Die drei baltischen Staaten können entlang einer die In- und Exklusivität ihrer Staatsangehörigkeitsgesetze bezeichnenden Linie eingeteilt werden: Litauen, das *Ius-soli-* und *Ius-sanguinis-*Bestimmungen miteinander verbindet, ist am inklusivsten und Lettland am exklusivsten. Lettland besitzt kein *ius soli* und führte ein Fenstersystem ein, das jedes Jahr die Überprüfung der Anträge von Personen einer bestimmten Kategorie vorsieht: 1996 die der in Lettland geborenen 16- bis 20-Jährigen; 1997 die der bis zu 25-Jährigen usw. Nach dem ursprünglichen Gesetz mussten außerhalb Lettlands geborene Personen bis zu dem Zeitraum 2001–2003 mit der Beantragung warten (Barrington 1999, S. 17f.).

Die von Lettland und Estland nach der Unabhängigkeit verabschiedeten Staatsangehörigkeitsgesetze wurden von zwischenstaatlichen Organisationen auf der Grundlage der Menschenrechte kritisiert, da sie ganze Teile der Bevölkerung von der Staatsangehörigkeit ausschlossen, besonders langjährige Einwohner russischer Herkunft. Sowohl Lettland als auch Estland waren bzw. sind Beitrittskandidaten für den Europarat und die Europäische Union, und es besteht ein ausdrücklicher Zusammenhang zwischen einer ernsthaften und aussichtsreichen Bewerbung und der Beachtung der von diesen zwischenstaatlichen Organisationen geforderten Minderheitenpolitik. In dieser Hinsicht waren besondere, die Staatsangehörigkeit und Menschenrechte im Allgemeinen betreffende Vorschriften Teil dieser Bedingungen. Sie orientieren sich ziemlich genau an der jüngsten Entwicklung einer territorialen Staatsangehörigkeit im internationalen Recht. Nicht nur die Europäische Union und der Europäische Rat drängten diese Länder zu mehr Inklusivität, sondern auch die Organisation für Sicherheit und Zusammenarbeit in Europa (OSZE). Diese war ein bedeutender Akteur bei den jüngsten Veränderungen der Staatsangehörigkeitsgesetze sowohl Estlands als auch Lettlands. In Lettland hatte der OSZE-Hochkommissar für Nationale Minderheiten die Aufnahme bestimmter Klauseln empfohlen: darunter das Recht auf Staatsbürgerschaft für Nichtbürger, die Beschleunigung des Einbürgerungsverfahrens, die Abschaffung des Fenstersystems, die Verleihung der Staatsangehörigkeit an in Litauen geborene staatenlose Kinder, die Begrenzung der Aufenthaltsvoraussetzung auf höchstens fünf Jahre, die Verringerung der Einbürgerungsgebühr, die Vereinfachung der Prüfung über Geschichte und Verfassung Lettlands. Das litauische Parlament erfüllte diese Empfehlungen durch mehrere Gesetzesergänzungen am 22. Juni 1998, wie der Hochkommissar am darauffolgenden Tag erklärte (OSZE-Hochkommissar 1998).

Die baltischen Beispiele, die sich von einem fast vollständig auf dem *ius sanguinis* und der Begrenzung von Einbürgerungen basierenden Ansatz in Richtung eines inklusiveren bewegt haben, zeigen, dass der Konvergenzprozess noch nicht abgeschlossen ist. Im Dezember 1998 veränderte Estland die gesetzlichen Bestimmungen zur Verleihung der Staatsbürgerschaft an Einwanderer der zweiten Generation; sie sind am 12. Juli

1999 in Kraft getreten. Das Staatsangehörigkeitsrecht verändert sich ständig.

Dieser Konvergenzprozess geht weit über Europa hinaus. Er betrifft fast alle fortgeschrittenen industriellen Demokratien, soweit sie Merkmale europäischer Staaten aufweisen: demokratische Werte, stabile Grenzen und tendenziell eine Selbstwahrnehmung als Einwanderungsländer, nicht als Auswanderer- oder Auswanderungsländer.[3] Sind diese drei Bedingungen erfüllt, vollzieht sich die Konvergenz in zwei Phasen. In einer ersten Phase wird der Zugang zur Staatsangehörigkeit eingeschränkt, weil diese vielfach unter Umgehung der Einwanderungsgesetze angestrebt wurde, um zu einem Aufenthaltsrecht zu kommen. In einer zweiten Phase werden nach und nach alle Bestimmungen, die einer vereinfachten Integration der Einwanderer der zweiten und dritten Generation nicht förderlich waren, abgeschafft. Langjährigen Einwohnern und ihren Kindern wurde der Zugang zur Staatsangehörigkeit eröffnet.

Die zahlreichen, in vielen Staatsangehörigkeitsgesetzen vorgenommenen Veränderungen verdeutlichen diese Konvergenz. Die Methoden sind unterschiedlich, aber für gewöhnlich nehmen sie die Form von Ergänzungen bereits bestehender Gesetze an, die den Geburtserwerb, den Status von Einwanderern der zweiten und dritten Generation oder den Status von Ehepaaren betreffen.

Jene Länder, die diesem Muster nicht folgen, sind Länder, die eine der oben genannten Bedingungen nicht erfüllen; tatsächlich lassen sich die determinierenden Faktoren auf zwei reduzieren, da alle hier berücksichtigten Länder demokratisch sind oder sich im Prozess der Demokratisierung befinden. Sie unterscheiden sich in ihren Selbstwahrnehmungen und der Stabilität der Grenzen.

Die erste fehlende Voraussetzung kann auf die Migration zurückgeführt werden: Obwohl alle Länder dieser Studie ausländische Einwohner und im Ausland lebende Staatsbürger haben, ist die Anwesenheit von Einwanderern allein noch nicht ausreichend, um eine Konvergenz zu bewirken. Wenn die Interessen und die Aufmerksamkeit des Staates auf die Aufrechterhaltung von Beziehungen mit möglichen Staatsangehörigen im Ausland gerichtet sind, wenn die Vorstellung weit verbreitet ist, dass ein großer Teil der Bevölkerung im Ausland lebt, und wenn diesem eine höhere Bedeutung zugemessen wird als den ausländischen Einwohnern im eigenen Hoheitsgebiet, kommt es nicht zu einer Konvergenz der Gesetze. Dies gilt für Israel. Trotz der verbreiteten Auffassung, Israel sei ein

Einwandererland, erlaubt das berühmte Rückkehrgesetz einem zurückkehrenden Nachkommen eines Auswanderers *(oléh)* die Wiedereingliederung in sein Ursprungsland. Anders ausgedrückt ist Israel vom Standpunkt des Staatsangehörigkeitsrechts betrachtet eher ein *Auswanderungs-* als ein Einwanderungsland.

Dies gilt auch für Russland, das viele seiner Bürger außerhalb seiner Grenzen, im Gebiet der ehemaligen Sowjetrepubliken, wähnt. Entsprechende Bestimmungen sind im Staatsangehörigkeitsgesetz vom 28. November 1991 enthalten (in Kraft seit dem 6. Februar 1992), das am 17. Juni 1993 und am 6. Februar 1995 ergänzt wurde. Sie legen fest, dass ein Kind von Eltern mit russischer Staatsbürgerschaft ein russischer Staatsbürger ist, wo immer es auch geboren sein mag (Art. 14). Die Vergabe der russischen Staatsangehörigkeit erfolgt demnach hauptsächlich in der Tradition des *ius sanguinis*.

Der zweite Hauptfaktor ist die Stabilität der Grenzen. Gebietsstreitigkeiten und Diasporas erschweren den Weg zu mehr Inklusivität, ja, machen ihn zum Teil sogar undenkbar. Unsichere Grenzen führen zu einer Bevorzugung des *ius sanguinis*, das eine sicherere Methode als das *ius soli* darstellt, die Kontrolle über die Bürgerschaft zu behalten. In vielen dieser Fälle befinden sich Staatsbürger außerhalb oder große und separatistische Minderheiten innerhalb der Grenzen. Am deutlichsten wird das im deutschen Fall. Erst nach der Wiedervereinigung war es Deutschland möglich, die Frage der Integration der Kinder von Einwanderern anzugehen, eine Frage, die lange Zeit unangetastet auf der politischen Tagesordnung gestanden hatte. Auch das israelische Beispiel ist in dieser Hinsicht von Bedeutung. Die Interessen des Staates Israel waren zu einem großen Teil von der Unsicherheit seiner Grenzen und von den mit der Anwesenheit der Palästinenser verbundenen politischen Konflikten bestimmt. Dieser Umstand mag erklären, warum die israelische Staatsangehörigkeit nicht an Kinder von nichtisraelischen Eltern verliehen wird. Abschließend zeigt der Vergleich von Ländern mit sehr verschiedenen geografischen und historischen Hintergründen das Gewicht, das die Rechtstradition für die rechtliche Ausgestaltung der Staatsangehörigkeit hat. Wirkliche Konvergenz bleibt innerhalb gesetzlicher Schranken, und wirkliche Konvergenz findet nur statt, wenn Staaten gravierenden Widersprüchen unterworfen sind. Traditionen der Staatsangehörigkeit wandelten sich, wenn Brüche auftraten zwischen den Folgen des traditionellen Rechts und dem Interesse des Staates oder Einzelner, die legitimerweise Ansprüche auf Staatsangehörigkeit geltend machten. Alle stabilen, demokratischen Nationalstaaten mit eingewanderter Bevölkerung haben sich in dieselbe rechtliche Richtung bewegt. Entgegen der in vielen akademischen Abhandlungen vertretenen Meinung existiert keine kausale Beziehung zwischen nationaler Identität und den Staatsangehörigkeitsgesetzen.

Aus dem Englischen übersetzt von Dominik Nagl.

Anmerkungen:

* Erstveröffentlichung: Patrick Weil (2001): Access to citizenship: a comparison of twenty-five nationality laws, in: Aleinikoff, T. Alexander/Klusmeyer, Douglas (Hg.): Citizenship Today: Global Perspectives and Practices. Carnegie Endowment for International Peace, Washington, D.C. Ich möchte mich bei Dr. Stephane Dufoix bedanken, der bei der Fertigstellung dieser Arbeit mein sehr kompetenter Forschungsassistent war. Außerdem möchte ich mich bei Peter Sahlins und Scott Greer bedanken, die sie gelesen und sehr präzise Vorschläge beigesteuert haben.

1 Das *ius soli* wurde teilweise beibehalten, hauptsächlich aufgrund einer konstitutionellen Einschränkung: Ein in Frankreich geborenes Kind ausländischer Eltern konnte bei Erreichen der Volljährigkeit die französische Staatsangehörigkeit erhalten.

2 Nach Art. 12a, 13 und 14 kann die Staatsangehörigkeit von den Eltern vor Erreichen des 13. Lebensjahres eingefordert werden, wenn sie bereits zehn Jahre in Belgien ansässig sind und das Kind seit seiner Geburt in Belgien lebt (Art. 11a 1991).

3 Da auch Einwanderungsländer im Ausland lebende Bürger haben, beinhalten alle Gesetze Bestimmungen, welche die Übertragung der Staatsbürgerschaft an im Ausland lebende Kinder erlauben. Diese Form des *ius sanguinis* wird oft bis zur dritten Generation begrenzt, wenn nicht durch Antrag eine besondere Verbindung zum Ursprungsland hergestellt wird (Vereinigte Staaten 1978; Großbritannien 1981; Kanada 1999).

Literatur:

Aleinikoff, T. Alexander (1998): Between Principles and Politics. The Direction of U.S. Citizenship Policy. Washington International Migration Policy Program. Carnegie Endowment for International Peace.

Barrington, Lowell W. (1999): The Making of Citizenship Policy in the Baltic States (Überarbeitete Fassung einer auf einem Treffen des Carnegie Comparative Citizenship Project in Virginia, USA, im Juni 1998 vorgestellten Papiers).

Brubaker, Rogers (1992): Citizenship and Nationhood in France and Germany, Cambridge.

Fahrmeir, Andreas K. (1997): Nineteenth-Century German Citizenships: A Reconsideration, in: Historical Journal, Nr. 3.

Hansen, Randall (1998): A European Citizenship or a Europe of Citizens? Third Country Nationals in the EU, in: Journal of Ethnic and Migration Studies, Heft 24, S. 751–768.

Hansen, Randall (2000): From Subjects to Citizens: Immigration and Nationality Law in the United Kingdom, in: Hansen/Weil (2000).

Hansen, Randall/Weil, Patrick (Hg.) (2000): Nationality Law in Europe, London.

Kanstroom, Daniel (1991): Wer sind wir wieder? Laws of Asylum, Immigration, and Citizenship in the Struggle for the Soul of the New Germany, in: The Yale Journal of International Law, Bd. 1, S. 194.

Klaaren, Jonathan (2000): Post-Apartheid Citizenship in South Africa, in: Aleinikoff (1998) (überarbeitete Fassung eines auf einem Treffen des Carnegie Comparative Citizenship Project in Virginia, USA, im Juni 1998 vorgestellten Papiers).

Nascimbene, Bruno (Hg.) (1996): Nationality Laws in the European Union, Mailand.

Orentlicher, Diane F. (1998): Citizenship and National Identity, in: Wippman, David (Hg.); International Law and Ethnic Conflict, Ithaca/London, S. 296–325.

Schuck, P. H./Smith, R. M. (1985): Citizenship without Consent: The Illegal Alien in American Polity, New Haven.

Watson, Alan (1974): Legal Transplants, Edinburgh.

Weil, Patrick (1996): Nationalities and Citizenships: The Lessons of the French Experience for Germany and Europe, in: Cesarani, M./Fulbrook, Mary (Hg.): Citizenship, Nationality & Migration in Europe, London, S. 74–87.

Weil, Patrick (1998): The State Matters. Immigration Control in Developed Countries, New York (United Nations).

Weil, Patrick (2000): The History of French Nationality – A Lesson for Europe, in: Hansen/Weil (2000).

Weiss, André (1907): Traité Théorique et Pratique de Droit international privé, Tome premier: La Nationalité, Paris.

2. Konzepte in der Debatte: Citizenship jenseits der Nation?

Zufällige Diasporas und externe ›Heimatländer‹ in Mittel- und Osteuropa

Rogers Brubaker

Dieser Aufsatz stellt vor allem den Versuch dar, den grenzübergreifenden Heimatland-Nationalismus (homeland nationalism) der Weimarer Republik mit dem des postsowjetischen Russland zu vergleichen. Beide Nationalismen haben den Anspruch, die Situation der ethnonationalen ›Angehörigen‹ zu überwachen, ihr Wohlergehen zu befördern und ihre Rechte und Interessen zu schützen. Beide beziehen sich also auf Menschen, die einem Staat zugerechnet werden, obwohl sie Einwohner und Staatsbürger eines anderen sind. Oberflächlich betrachtet, gibt es zwischen den ethnischen Deutschen in verschiedenen nationalisierenden Nachfolgestaaten auf ehemaligen Gebieten des Deutschen Reiches nach dem Ende des Ersten Weltkriegs und den ethnischen Russen (und anderen Russischsprachigen), die sich auf ähnliche Weise nach dem Zerfall der Sowjetunion in anderen Staaten wiederfanden, auffällige Parallelen. Diese werden zwar im Folgenden berücksichtigt, im Mittelpunkt stehen jedoch die wichtigsten Unterschiede zwischen den beiden Fallbeispielen, und zwar bezogen auf die Epoche zwischen den beiden Weltkriegen und die Gegenwart.

Einleitung

Betrachtet man die explosionsartige Zunahme von Literatur zum Thema Staatsbürgerschaft und Zivilgesellschaft und die vielen Forschungsrichtungen der vergangenen 15 Jahre, dann lässt sich kaum mehr exakt bestimmen, was nun die Analyse von Staatsbürgerschaft tatsächlich ist und was nicht. Will Kymlicka und Wayne Norman haben dazu angemerkt, dass »die Bandbreite der ›Theorie der Staatsbürgerschaft‹ potenziell unbegrenzt ist – fast jedes Problem der politischen Philosophie (man möchte ergänzen: fast jedes Problem in der politischen Soziologie) betrifft Beziehungen zwischen Bürgern oder zwischen Bürgern und dem Staat« (Kymlicka/Wayne 1994, S. 353). Mein Beitrag setzt sich nicht mit Staatsbürgerschaft und Zivilgesellschaft im engeren Sinne auseinander, berührt aber die hierzu existierende Forschung. Mein Thema sind die Beziehungen zwischen Staaten und jenen Personen, die in einer bestimmten Hinsicht zu ihnen ›gehören‹, obwohl sie Staatsbürger und Einwohner *anderer* Staaten sind. Anders ausgedrückt: Es geht um die Diskrepanz bzw. die fehlende Kongruenz zwischen der formalen Staatsbürgerschaft und dem, was sie impliziert. Diese fehlende Kongruenz, ihre empirischen Konsequenzen und ihre normativen Folgen sind in der aktuellen Diskussion über die Staatsbürgerschaft ein wichtiges Thema. Allerdings wird die Diskrepanz zwischen der faktischen Zugehörigkeit und dem juristischen Außenseiterstatus gewöhnlich auf langjährige Immigranten und insbesondere ihre in der neuen Heimat geborenen Nachfahren bezogen, deren entscheidende Zugehörigkeit ja in einem überdeutlichen und problematischen Kontrast zu ihrer fehlenden vollen und offiziellen Staatsbürgerschaft steht.

Mein Beitrag konzentriert sich nun nicht auf den oft diskutierten Fall von Menschen, die in einem Staat leben, ohne ihm rechtlich anzugehören, sondern auf die weniger vertraute Kategorie von ›externen Mitgliedern‹ des Staates, die ihm ebenfalls rechtlich nicht angehören. Der Staat erklärt und akzeptiert eine bestimmte Verantwortung für sie. Diese Personengruppen nenne ich ›zufällige Diasporas‹. Sie ›gehören‹ ausschließlich aufgrund ihrer ethnokulturellen Nationalität zu Staaten, die ich als ihre ›externen nationalen Heimatländer‹ bezeichnen möchte.

Zum Begriff der Diaspora

Der Begriff der Diaspora erlebt in den Sozial- und Geisteswissenschaften schon seit längerem einen spektakulären Aufstieg (Clifford 1994, Safran 1991, Tölölyan 1991, Lie 1995, Cohen 1997). Doch mit zunehmender Verwendung des Begriffs wurde seine Bedeutung immer unklarer: Er beinhaltet zumindest die Vorstellung geografischer Zerstreuung und den Verweis auf eine tatsächliche oder fiktive Heimat, von der die Diaspora getrennt wurde, der sie aber weiterhin verbunden bleibt – emotional, imaginär oder auch politisch. Jede derart aufgefasste Diaspora beinhaltet einen dreiteiligen Nexus von Diaspora, Heimatland und Gastland bzw. -ländern (Sheffer 1986), wobei diese Verknüpfung völlig unterschiedliche Formen annehmen kann. In den meisten aktuellen Diskussionen wird der Begriff ›Diaspora‹ zusammen mit beliebten Schlagwörtern wie ›Globalisierung‹, ›Transnationalismus‹ und ›Identität‹ verwendet, vor allem, wenn diese als gebrochen, fragmentiert, multipel, flüssig usw. verstanden wird. Er evoziert so das Bild einer postmodernen, entwurzelten, mobilen, entterritorialisierten Welt. In dieser vermeintlich postnationalen Welt stellt der Nationalstaat angeblich keine adäquate Analysekategorie mehr dar.

Die zufälligen Diasporas, denen ich mich in diesem Aufsatz zuwenden möchte, gehören einer völlig anderen Welt an. Sie ist nicht postnational; man könnte sie eher als postmultinational bezeichnen. Sie entstand durch den Zerfall vormals multinationaler politischer Strukturen: dem Zusammenbruch des Habsburger, des Russischen und des Ottomanischen Reiches nach dem Ersten Weltkrieg und dem Zerfall der Sowjetunion, Jugoslawiens und der Tschechoslowakei nach dem Ende des Kalten Krieges. Diese gewaltigen Neukonfigurationen politischer Räume entlang nationaler Grenzen stellen eine Apotheose des Nationalstaatsprinzips, und gerade keine Absage an dieses dar. Sie symbolisieren den Sieg, nicht die Transzendenz der Vorstellung, dass nationale und staatliche Grenzen identisch sein sollen.[1]

In diesem postmultinationalen Rahmen erscheint die Beziehung von Diaspora, ›externer Heimat‹, und Gastland äußerst konfliktreich und – teilweise aufgrund der Art und Weise, wie das ›Heimatland‹ ins Spiel kommen kann – potenziell explosiv. Ich werde diesen Nexus an zwei Beispielen verdeutlichen: dem ›Heimatland‹ der Weimarer Republik und jenem des postsowjetischen Russland. Beide ›Heimatländer‹ haben weit reichende Forderungen gestellt, um die Situation, den Lebendstandard, die Rechte und Interessen ›ihrer‹ jeweiligen Diaspora zu überwachen und zu schützen – nämlich der ethnischen Deutschen, die während der Zwischenkriegszeit in ganz Osteuropa verstreut waren, und der ethnischen Russen, die bis heute in allen sowjetischen Nachfolgestaaten leben.

In der sich gegenwärtig entfaltenden Diskussion über Diaspora sind Deutsche und Russen sicherlich die letzten Gruppen, an die man denkt. Deutschland wird, wenn überhaupt, in dieser Diskussion als *Gast*land für Arbeitsdiaspora betrachtet, nicht aber als Heimatland. Deutsche und Russen stehen beispielhaft für eine andere Art der Diaspora als jene, auf die sich die aktuelle Diskussion konzentriert: Bei ihnen handelt es sich um die im Titel gemeinten ›zufälligen Diasporas‹.

Um zu erklären, was genau ich mit diesem Begriff meine, kontrastiere ich ihn mit der eher vertrauten Arbeitsdiaspora, die im Mittelpunkt der bisherigen Diskussion stand. Zunächst einmal sind Diasporas aufgrund von Arbeitsimmigrantentum durch den Grenzübertritt von Menschen gekennzeichnet, wohingegen zufällige Diasporas durch die Verschiebung von Grenzen über Menschen hinweg definiert sind. Zweitens werden Einwanderungsdiasporas durch allmähliche, wenn auch unzählige und individuelle Wanderungsströme gebildet, während zufällige Diaspora plötzlich, meist nach einer gewaltigen und oft als traumatisch empfundenen Neugliederung politischer Räume, entsteht. Drittens entwickeln sich Arbeitsmigrantendiasporas durch freiwilliges Handeln der Betroffenen, während zufällige Diasporas ohne die Mitwirkung und oft gegen den Willen der Betroffenen entstehen. Viertens neigen Arbeitsmigrantendiasporas zu einer geografischen Zerstreuung, meist fehlt ihnen die tiefere Verwurzelung in den Gastländern, wohingegen zufällige Diasporas eher geografisch verwurzelt sind. Und schließlich bleiben die Mitglieder einer Arbeitsimmigrantendiaspora normalerweise für einige Zeit lang Bürger ihrer Heimatstaaten; die Betroffenen von zufälligen Diasporas aber sind Bürger der Staaten, in denen sie leben.[2]

In der Realität sind die Unterschiede zwischen Arbeitsdiasporas und den zufälligen Diasporas nicht so eindeutig wie hier geschildert. Einige Arbeitsimmigranten bilden in ihren Gastländern neue Arten der geografischen Ballung, wie auch zufällige Diasporas geografisch verteilt sein können. Einige Arbeitsimmigranten besitzen die Staatsangehörigkeit ihrer Gastländer, wohingegen einige Betroffene von zufälligen Diasporas – darunter die meisten russischen und russischsprachigen Esten und Letten – dies nicht tun.

Außerdem wurden viele zufällige Diasporas genauso wie die Arbeitsdiasporas zu einem gewissen Grad durch Migration geformt – ein Umstand, der eine etwas ausführlichere Betrachtung verdient. Allerdings fand die betreffende Wanderungsbewegung schon vor langer Zeit statt: Der deutsche ›Drang nach Osten‹ beispielsweise setzte im 12. und 13. Jahrhundert ein, als Bauernsiedlungen sich östlich der befestigten deutschen Besiedlung ausdehnten und so eine gemischte Siedlung im deutsch-slawischen Grenzgebiet schufen, die bis zur Mitte des 20. Jahrhunderts andauern sollte. Später, im 17. und 18. Jahrhundert, folgten viele deutsche Siedler der Einladung, sich in verschiedenen Gegenden des Habsburger- und des Russischen Reiches niederzulassen, vor allem in Ungarn, Siebenbürgen, Teilen des früheren Jugoslawiens und der Wolgaregion in Russland. Doch die letzten dieser Siedler kamen bereits anderthalb Jahrhundert, bevor ihre Welt durch den Zerfall großer, multinationaler Reiche plötzlich zerbrach. Sie selbst sahen sich nicht als ›Einwanderer‹.

Auch die Russen haben sich – ausgehend von den ursprünglichen Kerngebieten russischer Besiedlung im heutigen Nordwesten Russlands – Jahrhunderte lang vor allem nach Osten und Süden ausgebreitet. Diese Wanderungsbewegungen setzten sich unter dem Sowjetregime fort und wurden vom System teilweise unterstützt (vgl. Kolstoe 1995). *Einige* von denen, die sich nach dem Zusammenbruch des sowjetischen Staates plötzlich von privilegierten Bürgern einer Supermacht zu einer unsicheren Minderheit in fragwürdigen Staaten degradiert sahen, waren selbst aus Russland in eine nichtrussische Republik ausgewandert. Die meisten jedoch gehörten Familien an, die oft seit Generationen in nichtrussischen Republiken gelebt hatten. Und sogar jene, die aus der sowjetischen Kernregion an die Peripherie gezogen waren, hatten keine Staatsgrenzen überquert, sie hatten sich lediglich innerhalb des Territoriums des sowjetischen Staates bewegt. Diese Wanderungsbewegungen waren nicht nur juristisch und politisch als interne Migration definiert, sondern wurden auch psychologisch als solche erlebt. Deshalb betrachteten sich diese Migranten auch nicht als Einwanderer.

So waren also Deutsche und Russen in langwierige Migrationsprozesse involviert, die sie aus ihren ursprünglichen Kernregionen hinausführten. Doch im Gegensatz zur Diaspora der Arbeitermigration entstanden diese Diasporas durch plötzliche und traumatisierende Bewegungen von Grenzen über Menschen hinweg, als die multinationalen Reiche in Nationalstaaten zerfielen.

Drei Formen des Nationalismus

Diese radikal neue politische Landkarte, die sich zu Beginn des »kurzen 20. Jahrhunderts« (Hobsbawm 1994) und dann erneut an seinem Ende entfaltete, sollte eigentlich nationale Konflikte lösen. Doch wie wir alle nur zu gut wissen, schuf diese Landkarte in beiden Phasen nur einen neuen Rahmen für die alten Konflikte und verschärfte sie in einigen Fällen noch. Die Erfüllung nationaler Forderungen gebar neue, vor allem, weil fast alle neuen Nationalstaaten aus den Überresten eines Reiches entstanden, das große Minderheiten umfasst hatte. Viele von ihnen fühlten sich durch ihre ethnokulturelle Nationalität und nicht durch die juristische Staatsangehörigkeit einem ›Heimatstaat‹ zugehörig, von dem sie nun durch neue – oder erneut entscheidende – Staatsgrenzen getrennt waren. Man kann diesen Prozess auch als Schema interpretieren, in dem die Nationalisierung vormals multinationaler politischer Räume drei ineinander greifende Formen des Nationalismus erzeugt – und alle drei unterscheiden sich von jenem Nationalismus, der einen Staat errichten will und auf den sich die Forschung über nationalistische Politik vor allem konzentriert.

1. Die erste Form nenne ich den *nationalisierenden Nationalismus* der gerade unabhängig gewordenen bzw. neu geformten Staaten. Er beinhaltet Ansprüche, die im Namen einer ›Kernnation‹ oder einer Nationalität geäußert werden, die ethnokulturell definiert ist und sich von der Gesamtstaatsbürgerschaft erheblich unterscheidet. Die Kernnation wird als legitimer ›Besitzer‹ des Staates empfunden. Der Staat wird als einer begriffen, der von der Kernnation und für sie geschaffen wurde. Doch obwohl die Kernnation über ›ihren eigenen‹ Staat verfügt, wird sie als in ihrer kulturellen, wirtschaftlichen oder demografischen Stellung bedroht dargestellt. Dies wird als Folge der vorangegangenen Diskriminierung der Nation interpretiert, bevor diese ihre Unabhängigkeit erlangte. Die vermeintliche Diskriminierung wiederum wird als Legitimation instrumentalisiert, um ›Wiedergutmachung‹ oder ›Entschädigung‹ zu rechtfertigen. Darin werden mit Hilfe der Staatsgewalt spezifische Interessen der Kernnation zum Ausdruck gebracht. Zu den Beispielen dieser nationalisierenden Staaten gehören Polen, Rumänien und zu einem geringeren Grad die Tschechoslowakei während der Zwischenkriegszeit; Estland, Lettland, Kasachstan, die Slowakei, Kroatien und Serbien nach dem Ende des Kalten Krieges (vgl. ausführlich Brubaker 1996, Kap. 4).

2. Dieser ›nationalisierende‹ Nationalismus wird von den *grenzübergreifenden Nationalismen* der von mir so genannten ›externen nationalen Heimatländer‹ direkt in Frage gestellt. Diese Form des Nationalismus basiert auf der angeblich ethnonationalen (Bluts-)Verwandtschaft mit Menschen, die Einwohner und Staatsangehörige anderer Staaten sind. Er fordert bestimmte Rechte ein, d.h. er will den Staat verpflichten, die Si-

tuation der Konationalen zu überwachen, ihr Wohlergehen zu fördern, ihre Aktivitäten und Institutionen zu unterstützen und die Interessen ›ihrer‹ ethnonationalen ›Verwandtschaft‹ in anderen Staaten zu schützen. (Ich setze den Begriff ›ihrer‹ bewusst in Anführungszeichen, um die scheinbar harmlose, in Wirklichkeit aber äußerst problematische Qualität des Possessivpronomens hervorzuheben.) Derartige Ansprüche werden gewöhnlich vorgebracht (und entfalten dann ihre größte Kraft und Wirkung), wenn die betreffende ethnonationale, verwandte Gruppe durch die nationalisierende Politik und Praxis des Staates, in dem sie lebt, als bedroht dargestellt wird. Der Heimatland-Nationalismus entsteht also in direktem Widerstand und in dynamischer Interaktion mit nationalisierenden Nationalismen. Fallbeispiele dafür sind die Weimarer Republik und – allerdings auf ganz andere Weise – das nationalsozialistische Deutschland, aber auch Ungarn und Bulgarien in der Zwischenkriegszeit und (wiederum auf höchst unterschiedliche Weise) das heutige Russland und Ungarn sowie Serbien während der frühen (kroatischen) Phase der Kriege um die Nachfolge Jugoslawiens.

Der nationalisierende Nationalismus und der Heimatland-Nationalismus sind zwar in der Analyse deutlich entgegengesetzt, schließen sich aber nicht aus: Serbien war auf brutale Weise gegenüber den Albanern im Kosovo ein nationalisierender Staat, zugleich aber ein externes nationales Heimatland für die Serben in Kroatien und Bosnien-Herzegowina. Kroatien wiederum war ein fast ebenso brutaler, nationalisierender Staat gegenüber den Serben in der Krajina-Region Kroatiens und zugleich ein externes nationales Heimatland für die Kroaten im staatsähnlichen Bosnien-Herzegowina. Rumänien ist ein nationalisierender Staat gegenüber den Ungarn, aber ein Heimatland für die in Moldawien lebenden Rumänen. Und Russland ist heute für Russen, die außerhalb seiner Grenzen leben, ein Heimatland, aber es ist potenziell auch ein nationalisierender Staat in Bezug auf nichtrussische Minoritäten in Russland selbst. Deutschland zwischen 1918 und 1945 war natürlich nicht nur ein externes nationales Heimatland für Auslandsdeutsche, sondern auf mörderische Weise auch ein nationalisierender Staat gegenüber den Juden.

3. Die dritte charakteristische Form des postmultinationalen Nationalismus ist der *Minderheitennationalismus* der zufälligen Diaspora selbst. Minderheitennationalismen enthalten eine eigentümlich ›nationale‹ und nicht nur eine ›ethnische‹ Begrifflichkeit. Sie beinhalten zudem Forderungen nach staatlicher Anerkennung ihrer besonderen ethnokulturellen Na-

tionalität und nach kollektiven, auf der Nation basierenden, kulturellen oder politischen Rechten. Dieses spezifisch nationale, das Ethnische transzendierende Selbstverständnis, und die damit einhergehende politische Haltung, unterscheidet wiederum die ›zufälligen‹, postmultinationalen Diasporas von den Diasporaformen, die heute zumeist diskutiert werden. Auffällige Beispiele lassen sich unter den Deutschen in vielen osteuropäischen Staaten der Zwischenkriegszeit, den Ungarn und – in einer problematischeren Weise – auch den heutigen russischen Minoritäten finden.[3]

Doch gibt es nicht nur erhebliche Unterschiede *zwischen* diesen Formen von Nationalismus, sondern auch *innerhalb* einer jeden Form. Beispielsweise unterscheidet sich die offene, selbstbewusste Nationalisierungspolitik Estlands sehr von der gemäßigten und eher subtilen Nationalisierungspolitik der unabhängigen Ukraine und von der zwar nicht offiziell erklärten, in der Praxis jedoch forcierten Nationalisierungspolitik von Kasachstan – und von all diesen Fallbeispielen unterscheiden sich wiederum die brutal homogenisierenden Nationalisierungspraktiken von Serbien und Kroatien. Man könnte weitere Beispiele anführen, wie etwa den sehr gut organisierten und finanzierten Minderheitennationalismus der Ungarn im heutigen Rumänien, der sich sehr deutlich von der allgemein passiven und nicht organisierten Haltung der Russen in den meisten Nachfolgestaaten der Sowjetunion unterscheidet. Und schließlich kann man den kulturell orientierten, sorgfältig abgestimmten Heimatlandnationalismus des postkommunistischen Ungarns, der sich auf ungarische Minderheiten in anderen Staaten konzentriert, klar abgrenzen vom aggressiven, destabilisierenden Heimatland-Nationalismus Serbiens während der Auflösung Jugoslawiens. Es gibt natürlich auffällige Differenzen innerhalb dieser Gruppen, beispielsweise zwischen ungarischen Minderheitengemeinden und in ihnen selbst an verschiedenen Orten in Rumänien, der Slowakei, Serbien und der Ukraine. Und im Laufe der Zeit hat es im serbischen Heimatland-Nationalismus, dem estnischen nationalisierenden Nationalismus usw. große Veränderungen gegeben. Wie ich an anderer Stelle dargelegt habe, sollten diese Formen des Nationalismus nicht als feste Formen oder als sich nur in ihrer Intensität verändernde ›Kräfte‹, sondern als variabel angelegte, dynamische und interaktive ›Felder‹ der Auseinandersetzung miteinander konkurrierender ›Haltungen‹ verstanden werden (Brubaker 1996, Kap. 3). Trotz dieser Heterogenität und Vielfalt auf allen Ebenen der Analyse lassen sich die drei Formen des Nationalismus – der nationalisierende Nationalismus, der Heimatland-Nationalismus und der Minderheitennationalismus – definieren als dynamische Interaktion mit dem jeweils anderen, direkt hervorgerufen durch die unvollständige Nationalisierung des vormals multinationalen politischen Raumes. Um sie vergleichend analysieren zu können, kann man sie sich auch als ein einziges, dynamisches und interagierendes Feld von postmultinationalen Nationalismen vorstellen.

Nun sind Nationalisierungspolitik, grenzübergreifender Heimatland-Nationalismus und autonomistischer Minderheitennationalismus natürlich nicht die *einzigen* Ausprägungen von Nationalismus, die in Mittel- und Osteuropa auftraten bzw. auftreten. Es gibt einige wenige Nationalismen, die auf die Errichtung eines Staates abzielen, wie es beispielsweise im Kosovo und Tschetschenien der Fall ist. Es gibt den klassischen Nationalismus ›großer Mächte‹: zahlreiche Fälle eines defensiven, populistischen Nationalismus‹, der die nationale Wirtschaft, die Sprache, die Sitten oder das Kulturerbe gegen vermeintliche Bedrohungen von außen in Schutz nehmen wollte. Die Verursacher solcher angeblichen Bedrohungen sind vielfältig. Dazu können das ausländische Kapital, aber auch internationale Institutionen wie der Internationale Währungsfonds, Einwanderer, oder mächtige Kulturströmungen zählen. Solche defensiven Nationalismen sind zwar mit den oben kurz erläuterten Nationalisierungsnationalismen verwandt, müssen aber in der Analyse von ihnen unterschieden werden, obwohl sie in der Realität oft mit ihnen verwoben sind. Denn sie setzen keine ethnonationale Heterogenität voraus, sondern sind heute auch in ethnisch recht homogenen Ländern wie Polen, der Tschechischen Republik, Slowenien und Ungarn zu finden. Im Gegensatz zu den ersten drei von mir beobachteten Formen lassen sich diese zusätzlichen Ausprägungen nicht durch gegenseitige Interaktion mit der jeweils anderen Form oder als direkte Folge von einer nicht abgeschlossenen Nationalisierung des vormals multinationalen politischen Raumes verstehen. Für meine Zwecke der vergleichenden Analyse ist festzuhalten, dass das genannte ›Feld‹ aus einer dynamisch interagierenden Ansammlung von Nationalisierungs-, Heimatland- und Minderheitennationalismen besteht.[4]

Ich möchte hier einen zeitlichen und räumlichen Vergleich vornehmen und mich dabei auf den grenzübergreifenden Heimatland-Nationalismus konzentrieren. Er ist der am wenigsten untersuchte. In der Epoche zwischen den Weltkriegen kollidierten die grenzübergreifenden Heimatland-Nationalismen von Deutschland, Ungarn und Bulgarien explosionsartig mit den Nationalisierungsnationalismen von Polen, der Tschechoslowakei und Rumänien. Dieser Zusammenprall führte zu Spannungen und Krisen, die in engem Zusammenhang mit dem Ausbruch des Zweiten Weltkriegs standen.

Heute gefährden scheinbar ähnliche Zusammenstöße die Stabilität und Sicherheit der Region. In einigen Fällen haben sie schon zu Krieg geführt. Die Wechselwirkung zwischen dem Nationalisierungsnationalismus von Kroatien und dem Heimatland-Nationalismus Serbiens (neben dem Minderheitennationalismus der im kroatischen Grenzgebiet lebenden Serben) führte zur Auflösung Jugoslawiens. Auf ähnliche Weise führte die Beziehung zwischen dem Nationalisierungsnationalismus von Aserbaidschan und dem Heimatland-Nationalismus Armeniens (anfangs durch den Minderheitennationalismus der Armenier in Karabach entzündet) zum Krieg über Nagorny Karabach. Und natürlich war der gegenwärtige Kosovokrieg eine Auseinandersetzung zwischen dem serbischen Nationalisierungsnationalismus und dem Minderheitennationalismus der Kosovoalbaner, dessen Waffen vor allem über die Grenze aus dem benachbarten, externen nationalen Heimatland der Albaner kamen, nach dem dortigen, fast vollständigen staatlichen Zusammenbruch von 1997.

Auch an anderen Orten ist die Abgrenzung brüchig: Die Nationalisierungsnationalismen von Rumänien und der Slowakei gegenüber ihren ungarischen Minderheiten führten zu Zusammenstößen, wenn auch nicht zu Gewalt, mit dem ungarischen Heimatland-Nationalismus. Der bulgarische Nationalisierungsnationalismus gegenüber der türkischen Minderheit steht potenziell im Widerspruch zum Heimatland-Nationalismus der benachbarten Türkei.

Doch der wichtigste, scheinbar gefährlichste Zusammenstoß an dieser Bruchlinie findet heute zwischen den Nationalisierungsnationalismen der sowjetischen Nachfolgestaaten und dem Heimatland-Nationalismus Russlands statt. Schon sind aus diesem Gegensatz ernste Spannungen entstanden: Die Nationalisierungsstrategie und -politik von Estland und Lettland, vor allem ihre restriktive Staatsbürgerschaftspolitik gegenüber ihren großen russischen Minderheiten, führten zu harten Verurteilungen dieser ›Apartheid‹ und ›ethnischen Säuberungen‹ seitens Russlands. 1994 erreichten die permanenten Spannungen zwischen der Ukraine und Russland wegen der von den Russen dominierten Krim einen neuen Höhepunkt, als die russische Führung auf der Krim sich faktisch von der ukrainischen Zentralregierung unabhängig erklärte und engere Beziehungen zu

Russland suchte. Auch Spannungen zwischen Kasachstan und Russland haben sich wegen der härteren Nationalisierungspolitik des Regimes der Kasachen im Norden, wo hauptsächlich Russen leben, verschärft. Und im Sommer 1992 brach in Moldawien ein begrenzter Krieg zwischen dem damals vehement nationalisierenden moldawischen Staat und der abtrünnigen, von Russen geführten ›Dnjestr-Republik‹ aus, die von der 14. russischen Armee noch unterstützt wurde.

Trotz dieser Spannungen halte ich den Zusammenstoß zwischen dem russischen Heimatland-Nationalismus und den Nationalisierungsnationalismen der Nachfolgestaaten der Sowjetunion für weniger explosiv und gefährlich als gemeinhin angenommen. Ich möchte diese These durch einen Vergleich zwischen den Heimatland-Nationalismen der Zwischenkriegszeit und der Gegenwart vertiefen und beziehe mich dabei vor allem auf die Weimarer Republik und das postsowjetische Russland.

Die Form des Vergleichs

Dabei handelt es sich um einen ebenso groß angelegten wie widerspenstigen Vergleich. Vom methodologischen Standpunkt aus betrachtet kann ein solcher Vergleich – über gewaltige geografische, zeitliche und kontextuelle Räume hinweg – nicht beanspruchen, ›kontrolliert‹ zu erfolgen.[5] Die beiden Fälle unterscheiden sich in unzähligen Faktoren, die man nachvollziehbar mit der Form des Nationalismus in Verbindung bringen kann, der mich hier interessiert. Der komparative Ansatz ist dabei keine absolut verlässliche Methode gegen vorschnelle Zuordnungen oder simple Thesenüberprüfung. Der Vergleich dient vielmehr dem versuchsweisen und vorläufigen Unterfangen, ein Untersuchungsgebiet auszuloten und bestimmte Kategorien der Analyse vorzuschlagen, und nicht dem eher herkömmlichen Zweck, die Ursache eines bestimmten Ergebnisses oder eine Hypothese zu überprüfen.

Außerdem gehört diese Art der komparativen Analyse nicht zu jener klassischen Form des Vergleichs, die »nach Abweichungen sucht« (Charles Tilly). Meine Analyse ist – nach Tilly – eher ein »individualisierender« bzw. – in meinen Worten – ein ›Konfigurations‹-Vergleich (Tilly 1984, S. 83). Für mich sind die Unterschiede der Ergebnisse weniger interessant, obwohl einige darunter auch mich neugierig machen. Es geht mir eher darum, die Besonderheit der generellen Konfiguration des jeweiligen Heimatland-Nationalismus und seiner Praxis zum einen in der Zwischenkriegszeit und zum anderen in der Gegenwart zu untersuchen, indem ich mich auf die Weimarer Republik und das postsowjetische Russland beziehe. Am Ende meines Beitrags werde ich versuchen, diese besonderen Konfigurationen mit den unterschiedlichen Ergebnissen zu verbinden. Dabei handelt es sich um vorläufige, spekulative Interpretationen, nicht um überprüfbare Behauptungen.

Wenn der Vergleich also keine Abweichungen erklären und keine Hypothesen überprüfen kann – warum ihn dann überhaupt versuchen? Worin liegt der Sinn eines solchen explorativen, individualisierenden Vergleichs? Das ist natürlich eine große und kontroverse Frage, mit der ich mich hier nicht beschäftigen möchte: Ich präsentiere einen inhaltlichen, nicht aber methodologischen Vorschlag. Allerdings möchte ich – sozusagen als Signalgeber – kurz andeuten, wie man für diese Art der komparativen Analyse argumentieren könnte, natürlich nicht als der *einzigen,* aber doch als *einer* legitimen Form komparativer Untersuchung. Erstens halte ich es für wertvoll, die einzelnen Besonderheiten wichtiger historischer Konfigurationen möglichst detailliert zu beschreiben. Ich gehe davon aus, dass dies ein entscheidendes Element der Weber'schen Erkenntnistheorie ist. Zweitens ist eine vergleichende Analyse, in der wir ja einen Fall gegen und durch einen anderen ›denken‹, ein unerlässliches Mittel, um die Charakteristika der einzelnen Besonderheiten noch schärfer zu fassen. Dies gilt unabhängig davon, ob nun der Vergleich vollkommen ›kontrolliert‹ ist – auch dies halte ich für ein wichtiges Weber'sches Element. Drittens kann es sein, dass ein derart individualisierender Vergleich Analysestränge für erklärende, nach Abweichungen suchende Vergleiche aufzeigt. Und schließlich kann ein solcher vorläufiger individualisierender Vergleich dabei helfen, einen voreiligen, nicht wirklich zu Ende gedachten, nach Abweichungen suchenden Vergleich zu vermeiden. Nach Tilly müssen wir zunächst »die Geschichte richtig verstehen«, bevor wir verallgemeinern können, wenn auch nur, um überhaupt der Ausgewogenheit unserer Generalisierungen zu vertrauen (vgl. Tilly 1984, S. 79).

Der Heimatland-Nationalismus in der Weimarer Republik

Der Heimatland-Nationalismus der Weimarer Republik (detaillierter: Brubaker 1996, Kap. 5) basierte auf einer Vorstellung, die im wilhelminischen und Bismarck'schen Deutschland entstand. Allerdings reichen seine Wurzeln weiter zurück und reflektieren die Inkongruenz und Spannung zwischen der vorgestellten nationalen Gemeinschaft und der institutionellen Realität des Staates in der deutschen Geschichte. Es war der Ausschluss von Millionen von Deutschen, vor allem acht Millionen Österreichern, aus dem preußisch dominierten, kleindeutschen Nationalstaat von 1871, der dem Heimatland-Nationalismus den Weg bereitete. Einige Jahrzehnte später forderten nationalistische Lobbygruppen wie die Deutsche Schulvereinigung und der Alldeutsche Verband die staatliche Unterstützung für Auslandsdeutsche: Deren lange herausgehobene Stellung im Habsburger- und Zarenreich verschlechterte sich angesichts der Herausforderung durch nichtdeutsche Nationalbewegungen. Doch der Wille im späten wilhelminischen und Bismarck'schen Deutschland, diesen Auslandsdeutschen zu helfen, blieb politisch schwach entwickelt; der Staat verhielt sich gegenüber Deutschen außerhalb des Reiches grundsätzlich desinteressiert.

Nach dem Ende des Ersten Weltkriegs bot sich ein völlig anderes Bild, und zwar aus zwei Gründen: Zum einen änderte sich die Stellung der ›Volksdeutschen‹ außerhalb Deutschlands dramatisch. Dies gilt vor allem für die früheren Reichsdeutschen in den an Polen abgegebenen Gebieten, aber auch fur andere Deutsche. Plötzlich waren sie nicht mehr das *Staatsvolk*, die ›staatstragende‹ Nation des Habsburgerreiches oder die privilegierte Gruppe im Zarenreich, sondern eine bedrohte Minderheit in viel kleineren und hochgradig nationalistischen Staaten wie Polen, der Tschechoslowakei, Italien, Rumänien, Jugoslawien und den baltischen Staaten.

Überdies konnte der Weimarer Staat, da seine grundlegenden territorialen und institutionellen Parameter angezweifelt wurden und nicht hinreichend legitimiert waren, nicht überzeugend von sich behaupten, die deutsche Nation zu ›verkörpern‹, sodass er den Nationalismus innerhalb seines institutionellen und territorialen Rahmens auch nicht ›einzudämmen‹ vermochte. Dies war dem geopolitisch bedeutenden, ›erfolgreichen‹ Staat Bismarcks und Kaiser Wilhelms außerordentlich gut gelungen. In Weimar hingegen war die Kategorie ›Nation‹ vom schwachen, legitimen Staat abgetrennt und wurde wieder mit einer scheinbar gesunden, über dem Staat schwebenden, ethnokulturellen Nation, dem *Volk*, in Verbindung gebracht.[6]

Unter diesen neuen Bedingungen konnte sich der Heimatland-Nationalismus in der Weimarer Republik prächtig entwickeln. *Deutschtum*-Gruppen, ›germanische‹ Vereinigungen und Organisationen entstanden, während Kirchen, Schulen und andere zur Unterstützung der Auslandsdeutschen Veranstaltungen organisierten. Der Heimatland-Nationalismus in einer Zivilgesellschaft hatte schon vorher, allerdings in viel kleinerem Rahmen, existiert. Neu in der Weimarer Republik waren die kontinuierlichen, auf hoher staatlicher Ebene stattfindenden Aktionen für Auslandsdeutsche. Diese Unterstützung bestand vor allem aus verdeckten finanziellen Zuwendungen an Deutsche und deutsche Organisationen im Ausland, insbesondere für Schulen, Zeitungen, Kirchen, Wohltätigkeitsvereinigungen, gesellschaftliche und kulturelle Veranstaltungen und Wirtschaftsunternehmen. Die geheime finanzielle Unterstützung war Bestandteil weit reichender außenpolitischer Ziele, wenn auch auf unterschiedliche Weise: Das zeigt sich, wenn man die Situation in Polen und der Tschechoslowakei, den beiden wichtigsten ›Zielen‹ des Weimarer Heimatland-Nationalismus, vergleichend heranzieht. In beiden Staaten waren die Deutschen territorial konzentrierte, an der Grenze lebende Minoritäten, die plötzlich unfreiwillig zu nationalen Minderheiten wurden und die sich nun als Bürger zweiter Klasse in einem drittrangigen Staat begriffen. Und doch unterschied sich die Situation in drei wesentlichen Punkten:

Zunächst einmal waren die Deutschen im westlichen Polen bis 1919 deutsche Staatsbürger gewesen; in Böhmen und Mähren lebende Deutsche hingegen waren Bürger des Habsburgerreiches und in neuerer Zeit nie mit Reichsdeutschen in einem gemeinsamen Staat vereint gewesen. Zweitens kam es nach dem Krieg zu einer Massenauswanderung von Deutschen aus Westpolen nach Deutschland, jedoch nicht zu einer nennenswerten Migration von Sudetendeutschen. Und drittens meldete Deutschland gegenüber Polen territoriale Ansprüche an, nicht aber gegen die Tschechoslowakei. Dies erklärt, warum die Politik der Weimarer Republik gegenüber den beiden Nachbarstaaten unterschiedlich ausfiel.

Gegenüber den Deutschen in Polen versuchte sie vor allem, größere Umsiedlungen im Zaum zu halten. Dies war Bestandteil des längerfristigen strategischen Ziels, revisionistische Ansprüche aufrechtzuerhalten. Denn hielt man die Massenauswanderung nicht auf, ja, blieben keine Deutschen in den an Polen abgegebenen Gebieten, würde dies künftige

Forderungen nach Grenzverschiebungen erschweren. Die deutsche Politik gegenüber den Deutschen in der Tschechoslowakei wurde weder von einem übergreifenden, direkten Imperativ noch durch klare, langfristige strategische Ziele bestimmt. Und doch war die Unterstützung dieser Deutschen nicht völlig unpolitisch. In unterschiedlicher Weise versuchte die deutsche Politik die Statusfrage der Sudetendeutschen zu instrumentalisieren und sie als politisches Druckmittel bei der Verfolgung ganz anderer außenpolitischer Ziele einzusetzen. Dazu zählte vor allem die gegenseitige Durchdringung der deutschen und tschechoslowakischen Wirtschaft, und zwar als Teil eines breit angelegten Versuchs, Ostmitteleuropa und den Balkan unter deutsche wirtschaftliche Vorherrschaft zu bringen.

Nicht zuletzt war der Heimatland-Nationalismus der Weimarer Republik zum Schweigen verurteilt. Dies überrascht angesichts seiner starken Präsenz in der Zivilgesellschaft und des ausgeklügelten Programms geheimer Unterstützung für deutsche Minderheiten im Ausland. Im Gegensatz dazu hat der Heimatland-Nationalismus im postsowjetischen Russland in der öffentlichen Diskussion einen viel höheren Stellenwert.

Nur unter bestimmten politischen Umständen wurde die offizielle Rhetorik des Heimatland-Nationalismus in der Weimarer Republik deutlicher. Doch selbst nachdem Deutschland dem Völkerbund beigetreten war, behandelte Außenminister Stresemann die Frage der Auslandsdeutschen sehr vorsichtig. Er verfolgte eher traditionelle, planbare Ziele. Dabei war der Beitritt zum Teil damit legitimiert worden, dass die Mitgliedschaft im Völkerbund Deutschland die ideale Plattform zur Verteidigung der Rechte deutscher Minderheiten im Ausland bieten würde.

Der Weimarer Heimatland-Nationalismus lässt sich zusammenfassend als ein komplexes Netzwerk politischer Haltungen, kultureller Idiome, organisatorischer Netzwerke und grenzübergreifender gesellschaftlicher Beziehungen charakterisieren.

1. Als *politisches Phänomen* beinhaltet er eine Reihe von ›Spielzügen‹ der Innen- und Außenpolitik. In der Innenpolitik waren diese Spielzüge eng mit dem Parteienwettstreit verbunden. Auf zwischenstaatlicher Ebene waren sie den Anstrengungen Deutschlands, die Souveränität und seine Stellung als Groß- und regionale Hegemonialmacht wiederzuerlangen und den Vertrag von Versailles zu revidieren, untergeordnet. Aufgrund dieser Verschränkungen kann man den Weimarer Heimatland-Nationalismus nicht in seiner ›inneren‹ Logik begreifen und nicht als ›autonomen‹ Politikbereich untersuchen.

2. Als *kulturelles Phänomen* brachte er die Entwicklung und den weit verbreiteten Gebrauch einer Reihe von Idiomen mit sich, die der Identifikation mit und der Verantwortlichkeit für die jenseits der Grenze lebenden Deutschen diente. In dieser Semantik waren die Auslandsdeutschen vollwertige Mitglieder der deutschen Nationalgemeinschaft oder des *Volkes*. Hier wurden ›Nation‹ und ›Volk‹ aus der Sphäre des Staates herausgelöst und in einem ethnokulturellen Rahmen neu definiert. Nach außen hin sicherte dies den Auslandsdeutschen die Zugehörigkeit zur Nation; nach innen entzog es eben diese Mitgliedschaft den deutschen Juden. Dieser neue, am *Volk* orientierte Diskurs der Nation wurde von Journalisten, Publizisten, Wissenschaftlern und Emigranten aus den deutschen Gemeinden im Ausland und von Aktivisten der *Deutschtum*-Vereinigungen formuliert und verbreitet. Politiker und andere staatliche Vertreter passten diese Begriffe ihren Interessen an, und zwar bis zu einem gewissen Grad fragmentarisch und ohne die antistaatlichen Implikationen des konsequent ›völkischen‹ Diskurses mitzuvollziehen.

3. Als *organisatorisches Phänomen* beinhaltete der Weimarer Heimatland-Nationalismus ein Netzwerk aus staatlichen Handlungsträgern, staatlich kontrollierten (wenn auch offiziell unabhängigen) Organisationen und privaten Vereinen. Dieses Netzwerk bot eine institutionelle Basis für die Entwicklung von Deutschtum-bezogenen Kenntnissen und Aktivitäten. Die führenden Köpfe dieser Organisationen und Vereine waren untereinander gut vernetzt, teilweise durch doppelte Mitgliedschaften und ineinander greifende Vorstände, teilweise auch durch die gemeinsame Teilnahme an verschiedenen Treffen für Auslandsdeutsche. Gemeinsam bildeten sie eine organisierte ›Öffentlichkeit‹, ein strukturiertes und vielschichtiges Forum für Austausch, Diskussion und Debatte.

4. Als ein *gesellschaftlich-relationales Phänomen* stellte der Weimarer Heimatland-Nationalismus schließlich ein dichtes Netzwerk grenzübergreifender Beziehungen und des materiellen wie geistigen Austauschs dar. Dies verband nicht nur die Auslandsdeutschen mit Deutschland selbst, sondern – und dies ist vielleicht noch wichtiger – trug auch dazu bei, sie von den Staaten, in denen sie lebten, zu entfremden. Besonders wichtig war diese Umstrukturierung des gesellschaftlichen Geflechts im Falle der Sudetendeutschen: Ihre Verbindungen und Beziehungen waren durch das Habsburgerreich bestimmt worden, hatten sich aber nach dessen Zusammenbruch grundlegend gewandelt. Ein Aspekt dabei war die Schwächung der traditionellen Beziehungen zwischen den Sudetendeutschen und Wien

sowie die Intensivierung der Beziehungen zu Berlin und Deutschland. Dies wiederum ermutigte die Führungsschicht der Sudetendeutschen, eine Lösung für ihre Probleme in Deutschland zu suchen, anstatt diese mit dem tschechoslowakischen Staat zu klären.

Die Wandlungen des Heimatland-Nationalismus nach der nationalsozialistischen Machtergreifung können an dieser Stelle nicht diskutiert werden; allerdings sei festgehalten, dass die Nationalsozialisten das politische, kulturelle, organisatorische und gesellschaftliche Erbe des Weimarer Heimatland-Nationalismus ihren Interessen anpassten: Heimatnationalistischen Positionen wurde auf deutscher und internationaler Ebene Ausdruck verliehen; die *völkischen* Begriffe der Identifikation und Verantwortung für die Auslandsdeutschen wurden verstärkt. Ähnliches gilt für das Netzwerk der Verwaltungen, Organisationen und Vereine, die sich mit Konationalen im Ausland befassten, und schließlich für das Geflecht der grenzübergreifenden Subventionen. In diesem Sinne kann man von einer Kontinuität zwischen dem Weimarer und dem nationalsozialistischen Heimatland-Nationalismus sprechen. Und tatsächlich gab es in den ersten Jahren des neuen Regimes keine abrupte Veränderung. Zunächst verschwanden heimatnationalistische Inhalte zunehmend aus dem öffentlichen Blickfeld, da sich das Regime auf die innenpolitische Konsolidierung konzentrierte und eine anfangs vorsichtige Außenpolitik verfolgte, zumal es angesichts des deutsch-polnischen Nichtangriffsvertrags von 1934 darauf bedacht war, dass sich die Presse nicht auf die Probleme der deutschen Minderheit in Polen konzentrierte.

Dennoch wurde das Weimarer Erbe im Zuge der aggressiven nationalsozialistischen Außenpolitik der späten 30er Jahre radikal verändert und im Rahmen des Eroberungskrieges und der deutschen Besetzung des Ostens weiter transformiert. Hitlers wütende Drohgebärden in den Monaten vor dem Münchner Abkommen lösten den vorsichtigen Umgang mit heimatnationalistischen Themen in Weimar ab. Der *völkische* Diskurs der Identifikation mit den Auslandsdeutschen und der Verantwortung für sie erfuhr durch das nationalsozialistische Ziel eines *Großdeutschen Reiches* über den gesamten deutschen Siedlungsraum eine Neudefinition. Die Deutschtum-Vereine wurden rücksichtslos gleichgeschaltet, dem Staats- und Parteiapparat untergeordnet, und die traditionalistischen Führer des Heimatland-Nationalismus, die ja die Integrität und Autonomie der deutschen Minderheiten sichern wollten, durch andere ersetzt, die nicht zögerten, die Anliegen der Minoritäten jenseits der Grenzen dem Imperativ der Außenpolitik des Reiches unterzuordnen. Das Geflecht grenzübergreifender Beziehungen gestattete es Hitler schließlich, die Sudetendeutschen 1938 für sein Vorhaben, den tschechoslowakischen Staat zu zerschlagen, als fünfte Kolonne zu instrumentalisieren.

Der Heimatland-Nationalismus im heutigen Russland

Als das deutsche Kaiserreich, die Habsburgermonarchie und das Zarenreich zusammenbrachen, blieben Millionen von Deutschen überall verstreut; auf ähnliche Weise führte der Zerfall der Sowjetunion dazu, dass Millionen Russen zurückblieben – insgesamt wohl 25 Millionen Menschen, die sich nun in den Nachfolgestaaten wiederfanden. Diese Nachfolgestaaten sind – genauso wie jene der Zwischenkriegszeit – nationalisierende Staaten, die als Staaten von bestimmten ethnokulturellen Nationen und für sie gegründet wurden. Ebenso wie die Deutschen der Zwischenkriegszeit werden auch die neuen russischen Minoritäten in den russischen Medien und in der Öffentlichkeit als bedroht dargestellt, und zwar durch die Nationalisierungspolitik und -praxis der Nachfolgestaaten. Und wie das Deutsche Reich während der Weimarer Republik, hat das nachsowjetische Russland nicht nur den vermeintlich erniedrigenden Verlust von Territorium, sondern auch den Verlust des Supermacht-Status erlitten. Wie im Falle Weimars hat dies Chancen für politische Aktivisten mit verschiedenen auf Wiedergutmachung angelegten, kompensatorischen oder restaurativen politischen Programmen eröffnet.

Zwischen dem Deutschen Reich während der Weimarer Republik und dem postsowjetischen Russland gibt es viele weitere Parallelen, die zumindest indirekt mit dem Heimatland-Nationalismus zu tun haben, darunter die schwerwiegende wirtschaftliche Krise, ein neues und schwaches demokratisches System sowie das geopolitische und wirtschaftliche Übergewicht gegenüber den Nachbarstaaten. Da diese Parallelen selbst bei einer oberflächlichen Betrachtung ins Auge stechen, haben sie manche Journalisten und Kommentatoren dazu verleitet, von einem »Weimarer Russland« zu sprechen. Ich teile diese Vorstellung keineswegs, obwohl sie verführerisch klingt. Mein Vergleich des grenzübergreifenden Heimatland-Nationalismus der Weimarer Republik und des heutigen Russlands basiert nicht auf der Annahme, dass es sich hier um grundsätzlich ähnliche Fälle handelt: Es sind insofern *vergleichbare* Fälle, als sie beide in den allgemeinen Raum der postmultinationalen Nationalismen gehören, den ich weiter oben skizziert habe. Aber es ist gerade ihre Vergleichbarkeit, die es erlaubt, die grundsätzlichen Unterschiede zwischen den Fallbeispielen und zwischen dem allgemeinen Kontext der Zwischenkriegszeit und dem heutigen Kontext, in den sie jeweils eingebettet sind bzw. waren, zu verdeutlichen.

Für mich stechen drei Unterschiede in der Form und dem Kontext ins Auge. Der erste betrifft die größere Sichtbarkeit des offiziellen russischen Heimatland-Nationalismus; der zweite seine schwache Stellung in der russischen Zivilgesellschaft und der dritte die Ambiguität der gemeinten Zielgruppe.

1. Der offizielle staatliche deutsche Heimatland-Nationalismus der Weimarer Republik trat nicht offen zutage. Unser Wissen von ihm verdanken wir vornehmlich Verwaltungsarchiven, nicht öffentlichen Reden. Während die heimatnationalistischen Bestrebungen in der Zivilgesellschaft der Weimarer Zeit öffentlich und sichtbar waren, blieben die des Staates weitgehend geheim. Hingegen wird der offizielle Heimatland-Nationalismus in Russland offen und deutlich artikuliert. Seine bedeutende geheime Dimension stelle ich an dieser Stelle hintan und betone die öffentliche und sichtbare Dimension in Abgrenzung zu Weimar. Die öffentlichen Verlautbarungen der Rechten und die Verpflichtung, Russen im nahen Ausland zu schützen, sind gängige Bestandteile des offiziellen russischen Diskurses und nehmen unter den Zielen der russischen Außenpolitik eine wichtige Position ein.

Die demonstrative Rhetorik wird durch die offizielle, öffentliche Kodifizierung der ›grundlegenden Leitsätze‹ russischer Politik gegenüber den ›Landsleuten‹ im nahen Ausland ergänzt, dazu gehören 39 staatliche Maßnahmen. Obwohl die Reichsregierung der Weimarer Republik ähnliche Maßnahmen verabschiedete, die Wirtschaft der im Ausland lebenden Volksdeutschen unterstützte und ihre deutschsprachige Presse und Bildungseinrichtungen garantierte, gestand sie direkte Kontakte mit ihnen nicht ein. Dies lässt auf zwei wichtige Unterschiede im internationalen Kontext des Heimatland-Nationalismus zwischen der Epoche zwischen den Weltkriegen und der heutigen Situation schließen.

Der erste Unterschied ist normativer und institutioneller Natur: Das Prinzip der territorialen Souveränität war in der Zwischenkriegszeit stärker ausgeprägt. Heute sind die ausschließlichen Ansprüche des Nationalstaates auf interne Souveränität geschwächt, da es mittlerweile ein komplexes Geflecht an transnationaler Rechtssetzung und -sprechung in verschiedenen politischen Räumen gibt, während die grenzübergreifende Sorge um die Minderheitenrechte – etwa als Schutz von Menschenrechten – weithin als legitim betrachtet wird.[7]

Zweitens existiert ein auffälliger geopolitischer Unterschied: Das militärische, politische und wirtschaftliche Übergewicht Russlands gegenüber den Nachbarstaaten ist wesentlich größer als die Dominanz des Deutschen Reiches während der Weimarer Republik gegenüber Ostmitteleuropa. Dies erlaubt es Russland, gegenüber den russischen Minderheiten im Ausland eine fordernde Haltung einzunehmen. Gleichzeitig ermöglicht die Schwächung des Modells der Souveränität und die neue internationale Legitimität grenzübergreifender Sorge um Minderheiten Russland, seine harte Sprache mit neu legitimierten Begrifflichkeiten von Menschen- und Minderheitenrechten zu garnieren.

Dies deutet auf eine weitere kontextuelle Differenz hin: Die Außenpolitik der Weimarer Republik versuchte permanent, wenn auch friedlich, die territorialen Grenzen zu revidieren. Russland hat es dagegen gerade wegen seiner erdrückenden Dominanz in der Region nicht unbedingt auf eine territoriale Revision abgesehen. Die heutigen Grenzen der russischen Föderation werden allgemein als willkürlich betrachtet, als Grenzen, denen jede historische und normative Legitimation fehlt, die aber dennoch nicht grundsätzlich revisionsbedürftig sind. Zwar fordern bestimmte politische Aktivisten Grenzänderungen. Sie behaupten, die Unabhängigkeit der Ukraine oder die Tatsache, dass sechs Millionen Russen unter der kasachischen Herrschaft leben, als untragbar zu empfinden. Doch der Revisionismus hat heute nicht den grundlegenden und allgemein akzeptierten Status, den er in der Weimarer Republik genoss. Warum?

Meines Erachtens gründet dies einerseits in der Verringerung der ›materiellen‹ Bedeutung von Territorien – einer teilweisen ›Entterritorialisierung‹ (vgl. Rosecrance 1986) und Ökonomisierung von Macht; und andererseits (nur scheinbar im Gegensatz dazu stehend) in der institutionellen Konkretisierung und ›Sakralisierung‹ existierender territorialer Grenzen im internationalen Diskurs und in internationalen Organisationen. Damit werden zum einen Grenzänderungen weniger wichtig und zum anderen erschwert.

Im Vergleich zur Zwischenkriegszeit sind Grenzen heute ›unverletzbarer‹, aber auch unbedeutender geworden. Diese parallele Entwicklung macht den territorialen Revisionismus kostspielig und ineffizient und letztlich auch zu einem unnötigen Mittel, staatliche Macht auszuweiten, selbst für jene, deren politische Programme gemeinhin als »neoimperialistisch« bezeichnet werden.[8]

Ich möchte hier spekulieren, dass es eine Verbindung zwischen der allgegenwärtigen Korruption im postsowjetischen Russland und der dortigen Schwäche des klassischen territorialen Revisionismus gibt. Weil der russische Staat in jedem Bereich und auf jeder Ebene von Korruption zerfressen ist, kann er vielleicht einfach nicht in jener konsistent-statistischen Weise agieren, die von der Theorie internationaler Beziehungen postuliert wird. Michael Mann hat davor gewarnt, die Kohärenz vermeintlich einheitlicher Staaten überzubewerten (1993, Kap. 3). Wenn diese Vorsicht schon für das Deutschland des späten 19. Jahrhunderts gelten soll, um wie viel mehr ist sie dann erst im Fall des heutigen Russland geboten. Russland ist heute kein kohärenter Staat: Weshalb also sollten Staatseliten jedweder Bereiche, auch des militärischen, unter diesen Bedingungen Änderungen in den Territorialgrenzen wünschen? Ist es nicht sinnvoller für sie, »zu leben und leben zu lassen« und einfach überall so viel mitzunehmen, wie man gerade kriegen kann?

2. Während der offizielle Heimatland-Nationalismus des postsowjetischen Russland also öffentlicher und sichtbarer ist als jener des Deutschen Reiches der Weimarer Republik, bleibt er auf der Ebene der Zivilgesellschaft schwach ausgeprägt. Dies ist der zweite Unterschied, den ich hier betonen möchte. In den russischen Medien finden sich zahlreiche Reportagen und Kommentare über Auslandsrussen. Aber der Kern des Heimatland-Nationalismus der Weimarer Republik, das enge und aktive Netz an Vereinigungen, die sich um die im Ausland lebenden ›Landsleute‹ sorgen, hat im postsowjetischen Russland keine Entsprechung. Dies spiegelt natürlich die allgemeine Schwäche der Zivilgesellschaft in den sowjetischen Nachfolgestaaten wider; zudem konnte der zivilgesellschaftliche Weimarer Heimatland-Nationalismus ideologisch und organisatorisch auf eine Vorkriegstradition des Interesses am Deutschtum im Ausland aufbauen. Eine vergleichbare Tradition der Sorge für Russen außerhalb Russlands hat es während der sowjetischen Epoche natürlich nicht gegeben.

3. Der letzte Unterschied betrifft die Ambiguität der Bevölkerung, die viel größer ist als in der Weimarer Zeit: Der deutsche Heimatland-Nationalismus richtete sich eindeutig an Menschen, die durch ihre ethnokulturelle Nationalität, nicht aber aufgrund der Staatsbürgerschaft Deutsche

waren.[9] In Russland herrscht dagegen Uneinigkeit darüber, wie man eine Person, die russischen ›Schutz‹ benötigt, definiert. Fünf verschiedene Begriffe werden weithin für diese Bevölkerungsgruppe verwendet: Noch am deutlichsten ist die Parallele zum Heimatland-Nationalismus der Weimarer Republik in der Forderung, die *russkie* zu schützen. Sie bezieht sich auf Russen ethnokultureller Nationalität. Der zweite Begriff, *rossiiane*, wird gemeinhin ebenfalls mit ›Russen‹ übersetzt; im Prinzip konstruiert er das Russentum in territorialen und nicht ethnokulturellen Begriffen; doch in der Praxis dient er eher als ›politisch korrekter‹ Ersatz für *russkie*, weil er die Multiethnizität der Bevölkerung Russlands anerkennt.

Der dritte und oft gebrauchte Begriff ist *russkoiazychnye*, oder die ›Russischsprachigen‹. Dieses Wort ist am umfassendsten, da es nicht nur Russen anderer ethnokultureller Nationalität, sondern auch diejenigen umfasst, die sich daran gewöhnt haben, in einer russophonen Umgebung zu leben und zu arbeiten, und die sich deshalb mit den Russen in sowjetischen Nachfolgestaaten politisch identifizieren und sie unterstützen, beispielsweise, indem sie sich Programmen sprachlicher Nationalisierung widersetzen.

Der vierte Begriff, *sootechestvenniki*, meint »Landsleute«, d.h. Leute, die ein gemeinsames Vaterland *(otechestvo)* haben. Im postsowjetischen Kontext wurde diese ursprüngliche, eindeutig politische Bedeutung von einer Mischung verschiedener Kriterien überlagert, die auf einer beliebigen Kombination aus Abstammung, Ethnizität, früherer Staatsangehörigkeit und geistig-kultureller Orientierung basiert. Dieser widersprüchliche Begriff mit seinen juristischen, ethnografischen und identitätsbezogenen Bestandteilen wird in offiziellen Dokumenten bevorzugt, vielleicht gerade wegen seiner Ambiguität.

Der letzte Begriff lautet *grazhdane*, ›Bürger‹: Der Schutz von Bürgern, die in anderen Staaten leben, scheint sich erheblich vom Heimatland-Nationalismus zu unterscheiden, der sich ja an Angehörigen der Nation, die keine *Staatsbürger* sind, orientiert. Doch im postsowjetischen Kontext ist diese Unterscheidung nicht so eindeutig: *Grazhdane* wird oft im übertragenen Sinne verwendet, als Synonym für *sootechestvenniki* oder ›Landleute‹ (Kolstoe 1995, S. 261). Der Begriff wird überdies (wiederum als Metapher) in Verbindung mit der Behauptung gebraucht, Russland sei für alle früheren Sowjetbürger verantwortlich. Außerdem hat Russland versucht, Angehörige der Nation in Staatsangehörige zu verwandeln, indem es sich bemüht hat, Abkommen über die doppelte Staatsangehörigkeit mit anderen Nachfolgestaaten zu schließen. Nachdem es damit jedoch gescheitert ist, hat es begonnen, die Staatsangehörigkeit an einzelne Bewerber aus dem nahen Ausland auf Anforderung zu vergeben, selbst wenn diese die Staatsangehörigkeit eines anderen Nachfolgestaates besitzen. Setzt sich dieses Vorgehen weiter durch, untermauert es Russlands juristische Ansprüche im nahen Ausland und kann als Vorwand für Interventionen dienen.

Die sich wandelnden und nicht eindeutigen Begrifflichkeiten haben es Russland ermöglicht, verschiedene Register zu ziehen und überdies im nahen Ausland mehrere und sich nur teilweise überlappende juristische Ansprüche zu stellen. Die semantische Differenzierung bedient verschiedene Ebenen: Der Begriff *russkie* ist im Kontext der innenpolitischen Auseinandersetzung am nützlichsten, weil er kulturell und emotional hoch besetzt ist. Die Begriffe *rossiiane*, *russkoiazychnye* und *sootechestvenniki* sind hingegen der Alltagssprache unbekannt und – mit Ausnahme des letzten – frei von kulturellen Schwingungen und Emotionen. Ihre Verwendung zielt deshalb auf breitere Zielgruppen und bietet sich im internationalen Kontext und in offiziellen Dokumenten an, um Russlands juristische Ansprüche im benachbarten Ausland zu erweitern. Diese Ansprüche beziehen sich dann nur scheinbar nicht auf die engen ethnischen Interessen, ethnische Russen zu schützen. Und schließlich erlaubt diese vereinnahmende russische Staatsbürgerschaftspolitik, die traditionelle (und aus der Sicht des internationalen Rechts auch legitime) Rhetorik des Schutzes von Bürgern in anderen Staaten mit den Ansprüchen des Heimatland-Nationalismus, Angehörige der *Nation*, die keine Staatsbürger sind, schützen zu wollen, zu verbinden. Dieser opportunistische Gebrauch mehrerer Begriffe zeigt sich außerdem in der eigentlich widersinnigen Vermischung des Vokabulars der Menschenrechte mit jenem des Heimatland-Nationalismus, wie sie in der häufig vorgebrachten Behauptung, Russland müsse die Menschenrechte von (ethnischen) Russen im benachbarten Ausland schützen, zum Ausdruck kommt.

Zusammenfassung

Der Heimatland-Nationalismus der Weimarer Republik war ein komplexes Geflecht politischer Haltungen, kultureller Idiome und organisatorischer Netzwerke sowie grenzübergreifender gesellschaftlicher Beziehungen. Der russische Heimatland-Nationalismus kann auf dieselbe Weise betrachtet werden: Als *politische* Erscheinung ist er auffälliger als in der Weimarer Zeit, und zwar im innenpolitischen ebenso wie im zwischenstaatlichen Bereich. Stellungnahmen zu heimatnationalistischen Themen haben sowohl für den politischen Diskurs der Regierung und der Opposition als auch in der innenpolitischen Auseinandersetzung eine größere Bedeutung als in der Weimarer Republik. Doch wie der Weimarer, so ist auch der russische Heimatland-Nationalismus auf doppelte Weise mit der innenpolitischen Auseinandersetzung und mit den Versuchen, die russische Hegemonie im nahen Ausland zu festigen, verflochten. Im innenpolitischen wie im zwischenstaatlichen Kontext sind heimatnationalistische Standpunkte als Mittel für andere Zwecke instrumentalisiert worden. Und ebenso wie in der Weimarer Republik vollzog sich diese Instrumentalisierung vor dem Hintergrund des als gegeben hingenommenen und allgemein geteilten Verständnisses für die Misere der Russen im benachbarten Ausland und die Verpflichtung des russischen Staates, etwas für sie zu tun. Gleichwohl halte ich die Unterschiede für situationsbestimmend:

1. Die zweifache Einbettung des Heimatland-Nationalismus als *politisches Phänomen* in die weiteren innenpolitischen und zwischenstaatlichen politischen Kontexte bedeutet, dass es ihm an einer eigenen, autonomen Logik und Dynamik fehlt. Als politisches Phänomen ist der Heimatland-Nationalismus ein Setting von Spielzügen, Haltungen und diskursiven Ansprüchen – aber das ›Spiel‹, in dem sich die Spielzüge auszahlen oder nicht, ist nicht ein autonomes Spiel der Heimatpolitik, sondern basiert auf weitergehenden innenpolitischen und zwischenstaatlichen ›Spielen‹. Der ›Wert‹ oder die Angemessenheit einer Position zur Heimat und ihre ›Spielzüge‹ hängen von den Spielregeln und den Ressourcen der gegeneinander antretenden Spieler ab. Generell lässt sich sagen, dass die größere internationale Legitimität und Institutionalisierung grenzübergreifender Belange von Minderheiten die heimatnationalistischen Spielzüge als politische Spielzüge adäquater und nützlicher machen, als sie es während der Zwischenkriegszeit waren.

2. Als *kulturelles Idiom* ist der russische Heimatland-Nationalismus viel unsicherer, zweideutiger und wechselhafter als seine deutsche Entsprechung während der Weimarer Republik. Ihr heimatnationalistischer Diskurs konnte auf der *großdeutschen* Tradition aus der Zeit vor der Reichsgründung aufbauen und auf der Tradition der Sorge für die in der Habsburgermonarchie und dem Zarenreich lebenden Deutschen, wie sie sich in der späten Bismarck-Ära entwickelt hatte. Da eine vergleichbare Tradition in Russland fehlte, wurde der heimatnationalistische Diskurs wie ein Mosaik aus verfügbaren und legitimen kulturellen Bruchstücken zusammengesetzt: aus dem ›klassischen‹ Heimatland-Nationalismus, der juristischen Rhetorik diplomatischen Schutzes der Bürger in anderen Staaten, dem Vokabular der Großmachtpolitik und der Rhetorik der postimperialen Verantwortlichkeit. Dies hat nicht zuletzt dazu geführt, dass der Diskurs vieldeutig und opportunistisch ist, da er verschiedene Register zieht und es ihm an Konsistenz mangelt. Die undeutlichen und teilweise widersprüchlichen Begrifflichkeiten, um die Ziele der heimatnationalistischen Ansprüche überhaupt zu formulieren, sind dafür nur ein Indikator.

3. Als *organisatorisches Phänomen* fehlt dem russischen Heimatland-Nationalismus die starke institutionelle Verankerung in der Zivilgesellschaft, die ja den Heimatland-Nationalismus der Weimarer Republik charakterisierte. Das Netzwerk an Organisationen, die sich um Russen im benachbarten Ausland kümmern, ist daher sehr viel stärker mit dem Staat verbunden.

4. Schließlich impliziert der russische Heimatland-Nationalismus als *gesellschaftlich-relationales Phänomen* – wie auch sein deutsches Gegenstück – die Pflege und Aufrechterhaltung grenzuberschreitender Beziehungen und die Sicherung von grenzüberschreitenden Subventionen. Der Organisationsprozess der Mittelzuwendungen und der Wiedererrichtung von Netzwerken und Beziehungen, die durch den Zerfall der Sowjetunion unterbrochen waren, steht immer noch am Anfang; gegenwärtig ist zu wenig bekannt, um genaue Aussagen treffen zu können. Langfristig wird die politische Disposition der russischen und russophonen Minoritäten in den Nachfolgestaaten geprägt werden von diesen Beziehungen und Mittelzuwendungen sowie dem Grad und der Form ihrer dadurch erzeugten Bindung an Russland und der Loslösung vom Kontext der Nachfolgestaaten. Insbesondere wird dies darauf einwirken, inwiefern und in welcher Form diese Minoritäten die Lösung ihrer Probleme von Russland erwarten, anstatt sie innerhalb der Nachfolgestaaten anzugehen.

Der Vergleich zwischen der Weimarer Republik und dem postsowjetischen Russland ist gleichzeitig auch ein diachroner Vergleich zwischen den Heimatland-Nationalismen der Zwischenkriegsepoche und der postkommunistischen Gegenwart. Ich bin davon überzeugt, dass das zwischenstaatliche System mit den grenzübergreifenden Ansprüchen des Heimatland-Nationalismus heute besser umgehen kann als in der Zwischenkriegszeit. Damals war das Modell der staatlichen Souveränität wesentlich stabiler. Und gerade deshalb wurden Grenzen nicht als heilig angesehen und nicht so weit konkretisiert, wie es heute der Fall ist. Vor dem Hintergrund einer absolut gedachten Souveränität war es dringlicher und zwingender, ›die Grenzen richtig zu ziehen‹. Das Prinzip *cuius regio eius natio* war tief verwurzelt. Man ging davon aus, dass Staaten tun können, was immer sie wollen, um ihre Gebiete zu nationalisieren. Damals war es ein schmerzliches Problem, wenn Minderheiten ›falsch eingestuft‹, wenn sie dem ›falschen‹ Staat zugeordnet wurden. Wenn Minderheiten hingegen heute der Auffassung sind, im ›falschen Staat‹ zu leben, wird ihr Status zum Problem, nicht aber die Grenze.

Ich habe diesen Punkt absichtlich überspitzt: Es ist sehr leicht, an Ausnahmen und entgegenwirkende Tendenzen zu denken. Aber ich glaube, dass die Logik zwischenstaatlicher Beziehungen und das, was John Meyer als »Weltstaat« *(world polity)* bezeichnet hat, es sehr wohl möglich machen, den Heimatland-Nationalismus heute in einer Weise zu befrieden, wie es in der Zwischenkriegszeit nicht möglich war. Das stimmt mich in Bezug auf Russland oder die ehemalige Sowjetunion nicht unbedingt optimistischer. Aber unter den vielen ernsthaften Problemen der Region ist die Gefahr eines aggressiven russischen Heimatland-Nationalismus in meinen Augen nicht so groß, wie es vielleicht scheint.

Aus dem Amerikanischen übersetzt von Jürgen Scheunemann.

Anmerkungen:

1 Der Zerfall der Sowjetunion wird oft leichtfertig zu diesen Phänomenen gerechnet, vorgeblich, um zu zeigen, dass eine Tendenz zur Schwächung des Nationalstaates existiert. Im Grunde ist das Gegenteil der Fall: Die Sowjetunion selbst war doch ein Versuch, wenn auch ein gescheiterter, den Nationalstaat zu

›übertreffen‹, indem sie bewusst einen multinationalen Staat errichtete, einen Staat, in dem Dutzende von bedeutenden und offiziell anerkannten Nationalitäten lebten. Aus dieser Perspektive betrachtet, implizierte der Zusammenbruch der Sowjetunion eine Bewegung *zurück* zum Nationalstaat und nicht *über* den Nationalstaat hinaus. Dasselbe ließe sich auch über den Zerfall der Tschechoslowakei und Jugoslawiens sagen.

2 Es gibt natürlich auch andere Arten der Diaspora als die zwei hier von mir verglichenen Formen. Neben der urtypischen jüdischen Diaspora sollte man die klassische Handelsdiaspora und ihre modernen Nachfolgeerscheinungen, z. T. als ›Vertreterminderheiten‹ bekannt, erwähnen (vgl. Bonacich 1973); die ›mobilisierende Diaspora‹, die John Armstrong (1970) formulierte; und die Diaspora, die durch Sklavenhandel und andere Formen unfreiwilliger Arbeit in Kolonialreichen entstanden ist. Außerdem könnte man andere Unterschiede betonen: Ich aber will mich hier auf einen bestimmten Gegensatz konzentrieren und habe zu diesem Zweck den Unterschied so deutlich wie möglich gemacht.

3 Wie Heimatland-Nationalismen, so entstehen auch Minderheitennationalismen in direktem Widerstand und in dynamischem Austausch mit den nationalisierenden Nationalismen. Allerdings folgen die Minderheiten nicht unbedingt den externen Heimatländern, die in ihrem Namen zu sprechen vorgeben. Beispielsweise protestierten ungarische Minderheitenpolitiker in Rumänien gegen den ›Grundvertrag‹, den Ungarn und Rumänien 1996 unterzeichneten. Während offizielle ungarische Stellen behaupteten, der Vertrag würde dazu beitragen, die Rechte der ethnischen Ungarn in Rumänien zu schützen, bestritten viele Minderheitenungarn dies und argumentierten, dass sie von einer Regierung, die ihre Ansprüche auf Autonomie und kollektive Rechte ablehnte, ›verkauft‹ worden seien.

4 Dieses Gebiet eröffnet der vergleichenden Forschung viel versprechende und weitgehend noch nicht wahrgenommene Möglichkeiten des analytischen Querschnitts auf verschiedenen Ebenen und mit Hilfe vieler verschiedener Methoden komparativer Analyse. Ich stelle hier einen solchen Querschnitt zur Diskussion, und zwar auf der höheren Ebene der Makroanalyse. In anderen Beiträgen zu diesem umfassenden Gebiet habe ich auch auf niedrigeren Ebenen der Gruppen gearbeitet, zuletzt in einer ethnografischen Arbeit auf einer interaktionistischen Mikroebene der Analyse. Ich bin also nicht der Auffassung, dass die höhere Makroebene, die ich hier anbiete, zu bevorzugen ist.

5 Solche Vergleiche können insbesondere nicht für sich in Anspruch nehmen, dass sie auf John Stuart Mills ›Methode der Unterscheidung‹ beruhen. Ich stimme mit der Kritik am Gebrauch dieser Methode überein; vgl. dazu Lieberson 1991.

6 Um es vorwegzunehmen: Das postsowjetische Russland ›dämmt die Nation‹ ebenso wenig ›ein‹; aber die ›Nation‹ ist keine so entscheidende Kategorie wie im Deutschen Reich während der Weimarer Republik. Für *Nichtrussen* war das Nationale stark institutionalisiert; für Russen dagegen nicht. Dies traf auf das Zarenreich zu und blieb so – selbst in der Sowjetunion (der Hauptunter-

schied zwischen beiden lag darin, dass die nichtrussische Nation und Nationalität in der Sowjetunion ungleich stärker institutionalisiert war als im zaristischen Russland). Die fehlende starke Institutionalisierung der Kategorie ›russisch‹ kann vielleicht z. T. die bislang vorherrschende, politische Passivität der Russen in den Nachfolgestaaten erklären. Zu dieser Passivität vgl. Melvin 1995; zur postsowjetischen, russischen Passivität generell siehe auch McDaniel 1997.

7 Zur international institutionalisierten Legitimität im Kontext des entstehenden ›Weltstaates‹ vgl. Meyer 1987. Zur institutionalisierten internationalen Legitimität des Diskurses über Menschenrechte vgl. Soysal 1994.

8 Ausgehend von Michael Doyles Definition von ›Reich‹, argumentiert Ronald Suny gegen die Verschmelzung des eigentlichen ›imperialen Projektes‹, der Herstellung voller Souveränität eines Zentrums über eine untergeordnete Peripherie, mit einer ›Großmachthegemonie‹ und der Herrschaftsbeziehung zwischen eigenständigen Staaten. Stattdessen geht er davon aus, dass das postsowjetische Russland Beziehungen des letzten Typs eingehen wird. Vgl. Suny 1995.

9 Natürlich war in der Praxis nicht immer deutlich, wer zu dieser Bevölkerung gehörte – vor allem in Regionen wie Oberschlesien oder Teilen Ostpreußens mit sich wandelnder ethnokultureller Identität. Prinzipiell herrscht jedoch darin Übereinstimmung, dass die deutschen Ansprüche als externem Heimatland die *Grenz- und Auslandsdeutschen* in Mittel- und Osteuropa betraf und dass diese Deutschen sich durch ihre ethnokulturelle Nationalität definierten.

Literatur:

Armstrong, John (1976): Mobilized and Proletarian Diasporas, in: American Political Science Review 70, S. 393–408.

Bonacich, Edna (1973): A Theory of Middleman Minorities, in: American Sociological Review 38, S. 583–594.

Brubaker, Rogers (1996): Nationalism Reframed, Cambridge.

Clifford, James (1994): Diasporas, in: Cultural Anthropology 9 (3), S. 302–338.

Cohen, Robin (1997): Global Diasporas. An Introduction, Seattle.

Hobsbawm, Eric (1994): The Age of Extremes. The Short Twentieth Century, 1914–1991, London.

Kolstoe, Paul (1995): Russians in the Former Soviet Republics, London.

Kymlicka, Will/Wayne, Norman (1994): Return of the Citizen. A Survey of Recent Work on Citizenship Theory, in: Ethics 104, S. 352–381.

Lie, John (1995): From International Migration of Transnational Diaspora, in: Contemporary Sociology 24 (4), S. 303–306.

Lieberson, Stanley (1997): Small Ns and Big Conclusions. An Examination of the Reasoning in Comparative Studies Based on a Small Number of Cases, in: Social Forces 70 (2) 1991, S. 307–320.

Mann, Michael (1993): The Sources of Social Power, Volume II. The Rise of Classes and Nation-States, 1760–1914, Cambridge.

McDaniel, Tim (1997): Social Collapse and Political Passivity. The Dual Legacy of the Crisis of Russian Values, Manuskript, Department of Sociology, UCSD.

Melvin, Neil (1995): Russians Beyond Russia, London.

Meyer, John W. (1987): The World Polity and the Authority of the Nation-State, in: George M. Thomas/John W. Meyer/Francisco O. Ramirez/John Boli (Hg.): Institutional Structure: Constituting State, Society, and the Individual, Newbury Park.

Rosecrance, Richard (1986): The Rise of the Trading State: Commerce and Conquest in the Modern World, New York.

Safran, William (1991): Diasporas in Modern Societies: Myths of Heimatland and Return, in: Diaspora 1 (1), S. 83–99.

Sheffer, Gabriel (1986): A New Field of Study. Modern Diasporas in International Politics, in: ders. (Hg.): Modern Diasporas in International Politics, London/Sydney, S. 1–15.

Soysal, Yasemin (1994): Limits of Citizenship. Migrants and Postnational Membership in Europe, Chicago.

Suny, Ronald (1995): Ambiguous Categories. States, Empires and Nations, in: Post-Soviet Affairs, 11 (2), S. 193f.

Tilly, Charles (1984): Big Structures, Large Processes, Huge Comparisons, New York.

Tölölyan, Khachig (1991): The Nation-State and Its Others. In Lieu of a Preface, in: Diaspora 1 (1), S. 3–7.

Staatsbürgerschaft und Identität

Zur Fragwürdigkeit des Konzepts der Diaspora im modernen Europa

*Yasemin Nuhoglu Soysal**

Gegen ihre starke Position in unseren politischen und intellektuellen Diskursen stellt mein Aufsatz die ›Diaspora‹ als Analysekategorie für die aktuellen Immigrantenerfahrungen in Frage. Theorien der Diaspora konzentrieren sich auf die ethnische Verbindung zwischen Heimatländern und Ausland; dabei übersehen sie, dass diese über das Nationale hinausgehen. Sie vernachlässigen sowohl die neue Dynamik als auch die Topografien von ›Zugehörigkeit‹. Ich halte es für wesentlich produktiver, die Analyse auf die ständig wachsende Zahl an Entstehungs- und Implementierungsorten von Staatsbürgerschaft zu konzentrieren. Dazu werde ich mich mit zwei Paradoxien auseinander setzen, die den gegenwärtigen Formen von Staatsbürgerschaft zugrunde liegen: a) der wachsenden Entkoppelung von Rechten und Identitäten als den beiden Hauptkomponenten von Staatsbürgerschaft; b) der Tendenz zu partikularistischen Forderungen im öffentlichen Raum und deren Legitimierung durch universalistische Diskurse zur Persönlichkeit. Diese Paradoxien stellen uns eindringlich vor Augen, dass wir es mit neuen Formen zu tun haben, Forderungen zu stellen, Identitäten zu mobilisieren und Staatsbürgerschaft zu leben. Sie sind nicht mehr an ethnisch bestimmte Strukturen, Austauschmöglichkeiten und Zugehörigkeiten der ›Diaspora‹ gebunden.

Edward Said wurde in Jerusalem geboren, studierte in Großbritannien und ist heute Literaturkritiker amerikanischer Staatsangehörigkeit. Wie die meisten Palästinenser, die aus ihren Häusern und ihrer Heimat vertrieben wurden und alles verloren haben, denkt er viel über das Leben im Exil nach und betrachtet es als eine »nie endende Selbstentdeckung und permanente Ruhelosigkeit«. Sein Dasein als Emigrant beschreibt er mit einem Adorno-Zitat:

»Das Vorleben des Emigranten wird bekanntlich annulliert ... [Es ist ein] nicht unmittelbar zu aktualisierendes Leben, was immer bloß als Gedanke und Erinnerung fortlebt. Dafür haben sie eine eigene Rubrik erfunden. Sie heißt ›Hintergrund‹ und erscheint als Appendix der Fragebogen, nach Geschlecht, Alter und Beruf.« (Said 1998, S. 6, Zitate aus Adorno 1951, S. 73f.).

In der Diaspora findet dieser ›Hintergrund‹ seine Bedeutung. ›Diaspora‹ ist eine Vergangenheit, die für die Gegenwart erfunden und unablässig in solche Strukturen und Bedeutungen hinein geformt wird, die mit der Gegenwart übereinstimmen. Daher existiert sie nicht als gelebte Realität, sondern als Teil eine breiter angelegten Strategie, um Kontinuität und Logik in den eigenen Lebenslauf zu bringen, in eine Lebensgeschichte, die vermutlich durch Migration und Exil gebrochen ist. Sie konkretisiert kategorisch Heimatländer, Traditionen, kollektive Erinnerungen und große Wünsche und ist selbst eine Kategorie des Bewusstseins, die gegenwärtiges Tun als solches nicht fassen, sondern nur durch die Erfindung der Vergangenheit mit Bedeutung versehen kann.

Die Diaspora ist kein neues Konzept. In seinem klassischen Gebrauch dient es als normatives Modell für die jüdische Geschichte und Erfahrung in ihrer ›Weltlosigkeit‹ (siehe Feldman 1978, S. 22). Seit einiger Zeit ist es jedoch verstärkt als Analysekategorie in der unüberschaubaren Literatur zur Immigration und zur globalen Verbreitung von Migrantengruppen benutzt worden. Es beflügelt uns nicht nur allgemein, sondern auch in unseren analytischen Vorstellungen; es beansprucht für sich eine interpretierende Kraft, die die Gegenwart und die Bedingungen von Immigrantenbevölkerungen in Worte zu fassen vermag.[1]

Ich aber möchte die Analysekategorie ›Diaspora‹ in Frage stellen. Meine Kritik zielt vor allem auf die Grundproblematik des Konzepts: Es beharrt auf dem Nationalstaat und national definierten Formen, obwohl es den globalen Prozess der Immigration umfasst. Dieser axiomatische Vorrang, der hier Nationen und dem Nationalstaat als Einheiten der Analyse eingeräumt wird, ist – angesichts aktueller Veränderungen in der Geografie und der Praxis von Staatsbürgerschaft und Zugehörigkeit – kaum aufrechtzuerhalten. Die Nachkriegsentwicklungen haben die Diaspora als analytische und normative Kategorie unhaltbar gemacht und lenken die Diskussion auf neue Formen von Mitgliedschaft, Zugehörigkeit und des Aufstellens von Forderungen; diese Formen bleiben entweder in den traditionellen Konzeptionen von Diaspora unsichtbar oder werden aufgrund ihrer normativen Bedeutung abgetan.

Die vorherrschende Konzeption der Diaspora geht von der Bildung enger Gemeinschaften und Solidaritätsgruppen aus, die auf gemeinsamen kulturellen und ethnischen Merkmalen beruhen und zwischen dem Geburts- und dem Ankunftsort entstehen (siehe Cohen 1997; van Hear 1998). Dies ist dann der Fall, wenn sich Bevölkerungen aus ihrem Heimatland in fremde Länder ausbreiten, sodass es zu Bewegungen zwischen dem Herkunftsland und dem Zielland kommt und damit ökonomische, politische und kulturelle Verbindungen in beide Richtungen geknüpft werden. In dieser Gleichung ist die Bevölkerung der Diaspora vor allem auf ihr Heimatland und ihre Kultur ausgerichtet und ihr angegliedert; ihre Forderungen und ihr Umgang mit der Frage der Staatsbürgerschaft hängen ebenfalls von dieser Orientierung auf Heimat und ethnische Zugehörigkeit ab. Anders ausgedrückt: Die Diaspora ist eine Möglichkeit, ethnokulturelle Formen theoretisch zu erfassen, die innerhalb anderer Nationen und Ethnien Andersartigkeit konstituieren. Die Diaspora ist – derart interpretiert – eine Erweiterung des zurückgelassenen Ortes, der ›Heimat‹. Dadurch entsteht die angenommene Entwurzelung der Immigrantenbevölkerung im Hier und Jetzt der Diaspora und ihre dauernde Sehnsucht nach dem Dann und Dort. Doch diese theoretische Überlegung, die die Immigrantenbevölkerungen als Diaspora definiert, ignoriert die Kontingenz des Nationalstaats, der Identität und der Gemeinschaft und setzt stattdessen alle diese als natürlich voraus.

Ich argumentiere dagegen, dass sich in der Nachkriegsära die Grenzen und Bedingungen für die Bildung von ›Diaspora‹ verändert haben. Dies gilt vor allem in Europa, wo neue Forderungen und neue Formen von Staatsbürgerschaft und Zugehörigkeit entstanden sind, und zwar als Reaktion auf politische, wirtschaftliche und institutionelle Veränderungen im System der Nationalstaaten. Diese neuen Formen stellen die »nationale Ordnung der Dinge« (Malkki 1995) in Frage und damit den Grundgedanken der Diaspora. Als Analysekategorie ist die Diaspora zu beschränkt, um die gegenwärtigen Konturen von Mitgliedschaft und Zugehörigkeit zu erklären. Wir müssen über die traditionellen und statischen Grundsätze der Diaspora hinausgehen und unser theoretisches wie politisches Vokabular erweitern.

Eine herausforderndere und produktivere Perspektive erreichen wir dadurch, dass wir unsere Analyse auf die wachsende Zahl von Entstehungs-

und Implementierungsorten von Staatsbürgerschaft richten: In einer Welt permanenter Migrationen kann man in diesen neuen Orten der Staatsbürgerschaft die Dynamik und die Verteilung von Rechten und Identitäten, von Exklusion und Inklusion, erkennen. Mein Ziel ist es, diese neuen Formen und Bruchstellen von Staatsbürgerschaft und ihre grundsätzlichen Entstehungsprozesse zu untersuchen. Ich beginne mit einer kurzen Zusammenfassung der Veränderungen in der Institution und der Praxis von Staatsbürgerschaft im Nachkriegseuropa. Ich werde dann die zwei für mich entscheidenden Paradoxien für das Verständnis der aktuellen Formen von Staatsbürgerschaft, Exklusionen und Inklusionen, eingehender behandeln. Das erste Paradox bezieht sich auf die Rechte und Identitäten, die beiden Hauptkomponenten von Staatsbürgerschaft, und ihre zunehmende Entkoppelung. Das zweite Paradox behandelt die Art und Weise, in der kollektive Forderungen vorgebracht und mobilisiert werden: Partikularistische und gruppendefinierte Forderungen erfahren zunehmend eine Legitimation durch universalistische Diskurse von Persönlichkeit. Und schließlich behaupte ich, dass diese beiden Paradoxien es rechtfertigen, unsere allgemein anerkannte Herangehensweise an Immigration und Zugehörigkeit, aber auch die Kategorien von Exklusion und Inklusion zu überdenken.

Die Veränderungen im europäischen Staatensystem der Nachkriegszeit

Im Gegensatz zu den vorherrschenden Auffassungen und Konzeptionen in der Soziologie geht meine Arbeit davon aus, dass nicht allein der Nationalstaat, sondern auch der lokale und transnationale Bereich Staatsbürgerschaft definieren. Die aktuelle Praxis von Staatsbürgerschaft wird zunehmend von der Zugehörigkeit zu einem nationalen Kollektiv entkoppelt. Beispielsweise stellen die in Berlin lebenden türkischen Immigranten gegenüber den städtischen Behörden Forderungen auf und sind in die Berliner öffentlichen Institutionen eingebunden – unabhängig von ihren historischen oder kulturellen Verbindungen zur deutschen Nation und sogar ohne formale deutsche Staatsbürgerschaft. In Großbritannien fordern die pakistanischen Einwanderer, dass der Islam an öffentlichen Schulen unterrichtet wird; diese Forderung basiert auf einer moslemischen Identität, greift aber auf eine universalistische Sprache der Menschenrechte zurück, um diese Ansprüche zu legitimieren. Dabei wenden sie sich nicht nur an örtliche Schulbehörden, sondern üben ihren Druck auch auf die britische Regierung aus und bringen ihren Fall vor den Europäischen Gerichtshof für Menschenrechte. Diese Fallbeispiele stellen das heute dominierende Modell von Staatsbürgerschaft in Frage, das ja normativ auf der Integrität nationaler Gemeinschaften und ihrer Grenzen basiert. Als scheinbare Anomalien müssen sie aber in unser Analyseinstrumentarium integriert werden, um ein sinnvolles Verständnis der gegenwärtigen Formen von Staatsbürgerschaft, von Inklusion und Exklusion, zu ermöglichen.

Ich entwickle meine Argumente vor dem Hintergrund einer Reihe von ineinander greifenden juristischen, institutionellen und ideologischen Veränderungen im europäischen Staatensystem der Nachkriegszeit. Diese Veränderungen haben die nationale Ordnung der Staatsbürgerschaft verkompliziert und neue Dynamiken für Mitgliedschaft und Teilhabe im öffentlichen Raum entstehen lassen (im Detail Soysal 1994). Ich möchte hier nur kurz vier Entwicklungen benennen, die für die Institution der Staatsbürgerschaft und die Vorstellungen von ›Identität‹ und von ›Rechten‹ entscheidende Folgen hatten:

Erstens, die Veränderungen in der bestehenden nationalen und ethnischen Zusammensetzung europäischer Länder als Folge massiver Migrantenströme nicht nur aus der unmittelbaren europäischen Peripherie, sondern auch aus ›fernen Ländern‹.

Zweitens, die wachsende Intensivierung des transnationalen Diskurses und juristischer Instrumente, die ›Menschenrechte‹ oder ›Persönlichkeit‹ als ein weltweit geltendes Prinzip kodifizieren. Diese Form von Individualrechten in internationalen Abkommen und Institutionen, aber auch in der wissenschaftlichen und der öffentlichen Diskussion, hat den Grundstein für erweiterte Forderungen gelegt und führte zur Schaffung neuer Rechte – für Frauen, Kinder, Minderheiten, Immigranten und sogar für Tiere und Pflanzen (vgl. Turner 1986).

Drittens, die zunehmende Legitimität des Rechts auf ›eigene Kultur‹ und Identität. Dieses Recht hat durch die umfassenden Entkolonisierungen der Nachkriegszeit, durch die Arbeit internationaler Organisationen wie den Vereinten Nationen, der UNESCO und des Europarats und schließlich durch ethnologische Forschungen an Bedeutung gewonnen. Die kollektive Identität wurde als eine Kategorie der Menschenrechte neu definiert. Als Rechtsanspruch hat sich ›Identität‹ zu einem wichtigen organisatorischen und symbolischen Instrument entwickelt, um neue Gruppensolidaritäten zu schaffen und Energien zu mobilisieren wie im Falle der Frauenbewegung, der Umweltschützer, der Schwulen- und Lesbengruppen, regionaler Interessen, einheimischer Gruppen und Einwanderer.

Viertens, die Verteilung von Souveränität und die Entstehung von politischen Einheiten mit mehreren Ebenen. Beides lässt sich bei der allmählichen Ausweitung der Europäischen Union und der Rückentwicklung einiger europäischer Nationalstaaten in kulturell und administrativ autonome Regionen (Schmitter 1992; Marks/McAdam 1996) beobachten. Die Verteilung von Souveränität zwischen lokalen, nationalen und transnationalen politischen Institutionen lassen neue Handlungsträger Einfluss gewinnen, eröffnen eine Reihe neuer organisatorischer Strategien und führen den Wettbewerb über Ressourcen und Definitionen ein.

Alle diese Entwicklungen, die Veränderungen in der Bevölkerungszusammensetzung der europäischen Staaten, die Legitimation von Rechten auf transnationaler Ebene, die Kodifizierung des Rechts auf ›kollektive Identität‹ und die zunehmende Verteilung von Souveränität haben für die nationale Staatsbürgerschaft paradoxe Folgen. Sie haben paradoxe Auswirkungen auf die Art und Weise, in der Rechte und Identitäten formuliert und mobilisiert werden.

Bei der Diskussion dieser Paradoxien möchte ich meine Vorbehalte gegen die unkritische Wiedereinführung des Konzeptes der ›Diaspora‹ in unsere Diskussionen und Analysen genauer ausführen.

Die Paradoxien der Staatsbürgerschaft

Die Entkoppelung von Rechten und Identität

Das erste Paradox besteht in der wachsenden Entkoppelung von Rechten und Identität. Im nationalstaatlichen Modus politischer Gemeinschaft definiert die nationale Zugehörigkeit die Basis der Rechte und Pflichten von Individuen; die Staatsbürgerschaft ist durch das nationale Kollektiv begrenzt. In der Nachkriegszeit lässt sich jedoch eine zunehmende Ausgestaltung der (nationalen) staatsbürgerlichen Rechte als Menschen- oder Persönlichkeitsrechte beobachten (Soysal 1994).[2] Rechte, die vormals mit der Zugehörigkeit zu einer nationalen Gemeinschaft verbunden waren, sind immer abstrakter geworden und werden schließlich auf einer transnationalen Ebene legitimiert.

Die Konkretisierung von Persönlichkeits- und Individualrechten in der Nachkriegszeit weitet die Grenzen der politischen Gemeinschaft aus, indem sie individuelle Teilhabe und Ansprüche über den Status der Mitgliedschaft in einem bestimmten Nationalstaat hinaus legitimiert. Da die Verbindung zwischen nationaler Gemeinschaft und Rechten auseinander bricht, lassen sich multiple Formen von Staatsbürgerschaft beobachten, die nicht mehr länger in nationalen Kollektiven verankert sind und die die Gruppe von Mitgliedern, die Rechte haben, innerhalb des Nationalstaats, aber auch ohne bzw. über ihn erweitert. Diese Formen zeigen sich in den Teilhaberechten langjähriger Immigranten, die keine Staatsbürger sind, sie zeigen sich an der zunehmenden Inanspruchnahme der doppelten Staatsbürgerschaft, die ja die herkömmliche Vorstellung von politischer Mitgliedschaft und Zugehörigkeit zu einem einzigen Staat unterhöhlt; sie zeigen sich in der »Unionsbürgerschaft« der Europäischen Union (Vertrag der EGen, Art. 22–26), die eine vielschichtige Form der Zugehörigkeit darstellt, und schließlich in der »Regionalbürgerschaft« in kulturell oder administrativ autonomen Regionen Europas wie dem Baskenland, Katalonien und Schottland.

Während sich Ursprung und Legitimität von Rechten auf die transnationale Ebene verschieben, bleiben die Identitäten paradoxerweise partikularistisch und auf lokaler Ebene definiert und organisiert. Dieselben globalen Regeln und institutionellen Rahmen, die die Persönlichkeit und die Menschenrechte stärken, etablieren gleichzeitig kollektive Identitäten, die auf nationalen und ethnoreligiösen Partikularismen beruhen.

Die partikularen Merkmale von Kollektiven – Kultur, Sprache und herkömmliche ethnische Eigenschaften – haben sich zu Varianten des universalen Kerns des Menschseins oder des Selbst entwickelt. Diese Identität repräsentiert das ›Unfreiwillige‹ und wird durch die Sprache der Blutsverwandtschaft, des Heimatlandes, der Nation und des Territoriums definiert. Man kann gar nicht anders, als eine Identität zu haben.[3]

Die scheinbare Natürlichkeit und Unausweichlichkeit der Diasporaformen (und die Tatsache, dass Immigrantengemeinschaften in der Theorie als Diaspora aufgefasst werden) sind ein Teil, aber auch eine Last dieses globalen und vorherrschenden Diskurses über Identität. Ist ›Diaspora‹ erst einmal institutionalisiert, schafft der Diskurs über Identitäten immer neue Forderungen nach kultureller Eigenständigkeit und Gruppenrechten. Ethnische und nationale Identitäten werden kreiert und improvisiert, um Ansprüche in nationalen und globalen politischen Systemen anzumelden und zu mobilisieren. Dabei legalisieren sie die Diaspora als Begriff der »Identitätspolitik«. Andererseits autorisiert Identität auch ethnische Nationalismen und Herrschaftsformen, sofern sie in den Erzählungen und Strategien einzelner oder kollektiver Handlungsträger auftaucht. Daher erhalten Rechte zwar eine universalere Form und werden von nationaler Zugehörigkeit losgelöst (sodass sie inkludierende Formen der Zugehörigkeit schaffen); doch gleichzeitig setzen sich Identitäten als absichtlich partikularistische und ausschließende Praktiken durch. Dies lässt sich in der zunehmend restriktiven Einwanderungspolitik vieler europäischer Staaten beobachten, der Tatsache, dass sich ethnische Minderheiten und religiöse Gruppen um der kulturellen Abschottung willen Gehör verschaffen, und in der diskriminierenden Staatsbürgerschaftspraxis vieler ehemaliger Sowjetrepubliken. Das heißt: Eher inkludierende Formen von Rechten treffen auf die eher ausschließende Praxis von Identität.

Partikularistische Forderungen durch universalistische Diskurse von Persönlichkeit und Strategien

Das zweite Paradox, auf das ich hier aufmerksam machen möchte, bezieht sich auf kollektive Ansprüche und kollektive Teilhabe im öffentlichen Raum: die individuelle und die gruppenspezifische Praxis von Staatsbürgerschaft. Die schon beschriebene Entwicklung in der Nachkriegsepoche führte zwangsläufig zu Veränderungen in der Art und dem Ort der Auseinandersetzung um gesellschaftliche Gleichheit und Rechte. Erinnern wir uns, dass unsere klassische Vorstellung von Staatsbürgerschaft von der Existenz von Handlungsträgern ausgeht, deren Rechte und Identitäten innerhalb der Grenzen nationaler Kollektive verwurzelt sind. Und diese Kollektive konstituieren die ›authentischen‹ Orte für die Umsetzung von Forderungen und staatsbürgerlicher Teilhabe. Meine Forschung zeigt nun zwei Tendenzen auf, die von dieser vorherrschenden Konzeption von Staatsbürgerschaft abweichen.

Zunächst einmal beobachten wir eine zunehmende Tendenz, partikulare Identitäten und Forderungen zu befördern, die in universalistischen Diskursen über Persönlichkeits- oder Menschenrechte verankert sind und zugleich durch sie legitimiert werden. Zweitens lässt sich feststellen, dass die Mobilisierung von Ansprüchen unabhängig von national begrenzten Kollektiven und auf lokalen, nationalen und transnationalen Ebenen stattfindet. Mit anderen Worten: Die gesellschaftlichen und politischen Foren, in denen Ansprüche artikuliert werden, weiten sich aus.

Ich will dies empirisch mit Beispielen aus moslemischen Einwanderergemeinschaften und deren Teilnahme und Mobilisierung in europäischen öffentlichen Räumen belegen. Dies impliziert nicht, dass wir diese neu entstehenden Formen nur im Falle der moslemischen Immigranten beobachten können. Mein Schwerpunkt liegt auf moslemischen Gruppen, da diese Gemeinschaften deutlich sichtbar im Zentrum der Kontroverse stehen.

a) Der erste Trend betrifft die Art der Ansprüche und des Diskurses. Einwanderergruppen in Europa mobilisieren sich, um gruppenspezifische Maßnahmen einzufordern, und betonen ihre Gruppenidentitäten. Diese Forderungen werden jedoch nicht gruppenspezifisch, weder religiös noch ethnisch, fundiert. Ganz im Gegenteil nehmen sie die universalistischen Prinzipien und vorherrschenden Diskurse von Gleichheit, Emanzipation und Individualrechten in Anspruch. Diaspora-Theorien, die ihren Fokus ausschließlich auf ethnische Beziehungen und die Bildung von Gemeinschaften richten, lassen eben diese größeren Zusammenhänge außen vor, die solchen Forderungen und Identitäten zugrunde liegen und ihnen Kraft geben. Stattdessen missverstehen die Theorien die Mobilisierung der Immigranten einfach als Umsetzung von Ethnizität: Wenn moslemische Immigrantenorganisationen die Rechte und die Bedürfnisse von Immigrantenkindern in der Schule vertreten, dann greifen sie dabei auf den Diskurs individueller Rechte zurück. Sie berufen sich auf internationale Instrumente und Konventionen von Menschenrechten, um ihre Position zu untermauern. Ihre Forderungen betreffen muttersprachlichen Unterricht, den islamischen *foulard* (das Kopftuch) oder das traditionelle *halal*-Essen, und sie berufen sich dabei auf das ›natürliche‹ Recht des Einzelnen auf eine eigene Kultur anstatt auf religiöse Lehren und Traditionen.

Dazu nur ein Beispiel: 1989 eskalierte die *foulard*-Frage in Frankreich in einer nationalen Debatte und Krise, als drei nordafrikanische Schülerinnen aus einer Schule ausgeschlossen wurden, weil sie darauf bestanden, ihr Kopftuch im Unterricht zu tragen. In den folgenden Diskussionen ging es nicht nur um die Frage der Integration von Einwanderern und den französischen Laizismus, sondern das Thema eroberte den öffentlichen Raum als Streit über Individualrechte. Im Laufe der Auseinandersetzung erklärte der Führer der Großen Moschee von Paris, dass die Bestimmungen, die die Verschleierung in Schulen untersagten, diskriminierend seien. Dabei berief er sich viel stärker auf Persönlichkeitsrechte als auf religiöse Traditionen und Pflichten: »Der Wunsch eines Mädchens, ihr Haar zu bedecken, halte ich für ihr ureigenstes Recht.« (*Washington Post*, 23. Oktober 1989) In diesem Fall wurde moslemische Identität, durch den Schleier symbolisiert, zur Geltung gebracht und durch die Kategorien und die Sprache der gastgebenden Gesellschaft bestärkt.

In einem anderen Fall hatte die schiitische *Ehlibeyt*-Moschee in Berlin am 12. November 1995 (dem Geburtstag der Fatima, der Tochter des Propheten Mohammed) »alle moslemischen Frauen« eingeladen, um den Weltfrauentag zu feiern. Unter den Rednern bei diesem Treffen waren nicht nur die (männliche) Priesterschaft der Moschee, sondern auch »moslemische« Frauen verschiedener Nationalitäten – Türkinnen, Araberinnen und Deutsche. Der Fokus aller Reden richtete sich auf die Emanzipation der Frau, inbegriffen Forderungen nach dem Ende der Diskriminierung moslemischer Frauen am Arbeitsplatz und in Schulen, vor allem, insoweit diese sich auf das Tragen von Kopftüchern bezieht. In diesen Themen steckten die zentralen Begriffe des Geschlechter-Diskurses. Der Hauptredner, ein junger *Imam*, führte die Frage der Frauenrechte bis zum *Qur'an* zurück. Er bezog sich auf die Frauenkonferenz in Peking und bezeichnete die Behauptung »Frauenrechte sind Menschenrechte« als ursprüngliche Lehre des Islam und seiner Kultur. Empört erklärte er: »Auf der Konferenz in Peking sagte jemand, dass ›Frauenrechte Menschenrechte sind‹, und Tausende von Frauen jubelten und applaudierten. Warum waren sie so begeistert? Wir haben das schon vor 1400 Jahren gesagt! Das ist unsere Lehre!« Das Treffen war ein Beispiel dafür, wie die islamische Morallehre mit gegenwärtigen Sorgen von Frauen und Diskursen über sie verbunden wird, wie man sie ansprechen kann und durch sie selbst spricht.

Es muss allerdings betont werden, dass sich moslemische Gruppen in europäischen Ländern nicht in einem einheitlichen diskursiven Rahmen äußern. Die hier geschilderten Beispiele geben die narrative Vielfalt moslemischer Gruppen nicht im Entferntesten wieder. Ein türkischer Imam in Nantes, der sich für den islamischen Schleier aussprach, erklärte diese Praxis zu »Gottes Gesetz« und übte auf türkische Familien Druck aus, ihre Töchter aus der Schule zu nehmen. Dies führte innerhalb der türkischen Immigrantengemeinschaft zu ernsthaften Spannungen und schließlich zu seiner Abschiebung aus Frankreich (Kepel 1997, S. 222f.). Dann wieder werden islamische Ansprüche aus religiös kodifizierten Familiengesetzen begründet, die die Ungleichheit der Geschlechter festschreiben. Diese Erklärungen verweisen auf oftmals widersprüchliche Forderungen und Führungsansprüche innerhalb moslemischer Gemeinden. Das möchte ich auch gar nicht in Abrede stellen. Aber ich möchte die vorherrschenden universalistischen Formen, in denen moslemische Gruppen Ansprüche vorbringen und die gemeinhin übersehen werden, und ihre Folgen für unsere theoretischen Perspektiven beleuchten.

Eine weitere Einschränkung ist an dieser Stelle geboten: Natürlich gibt es im Umgang mit diesen Forderungen große Unterschiede. Während einige auf organisatorische Widerstände treffen, werden andere eher akzeptiert und in die formalen staatlichen Strukturen integriert. Die britischen Schulbehörden sind beispielsweise eher bereit, Forderungen nach einer islamischen Kleiderordnung stattzugeben oder sogar Immigrantensprachen in Schulen unterrichten zu lassen. Andererseits werden religiös kodifizierte Familiengesetze (oder Polygamie oder die Beschneidung von Frauen), die Statusdisparitäten zwischen den Geschlechtern schaffen, nicht als legitime Forderungen betrachtet. In diesen Fällen konkurriert das Prinzip der Geschlechtergleichheit mit dem Prinzip religiöser Gleichheit, und beide sind offenkundig in europäische Staatsbürgerschaftskonzepte und in transnationale Rahmen eingebettet. In Europa ist die Behandlung von Frauen in weltlichen Gesetzen und Institutionen festgelegt, daher führt der Versuch, sie in einen religiösen, privaten Bereich zu überführen, zu Konflikten. In meiner Forschung versuche ich, die widersprüchlichen Dynamiken zwischen verschiedenen legitimierenden Diskursen und Prinzipien zu entflechten und zu erklären, wie diese Dynamiken zu widersprüchlichen Forderungen und ihren Umsetzungen im öffentlichen Raum führen.[4]

Um noch einmal meinen wichtigsten Punkt zu verdeutlichen: Die moslemischen Organisationen, die ich untersuche, legitimieren ihre Ansprüche nicht einfach, indem sie sich auf religiöse Lehren oder Traditionen berufen, sondern durch die Sprache der Rechte. Durch ihre Verwendung verfolgen sie aber zivilgesellschaftliche Vorhaben und bringen sich selbst in einen breiteren öffentlichen Raum ein. Die Konzepte von Staatsbürgerschaft, die sie entwickeln, sind jedoch nicht unbedingt national begrenzt. Sie sind räumlich und symbolisch multireferenziell.

Wenn moslemische Vereinigungen Forderungen nach Kopftüchern in der Schule vorbringen, dann steckt darin nicht die Forderung nach Zugehörigkeit zum existierenden ›französischen Kollektiv‹, sondern zum Bildungssystem selbst – und das sehen sie als ihr natürlichstes Recht an. Dies ist nicht zwangsläufig eine Abkehr vom gesellschaftlichen Leben; doch das Kollektiv ist nicht länger durch eine vorgegebene nationale Gemeinschaft eingegrenzt. Im Grunde genommen versuchen sie eben diese Zusammensetzung der nationalen Gemeinschaft neu zu definieren.

b) Der zweite Trend im Vorbringen von Forderungen besteht darin, dass die organisatorische Strategie, die Immigrantengruppen anwenden, einen zunehmend trans- und subnationalen Charakter annimmt. Die Partizipationsmöglichkeiten gehen über die Grenzen des Nationalen hinaus, überspannen mehrere Orte, verbinden öffentliche Bereiche über verschiedene Nationen hinweg, und diversifizieren damit die »Räume für und der Politik« (Jenson 1993, S. 138). Beispielsweise gibt es politische Parteien, Moscheegemeinden und gemeinschaftliche Zusammenschlüsse, die auf lokaler Ebene arbeiten, ihre Ansprüche jedoch nicht nur auf ihren lokalen Raum beschränken. Bei den letzten Wahlen in Berlin setzten sich türkische Immigrantengruppen dafür ein, auf lokaler und auf europäischer Ebene wählen zu dürfen; sie forderten gleichzeitig von der türkischen Regierung, auch das Wahlrecht der Türken im Ausland für die nationalen Wahlen in der Türkei zu verbessern. Insofern gehen sie also von ihrer Teilnahme in mehreren gesellschaftlichen Räumen aus, in Berlin, in Europa und in der Türkei. Auch in anderen Teilen der Welt ist dies bei den Immigrantenbevölkerungen ein wachsender Trend. Ähnliche Forderungen werden von mexikanischen und zentralamerikanischen Einwanderergruppen in den Vereinigten Staaten erhoben. Sie fordern die doppelte Staatsbürgerschaft und das Wahlrecht in ihren Heimatländern und dort, wo sie wohnen. Und tatsächlich haben die Regierungen von Mexiko, Kolumbien und der Dominikanischen Republik kürzlich entsprechende Gesetze verabschiedet, die die doppelte Staatsangehörigkeit erlauben.

Die Forderungen von Immigrantengruppen betreffen verschiedene staatliche und politische Akteure, sie zielen auf trans- und subnationale Institutionen. Die islamische *foulard*-Frage war beispielsweise eine Angelegenheit, die nicht einfach nur auf die örtliche Schulbehörde beschränkt blieb, sondern von der lokalen über die nationale bis zur transnationalen Rechtsprechung reichte – von den Schulbehörden vor Ort bis zum Europäischen Gerichtshof für Menschenrechte. Ähnlich verhielt es sich in den frühen 1990er Jahren, als örtliche Schulbehörden sich weigerten, eine weitere islamische Grundschule zu eröffnen, und die Islamische Stiftung in London sich entschloss, das Problem vor den Europäischen Gerichtshof für Menschenrechte zu bringen. In der Tat heben immer mehr moslemische Vereinigungen ihre Arbeit auf eine europäische Ebene, gründen Dachorganisationen und Foren, um ihre Aktivität zu koordinieren und eine europaweite Programmatik zu entwickeln (Kastoryano 1996).

Während also die Forderungen und die Mobilisierung moslemischer Gruppen darauf abzielen, ihre partikularen Identitäten und Solidarität durchzusetzen, berufen sie sich paradoxerweise auf die universalistischen Prinzipien von Menschenrechten und dringen damit in unterschiedliche öffentliche Räume ein. Insofern ist ihre Mobilisierung nicht einfach eine Neuentdeckung ethnischer oder religiöser Partikularismen: Ihre staatsbürgerlichen Vorhaben und ihr Einsatz sind ethnisch nicht selbstreferenziell, sondern reflektieren größere Zusammenhänge von Rechten und Persönlichkeit. Indem sie sich auf ein universalistisches Arsenal von Ansprüchen berufen, haben sie Anteil an der Gesellschaft des Gastlandes und der globalen Diskussion und leisten gleichzeitig ihren Beitrag zu deren Konkretisierung.

All das deutet auf Solidaritäten und partizipative Formen hin, die sich nicht mit dem Konzept der Diaspora erfassen lassen. Die Theorien der Diaspora konzentrieren sich ja auf eigentümliche Weise auf die ethnische Achse zwischen Heimatland und Ausland, dabei übersehen sie jedoch, dass nationale Grenzen und Kollektive überschritten werden, und vergessen die neuen Formen, in denen Immigranten ihre Zugehörigkeit erfahren und umsetzen. In dieser neuen Topografie der Zugehörigkeit basieren staatsbürgerliche Vorhaben nicht mehr länger auf dem ›horizontalen Miteinanderverbundensein‹ unter den Mitgliedern einer ethnischen Gemeinschaft (im Sinne von Solidarität und gegenseitigem Vertrauen auf der Basis ethnischer Zugehörigkeit): Die verbindenden Stränge manifestieren sich hier durch die Teilhabe an und durch eine vertikale Verbindung zu allgemeinen, universalistischen Diskursen, die über jedwede ethnische Begrifflichkeit von Gemeinschaft hinausgehen.

Um das Bild zu vervollständigen, möchte ich hier kurz auf die Einwanderer der zweiten Generation eingehen, die ja als rätselhafte Erzeuger von diasporischen Kulturen und Identitäten gelten. Sie sind alles andere als simple Vorposten ihrer vermeintlichen Heimatländer. Die Immigranten der zweiten Generation – aus dem Maghreb, Pakistan, der Türkei, der

Karibik und Bengalen, die in den Einwanderermetropolen Europas leben – handeln kollektive Identitäten aus und definieren sie; diese sind von ethnokulturellen Staatsbürgerschaften losgelöst (Bauman 1996; Soysal 1999). Die Symbole ihrer Identität bestimmen sie ebenso nach globalen kulturellen Strömungen wie nach den kulturellen Praktiken ihrer Gastgeber- oder Heimatländer. Als »jugendliche Subkulturen« werden sie zunehmend ein Teil der globalen Kultur (Gilroy 1993; Amit-Talai/Wulff 1995, Hannerz 1996) und umgehen auf vielfältige Weise die nationale oder traditionelle Kultur. Türkische Jugendliche in Deutschland hören selbstverständlich neben der türkischen Sarki auch Rap-Musik oder deutsche Lieder. »Jugendbanden« von Einwanderern legen sich englische Namen zu: Two Nation Force, Turkish Power Boys, Cobras und Bulldogs. Rap-Formationen nennen sich clever Cartel, Microphone Mafia und Islamic Force. Ihre Graffiti an Berliner Hausmauern ahmen die bewunderten New-York-Styles nach.

Schlussfolgerungen

Die Erfahrung von Einwanderern im Nachkriegseuropa deutet auf ein Abweichen von klassischen Formen der Teilhabe im öffentlichen Raum, dem Einsatz für Identitäten und dem Vorbringen von Ansprüchen hin. Ein Großteil der Entkolonisierungs- und Bürgerrechtsbewegungen in den 60er Jahren wie auch die ersten Frauenbewegungen waren Versuche, das Individuum als Teil eines nationalen Kollektivs neu zu definieren. Auf ähnliche Weise waren die Arbeiterbewegungen historisch mit der Entstehung der nationalen Bürgerschaft verknüpft. Es ist kein Zufall, dass der Sozialstaat sich als Teil des nationalen Projekts entwickelte, indem er die Arbeiterbewegung an die Nation band (wie im Falle des Bismarck'schen Deutschland). Ich habe mit meinen Fallbeispielen jedoch versucht, die entstehenden Formen kollektiver Partizipation und Ansprüche in Europa und die immer geringer national begrenzten Ansätze von Staatsbürgerschaft zu beleuchten. Individuen und kollektive Gruppen definieren ihre Programmatik zur Umsetzung von Rechten durch partikulare Identitäten, die in universalistische und homogenisierende Diskurse von Persönlichkeit und Menschenrechten eingebettet und durch sie vorangebracht werden. Dieser Wechsel in der Schwerpunktsetzung von der nationalen Kollektivität zu partikularistischen Identitäten impliziert nicht notwendigerweise die Aufgabe der Partizipation in öffentlichen Räumen oder die Schaffung voneinander unabhängiger zivilgesellschaftlicher Sphären. Ganz im Gegenteil beweisen sie die Entstehung partizipativer Formen und multipler Bereiche und Ebenen, in und auf denen Einzelpersonen ihre zivilgesellschaftliche und staatliche Zugehörigkeit (citizenship) umsetzen und praktizieren.

Zur Jahrhundertwende ist das ein herausforderndes Thema – in der Theorie wie in der Praxis. Unsere theoretischen und politischen Lösungen müssen allerdings noch auf die Veränderungen in den Institutionen Staatsbürgerschaft, Rechte und Identität reagieren. Um dies zu bewältigen, müssen wir Traditionen hinter uns lassen und unsere theoretische Programmatik und unsere analytischen Rahmen erneut überdenken. Auf der Grundlage meiner hier vorgestellten Argumente möchte ich drei Korrekturen für unser gegenwärtiges soziologisches Denken über Staatsbürgerschaft und Identität vorschlagen.

Erstens ist die so lange als gegeben betrachtete Dichotomie von Partikularismus vs. Universalismus nicht mehr haltbar. Wir müssen die Mechanismen, durch die der Diskurs universaler Rechte nicht nur die partikularen Identitäten und Forderungen verstärkt, sondern eben diese Identitäten gleichzeitig normalisiert, betrachten. Die partikularen Identitäten und Forderungen, denen wir heute begegnen, sind unvermeidbare Folgen der universalistischen Prinzipien, die wir so stark betonen. Insofern geht es nicht um positive oder negative Anerkennung (oder sogar Erfüllung) dieser Forderungen und Identitäten: Wirklich entscheidend ist gerade der Prozess des Aushandelns und der Auseinandersetzung und der Dialog, in dem diese Forderungen und Identitäten mobilisiert werden. Immerhin konstituieren Konfrontation und Dialog die Basis der demokratischen öffentlichen Räume.

Zweitens gibt es keine absoluten und eindeutigen Strukturen von Exklusionen und Inklusionen. Und sie fallen auch nicht einfach mit den nationalen Grenzen zusammen. Der Zugang zu einem formalen nationalen Status ist im heutigen Europa nicht der Hauptindikator für Inklusion oder Exklusion. Rechte, Zugehörigkeit und Teilnahme sind zunehmend wichtig – auch außerhalb des Vokabulars nationaler Staatsbürgerschaft. Dadurch müssen wir auf der einen Seite Kontexte und Prozesse identifizieren, die außerhalb des Nationalstaates liegen, die aber gleichzeitig zu Inklusionen und Exklusionen führen. Auf der anderen Seite müssen wir einen der wichtigsten Grundsätze der Soziologie wieder auf die politische Agenda setzen: Inklusion und Exklusion sind auch Fragen von Verteilung. Das ist zwar kein neuer Gedanke, aber es braucht einen starken politischen Willen, dies auch umzusetzen. Und deshalb wiederhole ich ihn hier.

Drittens können wir unsere Diskussion über Zugehörigkeit und Identität nicht mehr länger im Rahmen der Dichotomie von ›national‹ und ›transnational‹ und des erwarteten linearen Übergangs von einem zum anderen formulieren. Über diese Frage herrscht große Unklarheit; viel Zeit und Energie wird darauf verschwendet, einer Annäherung an ein transnationales Stadium das Wort zu reden oder dies zu bestreiten. Anstatt nationale und transnationale Stadien in der Entwicklung zu betrachten, müssen wir sie als Variablen in unseren theoretischen Rahmen integrieren und sie als simultane Ebenen behandeln, auf denen die gegenwärtigen Praktiken von Staatsbürgerschaft und Identität verstanden werden sollten.

Nachtrag

Theorien sind zählebig. Nation und Ethnizität, die »erfundenen Traditionen« des 19. Jahrhunderts, um mit Eric Hobsbawm zu sprechen, begleiten uns vielleicht noch eine Weile. Vielleicht werden sie sogar neu entdeckt und verlängern so ihre Existenz, wie beispielsweise in der Erneuerung des alten Konzepts der Diaspora.

Dieses findet in unseren politischen und intellektuellen Diskursen eine starke Position dank seiner einnehmenden Metaphern von Wurzeln, Heimatboden und Blutsverwandtschaft. Doch da es ihm an analytischer Schärfe mangelt, wird es irgendwann zum Topos der Nostalgie werden. Die Diaspora markiert eine zeitlose Erinnerung und macht konkret, was als Identitätspolitik bekannt geworden ist. Und dazu möchte ich abschließend wieder Edward Said zitieren:

> »Identität als solche ist ein so langweiliges Thema, wie man es sich nur vorstellen kann. Nichts scheint weniger interessant zu sein als die narzisstische Bauchnabelschau, die heute vielerorts als Identitätspolitik oder ethnische Forschung oder Bestätigung von Wurzeln,

kulturellem Stolz, trommelndem Nationalismus und so weiter verstanden wird. Wir müssen Völker und Identitäten, die durch Vernichtung oder Unterdrückung bedroht sind, weil sie als minderwertig angesehen werden, schützen; doch das heißt nicht, eine Vergangenheit zu glorifizieren, die aus aktuellen Gründen erfunden wurde.« (1998, S. 7)

Aus dem Amerikanischen übersetzt von Jürgen Scheunemann.

Anmerkungen:

* Die hier vorgestellten Überlegungen wurden oft und an verschiedenen Orten diskutiert, im Internet ebenso wie in der realen Welt – mit Miriam Feldblum, Levent Soysal, Mette Hjort, Jane Jenson, Doug McAdam, Deborah Yshar, Gershon Shafir, Maria Baganha, Damian Tambini und Hans van der Veen. Ich danke ihnen allen.

1 Wie sehr sich die Literatur über Diaspora ausgeweitet hat, lässt sich an den Listen von aktuellen Konferenzthemen, Forschungsprogrammen und angekündigten Büchern ablesen. Allein die University of Washington Press hat mehrere Bände zum Thema Diaspora für alle wichtigen Immigrantengruppen angekündigt.

2 Ich verwende den Begriff ›Menschenrechte‹ im allgemeinen, abstrakten Sinne und beziehe mich dabei nicht unbedingt auf konkrete internationale Konventionen oder Instrumente und deren Kategorien.

3 Vgl. Anderson (1983), Appadurai (1996), Herzfeld (1992), Malkki (1995), Gupta/Ferguson (1992) und Soysal (1996).

4 Indem ich die Universalität des Diskurses und der Strategien, die Immigrantengruppen verwenden, betone, nehme ich keine naive Position ein, d.h. ich gehe nicht davon aus, dass Einzelpersonen oder Gruppen sich zusammenschließen und miteinander vereinbare Standpunkte einnehmen werden. Hier weiche ich von Habermas ab, für den diskursive Prozesse, sofern rational, dazu bestimmt sind, Vernunft und Willen zuammenzubringen und ohne Druck einen Konsens erreichbar zu machen (Habermas 1962). Der öffentliche Raum involviert zwangsläufig Konflikt, Auseinandersetzung und inkohärente Ergebnisse, wie rational er auch immer sein mag. In diesem Sinne besteht die Rolle des diskursiven, partizipatorischen Prozesses darin, sich auf die Programmatik der Auseinandersetzung zu konzentrieren und Raum für strategische Handlung zu schaffen, anstatt einen Konsens herzustellen (Eder 1995).

Literatur:

Adorno, Theodor W. (1951): Minima Moralia. Reflexionen aus dem beschädigten Leben, Frankfurt/Main.

Amit-Talai, Vered/Wullf, Helena (Hg.) (1995): Youth Cultures. A Cross-cultural Perspective, London.

Anderson, Benedict (1983): Imagined Communities, London.

Appadural, Arjun (1996): Modernity at Large. Cultural Dimensions of Globalization, Minneapolis, MN.

Arendt, Hannah (1978): The Jew as Pariah. Jewish Identity and Politics in the Modern Age. Hg. und mit einer Einführung von Ron H. Feldman, New York.

Baumann, Gerd (1996): Contesting Culture. Discourses of Identity in Multi-Ethnic London, Cambridge.

Cohen, Robin (1997): Global Diasporas. An Introduction. Seattle, WA.

Eder, Klaus (1995): The Institutionalization of Environmentalism. Ecological Discourse and the Second Transformation of the Public Sphere, unveröffentlichtes Manuskript, European University Institute, Florenz.

Gilroy, Paul (1993): The Black Atlantic. Modernity and Double Consciousness, Cambridge, MA.

Gupta, Akil/Ferguson, James (1992): Beyond ›Culture‹. Space, Identity, and the Politics of Difference, in: Cultural Anthropology 7, S. 6–23.

Habermas, Jürgen (1962): The Structural Transformation of the Public Sphere, Cambridge, MA.

Hannerz, Ulf (1996): Transnational Connections. Culture, People, Places, New York.

Herzfeld, Michael (1992): The Social Production of Indifference. Exploring the Symbolic Roots of Western Bureaucracy, New York.

Jenson, Jane (1993): De-constructing Dualities. Making Right Claims in Political Institutions, in: G. Drover / P. Kerans (Hg.), New Approaches to Welfare Theory, Aldershot.

Kastoryano, Riva (1996): Négocier l'Identité. La France, l'Allemagne et leurs Immigrés, Paris.

Kepel, Gilles (1997): Allah in the West. Islamic Movements in America and Europa, Stanford, CA.

Malkki, Liisa H. (1995): Purity and Exile. Violence, Memory, and National Cosmology among Hutu Refugees in Tanzania, Chicago, IL.

Marks, Gary/McAdam, Doug (1996): Social Movements and the Changing Structure of Political Opportunity in the European Union, in: West European Politics 2, S. 249–287.

Said, Edward (1988): Between Worlds, in: London Review of Books 9, S. 3–7.

Schmitter, Philippe C. (1992): Interests, Powers, and Functions. Emergent Properties and Unintended Consequences in the European Polity, unveröffentlichtes Manuskript, Fachbereich Politische Wissenschaften, Stanford University.

Soysal, Levent (1999): Projects of Culture. An Ethnographic Episode in the Life of Migrant Youth in Berlin, Dissertation, Harvard University.

Soysal, Yasemin Nuhoglu (1994): Limits of Citizenship. Migrants and Postnational Membership in Europe, Chicago, IL.

Soysal, Yasemin Nuhoglu (1996): Boundaries and Identity. Immigrants in Europe. European Forum, Working Paper Series, European University Institute, Florenz.

Turner, Bryan S. (1986): Personhood and Citizenship, in: Theory and Society, Jg. 3, S. 1–16.

Van Hear, Nicholas (1998): New Diasporas. The Mass Exodus, Dispersal and Regrouping of Migrant Communities, Oxford.

Soziale Grundrechte in der Europäischen Union

Bernd Schulte

Vorbemerkung

Ein Beitrag über soziale Grundrechte in der Europäischen Union in einem Sammelband über Staatsbürgerschaft in Europa lässt sich aus zwei Gründen rechtfertigen. Zum einen hat der facettenreiche Begriff *Staatsbürgerschaft* in Gestalt der ›Unionsbürgerschaft‹ einen vergleichsweise präzisen, weil in Art. 17 Absatz 1 Satz 2 EG-Vertrag rechtlich fixierten Inhalt bekommen: »Unionsbürger ist, wer die Staatsangehörigkeit eines Mitgliedstaats besitzt.« Zum Zweiten belegt dieser Begriff, dass am Ende dieses Jahrhunderts die europäischen Nationalstaaten, soweit sie der Europäischen Gemeinschaft/Europäischen Union angehören, einen entscheidenden Wandel durchgemacht haben: In rechtlicher Hinsicht haben die EG/EU-Mitgliedstaaten nämlich einen Teil ihrer Souveränitätsrechte auf einen – so das Bundesverfassungsgericht in seinem ›Maastricht-Urteil‹ – »Staatenverbund« übertragen, der insofern mit anderen internationalen regionalen Zusammenschlüssen und Organisationen unvergleichbar ist, als er supranationalen Charakter hat, d.h. in dem Umfang, in welchem ihm in den Gründungsverträgen, d.h. im primären Gemeinschaftsrecht, Souveränitätsrechte seitens der Mitgliedstaaten übertragen worden sind, den Rechtsordnungen (einschließlich der Verfassungsrechtsordnungen) dieser Staaten vorgehende Zuständigkeiten – sog. Anwendungsvorrang – hat und in diesem Rahmen auch wiederum dem nationalen Recht (einschließlich dem nationalen Verfassungsrecht) der Mitgliedstaaten vorgehendes neues Recht – ›Europäisches Sekundärrecht‹ – setzen kann.

Auf die politische Ebene übertragen bedeutet dies, dass die Mitgliedstaaten der Europäischen Gemeinschaft/Europäische Union nicht mehr wie früher völlig souverän im Rahmen ihrer staatlichen Allzuständigkeit Politik gestalten können, sondern dass diese Politikgestaltung nur noch im Rahmen einer ›Mehrebenen-Politik‹ möglich ist, nämlich auf den beiden Ebenen Europäische Union/Europäische Gemeinschaft einerseits und Mitgliedstaat/Nationalstaat andererseits (wobei es innerhalb der Mitgliedstaaten je nach Ausgestaltung auch mehrere Ebenen geben kann – so etwa in Deutschland Bund, Länder und Kommunen, freie Träger –, wobei diese Komponenten ihrerseits von Verfassungs wegen eigene Zuständigkeiten in bestimmten Bereichen haben).

Neben dieser rechtlichen Souveränitätsbeschränkung unterliegen die Mitgliedstaaten auch noch sehr viel weiter gehenden tatsächlichen Einschränkungen im Bereich ihrer politischen Autonomie, die sich daraus ergeben, dass die Staaten in immer stärkerem Maße auch wirtschaftlich und politisch interdependent sind und immer mehr Probleme nur noch gemeinschaftlich – und das heißt letztlich vor allem: auf Gemeinschafts- bzw. Unionsebene – gelöst werden können.

Ein Zweites kommt hinzu: Sieht man die Entwicklung der europäischen Wohlfahrtsstaaten nach dem Zweiten Weltkrieg als jüngsten großen Beitrag zur Vollendung des Nationalstaats an, so ist aus rechtlicher Sicht bemerkenswert, dass das dem Sozialstaat immanente soziale Staatsziel i. d. R. nur unvollkommen in den Verfassungen dieser Staaten seinen Niederschlag gefunden hat – in Deutschland beispielsweise in der Formel vom sozialen Rechtsstaat und damit in Verbindung mit den so genannten Staatsfundamentalnormen Demokratie, Bundesstaat, Rechtsstaat, nicht aber in Gestalt sozialer Grundrechte.

Ähnliches ist auch für die meisten anderen europäischen Länder zu konstatieren, sodass ein Überblick über die sozialen Grundrechte in den 15 Mitgliedstaaten der Europäischen Union (der an dieser Stelle nicht gegeben werden kann) sehr ernüchternd ausfallen würde, haben doch die wirtschaftlichen und sozialen Grundrechte nirgendwo in der jeweiligen nationalen Verfassung einen ebenso deutlichen Ausweis gefunden wie die bürgerlichen und politischen Grundrechte. Dies hängt insbesondere damit zusammen, dass die sozialen Grundrechte – wie auch der Wohlfahrtsstaat bzw., nach deutscher Begrifflichkeit, der Sozialstaat selbst – vergleichsweise jung sind und sich über sie, ihren Inhalt sowie über die Notwendigkeit und die Möglichkeit, sie verfassungsrechtlich zu verankern, auf der jeweiligen nationalen Ebene noch kein Konsens herausgebildet hat. Gleichwohl ist zu beobachten, dass allenthalben gerade in jüngster Zeit in zunehmendem Maße über die Verankerung der sozialen Grundrechte debattiert wird und jüngere Verfassungen – z. B. in Portugal, Spanien, den Niederlanden – auch der sozialen Dimension, d. h. der Sozialstaatlichkeit, größere Bedeutung beimessen. Entsprechendes gilt für die jungen Verfassungen der mittel- und osteuropäischen Transformationsstaaten.

Diese Entwicklung verläuft nicht zufällig zeitlich parallel zu derjenigen, die vorstehend im Zusammenhang mit der Vertiefung der Europäischen Integration angesprochen worden ist. Diese hat nämlich ihren Ausgangspunkt genommen im Vertrag zur Gründung der Europäischen Wirtschaftsgemeinschaft und damit im wirtschaftlichen Bereich mit dem Ziel der Schaffung eines gemeinsamen Marktes (seit Anfang der 90er Jahre eines »Binnenmarktes«) sowie mit der weiteren Folge von Deregulierung und Liberalisierung im Vollzug dieser Zielsetzung auf dem Hintergrund der Durchsetzung zum einen der wirtschaftlichen Grundfreiheiten und zum anderen der Wettbewerbsregeln des EG-Vertrages. Diese sog. negative Integration wiederum hat zum Ergebnis, dass insbesondere in den Staaten, die ihre marktwirtschaftlichen Systeme zu sozialen Marktwirtschaften fortentwickelt haben, die Gefahr besteht, dass das soziale Staatsziel gleichsam von oben, d.h. von ›Europa‹ – ›Brüssel‹, ›Straßburg‹ und ›Luxemburg‹ – her, unterlaufen wird. Auch von daher ergibt sich ein Anstoß, mangelnde oder verloren gegangene Sozialstaatlichkeit gleichsam auf europäischer Ebene ›wiederzuholen‹.

Schließlich erwächst ein Bedarf nach sozialen Grundrechten auf europäischer Ebene daraus, dass das sich aus Europäischer Gemeinschaft und Europäischer Union zusammensetzende ›europäische System‹ zwar keineswegs Staatlichkeit besitzt oder auch künftig erhalten wird, dass ihm aber immer mehr Kompetenzen zuwachsen und die Ausprägung föderaler Züge nicht zu übersehen ist mit der Folge, dass sich die Frage stellt, wie der EG-Vertrag als »Verfassungsvertrag« (verwendet man den Begriff ›Verfassung‹ auch für nichtstaatliche Gebilde einschließlich internationaler Organisationen) dieses »Staatenverbundes« Europäische Gemeinschaft/Europäische Union aussehen muss und ob nicht ein Katalog von Grundrechten einschließlich sozialer Grundrechte unentbehrlicher Bestandteil eines solchen ›Grundstatuts‹ sein muss (will man den Begriff ›Verfassung‹ vom Volk selbst gegebenen Grundordnungen vorbehalten).

Es ist in diesem Zusammenhang daran zu erinnern, dass der Europäische Gerichtshof – nicht zuletzt unter dem Druck nationaler Verfassungsgerichte und insbesondere des deutschen Bundesverfassungsgerichts – in der Vergangenheit aus den gemeinsamen Verfassungen der Mitgliedstaaten, den von diesen Staaten allesamt getragenen internationalen Rechtsinstrumenten sowie aus dem Europäischen Gemeinschaftsrecht – von den Grundfreiheiten (z.B. Recht auf Freizügigkeit) bis hin zum ›soft law‹ selbst auf Gemeinschaftsebene geltende Grundrechte gleichsam herausdestilliert und damit zugleich die Europäische Gemeinschaft auch als Werteordnung etabliert hat. Allerdings hat diese Schöpfung von Grundrechten auf Gemeinschaftsebene den entscheidenden Nachteil, dass dieser so entstandene Grundrechtskatalog nicht positiviert ist und deshalb nur im Wege einer Exegese aus der umfangreichen Jurisprudenz des Europäischen Gerichtshofs sichtbar gemacht werden kann. Darüber hinaus fehlen dem vom Europäischen Gerichtshof entwickelten Grundrechtskanon bislang spezifische soziale Grundrechte.

Es besteht somit hinreichender Anlass, Grundrechte in der Europäischen Union zu formulieren und in einem verbindlichen Rechtsinstrument zu verankern.

1. Von der Freizügigkeit der Arbeitnehmer zum Europäischen Bürgerrecht

Ziemlich genau vor zehn Jahren hat der ehemalige Richter am Gerichtshof der Europäischen Gemeinschaften Ulrich Everling im Rahmen der Vereinigten Arbeitssitzungen des Arbeitskreises Europarecht und des Arbeitskreises Arbeits- und Sozialrecht der Gesellschaft für Rechtsvergleichung in Würzburg ein Referat gehalten, das den vorstehend gewählten ersten Gliederungspunkt dieses Referats – »Von der Freizügigkeit der Arbeitnehmer zum Europäischen Bürgerrecht?« – als Frage aufgeworfen hat (Everling 1990). Heute ist es möglich, dieses Thema in Aussageform abzuhandeln. Verantwortlich dafür sind zum einen der Gemeinschaftsgesetzgeber, der durch den Vertrag über die Europäische Union von Maastricht die Unionsbürgerschaft im Vertrag über die Gründung der Europäischen Gemeinschaft verankert hat, und zum anderen der Europäische Gerichtshof, der in seinem Urteil vom 12. Mai 1998[1] kürzlich aus dieser Unionsbürgerschaft konkrete Folgerungen für das Europäische Sozialrecht abgeleitet hat.

Stand ursprünglich im *Vertrag zur Gründung der Europäischen Wirtschaftsgemeinschaft*, der in ›Maastricht‹ durch den Vertrag über die Europäische Union in *Vertrag zur Gründung der Europäischen Gemeinschaft* umgetauft worden ist, der *homo oeconomicus* im Vordergrund, entsprechend der in erster Linie wirtschaftlichen Orientierung der Europäischen Gemeinschaft[2], so ist an seine Stelle nunmehr gewissermaßen der *homo europeus* (Novak 1998, S. 256) getreten, parallel zur Entwicklung der politischen Union als nichtwirtschaftlicher, politischer Ergänzung der Europäischen Wirtschaftsgemeinschaft und – heute – auch der Europäischen Wirtschafts- und Währungsunion.

Auch wenn man sich scheut, den gegenwärtigen Grad der sozialen Integration von Europäischer Union/Europäischer Gemeinschaft bereits als Sozialunion zu charakterisieren (so aber König/Pechstein 1995), weil die soziale Dimension auf Gemeinschaftsebene noch keine der politischen Union und der Wirtschafts- und Währungsunion (und im Übrigen auch keine der Wirtschafts- und Sozialunion im deutschen Einigungsprozess) vergleichbare Dichte erreicht hat, so ist nicht zu verkennen, dass mittlerweile die Wanderarbeitnehmer und ihre Angehörigen, die bereits Anfang der 80er Jahre als »Vorläufer von Unionsbürgern« bezeichnet worden sind (Touffait 1982, S. 355), den Unionsbürger-Status erreicht haben. Dabei liegt die besondere Bedeutung der vorstehend bereits erwähnten Entscheidung des Europäischen Gerichtshofs darin, dass der Unionsbürger-Status im Lichte dieses Urteils nicht auf Arbeitnehmer und Selbständige und damit gleichsam auf Wirtschaftsbürger beschränkt ist, sondern auch nicht erwerbstätige Personen erfasst. Damit ist das Europäische (EG/EU-)System in ein neues Entwicklungsstadium getreten.

Der Europäische Gerichtshof hat für Recht erkannt, dass Frau Sala Martinez dem Gemeinschaftsrecht zwar nicht als Arbeitnehmerin oder Selbständige, wohl aber als Unionsbürgerin unterlag. Dabei kam es nach Auffassung des Gerichtshofs nicht darauf an, ob sie nach Maßgabe des Gemeinschaftsrechts ein Aufenthaltsrecht erworben hatte, weil sie sich unstreitig rechtmäßig in Deutschland aufhielt. Auf die Frage, ob Art. 8a EGV a. F. – heute: Art. 18 EGV – ein Aufenthaltsrecht zu begründen vermag, kam es nach Auffassung des Gerichtshofs nicht an. Entscheidend war vielmehr die Frage, ob sich die Klägerin als Unionsbürgerin auf das Diskriminierungsverbot des Art. 12 EGV berufen konnte, wonach »unbeschadet besonderer Bestimmungen dieses Vertrags« in seinem Anwendungsbereich jede Diskriminierung aus Gründen der Staatsangehörigkeit verboten ist. Während die Europäische Kommission in ihrer Stellungnahme zu der Rechtssache die Auffassung vertreten hatte, dass sich aus dem EG-Vertrag unmittelbar ein Aufenthaltsrecht ergebe, dass dieses aber Einschränkungen seitens des sekundären Gemeinschaftsrechts unterliege, kam der Gerichtshof zu dem Schluss, dass auf die Unionsbürgerschaft abzustellen sei und demgemäß der Bürger eines Mitgliedstaats, der sich rechtmäßig in einem anderen Mitgliedstaat aufhält, dort wegen dieser Eigenschaft als Unionsbürger nicht anders behandelt werden darf als eigene Staatsangehörige des Aufenthaltsstaates.

Art. 8 EGV a.F. lautete: »(1) Es wird eine Unionsbürgerschaft eingeführt. Unionsbürger ist, wer die Staatsangehörigkeit eines Mitgliedstaats besitzt.

(2) Die Unionsbürger haben die in diesem Vertrag vorgesehenen Rechte und Pflichten.«

Art. 17 EG lautet heute: »(1) Es wird eine Unionsbürgerschaft eingeführt. Unionsbürger ist, wer die Staatsangehörigkeit eines Mitgliedstaats besitzt. Die Unionsbürgerschaft ergänzt die nationale Staatsbürgerschaft, ersetzt sie aber nicht.

(2) Die Unionsbürger haben die in diesem Vertrag vorgesehenen Rechte und Pflichten.«

Art. 8a EGV a.F. lautete: »(1) Jeder Unionsbürger hat das Recht, sich im Hoheitsgebiet der Mitgliedstaaten vorbehaltlich der in diesem Vertrag und in den Durchführungsvorschriften vorgesehenen Beschränkungen und Bedingungen frei zu bewegen und aufzuhalten.

(2) Der Rat kann Vorschriften erlassen, mit denen die Ausübung der Rechte nach Absatz 1 erleichtert wird; sofern in diesem Vertrag nichts anderes bestimmt ist, beschließt er einstimmig auf Vorschlag der Kommission und nach Zustimmung des Europäischen Parlaments.«

Der heutige Art. 18 EG lautet: »(1) Jeder Unionsbürger hat das Recht, sich im Hoheitsgebiet der Mitgliedstaaten vorbehaltlich der in diesem Vertrag und in den Durchführungsvorschriften vorgesehenen Beschränkungen und Bedingungen frei zu bewegen und aufzuhalten.

(2) Der Rat kann Vorschriften erlassen, mit denen die Ausübung der Rechte nach Absatz 1 erleichtert wird: Sofern in diesem Vertrag nichts anderes bestimmt ist, beschließt er gemäß dem Verfahren des Artikels 251. Der Rat beschließt im Rahmen dieses Verfahrens einstimmig.«

Mit dieser Entscheidung des Gerichtshofs hat die Unionsbürgerschaft eine eigenständige soziale Dimension erhalten, deren Reichweite aber gegenwärtig noch nicht absehbar ist.

2. Soziale Grundrechte im Recht der Mitgliedstaaten

Eine Bestandsaufnahme wirtschaftlicher, sozialer und kultureller Rechte i. w. S. sowohl auf internationaler wie auch auf nationaler Ebene zeigt, dass derartige Rechte sowohl quantitativ, d.h. ihrer Anzahl nach, als auch qualitativ, d. h. in Bezug auf ihre Aussagekraft und die Effektivität ihrer Durchsetzung bürgerlicher und politischer Rechte, nicht gleichstehen. Diese Ungleichgewichtigkeit hat ihre Ursache zum einen darin, dass diese Rechte vergleichsweise neuen Ursprungs sind und sich in Bezug auf sie auch ein Konsens zwischen den für die Normsetzung Verantwortlichen – wie im Übrigen auch zwischen den davon unmittelbar Betroffenen und unter den Bürgern allgemein – nicht in demselben Maße herausgebildet hat, wie dies etwa im Hinblick auf bürgerliche und politische Rechte der Fall ist (siehe oben), rührt zum anderen aber auch daher, dass soziale Rechte, soweit sie sich als Leistungsrechte verstehen – zumal, wenn sie die Bürger mit entsprechenden subjektiven Rechtsansprüchen ausstatten –, auf ein ökonomisches wie politisches Substrat angewiesen sind, d. h. gleichsam sowohl einem ›Finanzierungsvorbehalt‹ als auch insofern einem ›Politikvorbehalt‹ unterliegen, als die sozialpolitische Gestaltung in einem demokratischen und auf Gewaltenteilung angelegten Staatswesen gemeinhin Angelegenheit des parlamentarischen Gesetzgebers ist.

Vor diesem Hintergrund empfiehlt es sich, im Zusammenhang mit *sozialen* Grundrechten grundsätzlich zu unterscheiden zwischen solchen Vorschriften, die als soziale Staatszielbestimmungen oder aber auch nur als bloße soziale Programmsätze das staatliche Handeln ›sozial‹ ausrichten sollen, und sozialen Grundrechten i. S. von subjektiv-öffentlichen, konkreten und individuellen Leistungsansprüchen. Es spielt naturgemäß für die Aussagekraft sozialer Grundrechte i. w. S. eine wichtige Rolle, in welcher Form das ›Soziale‹ in der Verfassung überhaupt Ausdruck gefunden hat, sei es in Gestalt sozialer Grundrechte im Sinne von ›harten‹ individuellen Rechtsansprüchen auf Leistungen, sei es lediglich als soziale Staatszielbestimmung – etwa in Form einer Sozialstaatsklausel –, sei es als bloße soziale Programmatik oder auf sonstige Weise (als sog. ›soft law‹).

Allerdings zeigt die vergleichende Betrachtung, dass der Umfang, in dem derartige soziale Zielsetzungen im weitesten Sinne in der Verfassung verankert sind, noch nichts über die konkrete Wohlfahrts- bzw. Sozialstaatlichkeit des betreffenden Staates aussagt. Vielmehr ist dafür die soziale Realisierung insgesamt entscheidend.

Darüber hinaus ist darauf hinzuweisen, dass verfassungsrechtlicher Gehalt und Rang des ›Sozialen‹ sich auch aus der sozialen Dimension ergeben können, welche anderen, nicht explizit sozialen Verfassungsbestimmungen bzw. sozialen Grundrechten innewohnt. Im Grundgesetz ist beispielsweise zu denken an:

- Art. 1 GG als verfassungsrechtliche Grundlage für die Gewährleistung des sozialen Existenzminimums in Gestalt des von der Besteuerung ›verschonten‹ steuerlichen Grundfreibetrages als steuerlichem Existenzminimum oder der Hilfe zum Lebensunterhalt in der Sozialhilfe als sozialrechtlichem Existenzminimum; den Schutz der Familie i. S. d. Art. 6 GG als verfassungsrechtlicher Vorgabe für Familienleistungen;
- die Berufsfreiheit i. S. des Art. 12 GG als Ansatzpunkt für eine Verpflichtung des Staates zu einer aktiven Beschäftigungspolitik und zum sozialen Schutz bei Arbeitslosigkeit in Gestalt von Einkommensersatzleistungen (Arbeitslosengeld, Arbeitslosenhilfe) als Äquivalent eines »Rechts auf Arbeit« unter den Bedingungen einer sozialen Marktwirtschaft;
- die Eigentumsgarantie des Art. 14 GG als verfassungsrechtlichem Anknüpfungspunkt für den Bestandschutz beitragsfinanzierter sozialrechtlicher Ansprüche und Anwartschaften;
- den allgemeinen Gleichheitssatz des Art. 3 GG sowohl als allgemeinem Maßstab für die gerechte Verteilung sozialer Leistungen wie auch seine Spezifizierungen in Gestalt der verfassungsrechtlichen Verankerung des Grundsatzes der Gleichberechtigung von Mann und Frau und damit als Vorgabe für die Gleichbehandlung von Männern und Frauen – Art. 3 Abs. 2 GG – und des ausdrücklichen Verbots der Diskriminierung und als Gebot der Gleichstellung Behinderter – Art. 3 Abs. 3 GG (als zugleich jüngster Ergänzung des Grundrechtskatalogs des Grundgesetzes).

Aus dem vorstehend Gesagten folgt, dass *aus der Verfassung insgesamt* materielle Elemente gewonnen werden können für die Ausgestaltung des Sozialstaats, vor allem dort, wo soziale Grundrechte nicht oder wenig entwickelt sind.

Das Vorhandensein einer Verfassungsgerichtsbarkeit mit der Möglichkeit zur Rechtsauslegung und -fortbildung vermag hierzu, wie etwa die Erfahrungen Deutschlands, Österreichs und Italiens zeigen, einen wichtigen ergänzenden institutionellen und instrumentellen Beitrag zu leisten.

In Deutschland gewinnt das Sozialstaatsprinzip der Art. 20 u. 28 GG, welches an die Stelle sozialer Grundrechte getreten ist, wie sie die Weimarer Verfassung vorsah und wie sie auch die Verfassungen der 16 deutschen Länder (in unterschiedlichem Umfang) enthalten, und welches auf die Ausfüllung und Umsetzung durch den Sozialgesetzgeber angelegt ist, seine maßgeblichen verfassungsrechtlichen Konturen aus seinem – vom Bundesverfassungsgericht kunstvoll entfalteten – Zusammenspiel mit den vorgenannten allgemeinen Grundrechten.

Darüber hinaus sollen in Deutschland die einfach-gesetzlichen sog. sozialen Rechte des Sozialgesetzbuchs (Erstes Buch. Allgemeiner Teil, §§2–10 SGB I) in gewissem Umfang das Fehlen expliziter sozialer Grundrechte kompensieren. Allerdings verbürgen diese sozialen Rechte ihrerseits gleichfalls keine unmittelbaren Rechtsansprüche der Bürger auf die diesen Rechten zuzuordnenden Sozialleistungen (und sind insofern allzu ›vollmundig‹), ersetzen aber in gewisser Weise die fehlenden sozialen Grundrechte i. e. S. als Gestaltungsvorgaben und dienen damit der Konkretisierung des Sozialstaatsprinzips sowie zugleich mittelbar auch der durch Auslegung und Rechtsfortbildung entfalteten ›Sozialgrundrechtlichkeit‹ der nicht spezifisch sozialen Freiheitsrechte des Grundgesetzes (namentlich der vorstehend bereits angeführten Art. 1, 2, 3, 4, 6, 12 und 14 GG).

Aus dem vorstehend Gesagten folgt, dass aus der Verfassung insgesamt, namentlich aus den Freiheitsgrundrechten und dem Gleichheitssatz und seinen spezifischen Ausprägungen, in Verbindung mit dem Sozialstaatsprinzip materielle Elemente gewonnen werden können für die Ausgestaltung des Sozialstaats.

Beschränkt man die Aufgabe einer Verfassung nicht darauf, gleichsam als ›Organisationsstatut‹ die Tätigkeit des Staates gegenüber dem Bürger sowie das Verhältnis der einzelnen Staatsorgane zueinander zu regeln, sondern soll die Verfassung auch Aufgaben und Ziele des Staates widerspiegeln, so muss auch der soziale Charakter des Staates (»Sozialstaat«), m. a. W. das soziale Staatsziel, in der Verfassung seinen Niederschlag finden. In diesem Sinne vermag die proklamierte Sozialstaatlichkeit der Verfassung, für die beispielsweise bereits ein verfassungsrechtlich verankertes »Recht auf soziale Sicherheit« oder die Institutsgarantie der »Sozialversicherung« ein erster Ausweis sein können, als Beleg dafür dienen, dass der Verfassungsgeber der Sozialstaatlichkeit – und als Kern derselben dann ggf. auch dem System der sozialen Sicherheit – Verfassungsrang eingeräumt hat (wobei dieser sozialstaatliche Ausweis allerdings, wie bereits betont, keineswegs wiederum eine Gewähr dafür bietet, dass die Sozialstaatlichkeit auch in entsprechendem Umfang de facto realisiert ist, weil in der Praxis die politische Umsetzung sozialpolitischer Ziele sowohl hinter den in der Verfassung enthaltenen normativen Vorgaben zurückbleiben als auch darüber hinausgehen und damit wirksamer sein kann als die verfassungsrechtliche Festschreibung des sozialen Staatsziels).

Allerdings folgt aus der Verankerung entsprechender verfassungsrechtlicher Positionen – etwa eines Rechts auf soziale Sicherheit oder eben auch einer institutionellen Garantie der sozialen Sicherheit oder der Sozialversicherung – i. d. R. auch, dass der Staat verpflichtet ist, entsprechende Vorkehrungen dafür zu treffen, dass eine entsprechende soziale Absicherung gewährleistet ist. Dabei unterliegt eine derartige Gewährleistung den Vorbehalten, die vorstehend für die soziale Sicherheit hervorgehoben worden sind, d. h. auch ein »Recht auf soziale Sicherheit« oder auch ein allgemein verankertes »Sozialstaatsprinzip« als Verkörperung des sozialen Staatsziels ist notwendigerweise (insbesondere ökonomisch, aber im Hinblick auf den Parlamentsvorbehalt auch politisch) relativ.

Der Begriff ›soziale Grundrechte‹ auch im Sinne von Grundrechten, die auf Sozialleistungen gerichtet sind, ist allen Mitgliedstaaten der Europäischen Gemeinschaft bekannt. Deutliche Unterschiede bestehen allerdings von Land zu Land im Hinblick darauf, ob und in welchem Umfang sie »explizit statuiert« oder wenigstens »interpretativ zugeordnet« sind (Isensee 1980, S. 373). Im Übrigen sind Bestand und Rang der sozialen Grundrechte naturgemäß abhängig von der Bedeutung, die den Grundrechten allgemein in der jeweiligen Staats- und Rechtsordnung zukommen.

Hier bestehen beispielsweise fundamentale Unterschiede zwischen den Grundrechten des Grundgesetzes einerseits und den Grundrechten in der – bekanntermaßen ungeschriebenen – Verfassung des Vereinigten Königreichs andererseits, weil die britische Verfassung fundamentale Besonderheiten aufweist, wie etwa die (herkömmlichen kontinental-europäischen Vorstellungen von Gewaltenteilung nicht entsprechende) prinzipielle Allmacht des Parlaments, der allerdings gleichwohl wiederum gewisse traditionell ausgeprägte ungeschriebene Schranken gesetzt sind.[3]

Im Vereinigten Königreich sind selbst die bürgerlichen Freiheitsrechte weniger rechtlich anerkannte abstrakte Postulate als vielmehr im Common Law und in zunehmendem Maße auch im positiven Gesetzesrecht – Statute Law – enthaltene politische Konzessionen, die ›das Volk‹ den Regierenden abgetrotzt hat und die im Laufe der Zeit zu Bürgerrechten (civil rights) erklärt worden sind (Loewenstein 1967).

Aus dieser verfassungsrechtlichen Vorgabe folgt für die Frage nach den Handlungsmöglichkeiten der einzelnen Staatsorgane allgemein, dass die Exekutive im Bereich der Sozialpolitik herkömmlicherweise auch in vergleichender Perspektive eine freiere Hand hat, als dies in anderen grundrechtsrelevanten Bereichen der Fall ist. Dementsprechend ist wegen der Relativität der einschlägigen verfassungsrechtlichen Vorgaben, namentlich des Vorbehalts des Politischen zugunsten der Legislative für das ökonomisch Machbare, der Handlungsspielraum der Judikative – auch derjenige eines Verfassungsgerichts – tendenziell eher beschränkt.

Zugleich ist allerdings darauf hinzuweisen, dass die überkommene liberale, rechtsstaatliche Grundrechtskonzeption den verfassungsrechtlichen Anforderungen des modernen Sozialstaats nicht in vollem Umfang gerecht zu werden vermag, da sie den materiellen Voraussetzungen des Genusses der Freiheitsrechte, d.h. deren Teilhabeaspekten sowie den Einschränkungen dieser Freiheiten durch nichtstaatliche, gesellschaftliche Macht, nicht in ausreichendem Maße Rechnung tragen kann. Vielmehr ist ein (wie auch immer rechtlich zu befriedigender) Bedarf an institutioneller Sicherung der Freiheitsrechte, an Verankerung des sozialen Staatsziels sowie an der Einräumung eines Rechts auf Teilhabe am gesellschaftlich Möglichen, auf Gewährleistung des Existenznotwendigen sowie auf Gleichbehandlung und Schutz vor Diskriminierung auch auf Verfassungsebene unzweifelhaft gegeben.

Dabei kommt naturgemäß einem Verfassungsgericht zur Rechtsdurchsetzung eine hervorragende, wenn auch im Hinblick auf die Durchsetzung sozialer Grundrechte gegenüber anderen Grundrechten lediglich beschränkte Rolle zu.

Der Blick über die Grenzen und die rechtsvergleichende Betrachtung lehren, dass nur eine weite Definition geeignet ist, Grundrechte einschließlich wirtschaftlicher, sozialer und kultureller Grundrechte in verschiedenen historischen Stadien, unterschiedlichen Staats- und Gesellschaftsordnungen und dementsprechend dann auch in verschiedenen Ländern auffindbar und vergleichbar zu machen. In diesem Sinne lassen sich Grundrechte dann allgemein als »elementare normative oder normähnliche Aussagen über die Stellung des Menschen im Gemeinwesen« definieren (Zacher 1986, S. 305). Diese Begriffsbestimmung ist bewusst weit gefasst und schließt sowohl Grundrechte ein, die als subjektive Rechte ausgestaltet sind (z.B. den bereits erwähnten Anspruch auf das sozial-konventionelle Existenzminimum, wie er sich aus Art. 1 GG ableiten lässt und im Bundessozialhilfegesetz eine einfach-gesetzliche Konkretisierung erfahren hat), als auch solche, die dem Berechtigten keine Rechtsmacht verleihen, bestimmte Rechte auf Sozialleistungen durchzusetzen, sondern die lediglich den Gesetzgeber zu sozialen Vorkehrungen verpflichten (wie z. B. die bereits erwähnte Verpflichtung des Staates zum Schutze der Familie auch in sozialrechtlicher Hinsicht aus Art. 6 GG), sowie schließlich auch bloße soziale Zielbeschreibungen.

Vor diesem Hintergrund soll im Folgenden die aktuelle Diskussion um wirtschaftliche, soziale und kulturelle Rechte nachgezeichnet werden, die auf der Ebene der Europäischen Union bzw. der Europäischen Gemeinschaft geführt wird.

3. Soziale Grundrechte in der Europäischen Union

Die Frage des Für und Wider sozialer Grundrechte hat gegenwärtig aktuelle Bedeutung auf der Ebene der Europäischen Union/Europäischen Gemeinschaft, d. h. dem ›EU-/EG-System‹, in welchem im Rahmen der Diskussion um die Fortentwicklung der ›Europäischen Verfassung‹ auch über die Verankerung der Wohlfahrts- bzw. Sozialstaatlichkeit nachgedacht wird.

Der Europäische Rat von Köln hat im Juni 1989 die Erarbeitung einer ›Charta der Grundrechte der Europäischen Union‹ beschlossen, durch welche die Europäische Union eine zusätzliche Legitimität erhalten soll. Diese Charta soll auch die wirtschaftlichen und sozialen Rechte berücksichtigen, wie sie in der Europäischen Sozialcharta des Europarats und in der Gemeinschaftscharta der sozialen Grundrechte der Arbeitnehmer enthalten sind (Art. 136 EG). Der Entwurf ist mittlerweile vom Europäischen Rat im Dezember 2000 – allerdings lediglich als rechtlich unverbindliche Erklärung – angenommen worden.

Es gibt heute in der Europäischen Union zwar *keinen europäischen Wohlfahrtsstaat*, sondern es gibt 15 Wohlfahrtsstaaten in der Europäischen Union, doch lassen sich gewisse – insgesamt wohl eher zunehmende – Gemeinsamkeiten feststellen, die man gleichsam als europäische Wohlfahrts- bzw. Sozialstaatlichkeit auf den Begriff bringen mag und die im jeweils unterschiedlichen ›Mischungsverhältnis‹ die spezifische Wohlfahrtsstaatlichkeit jedes einzelnen Mitgliedstaats prägen:

- ein staatliches System, das auf einer demokratisch-parlamentarischen Grundlage aufbaut;
- ein Wirtschaftssystem, das überwiegend auf Privateigentum auch an Produktionsmitteln beruht und marktwirtschaftlich orientiert ist, wobei der Staat auch zugunsten sozialer Ziele korrigierend eingreift;
- Staatsziele, die u. a. auf die Wohlfahrt der Bürger hin orientiert sind;
- ein breites Spektrum gesellschaftspolitischer Aktivitäten, welche abzielen auf den Abbau von Diskriminierung und Chancenungleichheiten, auf die Schaffung gleicher Entfaltungsmöglichkeiten sowie allgemein auf die Integration der Mitglieder der Gesellschaft in deren einzelne Funktionsbereiche, d. h. auf ›Inklusion‹;
- ein ausgebautes System der sozialen Sicherheit, welches darauf gerichtet ist, das Auftreten sozialer Gefährdungslagen (soziale Risiken) präventiv zu verhüten und bei ihrem Eintreten zu kompensieren, welches aufbaut auf einem informellen System der Erbringung von Leistungen, insbesondere auch sozialen Dienstleistungen im Rahmen von Familie, Nachbarschaft und informellen Netzen, im familiären Bereich vor allem getragen von Frauen (als Trägerinnen des »hidden welfare state«), sowie
- ein Rechtssystem, das die Teilhabe der Bürger an den sozialen Maßnahmen und Leistungen auf der Grundlage des Rechts – insbesondere in Gestalt individueller Rechtsansprüche – gewährleistet.

Deutschland zeichnet sich gegenüber den anderen, gleichfalls als Wohlfahrtsstaaten zu qualifizierenden EU-Mitgliedstaaten dadurch aus, dass die Wohlfahrtsstaatlichkeit dem von Verfassungs wegen als »sozialer Rechtsstaat« (Art. 28 Abs. 1 GG) charakterisierten Staat *normativ*, d. h. rechtlich verbindlich als Aufgabe durch das Recht und namentlich durch das Verfassungsrecht vorgegeben ist (Schulte 1995).

Die Grundrechtlichkeit der Europäischen Union/Europäischen Gemeinschaft ergibt sich aus der Judikatur des Europäischen Gerichtshofs, der in seinem umfangreichen ›case law‹ zunächst aus den Verfassungen der Mitgliedstaaten allgemeine Rechtsgrundsätze abgeleitet hat, welche gemeinsame Grundrechtsstandards verbriefen, die den Rechtsordnungen der Mitgliedstaaten entstammen. Zum Zweiten hat er auch völkerrechtliche Verträge über Grund- oder Menschenrechte, denen alle Mitgliedstaaten beigetreten sind, als Ausdruck des übereinstimmenden Willens der Mitgliedstaaten angesehen; insbesondere hat er sich auf die Europäische Konvention über Menschenrechte und Grundfreiheiten berufen, um Standards zu entwickeln, die dazu dienen, Grundrechte im Gemeinschaftsrecht herauszubilden. Der Beschluss des Europäischen Rates von Köln über die Erarbeitung einer Grundrechtscharta fordert nachdrücklich die Berücksichtigung der in diesem Rechtsinstrument verbrieften Grundrechte. Bestimmte *Rechtsgrundsätze des Gemeinschaftsrechts* selbst – z. B. der Grundsatz gleichen Entgelts für gleiche Arbeit für Männer und Frauen des Art. 119 EG – sind zum Dritten ebenfalls als Ausdruck von Grundrechtlichkeit begriffen worden, und zwar selbst dann, wenn sie ursprünglich in den EG-Vertrag aufgenommen worden sind, um andere, nichtgrundrechtliche Zielsetzungen zu verfolgen. (So ist der erwähnte Grundsatz des gleichen Entgelts für gleiche Arbeit für Männer und Frauen ursprünglich in Art. 119 (heute: 141) EG verankert worden, um statt einer nicht erwünschten umfassenden sozialen Harmonisierung namentlich im Hinblick auf die mit der sozialen Sicherheit verbundenen Lohnzusatzkosten der Unternehmen jedenfalls in einem Punkt, nämlich dem der unterschiedlichen Entlohnung von Männern und Frauen, Wettbewerbsgleichheit zwischen Unternehmen im gemeinsamen Markt herzustellen.)

Der Europäische Gerichtshof hat in diesem Zusammenhang insbesondere auch auf die *Europäische Sozialcharta* des Europarats hingewiesen, um den Willen der Mitgliedstaaten im Hinblick auf das erstrebte Maß an Sozialgrundrechtlichkeit zu ermitteln.[4] Auch auf dieses Rechtsinstrument nimmt, wie oben erwähnt, der Europäische Rat von Köln ausdrücklich Bezug. Die gemeinsame Verfassungstradition der Mitgliedstaaten, gemeinsame völkerrechtliche Verträge und EG-vertragsimmanente Ansätze sind mithin drei unterschiedliche Wege, die der Europäische Gerichtshof zur Gewährleistung ungeschriebener Grundrechte und namentlich auch sozialer Rechte gefunden hat (Zuleeg 1996). Zur Konkretion dieser Herleitungen hat der Gerichtshof schließlich auch noch auf einschlägiges ›soft law‹ – etwa Menschenrechtsdeklarationen des Europäischen Parlaments – Bezug genommen.

Für die Zukunft – und im Rahmen der Europäischen Union gleichsam regional bereits heute – stellt sich auf diesem Hintergrund weltweit die Aufgabe, *internationale* und im Rahmen der Europäischen Gemeinschaft *supranationale Rechtsgrundsätze* einerseits und *nationales Verfassungsrecht* andererseits mit dem Ziel der Herstellung praktischer Konkordanz miteinander in Einklang zu bringen.

Dem soll im Folgenden am aktuellen Beispiel der Entwicklung auf EUbzw. EG-Ebene anhand der konkreten Entwicklungen aus jüngster Zeit nachgegangen werden.

In Zusammenhang mit der Vorbereitung der Regierungskonferenz 1996 – ›Maastricht 2‹ (Schulte/Mäder 1996) – hatte das zu diesem Zweck berufene *Comité des Sages* (EU-Kommission 1996) einen Bericht vorgelegt, der programmatisch *Für ein Europa der Bürgerrechte und der sozialen Rechte* überschrieben ist. Der Ausschuss hat vorgeschlagen, in einer ersten Phase – noch während der laufenden Regierungskonferenz – Grundrechte einschließlich sozialer Grundrechte in den EG-Vertrag aufzunehmen (Schulte 1996). In einer zweiten Phase solle dann eine umfassende Europäische ›Bill of Rights‹ ausgearbeitet werden, die der Europäischen Union an der Schwelle zum 21. Jahrhundert als Orientierung dienen könne. Die Aufnahme von Grundrechten in den EG-Vertrag und damit die ›Verfassung‹ der Europäischen Union soll insbesondere die Unionsbürgerschaft stärken und der Entfremdung der Bürger der Mitgliedstaaten und Unionsbürger von der von Letzteren allzu häufig als bürokratisch, technokratisch und fern erlebten Europäischen Gemeinschaft entgegenwirken.

Die Freiheitsrechte (liberalen Grundrechte) und die staatsbürgerlichen bzw. politischen Grundrechte, die sog. Bürgerrechte, sind in diesem Kontext mit den sozialen Rechten als Einheit betrachtet, da die letztgenannten Rechte in bestimmtem Umfang erst Voraussetzungen dafür sind, dass von den staatsbürgerlichen Rechten überhaupt Gebrauch gemacht werden kann.

Soweit soziale Rechte zu ihrer Erfüllung auf staatliche Umsetzung angelegt sind, besteht darüber hinaus ein untrennbarer Zusammenhang zwischen der Anerkennung dieser Rechte einerseits und ihrer Umsetzung durch entsprechende – i. d. R. einfachgesetzliche – sozialpolitische Maßnahmen andererseits.

Wegen dieses Zusammenhangs ist von den ›Weisen‹ auch empfohlen worden, die Sozialvorschriften des EG-Vertrages dadurch überschaubarer und kohärenter zu machen, dass sie in einem eigenständigen Sozialkapitel des EG-Vertrages zusammengefasst werden. Dies betrifft insbesondere

- die Artikel 136 (ex 117) – 145 (ex 122) EG;
- die rechtlich nicht verbindliche, sondern lediglich als politische Erklärung verabschiedete Gemeinschaftscharta der sozialen Grundrechte der Arbeitnehmer von 1989;
- das (mittlerweile durch den Vertrag von Amsterdam in die Art. 136ff.

EGV inkorporierte) Abkommen über die Sozialpolitik von Maastricht, aufgrund dessen die seinerzeitigen Mitgliedstaaten (ohne das Vereinigte Königreich) eine eigenständige, durch die partielle Einführung des Mehrheitsprinzips dynamisierte Sozialpolitik gestalten konnten (bis zum Einschwenken des Vereinigten Königreichs auf den gemeinsamen sozialpolitischen Kurs im Vorgriff auf die mit Inkrafttreten des Vertrags von Amsterdam am 1. Mai 1999 de iure wirksam gewordene Einbeziehung der Vorschriften des Sozialabkommens in den EG-Vertrag);
- sowie diejenigen Vorschriften, welche die Grundfreiheiten des gemeinsamen Marktes sozial flankieren, namentlich die Bestimmung des Art. 42 (ex 51) EGV betreffend die Einführung eines Systems zur Koordinierung der Systeme der sozialen Sicherheit der Mitgliedstaaten zur Sicherstellung von Leistungsansprüchen und Anwartschaften der EG-Wanderarbeitnehmer durch die Verordnungen (EWG) Nr. 1408/71 und Nr. 574/72 betreffend die soziale Sicherheit der Wanderarbeitnehmer (Schulte 1997).

Darüber hinaus wäre dann sowohl für den Bereich der Sozialpolitik als auch für denjenigen etwaiger sozialer Grundrechte eindeutig festzulegen, welche Aufgaben bei den Mitgliedstaaten liegen und welche der Europäischen Gemeinschaft übertragen sind (und künftig vielleicht werden). Auch Subsidiaritätsprinzip und Verhältnismäßigkeitsgrundsatz (Art. 5 Abs. 2 u. 3 EG), die in diesem Zusammenhang eine wesentliche Rolle spielen, bedürfen aus diesem Grunde möglicherweise einer Präzisierung.

Als Grundrechte, die zum einen für die Europäische Union und die Europäische Gemeinschaft, zum anderen für die Mitgliedstaaten, soweit sie im Rahmen des Gemeinschaftsrechts handeln, verbindlich sein sollen, sind im Bericht des Comité des Sages genannt worden:

(1) Gleichheit vor dem Gesetz; (2) Verbot jeglicher Diskriminierung; (3) Gleichheit von Mann und Frau; (4) Freizügigkeit innerhalb der Europäischen Union; (5) Recht der freien Berufswahl und des persönlichen Bildungsweges; (6) Recht auf Vereinigung und Interessenvertretung; (7) Recht auf Kollektivverhandlung und -aktion einschließlich Arbeitskampf. In einem zweiten Schritt sollten dann später eine Anzahl gleichfalls als ›Rechte‹ apostrophierter und formulierter sozialer Zielbestimmungen wie Recht auf Bildung, Recht auf Arbeit, Recht auf soziale Sicherheit, Recht auf Schutz der Familie usw. im EG-Vertrag verankert werden.

Erarbeitet werden soll dieser Katalog bürgerlicher und sozialer Rechte, der durch korrespondierende Pflichten der Unionsbürger ergänzt werden soll, in einem auf Vorschlag der Europäischen Kommission vom Europäischen Parlament eingeleiteten und von einem Ad-hoc-Ausschuss gelenkten Diskussions- und Konsultationsverfahren unter Einbeziehung sowohl der Sozialpartner als auch der für die Mitgliedstaaten jeweils repräsentativen Nichtregierungsorganisationen. Dieser Prozess soll nach vier bis fünf Jahren in eine Regierungskonferenz münden, welche den EG-Vertrag entsprechend ändern und ergänzen soll.

Auf diese Weise soll ein Manko des Vertrags über die Europäische Union vermieden werden, das darin gesehen wird, dass die beschlossenen Regelungen seinerzeit gleichsam von oben oktroyiert worden sind. Stattdessen sollen die Unionsbürger aktiv im Rahmen eines demokratischen Verfahrens in die Diskussion über Art und Umfang der Grundrechte einbezogen werden. Diese Vorgehensweise soll nach Auffassung der ›Weisen‹ zugleich der konkreten Erprobung eines zu schaffenden öffentlichen demokratischen Europäischen Raums und der praktischen Umsetzung der Unionsbürgerschaft durch Nutzung der angebotenen Möglichkeiten zur Meinungsäußerung dienen. Diese Zielvorstellung erhält ihre aktuelle Bedeutung aus dem Umstand, dass in der Diskussion um eine Europäische Verfassung das Fehlen eines demokratischen Willensbildungsprozesses auf europäischer Ebene als entscheidendes Hindernis auf dem Weg zu einer europäischen Verfassung angesehen wird.

Ein – vom Europäischen Parlament und von der Parlamentarischen Versammlung des Europarats wiederholt zur Diskussion gestellter – Beitritt der Europäischen Gemeinschaft zur Europäischen Menschenrechtskonvention ist vom Ausschuss der ›Weisen‹ hingegen zu Recht skeptisch betrachtet worden, da sich bei näherer Prüfung durch den Beitritt mehr Nachteile als Vorteile ergäben: So enthalte die Europäische Menschenrechtskonvention eben vor allem Bürgerrechte, nicht aber soziale Rechte, deren Verbindlichkeit gleichfalls wünschenswert sei. Darüber hinaus würde ein Beitritt der Europäischen Gemeinschaft bzw. der Europäischen Union eine Änderung und Anpassung der Konvention erfordern, weil diese nur der Unterzeichnung durch Mitglieder des Europarats und damit Staaten offen steht, die Europäische Gemeinschaft und die Europäische Union aber unabhängig von ihrer jeweiligen institutionellen Fortentwicklung und ihrer Völkerrechtssubjektsqualität keine Staaten sind und auch künftig nicht sein werden. Eine Öffnung der Konvention auch für einen »Staatenverbund« (in der Terminologie des Bundesverfassungsgerichts

1989, S. 155ff., 185) oder eine andersartig qualifizierte supranationale Organisation würde die gewiss sehr zeitraubende Zustimmung sämtlicher Mitglieder erfordern.

Was die Verankerung einzelner sozialer Grundrechte im europäischen Gemeinschaftsrecht angeht, so lässt sich diese Frage im Übrigen nicht vor dem Hintergrund eines grundsätzlichen Streits um das Für und Wider sozialer Grundrechte entscheiden, sondern geboten ist – und dies gilt ebenso für das sonstige internationale Recht – eine Prüfung jedes einzelnen in Frage kommenden Grundrechts im Hinblick darauf, welchen Inhalt und welche Reichweite es hat, wen es berechtigt und verpflichtet und wie es um seine Justiziabilität bestellt ist.

Dabei ist zuvörderst klarzustellen, dass die Anerkennung eines Rechts auf Unions- bzw. Gemeinschaftsebene als Grundrecht grundsätzlich nichts ändert an den auch nach Maastricht, d.h. nach Inkrafttreten des Vertrages über die Europäische Union von 1992, noch sehr beschränkten Befugnissen von Europäischer Union bzw. Europäischer Gemeinschaft einerseits und Mitgliedstaaten andererseits. Aus diesem Grunde muss ein europäischer Grundrechtskatalog klarstellen, inwieweit die Gewährleistung der in ihm enthaltenen Rechte – ggf. dann auch durch den Europäischen Gerichtshof – allein auf Gemeinschaftsebene – dies ist gewiss das zentrale Anliegen – oder ggf. auch auf der Ebene der Mitgliedstaaten gelten soll bzw. in welchem Umfang Grundsätze, Zielbestimmungen und Programmsätze, die auch in einem derartigen Katalog enthalten sein können, dann auf die Verwirklichung ausschließlich durch die Gemeinschaftsorgane oder aber auch durch die Mitgliedstaaten angelegt sind. Denkbar ist nämlich auch, Grundrechte zu verankern, welche für die gesamte Europäische Gemeinschaft Bedeutung haben und auf allen Ebenen beachtet werden müssten. Allerdings müsste dann die Umsetzungsstrategie und insbesondere die Verankerung instrumenteller Rechte, durch welche diese Grundrechte letztendlich verwirklicht würden, im Einklang mit dem bereits angesprochenen Subsidiaritäts- und Verhältnismäßigkeitsgrundsatz (Art. 3b EG) auf den danach jeweils maßgebenden Ebenen, d.h. vor allem eben auf derjenigen der Mitgliedstaaten, entwickelt werden.

In diese Richtung gehen auch die Vorschläge, die von den Autoren und Unterzeichnern eines Memorandums – *Soziale Grundrechte: Vorschläge für die Europäische Union* – unterbreitet worden sind (Blanpain et al. 1995).

Jenseits seiner konkreten Ausgestaltung im Einzelnen muss ein europäischer Grundrechtskatalog jedenfalls naturgemäß den spezifischen Aufgaben, Möglichkeiten, aber auch Grenzen der Europäischen Union bzw. der supranationalen Europäischen Gemeinschaft Rechnung tragen. Ein Grundrechtskatalog, der dem eines Nationalstaates entspricht, kann deshalb für die Europäische Union als Staatenverbund nicht in vollem Umfang adäquat sein, da der Grundsatz der begrenzten Aufgabenzuweisung (Art. 5 Abs. 1 EG) auch der Wirkung von EG-Grundrechten Grenzen setzt.

Auf der anderen Seite ist freilich nicht zu verkennen, dass auch ein derartiger Staatenverbund, der in begrenztem Umfang hoheitliche Befugnisse wahrnimmt, die ihm von den Mitgliedstaaten gleichsam qua Souveränitätsverzicht übertragen worden sind, den Einschränkungen unterliegt, denen auch staatliche Hoheitsgewalt gegenüber den Grundrechten der Bürger ausgesetzt ist.

Darüber hinaus kann ein europäischer Grundrechtskatalog zum einen die Werte verdeutlichen, die der Europäischen Gemeinschaft bzw. – heute – auch der Europäischen Union nicht nur als Rechtsgemeinschaft, sondern auch als Wertegemeinschaft gemeinsam sind.

Ferner vermag die ausdrückliche Einräumung von Grundrechten auf Unions- bzw. Gemeinschaftsebene Union und Gemeinschaft gegenüber den Unionsbürgern zu legitimieren, indem sie deutlich macht, dass die Ausübung der Hoheitsrechte, die der Europäischen Gemeinschaft von den Mitgliedstaaten übertragen worden sind, auch aus Gemeinschaftssicht in ihrer durch die Grundrechte der Bürger konstituierten Begrenztheit gesehen werden. Insofern vermag der in einem Grundrechtskatalog zum Ausdruck kommende Respekt vor den Rechten der Unionsbürger der Europäischen Gemeinschaft ein höheres Maß von Akzeptanz seitens der Unionsbürger verschaffen.

Schließlich würde ein geschriebener Grundrechtskatalog auch nach außen, namentlich gegenüber Drittstaaten und hier insbesondere gegenüber solchen, die den Wunsch haben, der Europäischen Union beizutreten, den Konsens zum Ausdruck bringen, der die Gemeinschaft als Wertegemeinschaft auch im Hinblick auf ihre Grundrechtlichkeit auszeichnet. Damit würden sowohl nach innen als auch nach außen die gemeinsamen Elemente der Staatlichkeit der Mitgliedstaaten der Europäischen Union betont, die nicht zuletzt auch die Europäische Sozial- bzw. Wohlfahrtsstaatlichkeit konstituieren. Durch sie zeichnen sich die Mitgliedstaaten der Europäischen Union aus – und über diese hinaus auch noch die übrigen drei Mitgliedstaaten des Europäischen Wirtschaftsraums, nämlich Island, Liechtenstein und Norwegen sowie außerhalb des EU-/EG-Systems die Schweiz. Sie unterscheiden sich in Umfang und ›sozialer Qualität‹ des Sozialschutzsystems gegenüber anderen Staaten, namentlich etwa den MOE-Staaten, welche die Mitgliedschaft in der Europäischen Union anstreben, aber auch beispielsweise gegenüber den Vereinigten Staaten und Japan.

Angesichts der allenthalben auch innerhalb der Europäischen Union betriebenen Politik des Umbaus des Sozialstaats und z.T. propagierter Politik zum Abbau des Sozialstaats kann einer Verankerung sozialer Grundrechte auch die Aufgabe zufallen, die Absicht der Europäischen Gemeinschaft bzw. Union kundzutun, an der überkommenen Wohlfahrtsstaatlichkeit, wie sie sich in den existenten Sozialschutzsystemen niederschlägt, festzuhalten. Es mag deshalb sein, dass die allgemeine, weltweit geführte Diskussion um wirtschaftliche, soziale und kulturelle Rechte insoweit ›von Europa her‹ in den kommenden Jahren eine Belebung erfahren wird.

Im Anschluss an die Vorlage des Berichts des Komitees der ›Weisen‹ von 1996 hatte die Europäische Kommission im Rahmen eines Follow-up-Prozesses eine unabhängige Expertengruppe unter Vorsitz von Spiros Simitis[5] eingesetzt mit dem Auftrag, zu analysieren, welchen Stellenwert die sozialen Grundrechte in den Gründungsverträgen und im Vertrag von Amsterdam haben, mögliche Lücken aufzuzeigen sowie rechtliche und konstitutionelle Implikationen zu untersuchen, mit dem Ziel, ggf. bei der nächsten Revision der Europäischen Verträge die Grundrechte in Form einer ›Bill of Rights‹ zu verbürgen. Diese Expertengruppe hat im Februar 1999 ihren Bericht vorgelegt (EU-Kommission 1999).

Der Vertrag von Amsterdam ist als ein entscheidender Schritt auf dem Weg zu einer immer deutlicheren Verbürgung der Grundrechte durch die Europäische Union hervorgehoben worden. Der Vertrag über die Europäische Union (EUV) enthält das Bekenntnis der Europäischen Union zu den Menschenrechten und Grundfreiheiten (Art. 6 Abs. 1 EUV) und bekräftigt ausdrücklich und nachdrücklich die Bindung der Union an die sozialen Grundrechte (Präambel, 4. Erwägungsgrund), belässt es jedoch im Übrigen bei dem schon früher praktizierten Verweisungssystem: So wird die Verpflichtung postuliert, die in der Europäischen Menschenrechtskonvention (EMRK) von 1950 gewährleisteten sowie durch die gemeinsamen Verfassungsüberlieferungen der Mitgliedstaaten und damit durch die allgemeinen Grundsätze des Gemeinschaftsrechts näher spezifizierten Grundrechte zu respektieren (Art. 6 Abs. 2).

In ähnlicher Weise beziehen sich im Übrigen sowohl die Präambel als auch Artikel 136 des EG-Vertrages auf die in der Europäischen Sozialcharta des Europarates aus dem Jahre 1961 und die in der Gemeinschaftscharta der sozialen Grundrechte der Arbeitnehmer der Europäischen Gemeinschaft von 1989 verbürgten sozialen Grundrechte. Anstatt die einzelnen Grundrechte zu benennen, zieht es der Vertrag von Amsterdam im Übrigen vor, Verfahren festzulegen, die ihren Schutz sichern sollen. Art. 13 EGV ermächtigt beispielsweise den Rat, nach Anhörung des Europäischen Parlaments geeignete Vorkehrungen zu treffen, um Diskriminierungen zu bekämpfen. Art. 3 Abs. 2 und Art. 141 Abs. 4 EG bilden überdies das Fundament für Maßnahmen, die auf eine effektive Gleichstellung von Männern und Frauen abzielen und die in diesem Zusammenhang auch positive Aktionen einschließen. In allgemeinerer Form – aber mit derselben Zielsetzung – betrachtet Art. 136 EG die sozialen Grundrechte, wie sie in der Europäischen Sozialcharta und in der Gemeinschaftscharta der sozialen Grundrechte der Arbeitnehmer verankert sind, als Vorgaben, die sowohl von der Europäischen Gemeinschaft als auch von den Mitgliedstaaten bei ihren Tätigkeiten beachtet werden müssen. Dies bezieht sich insbesondere auf die Förderung der Beschäftigung, die Verbesserung der Lebens- und Arbeitsbedingungen, um dadurch auf dem Wege des Fortschritts die Angleichung zu ermöglichen, die Gewährleistung eines angemessenen sozialen Schutzes, die Förderung des sozialen Dialogs, die Entwicklung des Arbeitskräftepotenzials im Hinblick auf ein andauernd hohes Beschäftigungsniveau und die Bekämpfung von Ausgrenzung.

Wenn die Grundrechte wirklich wirksam sein sollen, müssen sie justiziabel sein, d. h. einen gerichtlichen Schutz genießen. Dabei kann die Bedeutung der Justiziabiliät nach Art und Kontext des jeweiligen sozialen Grundrechts variieren, etwa je nachdem, ob es sich um ein Diskriminierungsverbot handelt, das unmittelbar zugunsten des Einzelnen durchsetzbar ist, oder aber um eine bloße politische Zielvorstellung, die auf politische Umsetzung angelegt ist.

Sowohl justiziable Grundrechte als auch grundlegende politische Zielvorstellungen stellen die Europäische Union – ähnlich, wie dies für die Mitgliedstaaten im Hinblick auf in ihren Verfassungen verbriefte Grundrechte gilt – vor die Aufgabe, die für ihre Implementierung erforderlichen

Rahmenbedingungen zu schaffen. Dies wird besonders dort offenkundig, wo der EG-Vertrag – etwa in den Art. 136 und 137 Abs. 1 EGV – ausdrücklich bestimmte grundlegende Ziele anspricht, z. B. die Unterrichtung und Anhörung der Arbeitnehmer, die Verbesserung der Arbeitsumwelt zum Schutz der Gesundheit und der Sicherheit der Arbeitnehmer, die berufliche Eingliederung der aus dem Arbeitsmarkt ausgegrenzten Personen u. a. Entsprechendes gilt für die in Art. 13 EG aufgezählten möglichen Diskriminierungen, die es durch konkrete gesetzliche oder sonstige Regelungen umzusetzen gilt.

4. Die Charta der Grundrechte der Europäischen Union

In der vom sogenannten Konvent erarbeiteten Charta der Grundrechte in der Europäischen Union, die durch den Europäischen Rat auf dem Gipfel von Nizza im Dezember 2000 proklamiert worden ist, bekennen sich die Völker Europas auf dem Hintergrund ihres kulturellen, humanistischen und religiösen Erbes zu den unteilbaren und universellen Grundsätzen der Würde der Person, der Freiheit, der Gleichheit und der Solidarität, auf Demokratie und Rechtsstaatlichkeit.

Mit der Annahme der Charta verfolgt die Europäische Union das Ziel, die Grundrechte sichtbarer zu machen und dadurch ihren Schutz angesichts der gesellschaftlichen, wirtschaftlichen, wissenschaftlichen und technologischen Entwicklungen zu verstärken. Die Charta bekräftigt unter Achtung der Aufgaben und Kompetenzen der Europäischen Union und der Europäischen Gemeinschaft sowie unter Respektierung des Subsidiaritätsprinzips die Rechte, die sich vor allem aus den gemeinsamen Verfassungstraditionen der Mitgliedstaaten, aus dem Vertrag über die Europäische Union (Maastricht-Vertrag) und den Gemeinschaftsverträgen, aus der Europäischen Konvention zum Schutz der Menschenrechte und Grundfreiheiten, aus den ›Sozialchartas‹ der Europäischen Gemeinschaft auf der einen und des Europarates auf der anderen Seite sowie aus der Rechtsprechung des Gerichtshofes der Europäischen Gemeinschaften und des Europäischen Gerichtshofs für Menschenrechte ergeben. »Kapitel I. Würde des Menschen« stellt in Artikel 1 (»Die Würde des Menschen ist unverletzlich, und sie ist zu achten und zu schützen«) wie das deutsche Grundgesetz die Würde des Menschen an die Spitze des Grundrechts-

Katalogs, gefolgt – erneut wie im Grundgesetz – von Artikel 2, »Recht auf Leben«. (»[1] Jede Person hat das Recht auf Leben. [2] Niemand darf zur Todesstrafe verurteilt oder hingerichtet werden.«)

»Kapitel II. Freiheiten« verbrieft in Artikel 14 das Recht auf Bildung (»[1] Jede Person hat das Recht auf Bildung sowie auf Zugang zur beruflichen Ausbildung und Weiterbildung. Dieses Recht umfasst die Möglichkeit, unentgeltlich am Pflichtschulunterricht teilzunehmen ...«). Artikel 15 garantiert die Berufsfreiheit (»[1] Jede Person hat das Recht zu arbeiten und einen frei gewählten oder akzeptierten Beruf auszuüben. [2] Alle Unionsbürger haben die Freiheit, in jedem Mitgliedstaat Arbeit zu suchen, zu arbeiten, sich niederzulassen oder Dienstleistungen zu erbringen. [3] Die Staatsangehörigen dritter Länder, die eine Arbeitserlaubnis für das Hoheitsgebiet der Mitgliedstaaten besitzen, haben Anspruch auf Arbeitsbedingungen, die denen der Unionsbürger entsprechen.«) und enthält damit Bestimmungen, die wesentliche Elemente sozialer Grundrechtlichkeit enthalten.

Im Anschluss an »Kapitel III. Gleichheit«, das in Artikel 21 »Nichtdiskriminierung« ein Verbot von Diskriminierungen ausspricht, insbesondere wegen des Geschlechts, der Rasse, der Hautfarbe, der ethnischen oder sozialen Herkunft, der genetischen Merkmale, der Sprache, der Religion oder der Weltanschauung, der politischen oder sonstigen Anschauung, der Zugehörigkeit zu einer nationalen Minderheit, des Vermögens, der Geburt, einer Behinderung, des Alters oder der sexuellen Ausrichtung, werden in »Kapitel IV. Solidarität« die eigentlichen sozialen Grundrechte aufgeführt:

Artikel 26: Recht auf Unterrichtung und Anhörung der Arbeitnehmer und Arbeitnehmerinnen im Unternehmen; Artikel 27: Recht auf Kollektivverhandlungen und Kollektivmaßnahmen; Artikel 28: Recht auf Zugang zu einem Arbeitsvermittlungsdienst; Artikel 29: Schutz bei ungerechtfertigter Entlassung; Artikel 30: Gerechte und angemessene Arbeitsbedingungen; Artikel 31: Verbot der Kinderarbeit und Schutz der Jugendlichen am Arbeitsplatz, sowie Artikel 32: Einklang von Familien- und Berufsleben – Bestimmungen, die überwiegend an die Vorschriften anknüpfen, die bereits heute in Art. 136ff. EG verbindlich festgelegt sind.

Für den Sozialschutz besonders bedeutsam sind Artikel 33 und 34. Artikel 33 »Soziale Sicherheit und soziale Unterstützung« lautet: »[1] Die Union anerkennt und achtet das Recht auf Zugang zu den Leistungen der sozialen Sicherheit und zu den sozialen Diensten, die in solchen Fällen wie Mutterschaft, Krankheit, Arbeitsunfall, Pflegebedürftigkeit oder im Alter sowie bei Verlust des Arbeitsplatzes Schutz gewährleisten, nach Maßgabe des Gemeinschaftsrechts und der einzelstaatlichen Rechtsvorschriften und Gepflogenheiten. [2] Jede Person, die in der Union ihren rechtmäßigen Wohnsitz hat und ihren Wohnort rechtmäßig wechselt, hat Anspruch auf die Leistungen der sozialen Sicherheit und die sozialen Vergünstigungen nach Maßgabe des Gemeinschaftsrechts und der einzelstaatlichen Rechtsvorschriften und Gepflogenheiten.« Artikel 34 »Gesundheitsschutz« lautet: »Jede Person hat das Recht auf Zugang zur Gesundheitsvorsorge und Inanspruchnahme von ärztlicher Versorgung nach Maßgabe der einzelstaatlichen Rechtsvorschriften und Gepflogenheiten. Bei der Festlegung und Durchführung aller Politiken und Maßnahmen der Union wird ein hohes Gesundheitsschutzniveau sichergestellt.«

Die Bestimmung des Artikels 35 »Zugang zu Dienstleistungen von allgemeinem wirtschaftlichen Interesse« hat für den Sozialschutz in dem Umfang Bedeutung, als der Zugang zu sozialen Diensten darin verbrieft wird.

Jede Einschränkung der Ausübung der in dieser Charta anerkannten Rechte und Freiheiten muss gesetzlich vorgesehen sein und den wesentlichen Gehalt dieser Rechte und Freiheiten achten. Einschränkungen dürfen unter Wahrung des Grundsatzes der Verhältnismäßigkeit nur vorgenommen werden, wenn sie notwendig sind und den von der Europäischen Union verfolgten Zielsetzungen von allgemeinem Interesse, anderen legitimen Interessen in einer demokratischen Gesellschaft oder den Erfordernissen des Schutzes der Rechte und Freiheiten anderer tatsächlich entsprechen.

In der Präambel zur Charta heißt es:

> »Die Völker Europas sind entschlossen, auf der Grundlage gemeinsamer Werte eine friedliche Zukunft zu teilen, indem sie sich zu einer immer engeren Union verbinden.
> In dem Bewusstsein ihres geistig-religiösen und sittlichen Erbes gründet sich die Union auf die unteilbaren und universellen Werte der Würde des Menschen, der Freiheit, der Gleichheit und der Solidarität. Sie beruht auf den Grundsätzen der Demokratie und der Rechtsstaatlichkeit. Sie stellt die Person in den Mittelpunkt ihres Handelns, indem sie die Unionsbürgerschaft und einen Raum der Freiheit, der Sicherheit und des Rechts begründet.

> Die Union trägt zur Erhaltung und zur Entwicklung dieser gemeinsamen Werte unter Achtung der Vielfalt der Kulturen und Traditionen der Völker Europas sowie der nationalen Identität der Mitgliedstaaten und der Organisation ihrer staatlichen Gewalt auf nationaler, regionaler und lokaler Ebene bei. Sie ist bestrebt, eine ausgewogene und nachhaltige Entwicklung zu fördern, und stellt den freien Personen-, Waren-, Dienstleistungs- und Kapitalverkehr sowie die Niederlassungsfreiheit sicher.
> Zu diesem Zweck ist es notwendig, angesichts der Weiterentwicklung der Gesellschaft, des sozialen Fortschritts und der wissenschaftlichen und technologischen Entwicklungen den Schutz der Grundrechte zu stärken, indem sie in einer Charta sichtbarer gemacht werden.
> Diese Charta bekräftigt unter Achtung der Zuständigkeiten und Aufgaben der Gemeinschaft und der Union und des Subsidiaritätsprinzips die Rechte, die sich vor allem aus den gemeinsamen Verfassungstraditionen und den gemeinsamen internationalen Verpflichtungen der Mitgliedstaaten, aus dem Vertrag über die Europäische Union und den Gemeinschaftsverträgen, aus der Europäischen Konvention zum Schutze der Menschenrechte und Grundfreiheiten, aus den von der Gemeinschaft und dem Europarat beschlossenen Sozialchartas sowie aus der Rechtsprechung des Gerichtshofs der Europäischen Gemeinschaften und des Europäischen Gerichtshofs für Menschenrechte ergeben.
> Die Ausübung dieser Rechte ist mit Verantwortlichkeiten und Pflichten sowohl gegenüber den Mitmenschen als auch gegenüber der menschlichen Gemeinschaft und den künftigen Generationen verbunden.
> Daher erkennt die Union die nachstehend aufgeführten Rechte, Freiheiten und Grundsätze an.«

Der nächste Schritt muss sein, diesem neuen Rechtsinstrument Rechtsverbindlichkeit zu verleihen. Bereits heute wird die Charta aber vom Europäischen Gerichtshof bei der Auslegung des Gemeinschaftsrechts herangezogen, hat mithin auch praktisch relevante Rechtsqualität.

Anmerkungen:

1 EuGH, Urt. v. 12. Mai 1998, RS C-85/96 (Martinéz Sala), Slg. 1998, I-2694ff.

2 Vgl. zu dieser Ausrichtung des EWG-Vertrages und ihren sozialpolitischen Implikationen etwa Balze (1994), Berié (1993), Berié (1995), Schulte (1996); Einführung Schulte (1997), Schulte (1998), Schulte (2000).

3 Vgl. zum Bestandsschutz sozialer Rechtspositionen im Vereinigten Königreich Schulte (2000a).

4 EuGH, Urt. v. 15.6.1978, RS 149/77 (Defrenne III), EuGHE 1978, 1365, 1379; auch Urt. v. 2.2.1988, RS 24/86 (Blaizot), EuGH 1988, 373ff., 403.

5 Weitere Mitglieder der Expertengruppe: Christine Bell, Belfast; Lammy Betten, Exeter; Jochen Frowein, Heidelberg; Pirko K. Koskinen, Finnland; Lorenzo Martin Retortillo, Madrid; Alessandro Pizzousso, Pisa; Jean Rossetto, Tours.

Literatur:

Balze, Werner (1994): Die sozialpolitischen Kompetenzen der Europäischen Union, Baden-Baden.

Berié, Hermann (1993): Europäische Sozialpolitik. Von Messina bis Maastricht, in: Gerhard Kleinhenz (Hg.): Soziale Integration in Europa I, Berlin, S. 31ff.

Berié, Hermann (1995): Quo vadis Europäische Sozialpolitik?, in: Gerhard Kleinhenz (Hg.): Soziale Ausgestaltung der Marktwirtschaft. Festschrift für Heinz Lampert, Berlin S. 409ff.

Blanpain, Roger/Hepple, Bob/Sciarra, Silvana/Weiss, Manfred (1995): Soziale Grundrechte. Vorschläge für die Europäische Union, in: Kritische Vierteljahresschrift (KritV) 78, S. 452ff.

Europäische Kommission (Hg.) (1996): Für ein Europa der Bürgerrechte und der sozialen Berichte. Bericht des Ausschusses der Weisen unter Vorsitz von Maria de Lourdes Pintasilago, Brüssel.

Europäische Kommission (Hg.) (1999): »Die Grundrechte in der Europäischen Union verbürgen.« Bericht der Expertengruppe Grundrechte, Luxemburg.

Everling, Ulrich (1990): Von der Freizügigkeit der Arbeitnehmer zum Europäischen Bürgerrecht?, in: Europarecht Beiheft 1, S. 81ff.

Isensee, Josef (1980): Verfassung ohne soziale Grundrechte, in: Der Staat, S. 367ff.

Koenig, Thomas/Pechstein, Manfred (1995): Die Europäische Union. Der Vertrag von Maastricht, Tübingen.

Loewenstein, K. (1967): Staatsrecht und Staatspraxis von Großbritannien, Bd. 2, Berlin, S. 261ff.

Novak, Manfred (1998): Basic Principles in European Social Law Derived from the Case Law of the European Court of Justice, in: Rivista del Diritto Europeo, S. 255ff.

Schulte, Bernd (Hg.) (1997): Soziale Sicherheit in der EG, 3. Aufl., München (mit aktualisiertem Nachtrag 1998).

Schulte, Bernd (2000a): Die Rolle der Gerichte im Vereinigten Königreich bei der Verwirklichung sozialer Rechte, unveröffentlichtes Manuskript, München.

Schulte, Bernd (2000): EG-rechtliche Rahmenbedingungen für nationale Sozialpolitik, in: W. Schmähl (Hg.): EG-Politik und nationale Sozialpolitik (Arbeitstitel), Berlin (im Druck).

Schulte, Bernd (1998): Europäische Sozialpolitik und die Zukunft des Sozialstaats in Europa. Herausforderungen und Chancen, Bonn (Friedrich Ebert-Stiftung).

Schulte, Bernd (1996): Soziale Rechte im europäischen Recht – Fragestellungen und Lösungsansätze, in: Bernd Schulte/Werner Mäder (Hg.): Die Regierungskonferenz Maastricht II. Perspektiven für die Sozialgemeinschaft, Bonn., S. 117ff.

Schulte, Bernd (1996): Sozialrecht, in: Carl-Otto Lenz (Hg.): EG-Handbuch Recht im Binnenmarkt, 2. Aufl., S. 407ff.

Schulte, Bernd (1995): Sozialstaat und Europäische Union, in: Peter Clever/Bernd Schulte: (Hg.): Bürger Europas, Bonn S. 62ff.

Schulte, Bernd (1997): Einführung, in: ders. (Hg.): Soziale Sicherheit in der EG. VO (EG) Nr. 1408/71 und 574/72 sowie andere Bestimmungen, 3. Aufl., München S. IXff.

Schulte, Bernd/Mäder, Werner (Hg.) (1996): Die Regierungskonferenz Maastricht II. Perspektiven für die Sozialgemeinschaft, Bonn.

Touffait, André (1982): Die neuere Rechtsprechung auf dem Gebiet des freien Personenverkehrs und der sozialen Sicherheit der Wanderarbeitnehmer, in: Recht der Arbeit (RdA), S. 355ff.

Zacher, Hans F. (1986): Kategorien zum Nachdenken über Grundrechte, in: Stimmen der Zeit, S. 305ff.

Zuleeg, Manfred (1996): Social Rights in the European Community, in: Bernd von Maydell/Angelika Nußberger (Hg.): Social Protection by Way of International Law – Appraisal, Deficits and further Development, Berlin S. 59ff.

3. Norm und Wirklichkeit: Die Landkarte der Konflikte

Unerwünschte Staatsbürger

Grundzüge des Staatsangehörigkeitsrechts in den Balkanländern und Rumänien

Holm Sundhaussen

Der Zerfall Jugoslawiens und die auf seinem Territorium ausgetragenen Kriege von 1991–1999 haben nicht nur zivilgesellschaftliche Defizite und ein hohes Maß an Gewaltbereitschaft aufgedeckt, sondern auch eine Fülle von Staatsangehörigkeitsfragen aufgeworfen. Diese resultieren aus dem Spannungsverhältnis zwischen »ius soli« und »ius sanguinis«, das wie ein Fluch über der Region liegt: Viele Bewohner des ehemaligen Jugoslawien wie des übrigen Balkanraums haben im Verlauf der letzten anderthalb Jahrhunderte infolge von Staatsbildung, Staatszerfall und Gebietsveränderung ihre Staatsangehörigkeit wiederholt wechseln müssen – mitunter mehrmals in einer Generation.

Bekanntlich sind die Balkanstaaten aus der Konkursmasse des Osmanischen Reiches hervorgegangen. Sie leiteten ihre Legitimation aus dem Freiheitsdrang der Völker bzw. aus dem nationalen Selbstbestimmungsrecht ab. Unklar blieb lange, wer zu welchem Volk gehört und wie die projektierten Nationen definiert werden können. Religion stand neben Sprache anfänglich im Vordergrund. Dies entsprach insofern der Gewohnheit, als auch die Hohe Pforte ihre Untertanen nach der Zugehörigkeit zu Glaubensgemeinschaften gegliedert hatte (Millet-System). Die Ethnizität im Sinne imaginierter Blutsgemeinschaft war nicht konstitutiv für die Zugehörigkeit zum Staatsvolk oder zur Nation, zumindest nicht in den Anfangsjahren der ersten postosmanischen Staaten seit den 1830er Jahren. Dies änderte sich erst im letzten Drittel des 19. Jahrhunderts, als mit der zunehmenden Zahl konkurrierender Nationalbewegungen auch die Abgrenzungsprobleme zunahmen. Die Religion (konkret: das Christentum in seiner östlichen Variante) reichte nun als Definitionskriterium nicht mehr aus. Und auch die Sprache erwies sich als uneindeutig. Der Rekurs auf die Abstammung bot sich in dieser Situation als Ausweg an. Die Folge war eine schrittweise Ethnisierung des Nations- und Nationalstaatsverständnisses. Früher oder später begriffen sich alle neuen Balkanstaaten als Staaten einer Titularnation – einer Titularnation, die ethnisch und (pseudo-)historisch begründet wurde. Daran hat sich bis heute nichts geändert: Auch die postsozialistischen Verfassungen definieren die Staaten zumeist als Staaten einer Ethnonation.

Die Neuordnung der Staatsangehörigkeit

Bei der Neuordnung der Staatsangehörigkeit waren drei Komplexe von besonderer Bedeutung: die Regeln für Inklusion und Exklusion der Bürger bei der jeweiligen Staatsgründung; der Umgang mit Bevölkerungsgruppen fremder Ethnizität im Falle einer Veränderung von Staatsgrenzen und schließlich die Behandlung von Einwanderern. In den ersten beiden Punkten waren die Balkanstaaten in ihrer Entscheidung nicht frei, sondern mussten sich den Forderungen der Großmächte oder den Gepflogenheiten des Völkerrechts anpassen. Denn die internationale Anerkennung territorialer Veränderungen setzte eine Regelung der Staatsangehörigkeitsfragen in Friedensverträgen oder Zusatzabkommen zwingend voraus. »Durch die Zuordnung von Personen zu Staaten definiert die Staatsangehörigkeit zunächst staatliche Herrschaftssphären und Kollisionsgrenzen. Insoweit wirkt sie im Bereich des Völkerrechts. Sie löst dort das so genannte Ordnungsproblem, und zwar umso nachhaltiger, je umfassender und ausschließlicher die Zuordnung erfolgt. Da Mehrstaaterei Kollisionen provoziert, versucht man weltweit, sie zu vermeiden und jedenfalls Kollisionen abzugleichen.« (Grawert 1984, S. 185f.)

Die zunächst sehr vagen Bestimmungen in den beiden ersten postosmanischen Staaten – in Griechenland und Serbien – orientierten sich noch weitgehend am *ius soli*, wie es gewohnheitsmäßig über Jahrhunderte hinweg angewandt worden war. Nach traditioneller Auffassung galten die Bewohner eines Territoriums als Teil des Bodens »und folgten daher automatisch dem rechtlichen Schicksal dieses Bodens wie das Vieh dem Eigentum am Hofe. (...) Es galt der Satz ›Quidquid est in territorio, etiam est de territorio‹.« (Schätzel 1962, S. 42) Die Veränderungen im Verhältnis zwischen Staat und Individuum, die in der amerikanischen Verfassung und in der Französischen Revolution ihren Niederschlag gefunden hatten, d.h. die Aufwertung des Staatsangehörigen vom ›sujet‹ zum ›citoyen‹, führten jedoch zu einer schrittweisen Modifizierung des *ius soli.* Wenn die Bewohner eines Gebiets nicht mehr bloße Untertanen, sondern Träger von staatlich garantierten Rechten waren, dann stellte sich im Falle eines Gebietswechsels die Frage, ob automatisch alle Bewohner der betroffenen Gebiete die vollen Rechte von Staatsbürgern erhalten sollten. Und je mehr Rechte den Bürgern eines Staates zugebilligt oder von diesen erstritten wurden, desto dringlicher gestaltete sich das Problem von Inklusion oder Exklusion der Berechtigten.

Formen der Inklusion

Vor diesem Hintergrund nahmen die griechischen Verfassungsväter zu Beginn des Befreiungskrieges gegen die Osmanen eine Unterscheidung zwischen Eingeborenen insgesamt und Christen vor. Nur Letztere wurden als Griechen anerkannt. Nur sie waren vor dem Gesetz gleich, besaßen alle politischen Rechte und genossen Zugang zu Ämtern und Ehren (Hering 1992, S. 121). Die Verbindung von *ius soli* und Religion knüpfte in modifizierter Form an den Grundsatz »cuius regio, eius religio« an und trug der Tatsache Rechnung, dass die Masse der Bevölkerung noch kein ausgebildetes Nationalbewusstsein besaß. Die Orthodoxie galt als bestimmendes Merkmal; sie wurde zur »herrschenden«, später zur »Staatsreligion« erklärt. In der während des Freiheitskrieges erlassenen vorläufigen Verfassung Griechenlands vom Januar 1822 (Verfassung von Epidaurus, Art. 2) heißt es: »Diejenigen eingeborenen Bewohner des griechischen Staates, welche an Jesum Christum glauben, sind Griechen und genießen ohne jede Unterscheidung alle bürgerlichen Rechte.« (zit. nach Bendermacher-Geroussis 1956, S. 76) In der kurz darauf (Ende März 1822) beschlossenen Konstitution von Astros (Art. 8) wurde die Staatsbürgerschaft auf diejenigen Personen ausgeweitet, die aus dem Ausland einwanderten, die griechische Sprache als »Heimatsprache« benutzten und an Christus glaubten (ebd.). Drei Jahre später, in der Verfassung von Trizina, wurde der Zugang zur Staatsbürgerschaft noch einmal erweitert: »Griechen sind: a) Alle in Griechenland geborenen Personen, die an Jesum Christum glauben, b) diejenigen, die als gläubige Christen unter dem ottomanischen Joch lebten und sich nach dem griechischen Staate begeben haben oder begeben werden, um im Lande mitzukämpfen oder ihren Wohnsitz zu begründen, c) die im Ausland als Kind eines griechischen Vaters geborenen Personen, d) alle Eingeborenen oder Fremden nebst ihren Abkömmlingen, welche in fremden Staaten vor der Verkündigung dieser Verfassung eingebürgert wurden, und die nach Griechenland kommen und dort den griechischen Eid leisten, d) diejenigen Fremden, welche nach Griechenland kommen und sich dort einbürgern lassen.« (ebd., S. 77)

Diese Bestimmungen enthielten eine Mischung aus Elementen des *ius soli* (in Griechenland geborene Personen), persönlichen Merkmalen (christlicher Glaube), Elementen des *ius sanguinis* (Abstammung von einem griechischen Vater) und Loyalität (Eidesleistung). Sie galten sowohl für Autochthone wie Heterochthone, für Altansässige wie Einwanderer.

Erst im Gesetz über die Staatsangehörigkeit von 1835 – nach dem Ende des Befreiungskrieges und der völkerrechtlichen Regelung des Auswanderungsrechts für ›Türken‹ – wurde die christliche Religion als Voraussetzung für den Erwerb der griechischen Staatsangehörigkeit stillschweigend fallen gelassen. Immigranten waren auch weiterhin willkommen. Es bestand die Bereitschaft, alle diejenigen einzubürgern, die nach Griechenland kamen und die Einbürgerung wünschten. Dies galt insbesondere für Personen, die sich um die griechische Sache verdient gemacht hatten (z.B. Philhellenen). Generell besaßen Ausländer bereits nach dreijährigem ununterbrochenen Aufenthalt in Griechenland ein Recht auf Naturalisierung mit sämtlichen bürgerlichen Rechten. Diejenigen Ausländer, die dem Staat hervorragende Dienste geleistet hatten, konnten auch ohne Dreijahresfrist eingebürgert werden. Im Zivilgesetz von 1856, das in seinen Grundbestimmungen – einer Kombination von *ius soli* und *ius sanguinis* – auch im 20. Jahrhundert Geltung behielt, erfolgte insofern eine Einschränkung, als der Innenminister nach »freiem Ermessen« über den Einbürgerungsantrag von Personen »fremden Volkstums« entscheiden konnte (Art. 15) (vgl. die Gesetzestexte ebd., S. 80ff.).

Interessanterweise findet sich der Hinweis auf die griechische Sprache (der in der Verfassung von 1822 enthalten war) in späteren Gesetzen nicht mehr. Möglicherweise ist dies darauf zurückzuführen, dass die staatlichen Projektionen griechischer Nationalideologen weit über die von einer graekophonen Bevölkerung bewohnten Territorien hinausreichten, indem sie auf die Restitution des byzantinischen Vielvölkerimperiums oder die Hellenisierung des Osmanischen Reiches zielten (Zelepos 2000, Kap. 2.2). Mit dem Sprachkriterium wären obendrein ungewollt auch diejenigen Personen ausgeschlossen worden, die von griechischen Nationalideologen als Bürger ihres künftigen Staates reklamiert wurden, obwohl sie die angeblich griechische Sprache ihrer Vorfahren ›verloren‹ hatten (z. B. Albanophone, später v. a. Slavophone). Mit dem Rekurs auf die Ahnen begann die Ethnisierung des griechischen Nationsverständnisses. Die Theorie der »verlorenen Sprache« gewann seit Eröffnung der ›makedonischen Frage‹ (d. h. nach Einrichtung des bulgarischen Exarchats i. J. 1870 und dem anschließenden griechisch-bulgarischen Kirchen- und Kulturkampf im osmanischen Makedonien) höchste Aktualität.

Die Regelung religiöser Fragen nach ethnischen Gesichtspunkten (der von griechischen Geistlichen heftig kritisierte »Fyletismos«) bzw. das daraus resultierende Schisma zwischen dem griechischen Patriarchat in Konstantinopel und dem neuen bulgarischen Exarchat sprengte die Ökumene der orthodoxen Christen unter osmanischer Herrschaft. Fortan wurden die Bulgaren aufgrund ihrer ›asiatischen‹ (protobulgarischen) oder slawischen Herkunft nicht mehr als Glaubensbrüder und Verbündete, sondern als nationale Rivalen und »Erbfeinde« der Griechen wahrgenommen (Zelepos 2000, Kap. 3.4 und 3.7). Die Abstammung siegte über die Religion.

Auch in Serbien galten zunächst großzügige Einbürgerungsbestimmungen. Nach dem Gewohnheitsrecht galt jeder als serbischer Staatsangehöriger, der im Fürstentum Serbien seinen Wohnsitz hatte. Die Religion tauchte nur im Zusammenhang mit den Staatsdienern auf: Jede in serbischen Diensten stehende Person christlichen Glaubens erhielt die Staatsangehörigkeit. In der nur kurzfristig gültigen Verfassung von 1835 kam erstmals auch ein Element des Blutsrechts zur Geltung, das jedem außerhalb Serbiens, aber von einem »Serben aus Serbien« geborenen Kind die Staatsbürgerschaft gewährte (Ustavi i vlade 1988, S. 38). Im bürgerlichen Gesetzbuch von 1844 (Art. 44) wurde das *ius sanguinis* fest verankert: »Die serbische Staatsangehörigkeit wird entweder durch die Geburt oder durch Naturalisation erworben, sodass alle Einwohner Serbiens, die im Besitz der Staatsbürgerrechte sind, in geborene und naturalisierte serbische Bürger eingeteilt werden.« (Zit. nach bei Seeler 1956, S. 70). Ausländer konnten nach einer siebenjährigen Tätigkeit in Serbien auf Entscheidung des Innenministers naturalisiert werden. Die ersten Fürsten Serbiens förderten die Einwanderung in das dünn besiedelte Land mit allen Kräften (dies schloss anfangs auch Juden ein). Bis zum letzten Dezennium des 19. Jahrhunderts gehörte Serbien – neben Griechenland, Rumänien und Russland – zu den wenigen europäischen Staaten, die einen positiven

Wanderungssaldo verbuchen konnten. Außer Konnationalen wanderten im zweiten Drittel des 19. Jahrhunderts v. a. Bulgaren und Rumänen nach Serbien ein und wurden offenbar zügig eingebürgert. Zur Jahrhundertwende setzte sich die ortsanwesende Bevölkerung des nunmehrigen Königreichs zu über 99% aus serbischen Staatsbürgern zusammen (Sundhaussen 1989, S. 136).

Formen der Exklusion

Die Exklusion von der Staatsbürgerschaft richtete sich in den ersten Jahrzehnten fast ausschließlich gegen Muslime, unabhängig von deren ethnischer Zugehörigkeit. Muslime galten als ›Türken‹ und wurden als Vollstrecker des ›osmanischen Jochs‹ betrachtet. Schon die erste griechische Verfassung schloss mittels des Konfessionskriteriums die Muslime (und implizit alle anderen Nichtchristen, z. B. Juden) als vollberechtigte Staatsbürger aus (und differenzierte damit indirekt zwischen einfacher Staatsmitgliedschaft und Staatsbürgerschaft, zwischen Domizil und Zivität). Der englische Philosoph und Jurist Jeremy Bentham, ein Philhellene, der sich 1823 eingehend mit der griechischen Verfassung von Epidaurus auseinander setzte, äußerte sich in einem unveröffentlichten Manuskript empört über die Exklusion der Nichtgriechen von den Bürgerrechten:

> »It places the Turks under the Greeks as the Helots were in under the Spartans, in the situation that the Protestants in France were in under the Catholics, in Ireland the Catholics under the Protestants, in the Anglo-American United States the Blacks under the Whites. In no country can any such situation have place but in point of morality and felicity both races are, in howsoever different shapes, sufferers by it: the oppressors as well as the oppressed.« (zit. nach Rosen 1984, S. 39f.)

Bentham erblickte in der Beschränkung der Bürgerrechte auf Griechen eine Verletzung des Prinzips des »größten Glücks der größten Zahl«. Angesichts des griechischen Befreiungskrieges war er gleichwohl bereit, die Exklusion der »Türken« als »unavoidable arrangement« zur Erlangung und Sicherung der griechischen Unabhängigkeit hinzunehmen. Dennoch entwickelte er eine Reihe von Vorschlägen, wie die bisherigen Unterdrücker auf längere Sicht durch Gewährung der Bürgerrechte bzw. durch »effective benevolence« für den griechischen Staat gewonnen werden könnten. Dieser sollte künftig für alle seine Bewohner so attraktiv sein, dass auch die »Türken« sich mit ihm identifizieren könnten (vgl. Rosen 1984, S. 40ff.).

Bentham ging in seinem Idealismus noch einen Schritt weiter. Er wies dem jungfräulichen griechischen Staat – im Vergleich mit den alten westeuropäischen und den aus der Kolonialherrschaft hervorgegangenen lateinamerikanischen Staaten – eine Vorreiterrolle bei der Einrichtung von »good government« zu:

> »You enter upon your career under the most auspicious circumstances. Nothing to match them is to be found in history; nothing to match them is to be found in present times. Obstacles which in other nations set up a bar to good government, and that bar an insuperable one, have no place in your case. You are not cursed with Kings. You are not cursed with Nobles. Your mind[s] are not under the tyranny [of] Priests. Your minds are not under the tyranny of Lawyers.«

Griechenland habe obendrein das Glück, keine Kolonien zu besitzen. »In this respect you have the advantage over Spain, Portugal, England, France and the Netherlands: in particular over Spain and Portugal.« (zit. ebd., S. 52)

Doch Griechenland verspielte seine vorteilhafte Startposition. »Was die Griechen … an der osmanischen Herrschaft als despotisch und anachronistisch verurteilt hatten: nämlich die Unterscheidung zwischen Vollbürgern, die sich zur herrschenden Religion bekennen, und Andersgläubigen, die geringere Rechte haben, hielten sie selbst mit umgekehrter Hierarchie aufrecht.« (Hering 1992, S. 121) Dem Ziel einer Exklusion der ›Muslime‹ von der Staatsbürgerschaft kam die Einführung eines Optionsrechts zugute. In den Londoner Protokollen von 1830 und 1836 wurde den ›Türken‹ von der griechischen Regierung ein »Auswanderungsrecht« eingeräumt. Umgekehrt gewährte das Osmanische Reich seinen griechisch-orthodoxen Untertanen eine Abwanderungsmöglichkeit (Text bei Bendermacher-Geroussis 1956, S. 78f.). Dem Buchstaben nach handelte es sich um einen – auf Einzelpersonen gerichteten – fakultativen Bevölkerungsaustausch. Diese Regelung lag im Interesse beider Staaten und eines Teils ihrer Bürger oder Untertanen. Für viele Muslime war es aus religiösen Gründen unvorstellbar, in einem christlichen Staat zu leben (Höpken 1996). Die Bindung an den Islam war höherwertig als die Bindung an die Heimat. (Auch in diesem Fall spielte die Ethnizität noch keinerlei Rolle.) Darüber hinaus förderten die Statusminderung und der Verlust bisheriger Privilegien die Abwanderungsbereitschaft der Muslime. Die Griechen wollten ihrerseits die Muslime ausbürgern, wie sie generell das osmanische Erbe tilgen wollten.

Das Optionsrecht stellte eine weitere Lockerung des *ius soli* dar und trug dem Umstand Rechnung, dass die Identifizierung des Optanten mit seiner Glaubensgemeinschaft (später mit seiner Nation) tiefer sein konnte als die Identifizierung mit seinem Wohn- oder Geburtsort. Das Optionsrecht enthielt somit ein Stück persönlicher Entscheidungsfreiheit. Der Einzelne wurde nicht mehr als Pertinenz des Bodens verstanden, sondern sollte unabhängig von der durch seinen Willen unbeeinflussbaren Gebietsveränderung das Recht erhalten, nicht nur auszuwandern, sondern seine bisherige Staatszugehörigkeit zu bewahren. Das »Optionsrecht ist die den von einer Staatensukzession betroffenen Personen zustehende Möglichkeit, durch einen eigenen freien Willensakt sich für ihre alte Staatsangehörigkeit zu entscheiden«. (Kunz 1925, S. 85) Das war aber nur der eine, der emanzipatorische Aspekt des Optionsrechts. Der andere Aspekt bestand darin, dass mit dieser Regelung die Exklusion ganzer Bevölkerungsgruppen von den staatsbürgerlichen Rechten in ihrer Bedeutung heruntergespielt werden konnte. Denn wer trotz Abwanderungsangebot in seiner Heimat blieb, nahm damit seine Minderrechte (scheinbar) billigend in Kauf.

In den nachfolgenden Verträgen zwischen Griechenland und der Türkei (im Gefolge von Kriegen und Gebietsveränderungen) – wie auch in den Verträgen anderer Staaten mit dem Osmanischen Reich – fehlte nie die Verankerung eines Auswanderungs- bzw. Optionsrechts auf formal freiwilliger Basis. Dies entsprach einer weit verbreiteten völkerrechtlichen Praxis seit dem ersten Drittel des 19. Jahrhunderts. Erst 1923 trat im Balkanraum ein dramatischer Wandel ein.

Im autonomen Fürstentum Serbien, das bis zum Berliner Kongress 1878 unter osmanischer Oberhoheit stand, wurde den Muslimen durch eine Urkunde des Sultans Mahmud II. von 1830 der weitere Aufenthalt im Lande (mit Ausnahme der Garnisonsstädte) verboten (Sundhaussen

1989, S. 194). Nach dem Abzug der letzten osmanischen Truppen im Jahr 1867 lebten in Serbien – ebenso wie in Griechenland – keine Muslime mehr. Dagegen wähnte sich das erst 1878 aus der Taufe gehobene autonome Fürstentum Bulgarien weniger glücklich als seine Vorläufer Griechenland und Serbien. Es musste alle auf seinem Territorium geborenen Personen (darunter Türken und andere Muslime) als bulgarische Staatsbürger akzeptieren, sofern diese keine andere Staatsangehörigkeit besaßen (Verfassung von 1879, Art. 55).

Die Veränderung der Staatsgrenzen und ihre Folgen

Die Berliner Kongressakte vom 13. Juli 1878, die den Balkanraum territorial neu ordnete, hatte das Fürstentum Bulgarien auf Antrag der französischen Delegation verpflichtet, allen seinen Staatsangehörigen (gemäß *ius soli*) ohne Abstriche die gleichen Rechte zu gewähren. »Der Unterschied des religiösen Glaubens und der Bekenntnisse darf Niemandem gegenüber geltend gemacht werden als ein Grund der Exklusion oder der Unfähigkeit bezüglich des Genusses der bürgerlichen und politischen Rechte, der Zulassung zu öffentlichen Diensten, Aemtern und Ehren oder der Ausübung der verschiedenen Berufs- und Gewerbszweige, an welchem Orte es auch sei.« (Art. 5) (Berliner Kongress, S. 377f.) Damit war ein Grundstein für den Minderheitenschutz im Balkanraum gelegt (Ermacora 1978). Die Übertragung des Artikels auf die anderen Staaten der Region war unter den Teilnehmern des Kongresses zunächst umstritten. Der Leiter der russischen Delegation, Fürst Gortschakow, sprach sich in den Verhandlungen über Serbien gegen die Klausel aus. Er hatte dabei die »jüdische Frage« im Blick und erklärte, »dass die bürgerlichen und politischen Rechte den Juden in Serbien nicht uneingeschränkt gewährt werden könnten« (Berliner Kongress, S. 252). Unklar ist, warum Gortschakow seine grundsätzlich gegen die jüdische Emanzipation in Russland und den Balkanstaaten gerichteten Ausführungen ausgerechnet bei der Erörterung Serbiens zur Sprache brachte. Dort lebten anlässlich der Volkszählung von 1874 nur wenig mehr als 2000 Konfessionsjuden (Sundhaussen 1989, S. 109). Da jedoch der russische Kanzler in der anschließenden Abstimmung unterlag, konnte Bismarck feststellen, »der Kongress gewähre Serbien die Unabhängigkeit, allerdings unter der Bedingung, dass die Religionsfreiheit im Fürstentum anerkannt werde: Wenn die Redaktionskommission diesen Beschluss formuliere, müsse sie das vom Kongress geknüpfte Junktim zwischen Proklamation der serbischen Unabhängigkeit und Anerkennung der Religionsfreiheit festhalten.« (Berliner Kongress, S. 253) So geschehen in den Artikeln 34 und 35 des Vertragswerkes.

In der Aussprache über die Anerkennung der Unabhängigkeit Rumäniens tauchte die Frage abermals auf. Durch die rumänische Verfassung von 1866 (Art. 7) waren nichtchristliche Ausländer von der Einbürgerung ausgeschlossen worden: »Nur Fremde christlichen Glaubens können der Naturalisation teilhaftig werden.« (zit. nach Welter 1989, S. 35, Anm. 22) Die Regelung richtete sich in diesem Fall nicht gegen Muslime (die in der Walachei und Moldau nicht präsent waren), sondern gegen die wachsende Zahl der Juden, und löste heftige internationale Proteste aus (ebd., S. 27 ff.). Die französische Delegation in Berlin unterstrich, dass sie »vom großen Prinzip der Rechtsgleichheit und Glaubensfreiheit nicht abweichen« wolle. Daher sollten der rumänischen Unabhängigkeit dieselben Bedingungen auferlegt werden wie der serbischen: »Die rumänische Regierung könne wohl kaum auf ihrem Staatsgebiet das in der Türkei für ihre eigenen Staatsbürger gültige Prinzip ablehnen. Wenn Rumänien in die große europäische Völkergemeinschaft eintreten wolle, müsse es zweifellos auch die Lasten, ja Nachteile einer Stellung auf sich nehmen, deren Vorteile es in Anspruch nehmen wolle. Auf lange Zeit gebe es nicht mehr eine so feierliche und entscheidende Gelegenheit, nochmals die Prinzipien, die Ehre und Sicherheit zivilisierter Nationen ausmachen, zu bestätigen.« (Berliner Kongress, S. 274 f., vgl. auch Chasanowitsch/Motzkin 1919, S. 146 ff.). Diesmal verzichtete Gortschakow – offenbar eingedenk der vorangegangenen Abstimmungsniederlage und angesichts des gespannten Verhältnisses zu Rumänien – auf eine neuerliche Intervention.

Im Endeffekt wurden allen Staaten der Region, deren völkerrechtlicher Status oder deren Territorium sich veränderte, dieselben Verpflichtungen auferlegt wie Bulgarien: Art. 27 für Montenegro, Art. 35 für Serbien, Art. 44 für Rumänien und Art. 62 für das Osmanische Reich. Die Gewährung der Staatsbürgerrechte ohne Ansehen der Religion war der Preis für die Sanktionierung der neuen staatlichen Ordnung auf dem Balkan bzw. die *conditio sine qua non* für die Anerkennung der Unabhängigkeit Serbiens, Rumäniens und Montenegros. Interessanterweise enthielt die Berliner Kongressakte jedoch kein Optionsrecht. Es wurde auch in den Sitzungen kein einziges Mal erwähnt. Das war ungewöhnlich. Aber angesichts der Vielzahl involvierter Staaten hätte das Optionsrecht zu kaum steuerbaren Migrationen führen können und insbesondere das Osmanische Reich als primäres Zuwanderungsland überfordert. Also fiel die Option weg. Ausdrücklich wurde dagegen der Immobilienbesitz von Muslimen geschützt, selbst wenn die Eigentümer das Land verlassen hatten: »Grundeigenthümer, muselmännische oder andere, welche ihren persönlichen Aufenthalt außerhalb des Fürstenthums (Bulgarien) nehmen sollten, können ihren Grundbesitz im Fürstenthum behalten, indem sie ihn verpachten oder durch Dritte verwalten lassen.« (Art. 12; gleich lautend für Montenegro und Serbien: Art. 30 und 39)

In der Praxis wurden die Bestimmungen des Berliner Kongresses nur widerwillig, partiell oder gar nicht umgesetzt. Schwierigkeiten gab es insbesondere mit Rumänien, das erst nach massiven Drohungen (u. a. mit einer Wiederherstellung der Oberhoheit des Sultans) bereit war, den Art. 7 seiner Verfassung entsprechend den Bestimmungen des Art. 44 der Berliner Kongressakte zu ändern (Welter 1989, S. 67ff.; Woloch 1988, S. 60ff.). Die Naturalisation der Juden wurde allerdings mit so vielen Konditionen befrachtet, dass bis 1912 nur wenig mehr als 1000 Juden in Einzelverfahren eingebürgert wurden (Starr 1941, S. 59). Dieses Ergebnis stand in krassem Gegensatz zu Intention und Wortlaut des Berliner Vertrags. Im Balkanraum gestalteten sich die Verhältnisse etwas anders. Dort nahm der Antiislamismus die Funktion des Antisemitismus ein. Nicht die Juden, sondern die Muslime galten als Verkörperung des Bösen. Sie blieben weiterhin unerwünschte Bürger und sahen sich in einem von Land zu Land unterschiedlichen Ausmaß diskriminierenden Maßnahmen ausgesetzt. Die im Zuge der Gebietserweiterung durch den Berliner Kongress 1878 nach Serbien gelangten albanischen Muslime wurden – von der internationalen Öffentlichkeit weitgehend unbemerkt – mit radikalen Mitteln entweder assimiliert oder vertrieben. Auch dies war ein klarer Vertragsbruch. Zwar war auf den Sitzungen des Berliner Kongresses in erster Linie die Gleichbehandlung der Juden thematisiert worden, aber der Wortlaut des Vertragstextes erstreckte sich auf Angehörige aller Religionsgemeinschaften ohne Ausnahme.

Je größer die Zahl der konkurrierenden Nationalbewegungen auf dem Balkan wurde (der griechischen, serbischen und montenegrinischen waren die bulgarische, albanische und makedonische Nationalbewegung gefolgt), desto wütender fiel der Kampf um die ethnische Differenzierung bzw. um Inklusion und Exklusion der Bürger aus. Im Zuge ihrer territorialen Arrondierung dehnten die postosmanischen Staaten ihre Souveränität auf Gebiete aus, in denen ein mehr oder minder großer Teil der jeweiligen Bevölkerung nicht der Titularnation des Erwerberstaates angehörte. Betroffen waren nicht mehr allein Muslime oder Juden (letztere v. a. im makedonischen Raum mit Saloniki als »jüdischem Jerusalem«), sondern auch Angehörige der rivalisierenden Nachbarnationen (z. B. Bulgaren in Griechenland oder Griechen in Bulgarien – von den Albanern, die obendrein zu etwa 70% Muslime waren, gar nicht zu reden). Die Zeiten, da sich Serbien und Griechenland als Einwandererstaaten (zumindest für Christen) verstanden hatten, gehörten endgültig der Vergangenheit an.

Mit der Aufteilung des osmanischen Restterritoriums auf europäischem Boden während der Balkankriege von 1912/13, dem anschließenden Weltkrieg und dem nachfolgenden griechisch-türkischen Krieg trat die Frage nach der Ausschließung unerwünschter Staatsangehöriger in eine neue Phase und wurde zunehmend mit rigorosen, ja, gewaltsamen Mitteln gelöst. Angehörige einer fremden Nation, insbesondere einer Nachbarnation, galten fortan als potenzielle Staatsfeinde. Gleichwohl sahen sich die Balkanstaaten aufgrund internationaler Friedensregelungen oder bilateraler Abkommen gezwungen, die in den neu erworbenen Gebieten lebende (»domicilié«) oder von dort stammende (»originaire«) Bevölkerung in den Staatsverband aufzunehmen. Da ihre gesetzliche Exklusion nicht realisierbar war (sofern die Staaten nicht die internationale Anerkennung ihrer Grenzen riskieren wollten) und auch das in bilateralen Friedensverträgen verankerte Optionsrecht nicht die erhoffte Wirkung zeitigte, kam es bereits im Verlauf der Kriege zu ›ethnischen Säuberungen‹ großen Stils, zu Zwangsumtaufen (›Rechristianisierung‹ von Muslimen), zu Namensänderungen, erzwungener Flucht, Vertreibung und Massenmord (Report 1914). Hunderttausende unerwünschter Personen waren die Opfer.

Erstmals seit dem Berliner Kongress bzw. seit Gründung der postosmanischen Staaten nahmen die europäischen Großmächte nicht an den Verhandlungen zur Beendigung der Balkankriege teil, obwohl es um eine grundsätzliche Umgestaltung der politischen Landkarte im Südosten Europas ging: Vor den Kriegen hatten noch schätzungsweise 44% des Balkanraums unter osmanischer Herrschaft gestanden; danach waren es nurmehr 5%. Millionen von Menschen wechselten ihre Staatszugehörigkeit.

Wie würden die Balkanstaaten mit dieser Frage umgehen? Während der Verhandlungen in Bukarest wurde eine Note des amerikanischen Gesandten verlesen, in der sich die USA für die Aufnahme eines Vertragsartikels aussprachen, welcher allen Einwohnern der zur Neuregelung anstehenden Gebiete volle bürgerliche und religiöse Freiheit (»pleine liberté civile et religieuse«) garantierte. Die Konferenzteilnehmer lehnten das Ansinnen mit dem Argument ab, dass dieses Prinzip in ihren Verfassungen bereits verankert und jede Wiederholung eines allgemein anerkannten Grundsatzes im Friedensvertrag überflüssig sei. Mit demselben Argument wurde auch ein von bulgarischer Seite angeregter Artikel über die wechselseitige Respektierung der Schul- und Religionsfreiheit in den neu annektierten Gebieten verworfen (Jahrbuch des Völkerrechts 1914, S. 162ff.; Dungern 1914, S. 259ff.). Der Bukarester Frieden vom 10. August 1913 enthielt daher kein allgemeines Minderheitenschutzrecht und blieb weit hinter den Regelungen der Berliner Kongressakte zurück. Er schuf eine Situation, die für die Minderheiten unbefriedigender war als unter osmanischer Herrschaft (Boeckh 1996, S. 329ff.).

Erzwungene Auswanderung

An die Stelle des Minderheitenschutzes trat der Auswanderungsdruck. So fielen in die lange Kriegsperiode von 1912–1923 mehrere zwischenstaatliche Abkommen über einen Bevölkerungsaustausch. Ihr Ziel war die ›Entmischung‹ ethnisch heterogener Gebiete. Zwar hatten die Verträge anfangs noch formal fakultativen Charakter, doch kam es bereits im bulgarisch-türkischen Friedensvertrag von Konstantinopel vom 29. September 1913 insofern zu einer Neuerung, als erstmals ein wechselseitiger Bevölkerungsaustausch (»échange facultatif mutuel des populations«) vorgesehen wurde, der sich nicht auf Individuen, sondern auf die Bewohner ganzer Ortschaften (»l'échange aura lieu par des villages entiers«) erstreckte (beschränkt allerdings auf die Gebiete beiderseits der Grenze) (Text des Protokolls in Jahrbuch des Völkerrechts 1914, S. 197). Mit der griechisch-türkischen Konvention von Lausanne aus dem Jahre 1923 wurde der Bevölkerungsaustausch dann erstmals obligatorisch (Ladas 1932; Djordjevic 1989; Sundhaussen 1996). Und zum ersten Mal handelte es sich um Personen, deren Wohngebiete *nicht* die staatliche Zugehörigkeit wechselten. Betroffen waren türkische Staatsangehörige griechisch-orthodoxer Religion (nahezu ausschließlich Griechen) auf der einen und griechische Staatsangehörige muslimischen Glaubens (unterschiedlicher ethnischer Zuordnung, darunter auch einige im 17. Jahrhundert islamisierte sephardische Juden aus Makedonien, die sog. Dönmeh oder Maminiken) auf der anderen Seite. Ausgenommen vom Zwangsaustausch blieben nur die griechische Bevölkerung Istanbuls und zweier Inseln sowie die Muslime in Westthrakien (Türken, Pomaken, Roma u. a.) (Convention 1925). Die vom Vertrag erfasste Bevölkerung wurde ausschließlich nach Konfession bestimmt. Ihre ethnische Zugehörigkeit war gänzlich belanglos. Dieses strikte Festhalten am Religionskriterium, das auf Drängen der Regierung in Ankara zustande kam und von den Großmächten nur widerstrebend übernommen wurde, stand in einem auffallenden Gegensatz zum Zeitgeist, der sich eindeutig an ethnischen Prinzipien ausrichtete.

Der obligatorische Charakter der 23er Konvention war »in der Geschichte des Völkerrechts ohne Beispiel« (Schätzel 1962, S. 87). Damit wurde eine Praxis eingeleitet, die im völligen Widerspruch zum Optionsrecht und zu den Regelungen des Berliner Kongresses stand. »Dieser Zwangsaustausch ließ das im Friedensvertrag vorgesehene Optionsrecht illusorisch werden. Er stellt einen Systemwandel im Wechsel der Staatsangehörigkeit dar. Der alte Völkerrechtsgrundsatz, der einen Wechsel der Staatsangehörigkeit der in abgetretenen Gebieten ansässigen Bevölkerung nur mit der Maßgabe vorsieht, dass dem Einzelnen das Recht bleibt, seine frühere Staatsangehörigkeit beizubehalten, ist aufgegeben; an seine Stelle tritt die zwangsweise Verpflanzung ganzer Bevölkerungsteile durch Hoheitsakt ohne Rücksicht auf den Willen und die Interessen des Einzelnen. Darüber hinaus unterliegt das zurückgelassene bewegliche und das unbewegliche Vermögen des Betroffenen der unfreiwilligen Liquidation.« (ebd.)

Das Lausanner Abkommen stand in einem eklatanten Gegensatz zum Leitziel des amerikanischen Präsidenten Wilson, »that people and provinces are not to be bartered about from sovereignty to sovereignty, as if they were mere chattels and pawns in a game« (zit. nach Kunz 1925, S. 172). Und obwohl der Völkerbund an der Aushandlung des Zwangsaustauschs beteiligt war und sich generell für den Minderheitenschutz einsetzte, stand das Lausanner Abkommen auch im Gegensatz zum Minderheitenschutz, denn es verfolgte den Zweck, die Minoritäten verschwinden zu lassen (Streit 1929, S. 58f.).[1] Nur die vom Zwangsaustausch ausgenommenen Bevölkerungsgruppen gerieten in den (potenziellen) Genuss der neuen Schutzbestimmungen. Es ist bezeichnend, dass das türkische Recht bis heute den Begriff der Minderheit nur im Zusammenhang mit den Schutzklauseln des Lausanner Vertrags kennt (Rumpf 1993). Die auf türkischem Territorium beheimateten nichtchristlichen Minderheiten, vorwiegend Kurden und Aleviten, blieben von der Lausanner Konvention unberücksichtigt und somit ungeschützt (bis zur Gegenwart). Offiziell gibt es sie nicht. Auch von griechischer Seite werden außer den Muslimen in Westthrakien offiziell keine weiteren Minderheiten zur Kenntnis genommen, weder Slawen noch Albaner (Filos 1994).

Zwar mussten alle Balkanregierungen nach dem Ersten Weltkrieg die auf ihren Territorien wohnhaften oder beheimateten Personen ›fremder‹ ethnischer Zugehörigkeit – sofern sie nicht vorher vertrieben, ermordet oder auf der Grundlage bilateraler Abkommen ausgetauscht wurden oder geflüchtet waren – als Staatsangehörige annehmen. Aber alle Staaten waren nur unter massivem internationalen Druck bereit, die Minderheitenschutzverträge zu unterzeichnen (Viefhaus 1960). In Bukarest und Belgrad kam es darüber zu schweren Regierungskrisen. Die Belgrader Regierung stellte sich obendrein nach Unterzeichnung der Verträge auf den Standpunkt, dass der Minderheitenschutz nur für Personengruppen in denjenigen Gebieten Geltung habe, die im Zuge des Ersten Weltkriegs an den neuen jugoslawischen Staat gefallen waren (also für die Gebiete des ehemaligen Österreich-Ungarn). Für die Bevölkerung in den Regionen, die bereits während der Balkankriege erobert worden waren (Kosovo, Vardar-Makedonien), galten die Bestimmungen nicht, obwohl sich der Wortlaut des Friedensvertrags von St. Germain (Art. 51) und des darauf bezogenen Minderheitenschutzvertrags vom 10. September 1919 (Art. 2) ausdrücklich auf »alle Einwohner« des neuen »Königreichs der Serben, Kroaten und Slowenen« bezog (Wortlaut bei Seeler 1956, S. 72ff.). Dessen ungeachtet gab es im ersten jugoslawischen Staat offiziell weder eine albanische noch eine makedonische Bevölkerung. Die nichtslawischen Einwohner, die bis 1912/13 türkische Staatsangehörige gewesen waren, erhielten im Staatsbürgerschaftsgesetz vom 1. November 1928 (§ 55) lediglich die Möglichkeit, in einem Zeitraum von fünf Jahren auf die jugoslawische Staatsangehörigkeit zu verzichten, mussten dann aber innerhalb eines Jahres das Land verlassen (Seeler 1956, S. 22).

Zwar warf die Regelung der Staatsangehörigkeit nach dem Ersten Weltkrieg im Detail zahllose Probleme auf, doch folgte sie in den Grundzügen den internationalen Gepflogenheiten (vgl. Schätzel 1927). *Rechtlich* wurden alle Staatsangehörige – unabhängig von ihrer ethnischen Zuordnung – gleichgestellt. Doch hinter dieser formalen Gleichheit verbarg sich eine faktische Ungleichheit. Die nicht anerkannten Minderheiten besaßen keinerlei Gruppenrechte. Und auch die Gruppenrechte der anerkannten und vertraglich geschützten Minderheiten wurden nur zögernd oder gar nicht umgesetzt. Grundsätzlich gab es vier Varianten im Umgang mit unerwünschten Minoritäten: 1) die Assimilation, 2) die Ausübung von Druck, um die betroffenen Personengruppen zur Abwanderung zu veranlassen, 3) die Aussiedlung in Absprache mit einem Empfängerstaat und 4) die Schaffung vollendeter Tatsachen (d.h. die einseitige Vertreibung der Bevölkerung und im Extrem die Vertreibung in den Tod). Von allen vier Varianten wurde Gebrauch gemacht, wobei die letzte Methode (die einseitige Vertreibung) i. d. R. nur im Gefolge von Kriegen angewandt wurde (Sundhaussen 1996).

Die internationale Gemeinschaft hat die Schaffung vollendeter Tatsachen in Form von Kollektivausbürgerungen seit Lausanne als *ultima ratio* zur Lösung ethnischer Konflikte immer wieder hingenommen (natürlich mit schlechtem Gewissen). Das gilt für das Ende des Ersten Weltkrieges ebenso wie für das Ende des Zweiten Weltkrieges (vgl. Lemberg 1992). Mit dem Dayton-Abkommen für Bosnien-Herzegowina von Ende 1995 und der NATO-Intervention in Rest-Jugoslawien vom Frühjahr 1999 zeichnete sich erstmals eine Kehrtwende ab. Die ›ethnischen Säuberungen‹ konnten damit zwar nicht verhindert, aber partiell rückgängig gemacht werden.

Zusammenfassung und Schlussfolgerungen

Die bisherigen Ausführungen lassen sich knapp in drei Punkten zusammenfassen:

1. Die Balkanstaaten verstehen sich nicht als ethnisch neutrale oder transethnische Herrschaftsräume zum Schutz des Allgemeinwohls der Bürger, sondern als Staaten einer ethnisch (nach dem *ius sanguinis*) definierten Titularnation. Dessen ungeachtet sahen sie sich im Zuge der Staatsgründung und -expansion genötigt, eine Vielzahl von Menschen als Staatsangehörige (gemäß *ius soli*) zu akzeptieren, die sie lieber heute als morgen

losgeworden wären. In der Regel (unter Vernachlässigung aller Details) wird die Staatsangehörigkeit durch Abstammung, Geburt im betreffenden Staat, durch Einbürgerung oder als Folge internationaler Abkommen erworben.

2. Obwohl alle Staatsangehörigen formalrechtlich gleichgestellt werden mussten und gleichgestellt wurden, bestand in allen Balkanländern das Bestreben, die Staatsbürgerschaft als Vollmitgliedschaft faktisch auf Angehörige der eigenen Nation zu beschränken. Der Grundsatz der Gleichheit wurde durch eine Flut von Einzelgesetzen unterlaufen.

3. Die Exklusionsmechanismen richteten sich nicht gegen Einwanderer oder Asylanten (zumal die Immigration im 20. Jahrhundert – im Unterschied zum 19. Jahrhundert und im Gegensatz zu den Flucht- und Vertreibungswellen seit der jeweiligen Staatsgründung – keine Rolle mehr spielte), sondern gegen alteingesessene Bewohner, sofern sie nicht der Titularnation angehörten. Sie richteten sich nicht gegen Fremde, sondern gegen Einheimische bzw. gegen Gruppen, die oft seit Jahrhunderten auf dem fraglichen Territorium lebten. Betroffen waren in erster Linie Muslime und Juden, später auch Angehörige der christlichen Nachbarvölker (von Roma und Sinti ganz zu schweigen). Sie wurden in vielfältiger Weise diskriminiert oder – sofern sich eine Gelegenheit bot – ausgesiedelt und vertrieben.

Welche Schlussfolgerungen ergeben sich aus diesen grob skizzierten Tatbeständen?

1. Thomas H. Marshall hat den Staatsbürgerstatus in drei Bestandteile gegliedert: das bürgerliche, das politische und das soziale Element. Er betont, dass diese Gliederung eher durch die Geschichte (genauer gesagt: durch die englische Geschichte) als durch die Logik bestimmt wird (Marshall 1992, S. 40). Folgt man der Geschichte über den Rahmen Englands hinaus, so bleibt die Dreiteilung unbefriedigend. Für Marshall spielt die Ethnizität der Staatsbürger (und Staaten) keinerlei Rolle. Dies entsprach der Realität bis ins 19. Jahrhundert hinein. Einige Länder, insbesondere die zu diesem Zeitpunkt bereits konsolidierten Staaten, führten die Tradition fort. Andere, darunter viele junge Staaten, setzten zum Zweck ihrer Legitimation zunehmend auf die Ethnizität der Bürger. Oft blieb ihnen auch gar keine andere Wahl. In beiden Fällen verstanden sich

die Staaten als Nationalstaaten. Doch gab es einen wesentlichen Unterschied: Im ersten Fall war die Summe der Staatsangehörigen mit der Nation deckungsgleich. Wer Angehöriger des Staates X war, gehörte zur Nation X, denn diese konstituierte sich aus allen Staatsangehörigen bzw. Staatsbürgern. Im zweiten Fall klafften die Summe der Staatsangehörigen und die Nation auseinander, da nicht alle Staatsangehörigen Mitglieder der Titularnation waren. Daraus ergaben sich Unterschiede im Verhältnis von Staat zu Staatsbürger.

2. Für die Ausgestaltung dieses Verhältnisses ist es keineswegs belanglos, wie der Staat definiert wird. In der Definition können implizit Elemente einer Differenzierung unter den Staatsangehörigen enthalten sein. Die (oft in der Präambel untergebrachte) Staatsdefinition dient der Legitimierung und Sinnstiftung; sie appelliert an Gefühle und steht für symbolische Werte. In ihr artikuliert sich die »expressive Funktion« des Rechts. Der Staat einer (ethnisch basierten) Titularnation ist *per definitionem* nicht der Staat seiner Minderheiten, selbst wenn diese weitgehende Sonderrechte genießen und bei der Realisierung von Marshalls drei Elementen des Staatsbürgerstatus völlig gleich behandelt werden. Es bleibt ein Unterschied in der (kollektiven) Identifikation bestehen. Während sich die Mitglieder der Titularnation mit »ihrem« Staat, seinen Symbolen, Feiertagen, Denkmälern und sonstigen Inszenierungen identifizieren können, bleiben die Angehörigen der Minderheit(en) davon ausgeschlossen. Sie sind zwar Staatsbürger im rechtlichen Sinn (und können günstigenfalls auch ihre kollektiven Minderheitssymbole pflegen), aber die Identifikation mit dem Staat der Titularnation bleibt ihnen verwehrt. Die Barrieren zur ethnischen Staatsnation sind unüberwindbar: Denn die Abstammung kann man sich weder wählen, noch kann man sie verändern oder ablegen. Der Grad der Identifikation mit oder der Ablehnung des Staates durch die Bürger hat Auswirkungen auf deren Loyalität. Wo diese bezweifelt werden kann oder muss, reagiert der Staat i. d. R. mit einer Beschneidung der Bürgerrechte und erreicht damit das, was er verhindern wollte: eine weitere Abnahme der Loyalität. Die jüngsten Tragödien im früheren Jugoslawien bieten dafür reichhaltiges Anschauungsmaterial.

3. Die Staatsangehörigkeit definiert ein »gegenseitiges Rechtsverhältnis öffentlich-rechtlicher Natur zwischen Individuum und Staat« (Kunz 1925, S. 8) und weist neben individuellen auch korporative Züge auf. Die Glaubensfreiheit zum Beispiel wird problematisch, wenn dem Individuum zwar das Bekenntnis zu seiner Religion erlaubt, das gemeinschaftliche

Praktizieren des Bekenntnisses im Rahmen einer Glaubensgemeinschaft dagegen verboten ist. Nicht viel anders verhält es sich mit dem Gebrauch der Muttersprache oder der Pflege kultureller Traditionen. Es handelt sich um individuelle Rechte, die erst in Interaktion mit anderen Individuen – und somit als Gruppenrecht – Realität werden. Das Recht auf Sprache ohne das Recht auf Kommunikation in einer Gruppe ist sinnlos. Auch die Versammlungs- und Vereinsfreiheit wird weitgehend gegenstandslos, wenn gerade diejenigen Vereine, die für die Identität des Individuums einen herausragenden Stellenwert besitzen, verboten sind (z.B. Vereine oder Parteien auf ethnischer Grundlage). Vereinsfreiheit kann nie ausschließlich ein individuelles Recht sein. Sie ist immer auch das Recht der Gruppe, die sich zum Verein konstituiert. Mit anderen Worten: Die Vorstellung, Staatsbürger- bzw. Grundrechte könnten von Gruppenrechten scharf getrennt werden, ist eine Fiktion.

4. Das Staatsbürgerrecht auf Gruppenidentität ist nicht identisch mit dem Minderheiten(schutz)recht. Denn zum einen geht es nicht ausschließlich um Minderheiten (wie immer diese definiert sein mögen), sondern um ein staatsbürgerliches Grundrecht, das für Angehörige aller ethnischen Gruppen (von der Mehrheitsnation über anerkannte bis zu nicht anerkannten Minderheiten) gleichermaßen gilt. Zum anderen enthält der Begriff ›Minderheit‹ eine diskriminierende Komponente, die in einem Spannungsverhältnis zum Gleichheitsgebot für alle Staatsbürger steht. Wo die Summe aller Staatsangehörigen als Nation verstanden und von den Bürgern als solche angenommen wird, ist ein spezielles Gruppenrecht der hier angesprochenen Art überflüssig. Wo dagegen diese Akzeptanz nicht gegeben ist, oder wo die Summe der Staatsbürger und die Nation auseinander fallen, kann es zu einer (wenn schon nicht formalen, so doch) faktischen Ungleichbehandlung der Staatsangehörigen kommen: zu einer Differenzierung zwischen Staatsbürgern als Vollmitgliedern und Staatsangehörigen als »Bürgern zweiter Klasse«[2].

5. Das aus internationalen Verträgen abgeleitete Minderheitenschutzrecht resultiert nicht aus dem Staatsbürgerstatus, sondern ist ein Sonderrecht, das oft schon deshalb auf Vorbehalte stößt, weil es von außen erzwungen wurde und als Eingriff in die jeweilige Souveränität interpretiert wird. Dieses Sonderrecht setzt voraus, dass der betreffende Staat die Existenz der Minderheit anerkennt. Tut er dies nicht, entsteht ein Schutzvakuum. Griechenland z.B. erkennt (mit Ausnahme der – ethnisch umstrittenen – Muslime in Westthrakien) keine Minderheiten auf seinem

Territorium an, ebenso wenig wie die Türkei – mit Ausnahme der Personen griechisch-orthodoxer Konfession. In beiden Fällen erfolgt die Bestimmung des Staatsvolkes – ähnlich wie in Frankreich – unter Zugrundelegung eines formalen Begriffs der Staatsangehörigkeit. In den türkischen Verfassungen von 1961 und 1982 heißt es unmissverständlich: »Jeder, den mit dem Türkischen Staat das Band der Staatsangehörigkeit verbindet, ist Türke.« (zit. nach Rumpf 1993, S. 467) Unter türkischen Staatsbürgern kann es daher logischerweise keine ethnischen Minderheiten geben. Und da es keine Minderheiten gibt, können diese auch nicht diskriminiert werden; ihr Schutz erübrigt sich. Das ist die einfache Logik: Wo nichts ist, ist nichts.

Während Staatsnationen dazu tendieren, Unterschiede der Ethnizität zu ignorieren, neigen Ethnonationen dazu, die auf ihrem Territorium lebenden Mitglieder anderer ethnischer Zuordnung für das eigene Volkstum zu vereinnahmen. So wurden z.B. die auf bulgarischem Territorium lebenden Türken wiederholt zu ›eigentlichen‹ Bulgaren erklärt, die infolge ungünstiger historischer Konstellationen (»türkisches Joch«) eine ›falsche‹ Konfession, eine ›falsche‹ Sprache, eine ›falsche‹ Identität und ›falsche‹ Personennamen erworben hatten. Da sie ihrer Abstammung nach Bulgaren seien, könnten oder müssten diese ›Fehler‹ korrigiert werden, z. B. durch Umtaufen, sprachliche Umerziehung und Namensänderungen, denen irgendwann auch das ›richtige‹ Identitätsbewusstsein folgen würde. Ähnlich erging es vielen Minderheiten in den anderen Balkanstaaten.

6. Staatsbürgerrechte, die die Bewahrung ethnischer und/oder regionaler (Mehrfach-)Identitäten explizit oder implizit ausschließen bzw. deren Pflege nur auf Angehörige der Titularnation beschränken, passen nicht mehr in unsere von vielfältigen grenzüberschreitenden Migrationen geprägte Welt. Im Balkanraum mit seinen komplizierten ethnischen Gemengelagen passten sie von Anfang an nicht. Sie behinderten die Gleichheit aller Staatsbürger und erschwerten bzw. vereitelten den Aufbau zivilgesellschaftlicher Strukturen.

Anmerkungen:

1 Die Vereinten Nationen gingen nach dem Zweiten Weltkrieg noch einen Schritt weiter. Sie ließen das Minderheitenschutzrecht zugunsten einer umfassenden Gewährleistung von Grundfreiheiten und Menschenrechten gänzlich fallen. Im April 1950 veröffentlichte der Generalsekretär der UN ein Gutachten über das Minderheitenschutzrecht der Völkerbundsära. »Darin befindet sich die bemerkenswerte Schlussfolgerung, die bisherigen Minderheitenschutzverträge (in Mittelost- und Südosteuropa) seien schon deshalb obsolet, weil die in ihnen geschützten Minderheiten nicht mehr bestünden. Auf die nahe liegende Frage, wodurch diese Minderheiten zum Verschwinden gebracht worden waren, nämlich durch Völkermord und Austreibung sowie durch völlige Entrechtung und Denationalisierung der in der Heimat Verbliebenen, ging die Studie überhaupt nicht ein.« (Kimminich 1985, S. 23)

2 »Entgegen den ansonsten rechtsstaatlichen und demokratischen Tendenzen des Völkerrechts privilegieren Staaten Gruppen ihrer staatsangehörigen Bevölkerung aus religiösen, rassischen oder nationalen Gründen durch Aktivrecht und scheiden damit andere Gruppen aus dem politischen Prozess bewusst aus.« (Grawert 1984, S. 199)

Literatur:

Beitzke, Günther (1954): Das Staatsangehörigkeitsrecht von Albanien, Bulgarien und Rumänien, Frankfurt/Main (Sammlung geltender Staatsangehörigkeitsgesetze 5).

Bendermacher-Geroussis, Aemilios (1956): Das Staatsangehörigkeitsrecht von Griechenland, Frankfurt/Main/Berlin (Sammlung geltender Staatsangehörigkeitsgesetze 16).

Berliner Kongress 1878 (1978): Protokolle und Materialien, hg. von Imanuel Geiss, Boppard am Rhein.

Boeckh: Katrin (1996): Von den Balkankriegen zum Ersten Weltkrieg. Kleinstaatenpolitik und ethnische Selbstbestimmung auf dem Balkan, München (Südosteuropäische Arbeiten 97).

Brubaker, Rogers (1994): Staats-Bürger. Deutschland und Frankreich im historischen Vergleich, Hamburg.

Chasanowitsch, Leon/Motzkin, Leo (Hg.) (1919): Die Judenfrage in der Gegenwart, Stockholm.

Convention (1925) Concerning the Exchange of Greek and Turkish Populations and Protocol. Signed at Lausanne, January 30, 1923, in: League of Nations Treaty Series 32, S. 75–87.

Dungern, Freiherr von (1914): Die Bukarester Friedenskonferenz, in: Jahrbuch des Völkerrechts. Bd. 2/Abt. 2, München/Leipzig, S. 245–268.

Djordjevic, Dimitrije (1989): Migrations during the 1912–1913 Balkan Wars and World War One, in: Ivan Ninic (Hg.): Migrations in Balkan History, Belgrad, S. 115–129.

Ermacora, Felix (1978): Die Unabhängigkeit Bulgariens und die ersten Schritte zum Minderheitenschutz in Südosteuropa, in: Mitteilungen des Bulgarischen Forschungsinstituts in Österreich, Jg. 1 , Bd. 1, S. 31–42.

Filos, Altana (1994): Die rechtliche Stellung der Minderheiten in Griechenland, in: Jochen A. Frowein/Rainer Hofmann/Stefan Oeter (Hg.): Das Minderheitenrecht europäischer Staaten, Teil 2, Berlin u. a., S. 61–82.

Grawert, Rolf (1984): Staatsangehörigkeit und Staatsbürgerschaft, in: Der Staat. Zeitschrift für Staatslehre, Öffentliches Recht und Verfassungsgeschichte, Jg. 23, H. 2, 179–204.

Hering, Gunnar (1992): Die politischen Parteien in Griechenland 1821–1936. 2 Teile, München (Südosteuropäische Arbeiten 90.1 und 90.2).

Höpken, Wolfgang (1996): Flucht vor dem Kreuz? Muslimische Emigration aus Südosteuropa nach dem Ende der osmanischen Herrschaft (19./20. Jh.), in: Comparativ, 6. Jg., H.1, S. 1–24.

Jahrbuch des Völkerrechts (1914), hg. von Th. Niemeyer und K. Strupp. 2. Bd.: Abt. 1: Urkunden. München/Leipzig.

Kimminich, Otto (1985): Der Schutz ethnischer Minderheiten in Westeuropa, in: G. Brunner u. a. (Hg.): Minderheitenschutz in Europa, Heidelberg.

Kunz, Josef L. (1925): Die völkerrechtliche Option, Band 1, Breslau (Handbücher des Ausschusses für Minderheitenrecht. Erste Folge).

Ladas, Stephen (1932): The Exchange of Minorities. Bulgaria, Greece and Turkey, New York.

Lemberg, Hans (1992): ›Ethnische Säuberung‹: Ein Mittel zur Lösung von Nationalitätenproblemen?, in: Aus Politik und Zeitgeschichte. Beilage zur Wochenzeitung »Das Parlament« B 46/92 v. 6.11.1992, S. 27–38.

Marshall, Thomas H. (1992): Bürgerrechte und soziale Klassen, Zur Soziologie des Wohlfahrtsstaates, Frankfurt/Main/New York (Theorie und Gesellschaft 22).

Report of the International Commission to Inquire into the Causes and Conduct of the Balkan Wars (1914). Ed. Carnegie Endowment for International Peace, Aylesbury Bucks.

Rosen, F. (1984): Bentham's Constitutional Theory and the Greek Constitution of 1822, in: Balkan Studies, Jg. 25, S. 31–54.

Rumpf, Christian (1993): Die rechtliche Stellung der Minderheiten in der Türkei, in: Jochen A. Frowein/Rainer Hofmann/Stefan Oeter (Hg.): Das Minderheitenrecht europäischer Staaten, Teil 1, Berlin u. a., S. 448–500.

Schätzel, Walter (1962): Internationales Staatsangehörigkeitsrecht, Bonn.

Schätzel, Walter (1927): Die Regelung der Staatsangehörigkeit nach dem Weltkrieg. Eine Materialsammlung, Berlin (Stilkes Rechtsbibliothek 65).

Seeler, Hans-Joachim (1956): Das Staatsangehörigkeitsrecht von Jugoslawien. Frankfurt/Main/Berlin (Sammlung geltender Staatsangehörigkeitsgesetze 17).

Starr, Joshua D. (1941): Jewish Citizenship in Rumania 1878–1940, in: Jewish Social Studies, Jg. 3, H. 1, S. 57–80.

Streit, Georg (1929): Der Lausanner Vertrag und der griechisch-türkische Bevölkerungsaustausch, Berlin.

Sundhaussen, Holm (1989): Historische Statistik Serbiens 1834–1914. Mit europäischen Vergleichsdaten, München (Südosteuropäische Arbeiten 87).

Sundhaussen, Holm (1996): Bevölkerungsverschiebungen in Südosteuropa seit der Nationalstaatswerdung (19./20. Jahrhundert), in: Comparativ, 6. Jg., H. 1, S. 25–40.

Ustavi i vlade (1988): Ustavi i vlade kne’evine Srbije, kraljevine Srbije, kraljevine SHS i kraljevine Jugoslavije (1835–1941), Beograd.

Viefhaus, Erwin (1960): Die Minderheitenfrage und die Entstehung der Minderheitenschutzverträge auf der Pariser Friedenskonferenz 1919. Eine Studie zur Geschichte des Nationalitätenproblems im 19. und 20. Jahrhundert, Würzburg (Marburger Ostforschungen 11).

Welter, Beate (1989): Die Judenpolitik der rumänischen Regierung 1866–1888, Frankfurt/Main.

Wolloch, Erwin (1988): Die geschichtliche Entwicklung des Staatsangehörigkeitsrechts in Rumänien, Frankfurt/Main u. a.

Zelepos, Ioannis (2000): Die »Megali idea« von 1870 bis 1912. Die Ethnisierung griechischer Identität und die Rolle von Staat und privaten Akteuren in der Nationalen Frage, Diss. FU Berlin (im Druck).

Die Türkei, der Libanon und Israel

Staatsbürgerschaft bei den drei ›europäischen‹ Erben des Osmanischen Reiches im muslimischen Vorderen Orient

Günter Seufert

Ist es sinnvoll, gerade diese drei Staaten zusammen zu betrachten, trennt sie nicht viel mehr, als sie verbindet? Was kann ein solcher Überblick zum Verständnis von Staatsbürgerschaft, ihrer unterschiedlichen Dimensionen und Funktionen zutage fördern? Und: Wie rechtfertigt sich die Einbeziehung der Levante in ein Buch über Staatsbürgerschaft in Europa? Die Antworten auf alle diese Fragen sind eng miteinander verbunden, und oft scheint die Beantwortung der einen die Beantwortung der anderen vorauszusetzen.

Europa im Orient

Auf den ersten Blick fällt der von allen drei Staaten vorgetragene Anspruch auf, in Fragen des politischen Systems Europa näher zu stehen als den eigenen Nachbarn. ›Die einzige funktionierende Demokratie im Nahen Osten‹ – so lautet der Titel, den jedes dieser Länder gerne für sich in Anspruch nimmt. Sowohl in der Türkei als auch im Libanon und in Israel wurde zu unterschiedlichen Zeiten immer wieder behauptet, man sei das einzige Land des Nahen Ostens, das über ein langlebiges und relativ erfolgreiches parlamentarisches System verfüge und auf reiche Erfahrung in Sachen Demokratie zurückblicken könne. Es ist bereits ihr gemeinsamer Gestus, Europa im Orient zu repräsentieren, der es auf einer legalistischen und normativen Ebene rechtfertigt, die Frage zu stellen, wie sich die Auffassungen von Staatsbürgerschaft in diesen Ländern zu denen verhalten, die in Europa herrschen.

Wichtiger als der bloße Anspruch ist jedoch, wie diese Behauptung sich jeweils ableitet, wer ihre Trägergruppen sind und wie deren Selbstverständnis den Charakter und die *Raison d'être* des Staates prägt. Tatsächlich fallen die Antworten darauf in jedem Land ganz unterschiedlich aus. Doch bei der Frage danach, wer die internen und externen Kräfte sind, *gegen* die die eigene europäische Dimension durchzusetzen bzw. aufrechtzuerhalten ist, finden sich plötzlich ganz ähnliche, ja fast gleich lautende Antworten. Sie kreisen um Begriffe wie ›muslimischer Orient‹, ›Islam und Arabertum‹, ›Stagnation und Zurückgebliebenheit‹. Darauf möchte ich zunächst eingehen.

Erreichen des europäischen Zivilisationsniveaus

Seit ihrer Gründung 1923 hat sich die Türkei dem »Erreichen des modernen Zivilisationsniveaus« verschrieben, und ›modern‹ hieß damals ›europäisch‹. Sei es die Abschaffung des Sultanats und die Gründung der Republik; die Aufhebung des Kalifats, der obersten geistlichen Autorität der Muslime; oder die laizistischen Reformen, die die Religion, wie es oft ebenso falsch wie euphemistisch heißt, »aus dem öffentlichen Leben verdrängten«: Alle diese Maßnahmen dienten dazu, Staat und Gesellschaft nach europäischem Vorbild umzugestalten. Die Einführung des lateinischen Alphabets, das Verbot der Nutzung arabischer Lettern in Presse und Buchdruck, die ›Sprachreinigung‹ genannte weitgehende Ausmerzung arabischer und persischer Wörter und die Neuschaffung türkischer Äquivalente – all das diente zusammen mit dem circa 20 Jahre währenden Verbot jeglicher religiöser Unterweisung außerhalb der Familie dem Ziel, die Erinnerung an das islamische Erbe und die kulturellen Bande mit den muslimischen Nachbarn zu durchtrennen. Der *tatsächliche* Träger dieser Europäisierungsanstrengungen war die westlich ausgebildete Elite des Militärs und der Bürokratie, die seit den Tagen der Jungosmanen und später der Jungtürken die Geschicke des damals noch osmanischen Staates bestimmte. Der *ideelle* Träger der Europäisierung in der Republik war jedoch die Türkische Nation, die als kulturell und sprachlich einheitliche und säkulare Nation aus dem multilingualen und multireligiösen Osmanischen Reich hervorgehen sollte. Die Europäisierung des Landes erschien als der einzige Weg zur Schaffung der Nation und zur Erfüllung ihrer historischen Bestimmung, der Sicherung der Republik. Nation und Staat sind auf diese Weise schicksalhaft miteinander verbunden. Nur die säkulare türkische Nation sichert den modernen Staat, und nur der moderne

Staat vermag es, die säkulare Nation hervorzubringen und zu bewahren. So sehr die Figur des Staatsgründers Atatürk ihre Größe aus ihren einsamen Entscheidungen gewinnt, so sehr gilt der Weg, den die Türkei unter Atatürks Führung eingeschlagen hat, doch gleichzeitig als die Erfüllung der historischen Bestimmung von Land und Volk. Unter diesem Blickwinkel erscheint die europäische Dimension im Selbstverständnis der Türkei nicht als eine unter anderen, sondern als die *zentrale* Vorgabe für die Existenz des Staates.

Ein christlicher Staat unter europäischem Schutz

Die Gründung des Groß-Libanon im Jahre 1920 wurde von den verschiedenen muslimischen Konfessionen, die auf seinem Territorium lebten, sowie von der arabischen Nationalbewegung in Damaskus kompromisslos abgelehnt. Sowohl den Gegnern des neuen Staates als auch denen, die ihn befürworteten und verwirklichten, nämlich Frankreich und die mit Rom unierte maronitische Kirche, war klar, dass die Konstituierung eines solchen Staates nur das Werk einer europäischen Macht sein konnte. Groß-Libanon wurde als ›Staat der Maroniten‹ gegründet und sollte auch den anderen Christen des Orients als Heimstatt dienen.

Französische Orden, in erster Linie Jesuiten und Lazaristen, waren seit Jahrhunderten unter den Christen des Libanon aktiv. Bereits vor dem Ersten Weltkrieg bestanden im begrenzten Territorium des Libanon etwa 80 französische Schulen, die circa 40000 Schüler hatten. Für viele libanesische Christen hatte das Französische das Arabische als erste Sprache abgelöst. Die Maroniten fühlten sich Frankreich, der im Orient tonangebenden katholischen Macht, sehr nahe. (Seinen strikten Laizismus wandte Frankreich nur zu Hause an, außenpolitisch unterstützte der französische Staat katholische Mission und Bildungsarbeit, vgl. Zamir 1988, S. 39). Als Einwohner des Gebietes mit der größten christlichen Besiedelungsdichte des Nahen Ostens wähnten sie sich der muslimischen Bevölkerung fern und ihr gleichzeitig überlegen.

Die Schwäche des Osmanischen Reiches hatte bereits im 18. Jahrhundert dazu geführt, dass europäische Mächte sich zu Schutzherren seiner christlichen Bevölkerung aufschwingen konnten. Schon der direkte Vorläufer des neuen libanesischen Staates, der noch unter osmanischer Oberherrschaft stehende Autonome Sandschak (Verwaltungsbezirk), war nur auf Drängen der europäischen Mächte Frankreich, England, Russland, Österreich und Preußen zustande gekommen. Er wurde 1861 aus den primär maronitisch besiedelten Gebieten des Libanon-Gebirges gebildet und bestand bis 1915. Anlass für die Errichtung des Sandschaks waren die Verluste unter den Christen während der regionalen Bürgerkriege 1841, 1845 und besonders 1860, als innerhalb von wenigen Wochen mehr als 10 000 Christen Opfer von Massakern ihrer muslimischen (primär drusischen) Nachbarn wurden. In ähnlicher Weise reagierte Frankreich mit der Errichtung des libanesischen Staates 60 Jahre später *auch* auf die bedrohliche Lage der Christen des Osmanischen Reiches während des Ersten Weltkrieges und auf die Armeniergräuel, die im Februar 1920 während des türkischen Unabhängigkeitskrieges nach dem Rückzug der Franzosen aus Zilizien in der anatolischen Stadt Marasch verübt wurden. Aus Sicht der Maroniten stand außer Frage: ohne französischen Schutz kein libanesischer Staat, und ohne libanesischen Staat keine Sicherung christlicher Souveränität oder wenigstens christlicher Mitbestimmung im Land.

Die nationale Heimstatt der Juden

Als David Ben Gurion 1948 den Staat Israel ausrief, waren mehr als 80% seiner jüdischen Einwohner Migranten aus Europa oder deren Nachfahren. 1882 hatte die jüdische Einwanderung nach Palästina begonnen, ausgelöst von der Verfolgung der Juden in Osteuropa. Von den Immigranten, die zwischen 1919 und 1948 nach Palästina gelangten, kamen fast 70% aus europäischen Ländern. Der Zionismus war eine Antwort auf den europäischen Antisemitismus; er trieb Europäer nach Palästina und ließ sie dort zu den Gründervätern und später zur gesellschaftlichen Elite eines neuen Staates werden. So sehr dessen Errichtung auch das Werk dieser Gruppen war, so sehr trug europäische, besonders britische Kolonialpolitik die Verantwortung für die Schaffung der notwendigen Bedingungen in der Region. Anders als die von politischem Willen gekürte und ideologisch vermittelte europäische Dimension von Staat und Gesellschaft in der Türkei und anders auch als die realpolitisch instrumentalisierte religiöse Nähe des Libanon zu Europa, waren die europäischen Dimensionen Israels konkret: Sie bestanden in den europäischen Wurzeln des für die Geschicke des Landes maßgeblichen Teils seiner Bevölkerung. Deshalb verstand sich die Heimstatt der Juden als Staat mit europäisch-westlichen politischen Grundsätzen und Verfassungsnormen.

Auch in Israel ist es der moderne Staat, ohne dessen Institutionen die Nation nicht gelingen kann, eine Nation, die hier aus der Transformation einer in alle Welt zerstreuten Glaubensgemeinschaft erwächst. Auch in Israel entstanden deshalb Staat und Nation gleichzeitig. Die Gegner und Opfer des neuen Staates, die in Palästina ansässigen muslimischen Araber, entwickelten erst durch die Konfrontation mit dem Staat Israel und der ihn tragenden ›jüdischen Nation‹ die Vorstellung von eigener nationaler Identität und den Wunsch nach einem eigenen palästinensischen Staat.

Das Überleben des neuen Staates hing und hängt primär von drei europäisch-westlichen Komponenten ab: von der Gründung eines modernen, rationalen und leistungsfähigen Staatsapparats, dessen Produktivität und Stärke allein es erlaubt, sich gegen die übermächtigen muslimisch-arabischen Nachbarn zu behaupten; vom direkten finanziellen, diplomatischen und militärischen Beistand des Westens und von der anhaltenden Einwanderung jüdischer Gruppen, die den fragilen Staat zu schultern in der Lage sind.

Traumata, Nation und die Mission von Staaten

Sei es hinsichtlich der Errichtung eines effektiven und modernen Staates und/oder eines Nationalstaates, oder sei es hinsichtlich der diplomatischen und militärischen Ausrichtung und Anbindung an Europa und die westliche Welt – die ›europäische‹ Orientierung ist in allen drei Fällen auf das Erlangen von Stärke ausgerichtet und dient der Abwehr einer nahöstlichen, arabisch-muslimischen Umgebung, die in vielfältiger Weise als politische und militärische, religiöse und zivilisatorische Bedrohung wahrgenommen wird.

Unterhalb dieser eher konkreten Bedrohung der *Staaten* verbergen sich jedoch in allen Fällen ältere Traumata und ›Verwundungen‹ des jeweiligen ›Volkskörpers‹, der Entität, die als ›ethnical core‹ der neuen Staaten verstanden wird: der ›muslimischen Türken‹, ›der orientalischen Christen‹ und ›der Juden‹. Man denke an die Vertreibung und das Elend der Muslime des Osmanischen Reiches auf dem Balkan, die nach dem Rückzug des Reiches auf sein anatolisches Kernland als ›Türken‹ mit den ehemaligen Herrschern identifiziert wurden und in der Türkei Zuflucht fanden, sowie an die alliierte Besetzung Anatoliens nach dem Ersten Weltkrieg. Auf die Massaker an den Christen im Libanon und die Gräuel der Jungtürken an den Armeniern wurde bereits hingewiesen. Antisemitismus und Holocaust stehen für die Ideologie der Entmenschlichung und für den Akt der Vernichtung an sich.

Ohne die Unterschiede und das Ausmaß der Tragödien zu verschleiern, kann festgestellt werden, dass die Staatsgründung in allen drei Fällen verklärt wird durch einen Diskurs, der den Staat zum Refugium einer bestimmten Gruppe macht, ihn für den Schutz, Erhalt und die Entwicklung dieser Gruppe verantwortlich erklärt und ihm damit eine nahezu absolute, nicht hinterfragbare Sinnsetzung und Mission verleiht, eine Haltung, die geeignet ist, dem Charakter des Staates und dem Handeln seiner Institutionen ihren Stempel aufzudrücken.

Die Einordnung der Gruppen, um derentwillen der Staat jeweils gegründet wurde, in gängige Kategorien wie Konfession, Religion, Ethnie und Nation fällt deshalb schwer, weil in allen Fällen mehr oder weniger stringente und mehr oder weniger erfolgreiche Strategien angewandt werden, Konfessionen und Religionsgruppen in Nationen zu überführen und diese als legitimatorisches Fundament des Staates zu nutzen.

Die ideologische Bindekraft und die legitimatorische Stärke des Konzepts der staatstragenden Gruppe (Nation, Ethnie, Konfession) resultiert daraus, dass die Gemeinschaften, die gerettet werden sollen, real und imaginär zugleich sind. Real sind sie als Gemeinschaften von Leid und Verfolgung, die in der Regel in die Zeit vor der Staatsgründung fallen. Sobald die in der Verfolgung exekutierte Fremdzuschreibung einheitlicher Identität jedoch vom ›eigenen‹ Staat anerkennend nachvollzogen und autoritativ postuliert wird, auf dass eine Gemeinschaft entstehe, die ihn legitimiere und die deshalb jetzt tatsächlich kulturelle Einheitlichkeit aufweisen soll, rückt das Imaginäre der Gemeinschaft, die auf diese Weise ein zweites Mal gestiftet wird, in den Vordergrund. Einige Beispiele mögen verdeutlichen, was gemeint ist: Die Verfolgung serbokroatisch sprechender Muslime als ›Türken‹ auf dem Balkan nach dem Rückzug des Osmanischen Reiches macht aus denen von ihnen, die in der Türkei Zuflucht fanden – oder aus ihren Nachkommen –, noch nicht automatisch ›ethnische Türken‹, auf die sich der Staat zweifelsfrei berufen könnte, wenn er in seiner Verfassung von 1982 schreibt, dass »als Muttersprache aller Staatsangehörigen nur Türkisch gelehrt« werden dürfe.

Oder: Der europäische Antisemitismus und die alles Denkbare übersteigenden Verbrechen des deutschen Nationalsozialismus an den europäischen Juden können die davon unterschiedene Geschichte der Juden in muslimischen Ländern, die solche Tragödien nicht kennt, nicht vergessen lassen. Die von Europa unterschiedlichen historischen Erfahrungen der orientalischen Juden, deren Lage in muslimischen Ländern oft erst durch die Gründung Israels bedrohlich wurde, stellen sich der griffigen Selbstdefinition von Israel als dem vorbestimmten Zufluchtsort eines immer und überall mit Vernichtung bedrohten Judentums entgegen (vgl. Shohat 1999). Gerade die Erfahrungen dieser Gruppe, die heute einen wesentlichen Anteil an der jüdischen Bevölkerung Israels hat, betonen die orientalischen und arabischen Dimensionen auch der heutigen *jüdisch*-israelischen Bevölkerung und können dazu beitragen, den kulturellen und identitären Raum für einen Ausgleich Israels mit den Palästinensern zu schaffen.

Oder: Inwieweit instrumentalisierte das Begehren der mit Rom unierten Maroniten nach einem eigenen Staat und nach der Schaffung einer libanesischen Nation, deren Kern nur sie selbst sein konnten, die Gemeinden der griechisch-orthodoxen libanesischen Christen, die zwar ebenfalls nicht von Übergriffen verschont geblieben waren, die sich jedoch immer als Araber verstanden hatten und für die ein Ausgleich mit den arabischen Muslimen leichter möglich gewesen wäre?

Staatsangehörigkeit und Staatsbürgerschaft im programmatischen Staat

Sowohl für die historische Entwicklung von Staatsbürgerschaft als auch zum Zwecke der genaueren Analyse derjenigen Rechte, welche die Staatsbürgerschaft im jeweils gegebenen Land nun tatsächlich mit sich bringt, scheint es sinnvoll, verschiedene Modelle von Staatsbürgerschaft zu unterscheiden. Im Englischen differenziert die entsprechende Literatur zwischen ›denizen‹ und ›citizen‹. Ein ›denizen‹ (Bewohner) hat das Recht zum Aufenthalt und genießt in der Regel zivile Rechte, ein ›citizen‹ jedoch kann darüber hinaus von politischen Rechten Gebrauch machen (Turner 2000, S. 33). Die so getroffene Unterscheidung ist jedoch gleichzeitig eine juristische. So sind Einwanderer mit Aufenthaltserlaubnis ›denizen‹ und stehen deshalb per definitionem nicht für eines von verschiedenen Modellen von Staatsbürgerschaft, sondern haben einen eigenen rechtlichen Status. Eine andere – nicht primär eine rechtliche, sondern eine politische – Unterscheidung, die sich hier besser eignet, ist jene zwischen ›passport citizenship‹, die zum Aufenthalt berechtigt, und ›democratic citizenship‹, die volle politische Partizipation gewährt. Sie wurde zur Beschreibung der Situation in Israel entwickelt und nimmt auf die arabischen Begriffe ›jinsiyya‹ und ›muwatana‹ Bezug (Davis 2000, S. 53). Obwohl im Deutschen die Unterscheidung so nicht getroffen wird, benutze ich hier – der Konnotation der Begriffe folgend – Staatsangehörigkeit für ›passport citizenship‹ und Staatsbürgerschaft für ›democratic citizenship‹. Es handelt sich dabei nicht um eine juristische Unterscheidung, sondern um eine Bezeichnung des unterschiedlichen Grades jeweils tatsächlich gewährter Rechte in einem Land.

In diesem Sinne erfolgt die Fixierung von *Staatsangehörigkeit* in den Gesetzen, die bestimmen, wer Inhaber eines ordentlichen Passes ist und wer nicht, und außerdem in der dazugehörigen behördlichen Praxis. Die Fixierung von *Staatsbürgerschaft* – gedacht als weitestgehende Gewährung von zivilen, politischen und sozialen Rechten – erfolgt nicht in einem bestimmten Gesetz, sondern ist aus wesentlichen Gesetzestexten, gängiger institutioneller Praxis und offizieller Rhetorik des jeweiligen Staates zu erschließen.

Betrachtet man vor diesem begrifflichen Hintergrund die Situation in den drei Staaten, lässt sich feststellen, dass in den Ländern, in denen der Staat im Dienste einer Gruppe der Bevölkerung steht, sich folgende Probleme für die Ausgestaltung von Staatsangehörigkeit und Staatsbürgerschaft nach europäischen Vorlagen stellen:

1. Nicht alle Bürger gehören der Gruppe an, in deren Namen und zu deren ›Erlösung‹ der Staat gegründet wurde.

Die Frage, die sich hier stellt, ist die nach einer diskriminatorischen Praxis sowohl in der Gewährung von Staatsangehörigkeit als auch von Staatsbürgerschaft (gedacht als politische und soziale Rechte) bzw. ihrer Verweigerung.

2. Die Merkmale der privilegierten Gruppe bleiben fraglich, und im Zweifel nutzt der Staat seine Definitionsmacht zur Herstellung zweifelhafter Vorstellungen von Homogenität.

Welche Auswirkungen hat die legitimationsheischende Behauptung des Staates, er sei für die Sicherung der Interessen einer bestimmten kulturellen Gruppe da, für seine Möglichkeiten, diese Gruppe zu definieren und ihre Interessen zu bestimmen? Anders gefragt: Welche Möglichkeiten haben Mitglieder dieser Gruppe, das, was ihre Gruppe ihrer Meinung nach ausmacht, zu bestimmen und entsprechende Interessen durchzusetzen? Hier geht es ausschließlich um die vollständige oder unvollständige Gewährung von Staats*bürgerschaft*.

Als Kern des Problems lässt sich unschwer die Definitionsmacht des Staates identifizieren, die sich immer dann automatisch einstellen muss, wenn es dem Staat gelingt, sich selbst als Repräsentant einer kulturellen Gruppe zu legitimieren. Er wird so leicht keinen anderen neben sich dulden. Unabhängig von der in allen drei Staaten zu beobachtenden Tendenz zur Schaffung imaginärer Gemeinschaften und zur Nutzung dieser Entitäten zur Rechtfertigung von Herrschaft bestehen natürlich große Unterschiede hinsichtlich des Grades, in dem der Staat auf seine Definitionsmacht zurückgreift.

3. Wo die Mitgliedschaft in Religionsgemeinschaften und/oder die Zugehörigkeit zu einer bestimmten ethnischen Gruppe explizite oder implizite Voraussetzung für die Erlangung voller Staatsbürgerrechte ist, bleibt der Staatsbürgerbegriff selbst konturlos.

Dem Begriff Staatsbürgerschaft werden in Europa und der westlichen Welt idealtypisch drei Merkmale zugesprochen, die sich gegenseitig bedingen: Grundlegend ist die Idee der Gleichheit der Staatsbürger vor dem Gesetz, in ihrem Recht auf politische Partizipation, in den Rechten betreffend staatlicher sozialer Sicherung und in ökonomischen Rechten. Nur auf der Grundlage der Gleichheit ist die Vorstellung möglich, die Staatsbürger seien in ihrer Gesamtheit und dabei jeder zu gleichen Teilen *der Souverän des Landes*. Nur mit dieser Dimension wiederum wird der Staatsbürgerbegriff zur Quelle höchster Autorität, die allen anderen übergeordnet ist und diese relativiert, seien es familiäre, kirchlich-religiöse oder institutionell-ethnische Autoritäten, oder sei es die Autorität moderner Institutionen, wie Parteien, Gewerkschaften und Verbände. Die neue soziale Einheit der Staatsbürger (die moderne Staatsnation) steht damit insofern über allen anderen Gemeinschaften und Assoziationen, als sie es ist, die letzten Endes die Handlungsmöglichkeiten des Individuums bestimmt und unbedingte Solidarität einfordert. Nur unter der Maßgabe rechtlicher Gleichheit in den genannten Bereichen und in Verbindung mit Souveränität kann die Institution der Staatsbürgerschaft außerdem die Funktion erfüllen, real bestehende wirtschaftliche und soziale Ungleichheit in modernen Gesellschaften zu kompensieren und sowohl faktisch-funktionale als auch ideologische Bindungskraft zu entwickeln.

Die Bürgerkriege und bürgerkriegsähnlichen Auseinandersetzungen der letzten Jahre und Jahrzehnte in den hier behandelten Ländern machen unschwer deutlich, dass die Institution der Staatsbürgerschaft dort die Funktion sozialer und ideologischer Einbindung nicht erfüllt. Da es Staatsbürgerschaft selbstverständlich auch dort gibt, stellt sich die Frage: Welche Funktion erfüllt sie dann? Die Beantwortung dieser Frage steht im Zentrum der folgenden Ausführungen und bedarf zunächst einer kurzen historischen Rückschau.

Das Osmanische Reich und sein Erbe in den neuen Staaten

Auch wenn sie ohne ihre europäische Dimension undenkbar wären, und auch wenn sie selbst diese Dimension gerne in den Vordergrund rücken, wäre es zu einfach, die drei Staaten einfach beim Worte zu nehmen und ihnen schlicht das Ungenügen in der Erfüllung europäischer Standards zu bescheinigen. Dies würde den historischen Hintergrund ausblenden, der für die Entwicklung eines sich von Europa stark unterscheidenden Staatsbürgerschaftsbegriffs verantwortlich ist. Ein bedeutender Staatsbürgerschaftstheoretiker schreibt:

> »Das Recht auf Staatsbürgerschaft wurde – oft unter großen Opfern – vom Volke in Kämpfen (manchmal auch in Revolutionen) gegen den anhaltenden Widerstand des Staates erstritten.« (Davis 2000, S. 50).

Das Osmanische Reich, der Staat, aus dessen Erbmasse die drei behandelten Staaten hervorgehen, war der erste Staat im muslimischen Nahen Osten, der aus Untertanen ›tebaa‹ Staatsangehörige mit garantiertem Recht auf Leben, Eigentum und später auch auf politische Repräsentation (Staatsbürger) machte. Aber ›ein Kampf des Volkes gegen den Staat‹ hat unter den Osmanen nie stattgefunden. Das Reich versprach erstmals in der Phase der so genannten Neuordnungen ›tanzimat‹, jedem seiner Einwohner die gleichen Rechte zu garantieren wie die Unverletzlichkeit der Person, die Achtung des Eigentums und das Recht zum Erblass. Diese

Phase wurde 1839 eingeleitet. Das Reich machte damit jedoch nicht primär seiner Bevölkerung Zugeständnisse, sondern es reagierte auf den Druck der europäischen Großmächte, die einen rechtlich gesicherten Status für die christlichen Untertanen der Osmanen gefordert hatten. Die Neuerungen der ›tanzimat‹ waren vor allen Dingen auf die Gleichstellung der Christen mit den Muslimen gerichtet und führten u.a. zu folgenden Reformen: Abschaffung der Todesstrafe für den Abfall vom Islam, Einrichtung von Handels- und Strafgerichten, vor denen die Aussage eines Christen genauso viel galt wie die eines Muslimen, Ernennung eines konsultierenden Staatsrates aus Mitgliedern aller Konfessionen, annähernde Sicherung von Wehrgerechtigkeit und Zulassung von Christen und Juden zum Staats- und Militärdienst.

Es waren außenpolitische Ereignisse wie Kriege und militärische Bedrohungen, die im Falle des Osmanischen Reiches den Ausgangspunkt für alle Überlegungen in diese Richtung bildeten, und nicht – wie in Europa – primär innenpolitische Auseinandersetzungen der Art, dass sie innerhalb eines abgesteckten und anerkannten Territoriums ausgetragen werden und keinen direkten Einfluss auf die territorialen Grenzen des Staates haben. Die rechtliche Gleichheit, die im Osmanischen Reich mit der Institutionalisierung von Staatsangehörigkeit erreicht werden sollte, war nicht – wie in Europa – eine Gleichheit zwischen den Angehörigen unterschiedlicher und sich im Konflikt gegenüberstehender Klassen und Schichten wie Feudalherren und Bauern, Adel und Bürgern oder Kapitalbesitzern und Arbeitern. Bei den Osmanen wurden die ersten Schritte in Richtung Staatsangehörigkeit im Hinblick auf eine rechtliche Gleichstellung von Angehörigen unterschiedlicher Religionsgruppen unternommen, konkret: von Muslimen, die sich als »herrschende(s) Nation/Volk« (›millet-i hakime‹) verstanden und den verschiedenen christlichen Kirchen des Reiches sowie den Juden, die als die »beherrschten Nationen/Völker« (›millet-i mahkume‹) galten.

Um die abstrakte Bestimmung von Staatsbürgerschaft weiterzutreiben, schreibt der bereits zitierte Staatsbürgerschaftstheoretiker:

> In den liberalen Demokratien des Westens repräsentiert Staatsbürgerschaft einen anerkannten grundlegenden Anspruch des Einzelnen gegenüber dem Staat, dessen Bürger er ist; das Recht auf gleichwertigen Zugang zu den Ressourcen des Staates, zu seinen zivilrechtlichen Ressourcen (bes. den Gerichten), seinen politischen Ressourcen

(bes. das aktive und passive Wahlrecht), zu seinen sozialen Ressourcen (bes. Fürsorge, Erziehung und Bildung) und zu seinen materiellen Ressourcen (bes. Land, Wasser [hinzufügen ließen sich Arbeitsplätze, G.S.]).« (Davis 2000, S. 50)

Auch im Osmanischen Reich formte sich die Institution der Staatsangehörigkeit aus der immer weitere Bereiche umfassenden prinzipiellen Gleichheit seiner Bewohner. Und doch besteht eine wesenhafte Differenz zu Europa. Sie verbirgt sich im unterschiedlichen Stellenwert des Individuums. Zwar erlangte auch in Europa der Einzelne qua Mitgliedschaft in einer größeren Entität (Stadtbürger, Bauer, Arbeiter) die Staatsbürgerrechte, doch waren diese Gruppen *soziale Einheiten* mit prinzipiell erworbenem Status. In ihnen herrschten prinzipiell egalitäre Beziehungen zwischen Individuen mit relativ gleichem Status innerhalb der Gruppe. Die Entitäten jedoch, über deren Zugehörigkeit der Einzelne im Osmanischen Reich in den Genuss von Staatsangehörigkeitsrechten kam, waren, wie gesagt, *kulturelle Einheiten* (nämlich Religionsgemeinschaften) mit prinzipiell verliehenem Status des Einzelnen, in denen prinzipiell hierarchische Beziehungen der Ober- und Unterordnung bestanden.

Die ungleich stärkere Einbindung des Einzelnen und die relative Konturlosigkeit des Individuums in den kulturellen Einheiten des Osmanischen Reiches erlauben die Aussage, dass unter den Osmanen der Einzelne nahezu ausschließlich über die Zugehörigkeit zu seiner kulturellen Einheit in den Genuss von Staatsbürgerschaft kam und deshalb der Begriff vom Individuum im Osmanischen Reich wesentlich schwächer entwickelt war. Innerhalb eines solchen Systems geht die Tendenz dahin, dass nicht der Einzelne Träger von Rechten ist, sondern die kulturelle Gruppe, der er angehört und über deren rechtliche Gleichstellung allein ihm Rechte zugesprochen werden.

Hinsichtlich der Staatsangehörigkeit und der Staatsbürgerschaft im Osmanischen Reich haben sich deshalb drei Aspekte als entscheidend erwiesen: (a) die große Bedeutung außenpolitischer, direkt mit den Grenzen des Staates zusammenhängender Ereignisse, (b) die unterschiedliche Rechtsstellung von kulturellen Gruppen im weitesten Sinn und (c) die Tatsache, dass eher die kulturelle Einheit als der Einzelne Träger des Rechts zur Staatsbürgerschaft ist. Alle drei werden uns in den drei Staaten wieder begegnen. Darüber hinaus darf aber die Verfassungsentwicklung des Osmanischen Reiches nicht unberücksichtigt bleiben.

Die erste Verfassung wurde 1876 erlassen. Sie führte nicht nur erstmalig eine von der religiösen Gruppenzugehörigkeit unabhängige und gleich lautende Bezeichnung für alle Untertanen ein, sondern war direkt darauf gerichtet, den per Verfassung zu ›Osmanen‹ gewordenen Staatsangehörigen ein gemeinsames ›osmanisches Bewusstsein‹ zu vermitteln. Diese gemeinsame Identität sollte einerseits dem weiteren Abfall mehrheitlich christlicher besiedelter Reichsgebiete vorbeugen und andererseits den sich auftuenden Abgrund zwischen arabischen Nationalisten und der türkisch-osmanischen Elite schließen.

Historisch gesehen waren die Vorstellungen von Staatsbürgerschaft im Osmanischen Reich deshalb nicht das Ergebnis rein innenpolitischer Kämpfe unterschiedlicher *sozialer* Gruppen (Schichten und Klassen), sondern ein Instrument des Staates zur *Einheitsstiftung* unter seiner nach Religionsgruppen differierenden Bevölkerung und zur Sicherung seines Territoriums.

Im Osmanischen Reich tauchten Vorstellungen von Staatsbürgerschaft als ein aus Europa importiertes politisches Konzept auf, und deshalb geriet dieses nicht zum Werkzeug derer, die gleiche Rechte (oder Rechte in der politischen Sphäre überhaupt) forderten, sondern zum Werkzeug der herrschenden Militär- und Bürokratenklasse. Aus diesem Grunde war der Staat weniger *Adressat* von aus der Gesellschaft kommenden Forderungen nach der Gewährung staatsbürgerlicher Rechte, wie dies in Europa der Fall gewesen war, sondern (auf außenpolitisches Drängen) *Akteur* der institutionellen und ideologischen Redefinition seiner Bevölkerung, der er nicht Staatsbürgerschaft gewährte, sondern die er quasi zu Staatsbürgern ernannte.

Auch die letztgenannten drei Merkmale von Staatsangehörigkeit im Osmanischen Reich, nämlich der Gebrauch des Konzepts als Werkzeug in den Händen des Staates, der Gebrauch dieses Werkzeugs zur Vereinheitlichung kultureller Gruppen und sein Gebrauch zur *Gestaltung der Grenzen* seines Territoriums spielen in den drei hier behandelten Ländern eine entscheidende Rolle.

Staatsangehörigkeit und Staatsbürgerschaft als Instrumente des modernen Staates

Alle drei Staaten wurden für eine bestimmte kulturelle Gruppe gegründet, doch unter dem Einfluss europäischer politischer Staatslehre verschrieben sich alle universal verstandenen Normen wie der Gleichheit ohne Ansehen der Herkunft und der Religion und der Achtung der Würde des Einzelnen. Mehr noch, dem osmanischen Beispiel folgend, kam es zur Anwendung des Territorialprinzips, infolgedessen alle Bewohner des Staatsgebietes Mitglieder der souveränen Nation des jeweiligen Staates sein sollten. Auch der Vertrag von Lausanne von 1923 hatte festgelegt, dass die Staatsangehörigen des Osmanischen Reiches Staatsangehörige der Staaten werden würden, auf deren Gebiet sie ihren Wohnsitz hatten. Die von solch universalistischen und dem Gleichheitsgrundsatz verpflichteten Zielsetzungen abweichende partikularistische Praxis der drei Länder zeugt von der Hybridität ihrer politischen Kultur, die durch die relative Unverbundenheit eines universalistischen politischen Redens und Handelns auf der einen Seite und eines partikularistischen auf der anderen gekennzeichnet ist.

Abschließend soll näher auf die Regelung der Staatsangehörigkeit und den jeweils gültigen Staatsbürgerschaftsbegriff der drei Länder eingegangen werden. Die bereits erwähnten kritischen Punkte, nämlich: (a) Wer gehört zur legitimationsstiftenden Gruppe und wer nicht?, (b) Wie und vom wem wird die legitimationsstiftende Gruppe definiert? und (c) Steht der Staatbürgerbegriff in seiner Bedeutung tatsächlich über anderen Gruppenzugehörigkeiten?, sollen die Reihenfolge der Darstellung zu den einzelnen Ländern grob bestimmen.

Eine inklusive muslimisch-türkische Nation

Kulturelle und ideologische Geschlossenheit als Grundlage des Staates

Die politische Elite der jungen türkischen Republik ging direkt aus der Führung des Unabhängigkeitskrieges hervor. Diese Kreise hatten schon 1920, noch vor Gründung der Republik, Wert darauf gelegt, sich ihrer zukünftigen christlichen Bürger in Anatolien durch einen Bevölkerungsaustausch mit Griechenland zu entledigen. Der türkischen Muttersprache wurde damals vergleichsweise wenig Bedeutung beigemessen. So wurden griechisch-orthodoxe Christen türkischer Zunge nach Griechenland geschickt und einwanderungswillige christlich-orthodoxe Gagausen türkischen Idioms aus Rumänien und Moldawien nicht aufgenommen. Das entscheidende Merkmal war damals die Zugehörigkeit zum Islam, den die Republik folgerichtig als Staatsreligion akzeptierte. Auch der Unabhängigkeitskrieg war nicht im Namen einer türkischen Nation, sondern als Kampf einer islamischen Nation gegen christliche Okkupanten geführt worden. Vor und während der Friedensverhandlungen von Lausanne präsentierte sich die Regierung in Ankara als die Vertreterin der anatolischen Muslime, seien es Türken, Kurden, Tscherkessen oder Lasen. Nur aufgrund der Tatsache, dass der entstehende Staat damals als Repräsentant seiner muslimischen Einwohner auftrat, konnte in Lausanne der Begriff ›Minderheit‹ auf religiöse Gruppen, nämlich Christen und Juden, beschränkt werden. Die gemeinsame islamische Identität ermöglichte außerdem die Mobilisierung der Bevölkerung gegen die Regelungen des vorangegangenen Vertrags von Sèvres, der neben einer griechischen Herrschaft über die Ägäis »ein unabhängiges Armenien« und »ein autonomes Kurdistan« vorsah. Erst nachdem der Staat seine Grenzen gesichert und sich innenpolitisch stabilisiert hatte, wurde 1928 die Staatsreligion aus der Verfassung gestrichen, und erst 1937 – nach der Durchsetzung diesbezüglicher Reformen – fand das Laizismus-Prinzip Eingang in die Verfassung. Zusammen mit der ab 1925 einsetzenden zentral gesteuerten Verwestlichung des Landes wurde jetzt die türkische Nation zur Legitimationsgrundlage der Republik. Es folgte die Zeit der Niederschlagung kurdischer Aufstände und schließlich der Leugnung kurdischer Sprache und kurdischer Bevölkerung. Noch während der letzten großen Fluchtwellen, dem Zustrom von Türken und muslimischen Pomaken aus Bulgarien 1989 sowie der Flucht der irakischen Kurden vor Saddam Hussein 1991, wurde die Privilegierung der Türken deutlich. Flüchtlingen aus Bulgarien wurde auf Verlangen Staatsbürgerschaft gewährt, den irakischen Kurden jedoch nicht – wohl aber den Turkmenen, die mit ihnen aus dem Irak gekommen waren.

Artikel 66 Abs. 1 der heutigen türkischen Verfassung bestimmt: »Jeder, den das Band der Staatsbürgerschaft an den türkischen Staat bindet, ist Türke.« Die gängige Lesart dieses Artikels lautet, dass er die Staatsbürgerschaft ohne Rücksicht auf Herkunft und Religion gewährt. Die eigentliche Bedeutung des Satzes erschließt sich jedoch nur vor der oben beschriebenen politischen Tradition des Nahen Ostens, in der Staatsbürgerschaft ein Werkzeug des Staates zur Definition seiner Nation ist. Im Lichte dieser Tradition bedeutet die Aussage: Wen der Staat als Staatsbürger anerkennt, der ist Türke. Tatsächlich war die Gewährung oder Versagung von Staats*angehörigkeit* eines der zentralen Mittel zum Aufbau der Republik, für die Bestimmung und Sicherung ihrer Grenzen und für die Einleitung der kemalistischen Verwestlichungspolitik.

Auch die Staats*bürgerschaft*, also die Möglichkeit legaler politischer Partizipation, ist maßgeblich dadurch bestimmt, was jeweils genau unter dem legitimatorischen Fundament des Staates, der türkischen Nation, verstanden wird. In der Präambel der Verfassung von 1982, Interpretationsgrundlage für sämtliche Artikel, heißt es, dass »keine Meinung und Ansicht (geschützt werden kann), die ... den geschichtlichen und geistigen Werten des Türkentums ... entgegensteht«. Die türkische Rechtsordnung erweist sich deshalb als hochgradig ideologisiert. Die Existenz des Staates ist der Nation gewidmet, und was die Einheit der Nation gefährdet, bedroht direkt den Bestand des Staates und kann weder Legalität noch Legitimität für sich beanspruchen.

Trotz der Betonung ihres ethnischen Charakters hängt die Integration der Nation jedoch nach wie vor stark von ihrer religiösen Homogenität ab. In der Türkei ist nur der sunnitische Islam hanefitischer Rechtsschule, dem die türkischsprachigen Muslime in ihrer großen Mehrzahl angehören, in die staatliche Bürokratie integriert. Das Präsidium für Religionsangelegenheiten, das den sunnitischen Islam verwaltet, hat das Monopol über Religion in der Öffentlichkeit und ist direkt dem Ministerpräsidenten unterstellt. Der Staat hat somit letztendlich die Definitionsmacht sowohl über das ›Türkentum‹ als auch über das, was unter ›Islam‹ und, damit zusammenhängend, unter ›Laizismus‹ zu verstehen ist. Das hervorstechendste Merkmal der vom Staat definierten türkischen Nation ist, »dass sie mit ihrem Land und ihrem Staat eine unteilbare Einheit bildet«. Diese Formulierung geht weit über das Postulat einheitlicher, gleicher Rechte der Staatsbürger hinaus. Weil diese Einheit auch das Land und den Staat einschließt, kann es sich nur um eine metaphysische handeln, eine, die auf das *Wesen* von Land, Staat und Nation abzielt und alles diesem Wesen Fremde prinzipiell in Frage stellt. Ausmaß und Charakter der mit dieser Konstruktion gerechtfertigten Grundrechtseinschränkungen werden am deutlichsten in Artikel 14 der Verfassung. Er handelt von der »Nutzung der Grundrechte und Freiheiten zum Schlechten«. Dort heißt es u.a.: »Keines der Grundrechte und keine der Freiheiten der Verfassung darf mit dem Ziele genutzt werden, die unteilbare Einheit des Staates mit seinem Land und seiner Nation zu zerstören ... den Staat von einer Person oder einer Schicht leiten zu lassen oder eine soziale Klasse über die anderen sozialen Klassen herrschen zu lassen, oder Unterschiede in Sprache, Rasse, Religion oder Konfession hervorzubringen oder auf irgendeinem anderen Wege eine Staatsordnung zu errichten, die sich auf solche Begriffe und Ansichten stützt.«

Diese Regelung grenzt linke und pantürkische Politik genauso aus wie politische Bewegungen, die sich religiös legitimieren oder auf wirkliche oder vermeintliche Minderheiten (konfessionell Alewiten, sprachlich Kurden) Bezug nehmen. Die Geschichte der türkischen Innenpolitik ist denn auch ein fast ununterbrochener Kampf gegen immer neue innere Bedrohungen der Republik. Die Häufigkeit und Leichtigkeit, mit der Gruppen der eigenen Bevölkerung zum ›inneren Feind‹ erklärt werden, ist ein Hinweis auf die Schwäche des Staatsbürgerbegriffs, der weder einen gleichen Zugang zu politischen und sozialen noch zu bürgerlichen Rechten garantiert.

Eine exklusive jüdisch-israelische und eine marginalisierte muslimisch-arabische Nation: Der Staat im dauerhaften Besitz der größeren Teilnation

1880, noch vor Beginn der jüdischen Einwanderung in größerem Stil, lebten in Palästina etwa 450 000 Araber und nur etwa 25 000 Juden. Die Araber besaßen 99% des Landes in Privatbesitz, circa ein Drittel des gesamten Landes. Die Juden waren eine in alle Welt zerstreute Glaubensgemeinschaft ohne gemeinsame (Alltags-)Sprache, mit gegensätzlicher Geschichte, hatten keine gemeinsame Kultur jenseits des Kultes und waren darüber hinaus nicht im Besitz eines Territoriums. Einwanderung und – damit verbunden – Mechanismen der legalen Niederlassung von Immigranten spielten in dieser Situation eine entscheidende Rolle. Die Deklaration des Außenministers der späteren Mandatsmacht, des Briten James Balfour, von 1917 befürwortete die jüdische Einwanderung nach Palästina. Da die Deklaration jüdischen Zugang nach und jüdische Siedlung in Palästina favorisierte, also die Erlaubnis zu Einreise und Siedlung nach religiösen Kriterien vergab, kann sie in gewisser Weise als Vorläuferin der israelischen Konzeption von *Staatsangehörigkeit* begriffen werden. 1948 wurde der Staat Israel gegründet und 1950 das ›Rückkehrgesetz‹ erlassen. Es lautet in Absatz 1: »Jeder Jude hat das Recht, als *oleh* (Emigrant) in dieses Land zu kommen.«

Wenn einer anderen Gruppe als den tatsächlichen Einwohnern des Staates ein *absolutes* Recht auf Staatsangehörigkeit zugesprochen wird, können die tatsächlichen Einwohner selbst nur über ein relatives Recht auf Staatsangehörigkeit verfügen. Tatsächlich hat der Staat Israel den arabischen Einwohnern seines Territoriums ein absolutes Recht auf Staatsangehörigkeit vorenthalten und die Gewährung von Staatsangehörigkeit an die Bedingung ununterbrochener Anwesenheit im Land während des ersten arabisch-israelischen Krieges (des israelischen ›Unabhängigkeitskrieges‹) 1948 mit seinen großen Flüchtlingsbewegungen geknüpft. Circa 750 000 Araber flohen damals aus dem Land, nur 160 000 blieben und wurden durch das Nationalitätsgesetz von 1949 ungefragt zu Israelis. Den Arabern, die erst später in ihre – jetzt in Israel liegenden – Dörfer zurückkehrten, wurde die Staatsangehörigkeit bis 1980 vorenthalten. Die Folge der offiziell unterschiedlichen Rechtsstellung von Juden und Arabern ist, dass der Staat Israel zwischen Staatsangehörigkeit und Nationalität trennt und eine jüdische und eine eigene arabische Nationalität anerkennt.

Auch in Israel erscheinen Regelungen zur Staatsangehörigkeit als Instrument des Staates gegenüber seiner Bevölkerung. Für den israelischen Staat erfüllen diese Regelungen zwei entscheidende Funktionen: Einerseits sichern sie die Aufrechterhaltung einer jüdischen Majorität im Staat und machen ihn damit zur potenziellen Heimstatt der jüdischen Diaspora, für die er deshalb auch im Mittelpunkt des Interesses steht. Andererseits konnte der Staat dadurch, dass er einer kleinen Gruppe seiner arabischen Einwohner seine Staatsangehörigkeit »auferlegte« (Kook 2000, S. 265) die faktische Entrechtung der Masse der arabischen Einwohner relativ erfolgreich verschleiern.

Auch *Staatsbürgerschaft,* verstanden als die Summe der Regelungen zur Teilnahme am politischen, sozialen und wirtschaftlichen Leben, erweist sich in Israel als ein Instrument des Staates zur Aufrechterhaltung seines spezifischen Charakters und zur Durchsetzung seiner Mission. Diese Mission oszilliert zwischen den beiden (verwandten) Zielen, ›ein Staat der Juden‹ zu sein, in dem diese die Mehrheit bilden und dessen Geschicke bestimmen, oder darüber hinaus ›ein jüdischer Staat‹ zu sein, in dem das öffentliche Leben qua staatlicher Normsetzung vom jüdischen Glauben geprägt ist.

Offiziell verfügen die Angehörigen beider Nationen (Juden und Araber) in Israel über dieselben Rechte politischer Partizipation. Jedoch standen die arabischen Siedlungen bis 1966 unter direkter Aufsicht des Militärs, und die maßgeblichen zionistischen Parteien akzeptierten keine arabischen Mitglieder. 1964 und 1965 wurden arabische politische Gruppierungen zu den Parlamentswahlen mit der Begründung ausgeschlossen, dass sie auf die Zerstörung Israels abzielten. Der Oberste Gerichtshof entschied, dass Israel nicht nur als souveräner, sondern »als jüdischer Staat in Eretz Yisrael (dem verheißenen Land) gegründet wurde« und dass politische Gruppierungen, die diesen Charakter des Staates verneinen, unrechtmäßig seien. Eine gegensätzliche Entscheidung im Jahre 1985, die als Ausschlussgrund für Parlamentswahlen nur die auf die Zerstörung Israels gerichtete Gewaltanwendung gelten ließ, führte zur Änderung des Grundgesetzes im selben Jahr. Seitdem sind politische Gruppierungen von der Wahl ausgeschlossen, »welche das Existenzrecht Israels als *Staat des jüdischen Volkes* verneinen«. »Diese Änderung setzt eine Neubestimmung Israels als *Staat seiner Staatsbürger* mit dem Angriff auf das Existenzrecht des Staates gleich.« (Kook 2000, S. 282)

Die beiden Nationen der Juden und Araber haben auch hinsichtlich des Zugangs zu sozialen Ressourcen nicht die gleichen Rechte. Die juristische Konstruktion, die eine Reihe von Unterstützungen sowie soziale Förderung an die Erfüllung des Wehrdienstes bindet, verwehrt Arabern, die nicht einberufen werden, den Anspruch auf diese Leistungen.

Ein nahezu einmaliges Beispiel der Relativierung von grundlegenden Rechtsstaatsgarantien dürfte die Enteignung arabischen Landes in Israel sein. Bei Gründung des Staates befanden sich nur 10% des Landes in jüdischen Händen, und ein Drittel des Landes war in arabischem Privatbesitz. (Der Rest war, nach osmanischer Tradition, im Besitz des Staates.) Heute ist dieser Anteil des Landes in arabischem Besitz auf 3,5% geschrumpft. Nicht nur das Land der staatenlos gemachten arabischen Flüchtlinge wurde enteignet, sondern auch ein Großteil des Landes der arabischen *Staatsbürger Israels*, die ungeachtet ihrer Präsenz vor Ort als »abwesende Einwohner« eingestuft und ihres Landes beraubt wurden.

Die Mission des Staates relativiert Staatsbürgerrechte auf direkte Weise. Nicht die Staatsbürgerschaft transzendiert primordiale Gemeinschaften, und das entscheidende Kriterium für die politische Partizipation und volle soziale Rechte ist die Zugehörigkeit zur jüdischen Nation.

Eine christlich-maronitische Nation: Proporzdemokratie verschleiert die Vorherrschaft einer Gruppe

Im Mai 1920 übertrug die San-Remo-Konferenz Frankreich das Mandat über Syrien und das Libanon-Gebirge. Bereits am 1. September 1920 gründete Frankreich den von Syrien getrennten libanesischen Staat, der jahrhundertealte Wünsche der mit Rom unierten Maroniten erfüllte und gleichzeitig als Heimstatt der orientalischen Christen präsentiert wurde. In der dem libanesischen Staat historisch vorausgegangenen politischen Einheit, dem unter osmanischer Oberhoheit stehenden Autonomen Sandschak im Libanon-Gebirge, waren fast 80% Christen gewesen, 58% Maroniten. Der neue Staat nannte sich Groß-Libanon und schloss – auf Drängen der Maroniten – weite Gebiete ein, in denen Christen nur noch zu 35 und Maroniten nur noch zu 14% vertreten waren. Es handelte sich primär um die Bekaa-Ebene und die Küstenstädte Beirut und Tripoli. Eine 1921 durchgeführte Volkszählung offenbarte, dass auf dem Gebiet des Groß-Libanon der Anteil der Maroniten auf unter 33 und der der Christen insgesamt auf nur wenig über 55% zurückgegangen war. Damit war die Staatsidee des Libanon als Staat der Christen gefährdet. Abweichend vom Territorialprinzip des Vertrags von Lausanne von 1923, nach dem nur die Einwohner ihrer Staatsgebiete Staatsbürger der neuen Staaten sein sollten, die aus der Erbmasse des Osmanischen Reiches entstehen würden, gewährte das libanesische Staatsangehörigkeitsgesetz vom Dezember 1925 auch all denen die Staatsangehörigkeit, die auf dem Gebiet des neuen Staates geboren wurden (und anschließend ausreisten), und darüber hinaus auch all denen, die von einem libanesischen Vater abstammten. Dies schuf die Grundlage für die Einbeziehung der libanesischen Emigranten, die nach Europa und den USA ausgewandert waren, in die Gemeinschaft der Staatsangehörigen. Nur so ergab sich eine schmale christliche Mehrheit. Denn 85% der libanesischen Emigranten waren Christen, und nur 15% der libanesischen Emigranten gehörten den verschiedenen muslimischen Gruppen an (Maktabi 1999, S. 233). Die entscheidende Volkszählung fand im Jahre 1932 statt und bezog ausdrücklich die Emigranten mit ein. Die Bemühungen, den christlichen Anteil an der Bevölkerung auf Kosten des muslimischen (inklusive der Drusen) auszuweiten, schlugen sich außerdem in der selektiven Aufnahme von Einwanderern nieder. Christen armenischer, chaldäischer, syrianischer und griechisch-orthodoxer Konfession wurden offiziell als Einwanderungsgruppen benannt, nicht jedoch die Angehörigen der verschiedenen muslimischen Konfessionen.

Die überragende Bedeutung, die dem Anteil der jeweiligen konfessionellen Gruppe an der Gesamtbevölkerung im Libanon zukommt, resultiert aus der Proporzdemokratie. Den Ergebnissen des Zensus von 1932 folgend, wurden die Sitze im Parlament im Verhältnis von sechs Christen zu fünf Muslimen vergeben. Für Regierung und Parlament wurde ein Verhältnis von 50:50 festgelegt, wobei der Staatspräsident und der Oberbefehlshaber der Armee jeweils Christ zu sein hatten und der Ministerpräsident Sunnit.

Im Libanon wurde demzufolge selektive und diskriminatorische Gewährung von Staatsangehörigkeit dazu genutzt, die Mehrheits- und Minderheitsverhältnisse einer notgedrungen multikonfessionellen Staatsnation den Interessen einer Gruppe gemäß zu manipulieren. Anders jedoch als in der Türkei und in Israel wurde der libanesische Staat nicht von einer kulturellen Gruppe ausgestaltet, sondern durch die französische Mandatsmacht. Diese übernahm das Modell einer anteilsmäßigen Repräsentation konfessioneller Gruppen in (zunächst rein beratenden) Gremien des Staates von der politischen Vorläufereinheit des Libanon, dem Autonomen Sandschak der Osmanen. Nur dem formgebenden Wirken einer externen Kraft war der Zusammenhalt des Staates bei gleichzeitiger Bewahrung einer relativen Balance unter den beteiligten Gruppen zu verdanken. Diese Konstellation führte freilich auch dazu, dass keine der beteiligten Konfessionen die Kraft aufbrachte, den öffentlichen Raum zu gestalten – öffentlicher Raum hier verstanden als die Gesetze und Institutionen, welche die Gesellschaft als Ganzes durchdringen, strukturieren und vereinheitlichen. Deshalb besitzt der Libanon weder ein einheitliches Bildungswesen, noch sind Bereiche wie öffentliche Wohlfahrt, Gesundheit etc. Angelegenheit des Staates. Sie alle verblieben in der Verantwortung der jeweiligen Konfession. Mehr noch, auch Personenstandsrecht und Erbrecht unterliegen konfessionellen Gerichten, sodass Eheschließungen zwischen Angehörigen unterschiedlicher Konfession im Libanon nicht möglich sind. Libanesen, die es ablehnen, sich konfessionell zu definieren, sehen sich einem von konfessionellen Gruppen unter sich aufgeteilten, parzellierten öffentlichen Raum gegenüber, zu dem sie keinen Zutritt haben (vgl. Saadeh 1998). Die Affiliation zu einer bestimmten Konfession ist die Voraussetzung für die Erlangung von Posten in der Bürokratie und für die Bekleidung politischer Ämter. Was in der Beschreibung der spätosmanischen Verfassungswirklichkeit angedeutet wurde, und was sich in den vorangegangenen Beispielen Türkei und Israel nur schemenhaft und gebrochen abzeichnete, ist im Libanon Realität: Die Möglichkeit weitgehend ungehinderter staatsbürgerlicher Aktivität hängt aufs Engste mit der Mitgliedschaft in kulturellen (nationalen und konfessionellen) Gruppen zusammen. Der Einzelne erlangt umsetzbare staatsbürgerliche Rechte nicht als Individuum, sondern als Mitglied einer konfessionellen Gruppe.

Die Säkularisierung des Staatswesens

Trotz ihrer unterschiedlichen Größe, ihrer unterschiedlichen Geschichte und der Tatsache, dass ihre ›europäische‹ Dimension ganz verschiedenartig ausgeprägt ist, haben die drei Staaten eine Reihe gemeinsamer Probleme. Das wichtigste ist, dass sie alle mehr oder weniger explizit als konfessionelle Staaten gegründet worden sind und sich religiöse und nationale Identität überlagert und gegenseitig verstärkt haben. Der Staat im Dienste einer Gruppe hat dadurch eine äußerst tragfähige Legitimationsbasis erhalten. Dies bringt jedoch gleichzeitig Ungleichheit und Ausgrenzung mit sich, für deren Bestreitung kein bzw. nur ein sehr eng begrenzter öffentlicher Raum zur Verfügung steht. In der Türkei und in Israel scheint die Begeisterung für die ›historische Mission‹ des eigenen Staates in weiten Teilen der Bevölkerung ungebrochen. Umfrageergebnissen zufolge sind über 96% der jüdischen Bevölkerung in Israel der Meinung, dass eine jüdische Mehrheit im Staat unter allen Umständen aufrechterhalten werden muss, und 58% würden lieber in einem undemokratisch-jüdischen als in einem demokratisch-nichtjüdischen Staat leben (Ghanem 1999, S. 18). In der Türkei hat die überwältigende Mehrzahl der Bevölkerung die harte Politik des Staates in der Kurdenfrage immer mitgetragen. Einzig im Libanon erfuhr die christliche Staatsidee zwei einschneidende Zäsuren: die eine mit dem Ende des französischen Mandats nach dem Zweiten Weltkrieg und die andere durch den libanesischen Bürgerkrieg.

In Israel und der Türkei konnte sich kein öffentlicher und politischer Raum entwickeln, der nicht stark von der nationalen und konfessionellen *Raison d'état* geformt gewesen wäre. Der öffentliche Raum des Libanon wiederum ist parzelliert und von den jeweiligen Konfessionen besetzt. Es ist jedoch ausschließlich der öffentliche Raum, der das Aktions- und Bewegungsfeld des Staats*bürgers* darstellt. Gefordert ist deshalb eine Säkularisierung des Staates und seiner Institutionen sowohl im übertragenen Sinne Voegelins, der die Nationen als innerweltliche Glaubensgemeinschaften begreift (Voegelin 1993), als auch im direkten Sinne der Etablierung eines verrechtlichten Nebeneinanders von Staat und Religionsgemeinschaft anstelle eines bedrohlichen Ineinanders der beiden Bereiche. Das Ineinander von Staat und Religionsgemeinschaft hindert den Einzelnen daran, sich, auf dem Boden des einen stehend, kritisch zum anderen zu verhalten.

Zitierte Literatur:

Butenschon, N. A./Davis, U./Hassassian, M. (Hg.) (2000): Citizenship and the state in the Middle East, Syrakus.

Davis, Uri (2000): Conceptions of Citizenship in the Middle East, in: Butenschon et al. (2000), S. 49–69.

Ghamen, As'ad (1999): The Palestinian Minority in Israel. The Iron Wall of the Jewish State and its Implications (Manuskript), Haifa.

Kook, Rebecca (2000): Citizenship and its Discontents: Palestinians in Israel, in: Butenschon et al. (2000), S. 263–287.

Maktabi, Rania (1999): The Lebanese Census of 1932 revisited, in: British Journal of Middle Eastern Studies 7, S. 219–241.

Saadeh, Sofia (1998): The Political Repercussions of President Hrawi's Optional Civil Marriage (Manuskript), Beirut.

Shohat, Ella (1999): The Invention of the Mizrahim, the Aporias of the National, in: The Journal of Palestine Studies, Herbst 1999, S. 5–20.

Turner, B. S. (2000): Islam, Civil Society and Citizenship, in: Butenschon et al. (2000), S. 28–48.

Voegelin, Eric (1993): Die politischen Religionen, München.

Zamir, Meir (1988): The Formation of Modern Lebanon, Ithaka/London.

Weiterführende Literatur:

Davis, Uri (2000): Democratization, Citizenship, Arab Unity and Palestinian Autonomy, in: Butenschon et al. (2000), S. 225–246.

Davis, Uri (1990): Israel, an Apartheid State, 2. Auflage, London.

Dieckhoff, Alain (1993): L'Invention d'une Nation. Israel et la Modernité Politique, Paris.

Ghamen, As'ad (1998): State and Minority in Israel, in: Ethnic and Racial Studies 3, S. 428–448.

Hanf, Theodor (1993): Coexistence in Wartime Lebanon. Decline of a State and Rise of a Nation, London.

Kirisci, Kemal (2000): Disaggregating Turkish Citizenship and Immigration Practices, in: Middle Eastern Studies 3.

Körber-Stiftung (Hg.) (1998): Was ist ein Deutscher? Was ist ein Türke?, Hamburg.

Mantran, Robert (Hg.) (1989): Histoire de l'Empire Ottoman, Paris.

Reinkowski, Maurus (1999): Ottoman Multiculturalism? The Example of the Confessional System in Lebanon, Beirut (Institut der Morgenländischen Gesellschaft).

Salibi, Kemal (1988): A House of Many Mansions. The History of Lebanon Reconsidered, London.

Scheffler, Thomas (1997): Survival and Leadership at an Interface Periphery: The Druzes in Lebanon, Beirut (Institut der Morgenländischen Gesellschaft).

Seufert, Günter (1998): Nation und nationale Identität in der Türkei, in: Körber-Stiftung (1998), S. 209–229.

Seufert, Günter (2000): The Impact of Nationalist Discourses on Civil Society, in: Yerasimos et al. (2000), S. 25–47.

Tophoven, Rolf (1999): Der israelisch-arabische Konflikt, 5. Auflage, Bonn.

Werner, E./Markov, W. (1979): Geschichte der Türken, Berlin (Ost).

Yerasimos, S./Seufert, G./Vorhoff, K. (Hg.) (2000): Civil Society in the Grip of Nationalism. Studies on Political Culture in Contemporary Turkey, Würzburg.

Yerasimos, Stefanos (2000): Civil Society, Europe and Turkey, in: ders. et al. (2000), S. 11–24.

Vom Untertan zum Staatsbürger: Das russische Modell

A. N. Medushewskij

Die generelle rechtliche Entwicklung im modernen Russland lässt sich als eine Bewegung zur Zivilgesellschaft und zum Rechtsstaat beschreiben. Zu Beginn des 18. Jahrhunderts, vielleicht auch früher, entwickelten die westeuropäischen Rechtsgedanken Anziehungskraft für die politischen Denker Russlands. Doch die Realität in Russland war komplizierter als in Westeuropa – schließlich gab es hier noch das System der Leibeigenschaft und folglich ein eher konfliktreiches Verhältnis zwischen Gesellschaft und Staat. Auch die komplexen Entwicklungen der Sozialstruktur und der gesellschaftlichen Mobilität waren in Russland andere als in Westeuropa. Eine echte Chance, eine Zivilgesellschaft in Russland zu etablieren, schien erstmals 1861 dank der Abschaffung der Leibeigenschaft gegeben. Die lange Epoche der traditionalen Gesellschaft brachte eine bestimmte Art von Stereotypen hervor, die die Entwicklung einer Koexistenz von Gesellschaft und Staat und die Umsetzung von Menschenrechtsprinzipien prägten. Deshalb gab es zwischen den politischen Idealen der Aufklärung einerseits und der traditionsbehafteten, gesellschaftlichen Realität andererseits einen Widerspruch, der die Entwicklung der russischen Gesellschaft und die zeitgenössischen Gesetze bestimmte. Um die gesellschaftliche Wirklichkeit, die den Hintergrund der wichtigsten Gesetzgebungen in Russland bildete, sowie die Gesetze der politischen Reformen zu verstehen, ist es wichtig, diese Frage aus einer langfristigen Perspektive zu betrachten. Denn trotz der großen Unterschiede in den einzelnen nationalen Lösungen auf dem Weg zu diesem neuen, globalen System – eben dem Übergang von einer traditionalen Gesellschaft zur Moderne – zeigen sie doch alle einige wichtige gemeinsame Tendenzen.

Russland war ein Land, das in einer drei Jahrhunderte umfassenden Epoche immer wieder versuchte, sich dieser gesellschaftlichen und rechtlichen Entwicklung anzuschließen. Dieses Vorhaben hatte für die Zukunft des Landes in der Moderne, ja, bis heute, einen prägenden Charakter – aber es war nicht einseitig orientiert[1].

Im Grunde ist dieses Problem durch den Widerspruch zweier Tendenzen geprägt: zum einen der Globalisierung und der Vereinigung der Welt in einem System (Weltbürgerschaft) und zum anderen der Intention, die nationale Identität zu schützen (Nationalität oder nationale Staatsbürgerschaft). Die widersprüchlichen Formen der Rechtsnormen verschiedener Länder in Bezug auf die Zivilgesellschaft, den Rechtsstaat und die Gesetzgebung zu Menschenrechten zeigen ja in sich den verschiedenen Modi und Praktiken der Staatsangehörigkeit, der doppelten Staatsbürgerschaft, dem Status von Flüchtlingen und Emigranten und der Veränderung von Einbürgerungsverfahren.

Im heutigen Russland weist dieses Problem einen weiteren Aspekt auf – die Korrelation zwischen Ideen von Staatsbürgerschaft in der Russischen Föderation und den Subjekten der Föderation. Die Wahl nur einer Norm aus einer langen Liste an Rechtsnormen zur Menschenrechtsgesetzgebung hat das Problem dieses Nebeneinanders von Normen beseitigt – führte aber zu einer ganz anderen Art von Problemen. Die Lösung lässt sich nur im Rahmen einer komparativen historischen Untersuchung finden: Der vorliegende Aufsatz beschreibt allgemein die russische historische Erfahrung des Übergangs vom Rechtsstatus des Untertanen im russischen Reich zum modernen Modell der Staatsbürgerschaft. Wir verstehen dies als ein Modell der Transformation einer traditionalen Agrargesellschaft zu einer Massengesellschaft; das eröffnet uns die Perspektive, die Genese der Staatsbürgerschaft und der Menschenrechte in Russland im Kontext eines globalen gesellschaftlichen Prozesses zu begreifen.

I. Die Genese des russischen Konstitutionalismus

Ein wichtiger Aspekt in der Modernisierung der Verwaltung und ihrer westlichen Ausrichtung durch Peter den Großen ist die Entstehung und Entwicklung des russischen Konstitutionalismus, und zwar damals wie heute. Das Schlüsselkonzept der Reformen Peters des Großen war das Ideal des »Ordensstaates«, d. h. einer systematischen, symmetrischen Staatsorganisation, die in Übereinstimmung mit den als richtig angesehenen rechtlichen Verfahren auf der Grundlage etablierter und im Prinzip unveränderbarer Gesetze (und nicht traditioneller Sitten oder Präzedenzfälle – beides Elemente, die im vorherigen Verwaltungssystem ausschlaggebend gewesen waren) funktionierte. Dieser Ansatz konfrontiert uns mit der wichtigen Frage, ob die großartigen Verwaltungsreformen und die politische Modernisierung die Brücke waren, um das moderne russische Verfassungssystem zu schaffen.

Die entscheidende Phase der gesellschaftlichen Veränderung des traditionellen Systems stand unter dem Einfluss der europäischen Aufklärung und kann als Versuch interpretiert werden, die Idee des Aufgeklärten Absolutismus, basierend auf fundamentalen und grundsätzlich nicht änderbaren Gesetzen, zu realisieren. Das Edikt von 1762 und die Adelscharta von 1785 schufen eine privilegierte, westlich orientierte Klasse und waren ein wichtiger Schritt auf dem Weg zur Übernahme voller Eigentums- und Bürgerrechte durch die russische Nobilität als Klasse – und nicht so sehr die Einführung bestimmter Prinzipien der Zivilgesellschaft und politischer Freiheit in die russische Gesellschaft.

In der Geschichte Russlands hat es viele Versuche gegeben, eine Verfassung zu etablieren – Versuche, die fehlgeschlagen sind. Doch inwieweit diese Entwürfe die Entstehung einer liberalen Tradition und einer politischen Kultur beeinflusst haben, ist nicht hinreichend untersucht worden[2]. Es ist bemerkenswert, dass die englische politische Erfahrung bekannt war und von jeder aristokratischen Opposition auch instrumentalisiert wurde, die ja die Macht des Monarchen in Russland zurückdrängen wollte, und zwar gerade in jenem Moment, da der Absolutismus entstand, und insbesondere nach dem Tode Peters des Großen. Das englische Modell der konstitutionellen Monarchie und der allmählich entstehenden Zivilgesellschaft war eines der Hauptdiskussionsthemen bei allen politischen Vorhaben im Russland des 18. bis 19. Jahrhunderts.

Schon bald nach Peters Tod erachtete es die herrschende russische Elite als notwendig, irgendeine Form von Konstitutionalismus einzuführen; dieser Anspruch fand erstmals 1730 in den so genannten Bedingungen (oder »Konditsii«), die von der russischen aristokratischen Elite (Mitgliedern des Obersten Kronrates, den »Verchovniki«) an die Monarchin gerichtet waren, seinen Ausdruck. Auch andere Vorhaben aus der Zeit des Aufgeklärten Absolutismus, der zweiten Hälfte des 18. Jahrhunderts, zielten darauf ab, die Befugnisse und die gesetzgebenden Funktionen des enats und anderer herrschender Organe auszuweiten.

Die verschiedenen Formen der russischen Rechtsideologie (in verschiedenen politischen Vorhaben) haben in komparativen Untersuchungen beträchtliches Interesse gefunden: vor allem der oligarchische Konstitutionalismus der einflussreichsten Parteien am Hofe im Russland des 18. Jahrhunderts mit ihren Vorbildern aus England, Schweden und Polen; das Konzept einer wirklichen oder (verfassungs-)rechtlichen Monarchie mit der Existenz eines Grundgesetzes, das Montesquieu als entscheidend für den Aufgeklärten Absolutismus betrachtete (der zuerst bei Katharina der Großen in ihrer Instruktion für die gesetzgebende Kommission und später in der Politik des offiziellen Konstitutionalismus zu Beginn des 19. Jahrhunderts seinen Ausdruck fand); die Modernisierung des bürokratischen Absolutismus des 19. und 20. Jahrhunderts durch eine Politik halbkonstitutioneller Reformen von oben, um einige Komponenten der Zivilgesellschaft durch die Ausweitung der Wahlrechte auf verschiedene Stände des Reiches oder seiner Untertanen generell zu ermöglichen (Vorhaben von M.M. Speranskij und später H.A. Valuev and S.Ju. Witte, Manifest des 17. Oktober 1905, entworfen von Nikolaus II.).

Ein anderes Element der russischen Tradition des Konstitutionalismus, das sich in Verfassungsprojekten der wichtigsten Persönlichkeiten der Dekabristenbewegung zeigte, war in vielerlei Hinsicht revolutionär. Dieses Vorhaben plante die Auflösung des alten patriarchalisch geprägten Systems durch die Abschaffung der Leibeigenschaft und der monarchischen Herrschaft sowie die Einführung eines europäischen Regierungsmodells und Justizsystems (in republikanischer Form oder als konstitutionelle Monarchie). An anderer Stelle hat der Verfasser die wichtigsten Inhalte des russischen bürokratischen Konstitutionalismus nach den liberalen Reformen der 1860er Jahre ausgeführt. In dieser gesamten Periode wurde der russische Konstitutionalismus durch die aufgeklärte Bürokratie gesteuert, die durch ihre Reformen eigentlich versuchte, die monarchische Regierung zu erhalten. Es handelte sich also um nichts anderes als einen bürokratischen Konstitutionalismus von oben. Die gebildete, liberale Gesellschaft und ihre wichtigsten Vordenker wandten jedoch ein, dass nur ein starker Zentralstaat die Ordnung aufrechterhalten und gleichzeitig weit reichende bürgerliche Reformen durchführen könne, denn wenn Nationen ohne demokratische Erfahrung umfassende Reformen durchsetzen wollten, könne die Abwesenheit eines mächtigen Staatsapparates zu unkontrollierten revolutionären Unruhen führen. Die Revolution von 1905 machte dann jedem klar, wie dringend die gesellschaftliche, politische und konstitutionelle Modernisierung Russlands war. Doch das neue Regime erwies sich als unfähig, diese politischen Maßnahmen zu unterstützen, die es selbst und die russische Gesellschaft im Ganzen modernisiert hätten.

Aus dieser Perspektive lässt sich auch die wahre Bedeutung des Begriffs »Verfassung« skizzieren, wie er in der Rechtsliteratur und den politischen Ideen der Zeit nach der Französischen Revolution erscheint. Zwischen dem Ende des 18. und dem Beginn des 19. Jahrhunderts entfachte die Frage nach der Verfassung innerhalb der russischen Regierung eine große Kontroverse. Im Russland des 18. Jahrhunderts hatte das Wort »Verfassung« eine andere Bedeutung als jene, die ihm die Reformbewegung des 19. Jahrhunderts zuerkannt hätte. Der Begriff meinte in Wahrheit das politische System und implizierte eine Stärkung des autokratischen Regimes. Im frühen 20. Jahrhundert wurde Russland durch ein institutionelles System beherrscht, das gemeinhin als konstitutionelle Monarchie definiert wird. Dieser Begriff umfasst jedoch verschiedene Formen und Typen. Einmal abgesehen von generell ähnlichen Eigenschaften zeigt der jeweilige Typus eines Regimes Eigenheiten, die sich von Land zu Land unterscheiden.

Innerhalb dieses generellen Rahmens übten die Verfassungssysteme der drei Länder England, Frankreich und Deutschland den größten Einfluss auf die europäischen institutionellen Systeme und das russische Rechtsbewusstsein aus. Aus diesem Blickwinkel zeigt die gegenwärtige Historiographie die Krise des absolutistischen Rahmens als eines konstitutionellen Modells und den Weg zu neuen Grundsätzen des modernen, liberalen Staates. Nach dieser Auffassung unterscheidet sie einen typologischen Variantenreichtum, Entwicklungsalternativen und verschiedene Formen, um ein solches Regime zu legitimieren.[3]

II. Der lange Weg vom Untertan zum Staatsbürger

Im russischen Reich vor der Februarrevolution 1917 gab es eine rechtliche Definition des Untertanen. Der Status des Untertanen war durch die rechtliche Beziehung zwischen Staat und Individuum bestimmt, d.h. durch eine Reihe von Rechten und Pflichten dieser Einzelperson dem Staat gegenüber.

Die Bandbreite dieser Definition umfasste eine Reihe von juristisch definierten Rechten und Pflichten – auf dem Staatsterritorium zu leben, den staatlichen Schutz inner- und außerhalb des Staatsgebietes, die Verpflichtung, den Gesetzen inner- und außerhalb des Staates zu gehorchen, das

Verbot jeglicher Aktivität, die sich gegen die Staatsinteressen richtete (und die als Landesverrat interpretiert werden konnte). Das Recht, die Staatsangehörigkeit zu wechseln, das in europäischen Staaten im 19. Jahrhundert formuliert wurde, übernahm man im damaligen Russland nicht. Der Übergang vom Status des Untertanen zum Staatsbürger lässt sich im Russland des 18. bis 20. Jahrhunderts nicht in einem formalen Akt oder bestimmten Moment erfassen; die Entwicklung setzte sich vielmehr aus mehreren wichtigen gesellschaftlichen Auswirkungen des politischen Systems zusammen.

Das Problem der Entwicklung vom Untertantenstatus zum Staatsbürger wurde zum Thema umfangreicher Untersuchungen russischer Juristen, deren Intention darin bestand, den ursprünglichen Charakter und das Spezifische des russischen Modells in einer breit angelegten, komparativen Perspektive westeuropäischer Länder zu verstehen. Deshalb sammelten sie repräsentatives Vergleichsmaterial und wollten die russische Erfahrung in den Kontext internationaler Diskussionen über die Zukunft der Zivilgesellschaft und des Rechtsstaates integrieren. In einer Phase raschen politischen Wandels (von einem monarchischen Absolutismus zu einer begrenzten Monarchie und Republik und von einer vereinheitlichten Reichsstruktur zu einem Staat, der die Idee der nationalen Selbstbestimmung und Autonomie als sein konstituierendes Prinzip übernahm) wurde dieses Problem besonders drängend. Diese Frage ist jedoch weder durch die Historiographie noch die Rechtsgeschichte bisher hinreichend untersucht worden.

Die theoretischen Hintergründe für das Konzept eines Übergangs zur Staatsbürgerschaft wurden im 19. Jahrhundert von russischen und deutschen Juristen formuliert. Für sie stellte die Staatsbürgerschaft ein komplexeres Problem dar – als die Beziehungen zwischen dem Individuum und dem Staat in verschiedenen politischen Systemen, im monarchischen Absolutismus einerseits und in einem Rechtsstaat andererseits. Es ist ihrer Auffassung nach unmöglich, den logischen Rahmen einer Definition durch die einfache Substitution oder die Verwendung eines Begriffes (Staatsbürger) anstatt eines anderes (Untertanen) zu verändern. Nur deshalb geriet das Problem in den Mittelpunkt der Überlegungen russischer wie deutscher Rechtsgelehrter, wie M. Weber, G. Jellinek, P. Laband und F. F. Kokoškin, N. I. Lasarevskij, B. A. Kistjakovskij. In ihren Aufsätzen und in ihrer Korrespondenz behandelten sie vielfältige Fragen zum Stand der Staatsbürgerschaft im Prozess der Modernisierung. Ein Schlüsselelement des neuen Konzepts der Staatsbürgerschaft war die Freizügigkeit inner- und außerhalb des Staates. Im ersten Fall war die Entscheidung dieser Frage ein Vorrecht des Staates, im zweiten Fall war diese Freiheit Teil eines grundsätzlichen Komplexes von Freiheiten und politischen Rechten des Individuums, die sich aus dem Naturrecht oder den Theoremen des Rechtsstaates ergaben.

Im 19. Jahrhundert war dies das Hauptkriterium, nach dem die Unterscheidung zwischen dem rechtlichen Status der russischen Untertanen und den Staatsbürgern in Ländern mit klassischer Demokratie vorgenommen wurde. In der Übergangsphase – während der Bildung der konstitutionellen Monarchie in Russland – wurde diese Frage von den russischen Theoretikern des öffentlichen Rechts breit diskutiert, wie beispielsweise von V. V. Ivanovskij. Ein Kapitel seines bekannten Buches über das russische öffentliche Recht widmete sich ausschließlich den öffentlichen Rechten von Völkern. Er nahm eine klare Unterscheidung und Differenzierung zwischen zwei Gruppen von Rechten vor – den politischen und den allgemeinen staatsbürgerlichen Rechten. Politische Rechte waren alle Rechte, um an der Organisation der Staatsmacht und der gesetzgebenden Handlungen partizipieren zu können (entsprechend der geltenden Verfassung), vor allem durch Wahlen und Abgeordnete. Eine andere Gruppe von Rechten, eben die staatsbürgerlichen Rechte, wurden von ihm als rechtlich sanktionierte Möglichkeiten für Bürger definiert, sich frei zu entfalten, um ihren gesellschaftlichen und ökonomischen Status zu erhalten.

Die Existenz von staatsbürgerlichen Rechten und individueller Freiheit bewies nach Ivanovskij den definitiven Charakter der Beziehungen zwischen Staat und Individuum. Unter diesen Rechten erwähnte er alle klassischen konstitutionellen Rechte – die persönliche Bewegungsfreiheit, die Rede-, Meinungs- und Religionsfreiheit, das Organisations-, Versammlungs- und Petitionsrecht. Das Recht auf Freizügigkeit war in diesem Kontext am wichtigsten und eröffnete dem Einzelnen die Chance, den eigenen Wohnort inner- oder außerhalb des Staates ohne Passkontrolle und polizeiliche Anmeldung, die ja seine staatsbürgerlichen Rechte generell einschränkten, zu wählen. Das Passsystem selbst war für die russischen Liberalen der lebendige Beweis für die nach wie vor existierende Form traditioneller Leibeigenschaft und des Dienststaates. Es erschien daher als offensichtlicher Widerspruch zum Prinzip des Rechtsstaates. Nur eine Abschaffung dieses Systems konnte die Verwirklichung der Staatsbürgerschaft im modernen, westeuropäischen Sinne bringen. Die russischen

Liberalen betonten, dass die Implementierung dieses Rechts in seiner wahren Bedeutung die wichtigste Komponente eines jeden kultivierten Staates sei. Andererseits sollte der rechtliche Status von Ausländern ihrer Meinung nach einigen strikten Regulierungen und Restriktionen unterworfen sein, die es auch in vielen demokratischen Staaten gab, wie beispielsweise Verwaltungsvorschriften über die Ausweisung von Ausländern. Am Vorabend des Ersten Weltkriegs und bei dem Zusammenbruch des russischen Reiches wurde die Bewegungsfreiheit eine der wichtigsten Fragen für die Lebenswirklichkeit in Russland.

Wie schon gezeigt, umfasste der Bezugsrahmen des Begriffes »Staatsbürgerschaft« im 18. bis 19. Jahrhundert nicht nur die positiv formulierte Rechtswissenschaft und die Rechtstheorie, sondern auch eine soziologische Komponente, nämlich in Verbindung mit einer gesellschaftlichen Position des Individuums und des Staates in gesellschaftlichen Systemen verschiedenen Typs. Indem die russische und deutsche Rechtswissenschaft vor dem Hintergrund dieser gesellschaftlichen Ordnung praktische Vorschläge machte, untersuchte sie damit die politischen Rechte der Wahlpartizipation, die unter einem soziologischen Blickwinkel intensiv diskutiert wurden.

Das Problem der Gleichsetzung moderner Konzepte von Staatsbürgerschaft mit der Einführung von allgemeinen Wahlen war die Kernfrage aller Kontroversen in der Ära der konstitutionellen Veränderungen in Russland zu Beginn des 20. Jahrhunderts. Die destruktiven Konsequenzen eines allzu raschen Wechsels zur Demokratie (durch die Einführung allgemeiner Wahlen) erschien als eine der größten Herausforderungen für den klassischen Liberalismus – und zwar überall in der neueren Weltgeschichte. Doch der russische Theoretiker des Gesellschaftsrechtes, M. Ja. Ostrogorskij, war der erste, der dieses neue Phänomen in seinem Buch *Demokratie und politische Parteien* untersuchte. Es basierte auf umfangreichem Material über das britische und das US-amerikanische politische System. Er entdeckte die Mechanismen der Massenmobilisierung und -manipulation, die von den politischen Parteien entwickelt wurden, um ihre Kontrolle über die Bevölkerung und den Staatsapparat während der allgemeinen Wahlen zu gewährleisten. Er verdeutlichte auch die vielfältigen negativen Möglichkeiten des *Gerrymandering* (ein in Staaten mit Mehrheitswahlrecht beliebtes Verfahren, bei dem Wahlkreise gemäß der geografischen Verteilung von Anhängern einer Partei neu geordnet werden, um dieser Partei größere Chancen auf den Sieg in diesem Wahlkreis einzuräumen) und die Manipulation des technischen Wahlablaufs, sofern ein geringer kultureller Standard in der Bevölkerung gegeben war.

An der Wende zum 20. Jahrhundert geriet dieses Problem in das Zentrum der Aufmerksamkeit russischer und deutscher Experten: Die russischen Rechtsgelehrten standen generell unter dem starken Eindruck des dominierenden demokratischen Prinzips allgemeiner Wahlen. Zu Beginn der revolutionären Veränderungen schlugen die russischen Konstitutionalisten ein liberales Programm der politischen Neustrukturierung der Gesellschaft vor. Im Kern wurde das Programm in dem Projekt der Grundgesetze des russischen Reiches formuliert, die liberale Juristen 1905 ausgearbeitet hatten und die sie als positive Alternative zur existierenden Ordnung betrachteten. Sie setzten sich für das Modell einer konstitutionellen Monarchie dualistischen Typus ein und wollten eine repräsentative Regierung auf der Grundlage allgemeiner Wahlen schaffen, die als eine einzigartige Schutzgarantie vor monarchischem Despotismus dienen sollte. Da sie an den Utopismus eines Rousseau, an die Volkssouveränität als Erfüllung der *volonté générale* glaubten, hofften viele von ihnen, dass die Mehrheit ausschließlich für den Rechtsstaat stimmen würde. Die deutsche Rechtswissenschaft betrachtete diese Frage mit weniger Optimismus; deutsche Juristen gründeten ihre Schlussfolgerungen auf eine wesentlich repräsentativere Erfahrung aus westeuropäischen Staaten, darunter auch Deutschland, die bewiesen, dass die allgemeinen Wahlen selbst als Instrument antidemokratischer und illegitimer Politik missbraucht werden konnten (die Richtigkeit dieser Position wurde durch die gesamte Geschichte des 20. Jahrhunderts in Deutschland wie auch in Russland bewiesen).

Die Korrespondenz solch prominenter russischer und deutscher Gelehrter wie B. A. Kistjakovskij und P. B. Struve mit Georg Jellinek und Max Weber, insbesondere ihre Kontroversen über das russische Verfassungsprojekt von 1905, ist für die Erforschung der zu betrachtenden Frage sehr aufschlussreich: Als Jellinek von russischen Konstitutionalisten gebeten wurde, etwas über das Verfassungsvorhaben zu schreiben, war dieser von deren außerordentlichem Radikalismus überrascht. Seine Kritik zielte im Wesentlichen auf die Verfassungsartikel über die Grundlagen allgemeiner Wahlen. Unabhängig von der guten Absicht der Autoren betrachtete der deutsche Gesellschaftsrechtstheoretiker diesen Teil der russischen Verfassung mit tiefem Pessimismus. Er lehnte die Institution allgemeiner Wahlen grundsätzlich ab und betonte ihren schädlichen Charakter vor allem unter den deutschen und russischen Verhältnissen. »Allgemeine Wahlen bedeuten grundsätzlich«, so schrieb er in seinen Briefen an Kistjakovskij, »die Vorherrschaft der Mittelmäßigkeit und der Reaktion. In unserer Situation (in Baden) war dieses Konzept hauptsächlich für den Sieg des Zentrums und des Klerus über die liberale Demokratie verantwortlich. Jetzt werden alle Universitäten verschwinden.«

Wie schon dargestellt, war für die russischen Konstitutionalisten das Prinzip allgemeiner Wahlen unverzichtbar. Deshalb lehnte Jellinek Kistjakovskijs Einladung, etwas über die russische Verfassung und vor allem den Status von Finnland im russischen Reich zu schreiben, rundweg ab. Auch Max Weber, ein weiterer deutscher Gelehrter, der mit der russischen Verfassung sehr vertraut war, hatte über die Chance, das Ideal allgemeiner Wahlen in den russischen Gegebenheiten umzusetzen, ähnliche Auffassungen und definierte die russischen Verhältnisse als Scheinkonstitutionalismus.

Alle diese Diskussionen russischer und deutscher Wissenschafter über die Aussichten und die Angemessenheit des allgemeinen Wahlrechts können als Teil eines viel grundlegenderen Problems aufgefasst werden: des Übergangs von einem traditionalen, autoritären und absolutistischen Regime zu einem modernen, demokratischen Rechtsstaat und einer Zivilgesellschaft. Die deutschen Juristen hatten in ihrer Skepsis in Bezug auf die Möglichkeit, einen Staatsbürger zu schaffen, in dem solche unzulänglichen Mittel wie die Einführung allgemeiner Wahlen zum Zuge kommen sollten, ja Recht. Ihrer Meinung nach war das bloße Angebot aller staatsbürgerlichen Rechte für den Einzelnen nicht ausreichend, um dessen Verwandlung vom Untertan zum Staatsbürger zu bewirken. Tatsächlich war dafür die persönliche, moralische Haltung des Einzelnen wichtig, seine staatsbürgerliche Verantwortung und politische Kultur im Allgemeinen. Die wirkliche Realisierung von Staatsbürgerschaft ist ohne diese Voraussetzung nicht möglich. Das Fehlen dieses Faktors ist die Hauptursache für das Auftreten einer Verfassungsinstabilität in einem Land, das seine politischen Institutionen und Rechtsnormen schon geschaffen hat, nicht jedoch ein ausreichendes Maß an politischer Kultur für ihr Funktionieren aufbauen konnte. Der Übergang vom Status des Untertans zum Status des Staatsbürgers kann im Rahmen dieses Paradigmas interpretiert werden, das die theoretische Rechtswissenschaft zu Beginn des 20. Jahrhunderts formulierte. Dieses Paradigma wurde in der Phase der Schaffung der rechtlichen Grundlagen für die verfassungsgebende Versammlung akut.

Die Februarrevolution 1917 veränderte den gesamten Rahmen der Diskussion über das Wahlgesetz und die Probleme der Staatsbürgerschaft in Russland radikal. Einige Archivdokumente der Rechtskommission der Provisorischen Regierung sind dabei für uns von besonderem Interesse: Die Rechtskommission wurde speziell zur Untersuchung aller Gesetze der neuen Regierung geschaffen. Zu ihren Mitgliedern gehörten prominente Juristen wie F. F. Kokoškin, N. I. Lasarevskij, V. A. Maklakov, B. E. Nolde, V. M. Gessen und andere. Die Kommission war als beratendes Gremium ohne eigene politische Rechte ins Leben gerufen worden, dennoch diskutierte und entschied sie im Grunde vorab viele politische Grundfragen. Unter den Problemen war die Frage der Staatsangehörigkeit am wichtigsten. Ein interessantes Dokument in diesem Zusammenhang ist das Vorhaben »Über die Bürger der Russischen Republik«, das vielleicht Teil des Verfassungsentwurfs war, ausgearbeitet für die spätere Verabschiedung durch die verfassungsgebende Versammlung. Die bestimmende Idee in diesem Gesetzesentwurf war die Ersetzung des Prinzips des Untertanen durch die Idee der Staatsbürgerschaft. Die neue russische Republik adoptierte Kinder russischer Bürger, unabhängig von ihrem Geburtsort inner- oder außerhalb Russlands, ebenso wie Kinder unbekannter, in Russland geborener Eltern oder illegitime Kinder von Ausländern, die durch russische Bürger oder in Russland lebende, eingebürgerte Ausländer nach ihrem eigenen Willen legitimiert wurden. Gleichwohl wurde die doppelte Staatsbürgerschaft, wie ein Blick in dieses Dokument zeigt, nicht unterstützt. Die Einbürgerung von Ausländern in Russland setzte voraus, dass ihre Frauen und Kinder zuvor vollständig als Bürger anerkannt worden waren. Der Gesetzentwurf führte auch einige Beschränkungen zur Einbürgerung ausländischer Staatsbürger in Russland und im Ausland lebender Russen ein. Weitere gesetzliche Regelungen zur Einbürgerung wurden für die Zeit nach der Verabschiedung der Verfassung durch die verfassungsgebende Versammlung vorgesehen. Generell schuf dieser Rechtsakt eine Basis für die Zivilgesellschaft, indem er das Prinzip einer Garantie formaler Gleichheit aller Bürger vor dem Gesetz übernahm. Einige Einschränkungen im Status von Ausländern waren vermutlich in Anbetracht des Ersten Weltkrieges und der Russischen Revolution notwendig und für alle europäischen Staaten zu jener Zeit typisch.

Bei der Entstehung russischer staatsbürgerlicher Rechtsnormen war der Selbstvergleich mit denen anderer Staaten typisch für das russische Rechtsdenken und die juristische Praxis dieser Zeit. Die westliche Erfahrung wurde in der Praxis bei der Ausarbeitung des Wahlgesetzes durch die verfassungsgebende Versammlung berücksichtigt. Gleichzeitig zeigte aber das russische Wahlgesetz auch Unterschiede im Vergleich zu den westlichen Mustern, die durch den dominierenden Einfluss der sozialistischen und egalitären Ideologie entstanden. Nach dieser Denkweise musste das gesamte Wahlsystem auf den Grundlagen der gleichen Teilnahme aller Bürger am Wahlsystem beruhen, und dies trotz der großen Unterschiede in ihrer kulturellen, sozialen, nationalen und politischen Stellung innerhalb der Gesellschaft und ihrer Weltanschauung.

Im Gegensatz zu den oben erwähnten Wahlgesetzen westeuropäischer Staaten war die russische Version vergleichsweise radikal und verkörperte besonders deutlich ein grundlegend neues Konzept einer funktionierenden Staatsbürgerschaft. Nach diesem Konzept sollte die Zivilgesellschaft in Russland nicht vor allgemeinen Wahlen entstehen (wie westeuropäische Liberale dachten), sondern im Prozess eben dieser Wahlen. Die Wahlkampagne selbst sollte die politische Kultur und die Verantwortlichkeit der Bevölkerung für die Teilhabe am politischen Prozess voranbringen. Das allgemeine Wahlsystem wurde damit zum richtungsweisenden Element des Entstehungsprozesses der neuen Zivilgesellschaft und des Rechtsstaates. Dieses ursprüngliche Konzept der russischen Konstitutionalisten war vielleicht eine einzigartige Chance, die Notwendigkeit einer raschen revolutionären Veränderung der traditionsbehafteten und antiliberalen Gesellschaft mit sozialer Gerechtigkeit und persönlicher Freiheit zu kombinieren. Der kontroverse Charakter dieses neuen Konzeptes der Staatsbürger ließ verschiedene Interpretationen zu – sowohl für die liberale Demokratie wie auch – ganz im Gegenteil – für ein plebiszitäres, autoritäres Regime. Deshalb betonte einer der Verfasser dieses Gesetzes, M. Višnjak, den demokratischen Charakter des Gesetzesaktes einerseits und die Priorität persönlicher Rechte in diesem System andererseits. Seiner Auffassung nach war der allgemeine Wille der Bevölkerung eine Art Synthese verschiedener persönlicher, d. h. individueller, Wünsche und Willensäußerungen, die nur durch allgemeine Wahlen klargestellt werden konnten. Das politische Wahlrecht war in diesem Konzept der beste Beweis für die neue Bedeutung der Staatsbürgerrechte. Im Gegensatz zur Definition des Untertanen in den vormals bestehenden Gesetzen des *Ancien Régime* beinhaltete die neue Definition des Staatsbürgers (basierend auf der französischen, revolutionären Idee des *citoyen*) sowohl die Legimitierung eines neuen demokratischen Systems als auch der Zivilgesellschaft.

Viele europäische Staaten im Nachkriegseuropa standen unter dem Eindruck des russischen Wahlexperimentes. Die russische Wahlgesetzgebung beeinflusste nach Ansicht einiger Beobachter recht deutlich das Wahlgesetz vom 24. November 1918 der verfassungsgebenden Versammlung in Estland, das Wahlgesetz für den litauischen Seim vom 3. Oktober 1919, das Wahlgesetz für die georgische verfassungsgebende Versammlung von 1919, das armenische Parlament und die verfassungsgebende Versammlung der Fernöstlichen Republik 1920. Wichtige Ähnlichkeiten lassen sich auch zwischen dem russischen Gesetz von 1917 und dem britischen Gesetz von 1918 über die Teilnahme an Wahlen durch Armeeangehörige und Frauen nachweisen. Einige parallele Tendenzen sind auch in den Wahlverfahren der Tschechoslowakei, Österreichs, Polens, Deutschlands und Spaniens zu beobachten. Der Übergang vom Untertan zum Staatsbürger durch allgemeine Wahlen war in der modernen Weltgeschichte eine universale Erfahrung, doch in den monarchischen Staaten Osteuropas und vor allem in Russland konnte diese Reform nicht schrittweise vorbereitet werden, sondern wurde zu früh umgesetzt und hatte unkontrollierbare, negative Folgen für die Zukunft der Zivilgesellschaft.

Die Ähnlichkeit im Prozess der Einführung allgemeiner Wahlen in den Staaten mit entwickelten demokratischen Traditionen einerseits und in Staaten ohne diese Tradition andererseits heißt nicht, dass es keine prinzipiellen Unterschiede in den internen Mechanismen dieses Übergangs und seinen Folgen gegeben hätte: Faktoren wie die Entfremdung des Massenbewusstseins von der politischen Macht und ihren Institutionen, die Unfähigkeit der Gesellschaft, die Folgen der eigenen Entscheidungen vorauszusehen oder den wahren Mechanismus des Wahlprozesses zu begreifen, boten zahlreiche Möglichkeiten zur Manipulation unter dem Vorwand pseudodemokratischer Slogans in allgemeinen Wahlen. In Russland, wo das Prinzip allgemeiner Wahlen in der neueren europäischen Geschichte im größten Umfang durchgeführt wurde, überlagerten sich alle diese Trends und blockierten den Demokratisierungsprozess und die Entstehung der Zivilgesellschaft. Die Verfälschung der Wahlergebnisse, die Verfolgung oppositioneller Abgeordneter, die gewaltsame Auflösung der verfassungsgebenden Versammlung und die Einberufung einer neuen, quasirepräsentativen Versammlung (des Sowjetkongresses) an ihrer Stelle: All dies demonstrierte die wirklichen Möglichkeiten zur Manipulation des Volkswillens, wie er sich in den allgemeinen Wahlen ausgedrückt hatte. In der ersten sowjetischen Verfassung von 1918 wurde ein neues

Wahlsystem angenommen, das nicht mehr direkt und gleich war, sondern eine deutliche Verringerung der Wahlberechtigten durch die Einführung eines »Arbeitszensus« beinhaltete.

Die Hauptfolge dieses »Aufstands der Massen« war die Schaffung eines nominalen Konstitutionalismus sowjetischen Typs mit einer recht neuen Interpretation der Staatsbürgerschaft. Das neue Konzept der sowjetischen Staatsbürgerschaft hatte viel mit dem alten Konzept des Untertanen im Dienststaat zu tun: Eine der charakteristischsten Tendenzen dieses nominalen sowjetischen Konstitutionalismus ist die Verwendung demokratischer Terminologie ohne deren reale Umsetzung. Das betraf genau den Fall des Begriffs »Staatsbürger«. Die sowjetische Auffassung der Staatsbürgerschaft schien eine Antithese zum liberalen Modell der Staatsbürgerschaft zu sein, wie es im 18. bis 19. Jahrhundert formuliert worden war – eben interpretiert als eine formale Gleichheit des Einzelnen vor dem Gesetz und als politische Umsetzung der Menschenrechte. Doch selbst die nominale Erklärung des allgemeinen Wahlrechts fand nur 20 Jahre später, in der Verfassung von 1936, statt, die in Wirklichkeit alle Machtinstrumente in der Hand des Staates konzentrierte und dieses Recht beseitigte (durch die Existenz nur eines Kandidaten usw.).

Die Rückkehr zur demokratischen Praxis in Form allgemeiner Wahlen im postsowjetischen Russland hat das Problem des Zusammenhangs der repräsentativen Demokratie mit der Wahl- und Rechtskultur der Bevölkerung wieder akut werden lassen. Der Übergang vom Untertan zum Staatsbürger nicht nur im formal-juristischen, sondern auch im soziologischen Sinne stellt in der russischen und der globalen Politik nach wie vor ein drängendes Problem dar. Denn die fundamentalen Grundsätze der Staatsbürgerschaft sind Teil von Verfassungsgarantien (Verfassung von 1993, Staatsangehörigkeitsgesetz von 1991, russisches Bundesgesetz über Flüchtlinge von 1997) und basieren auf internationalen Rechtsnormen des Nachkriegseuropa. Die weitere Entwicklung der rechtlichen Aspekte dieses Problems birgt noch große Brisanz.

Aus dem Englischen übersetzt von Jürgen Scheunemann.

Anmerkungen

1 Vgl. A. N. Medushewskij (1993): The Formation of the Russian Absolutism, Moskau; ders. (1998): The History of the Russian Sociology. Moskau; ders., (1998): Democracy and Authoritarianism: Russian Constitutionalism in Comparative Perspective, Moskau (alle Titel in Russisch); vgl. ferner meine Aufsätze über russische Rechtsgelehrte in: Juristen. Ein biographisches Lexikon. Von der Antike bis zum 20. Jahrhundert, hg. von M. Stolleis, München 1995.

2 Vgl. A. N. Medushevskij (1994–95): Democracy and Tyranny in Modern and Recent Times, in: Russian Studies in Philosophy (Liberalism in Russian Political Philosophy) Vol. 33 (3); ders. (1996): Die Französische Revolution und die Naturrechtstheorie in Russland, in: Echo und Wirkungen der Französischen Revolution bei den slawischen Völkern und ihren Nachbarn, hg. von E. Donnert, Frankfurt/Main.

3 Vgl. A. N. Medushevskij (1996): Konstitutionelle Projekte in Russland am Anfang des 20. Jahrhunderts und ihre deutschen Prototypen, in: Reformen im Russland des 19. und 20. Jahrhunderts. Westliche Modelle und russische Erfahrungen, hg. von D. Beyrau/I. Čičurov/M. Stolleis, Frankfurt/Main, S. 237–260.

Zwischen Kollektivismus und Individualismus

Staatsbürgerschaft in der polnischen Verfassungsgeschichte

Grażyna Skąpska

Einleitung

Dieser Aufsatz konzentriert sich auf Verfassungsbestimmungen zur Staatsbürgerschaft im historischen wie auch heutigen Polen. Diese Bestimmungen sollen dabei nicht nur als Quellen zur Verfassungsgeschichte im engeren Sinne dienen, sondern ebenso zur Untersuchung der zu einer bestimmten Zeit dominierenden gesellschaftlichen Werte, Überzeugungen, Ideen und Erwartungen, d.h. sie werden in ihrer gesellschaftlichen wie vor allem auch historischen Bedingtheit zu betrachten sein.

Derartige Fragen haben gegenwärtig eine besondere Bedeutung, weil Verfassungsgeschichte eine entscheidende Rolle im postkommunistischen Ostmitteleuropa spielt: In allen Staaten dieser Region gilt sie – wie auch die Geschichte generell – als einer der möglichen Orientierungspunkte im Versuch, das kommunistische Erbe zu überwinden. Der Rückgriff auf die Geschichte – bis hin zur Vorstellung, man könnte heute an die nach dem Zweiten Weltkrieg abgebrochenen eigenen Traditionen direkt anknüpfen – dienen dabei oft lediglich der politischen Rechtfertigung der von vielen als einschneidend empfundenen Veränderungen in Politik, Wirtschaft und Gesellschaft.

Dennoch sind die Reflexionen auf die Geschichte nicht nur legitim, sondern auch von zentraler Bedeutung. Wenn sie nämlich so angestellt werden, dass sie die Historizität der herangezogenen Quellen in Rechnung stellen, dass also das gesamte politische, soziale und institutionelle Arrangement einer gegebenen Epoche mitbedacht wird, so helfen sie durchaus mit, Spannungen und Widersprüche, die den heutigen wie überhaupt jeden großen gesellschaftlichen Wandel kennzeichnen, besser zu verstehen.

Die folgende Textpassage aus der Präambel der neuen polnischen Verfassung von 1997 könnte als Illustration solcher Spannungen kaum aufschlussreicher sein:

> »... wir, die polnische Nation, alle Bürger der Republik,
> ebenso diejenigen, die an Gott als Quelle
> der Wahrheit, der Gerechtigkeit, des Guten und Schönen glauben,
> wie auch diejenigen, die diesen Glauben nicht teilen, aber diese
> allgemeinen Werte aus anderen Quellen herleiten ...«

Man muss weder Jurist noch Pole sein, um die Konflikte zu erahnen, die zu diesen Formulierungen geführt haben. Solche kontroversen Auffassungen finden sich auch in anderen Passagen der neuen Verfassung, vor allem in solchen, die das Konzept der Staatsbürgerschaft in Verbindung mit demjenigen von Staat und Nation betreffen.

Einander widersprechende Sichtweisen von Staatsbürgerschaft, die dann teilweise auch in der verabschiedeten Verfassung noch sichtbar sind, manifestierten sich besonders stark während der fast sieben Jahre dauernden Debatte, die der endgültigen Verabschiedung vorangegangen ist. So zum Beispiel in den Differenzen zwischen den Bestimmungen, die im (postkommunistisch dominierten) Parlament ausgehandelt wurden, und denjenigen, die sich im so genannten »gesellschaftlichen« Verfassungsprojekt der Gewerkschaft »Solidarność« fanden, welches die Unterstützung der damaligen parlamentarischen Opposition hatte. Abgesehen davon, dass sich beide Entwürfe auf die Staatsangehörigkeit gemäß dem *ius sanguinis* beziehen (eine Tradition der polnischen Verfassungsgeschichte), betont der Entwurf des Parlaments den universalen Charakter der Grundwerte und betrachtet sie als Teil eines allgemein polnisch-europäischen Kulturerbes, während sich derjenige der »Solidarność« mehr partikular auf nur einzelne Stränge der Nationalgeschichte bezieht, insofern er die christlichen Werte, ja, sogar den Katholizismus, hervorhebt und daraus ein eher substanzielles Verständnis von Grundwerten herleitet. Dennoch konnten sich beide Seiten in ihren Legitimationsbestrebungen auf Traditionen der polnischen Verfassungsgeschichte berufen. Ich möchte hier versuchen, diese Traditionen chronologisch nachzuzeichnen und sie dabei im oben genannten Sinne in ihrer ideologischen, axiomatischen sowie gesellschaftlichen Dimension zu rekonstruieren, um so die gegenwärtigen Konzepte von Staatsbürgerschaft in ihren inhärenten Widersprüchen zu verdeutlichen und einige Hypothesen darüber zur Diskussion zu stellen.

Dabei zeigt sich, dass die gegensätzlichen Positionen in der Debatte über die Ausgestaltung von Staatsbürgerschaft bestimmten politischen Ideen jeweils spezifischer Phasen der polnischen Verfassungsgeschichte entsprachen. Wie jede andere politische und konstitutionelle Tradition auch, ist die polnische nicht homogen; sie weist innere Widersprüche auf, und die Politiker suchen sich heute jene Ideen heraus, die ihrem politischen Vorhaben am zweckdienlichsten erscheinen, und zwar unabhängig von der völlig anderen historischen Situation. Dabei sollte keine Untersuchung der Staatsbürgerkonzepte und ihrer Tradition, aber auch kein politisches Postulat zwei grundlegende Unterschiede zwischen dem heutigen und dem historischen Polen vergessen:

Erstens unterschied sich die polnische Gesellschaft in ihrer multinationalen, vielsprachigen und multireligiösen Vielfalt vollständig von ihrer heutigen Homogenität.

Zweitens lässt sich nicht darüber hinweggehen, dass Polen als unabhängiger Staat im entscheidenden 19. Jahrhundert gar nicht existierte (Polnische Teilungen, 1795–1918), um dann im 20. Jahrhundert auch schon wieder für viele Jahrzehnte seiner vollständigen Unabhängigkeit beraubt zu sein (1945–1989). Trotz dieser strukturellen Unterschiede lässt sich jedoch im Bereich des Verfassungsdenkens eine allgemeine, von vielen Forschern betonte Tendenz beobachten: Staatsbürgerschaft wurde durchgehend mit der Frage nach den Rechten und Freiheiten der Bürger verbunden. Wie dies in der politischen Philosophie, in populären Konzepten, in den Verfassungen und in der politischen Praxis formuliert wurde und welche Konzepte gegenwärtig eine Fortsetzung erfahren, darum geht es im Folgenden.

Im ersten Teil wird eine Typologie des Konzepts Staatsbürgerschaft mit Blick auf politische und juristische Doktrinen erarbeitet. Ein zweiter Abschnitt behandelt kurz die Geschichte des polnischen Konstitutionalismus in der Zeit vor dem Verlust der Staatlichkeit (1795) und betrachtet den Staatsbürgerbegriff sowohl in der politischen Philosophie wie auch Praxis. Der dritte Abschnitt konzentriert sich auf die polnische Verfassungsgeschichte in der Zwischenkriegszeit; der vierte Teil behandelt die polnischen Verfassungen seit dem Ende des Zweiten Weltkrieges: die so genannte »stalinistische Verfassung« von 1952 als negativen Bezugsrahmen und die neue Verfassung von 1997 sowie das oben erwähnte »Gesellschaftsprojekt«. Der letzte Abschnitt beleuchtet die politische Praxis, indem das Konzept der Staatsbürgerschaft im Kontext der laufenden

Wirtschaftsprogramme diskutiert wird – der Privatisierung sowie der Restitution von verstaatlichtem Privatbesitz.

1. Konzepte der Staatsbürgerschaft

Eine Analyse von Konzepten der Staatsbürgerschaft muss zumindest zwei sich entgegenstehende Traditionen unterscheiden: In der ersten ergibt sich Bürgerschaft durch die Zugehörigkeit zum Kollektiv aller Staatsbürger. Die Mitglieder teilen eine kollektive Identität, welche höher eingestuft wird als die persönliche; individuelles Handeln muss sich in Übereinstimmung mit dem kollektiven Willen befinden. Die andere Denktradition setzt den einzelnen Bürger nicht zum Kollektiv, sondern als autonomes Individuum zum Staat in Beziehung. Sie betont individuell verstandene und universal begründete Freiheiten und Bürgerrechte.

In den Politik- und Sozialwissenschaften wird die letztere Auffassung von Staatsbürgerschaft mit dem institutionellen Konzept der demokratischen Republik in Verbindung gebracht, die als »bürgerliche Nation« (im Sinne von zivilgesellschaftlich) gedacht wird. Der Bürgerstatus ist verbunden mit der verfassungsmäßigen Garantie von Individualrechten und -freiheiten, die als universal gelten. Demgegenüber beruht die erstere Auffassung auf dem Konzept der nationalen Gemeinschaft, die durch gemeinsame ethnische Wurzeln, eine gemeinsame Kultur, Geschichte und Religion bestimmt ist (Habermas 1993). Mit Jacques Maritain lässt sich dieser Gegensatz verdeutlichen als derjenige zwischen »bürgerlichen Nationen«, deren Angehörige durch das nüchterne Band der »bürgerlichen Freundschaft« verbunden sind, und vorpolitischen Gemeinschaften, die durch Solidarität, Treue und Ehre verbunden sind (Maritain 1993, S. 10).

Entgegen solchen scharfen Unterscheidungen müssen jedoch kollektive Zugehörigkeit und Kohärenz als Attribute der Staatsbürgerschaft nicht zwangsläufig mit dem ethnischen und in diesem Sinne vorpolitischen Konzept von nationaler Gemeinschaft und Staat verknüpft sein. Auf der anderen Seite sind auch die so genannten bürgerlichen Konzepte von Nation und Staatsbürgerschaft nicht unbedingt mit den liberalen Ideen der individuellen Bürgerrechte und -freiheiten gleichzusetzen. So fehlte dem antiken Modell der athenischen Demokratie und der Verfassung der antiken Polis das Konzept der Individualrechte, stattdessen betonten sie die kollektive Kohärenz. Gleichwohl wird aber die athenische Demokratie als Modell einer republikanischen Verfassung und Staatsbürgerschaft verstanden. Ähnlich verhält es sich auch mit der Rousseau'schen Republik, die auf einem kollektiven Gesellschaftsvertrag basiert. Bei diesem Konzept wurde ebenfalls gerade nicht die Bedeutung von Individualrechten betont, sondern es stand die Frage im Mittelpunkt, wie sich im Sinne der *volonté générale* der Wille des Einzelnen mit dem der Allgemeinheit in Einklang bringen ließ (Rousseau 1968). Ebenfalls in diese Richtung weisen heutige kommunitaristische und neorepublikanische Auffassungen. Es ist deshalb wichtig, die oft verwischten Unterschiede zwischen liberalen und republikanischen Konzepten der Staatsbürgerschaft herauszuarbeiten.

In der Diskussion über die Staatsbürgerschaft sei hier noch ein anderer klassischer Denker erwähnt: In seinem Essay über die Freiheit (der auch für die Definition von Rechten und Freiheiten sowie von ethischen Elementen verfassungsrechtlicher Bestimmungen wichtig ist) benennt Benjamin Constant die kollektiven Rechte als Fundament der antiken Freiheit, das Recht zur kollektiv-demokratischen *Partizipation an* der politischen Macht bilde den Kern der Staatsbürgerschaft. Demgegenüber bedeute die moderne, d.h. liberale Freiheit gerade die Freiheit des Individuums *von* staatlicher Machteinwirkung, was wiederum zu der modernen Auffassung von den Grenzen politischer Macht führe. In dieser Typologie, die natürlich theoretisch bleibt, da beide Freiheiten gemeinsam in derselben Verfassung nebeneinander existieren können, betont die Antike die positiv verstandene Freiheit, am öffentlichen Entscheidungsfindungsprozess und an der Regierung teilzuhaben. Dagegen definiert sich die moderne, liberale Freiheit als negativ formulierte Freiheit gegenüber dem Staat. Darüber hinaus betonte die antike, positive Freiheit des »Wir, das Volk« das Ethos der einen Bürgerschaft, das Ethos kollektiver Solidarität, die Einstimmigkeit des Entscheidungsprozesses. In der Tradition des Liberalismus wird heute hingegen die Freiheit des einzelnen Bürgers, seine Auffassung von Eigenständigkeit und Selbstverantwortung betont. Wenn nun diese beiden Freiheiten in der Verfassung ihren gleichzeitigen Ausdruck finden, begründet die Bekräftigung des modernen Freiheitsbegriffs die Sphäre privaten wirtschaftlichen Handelns, das frei ist von staatlicher Intervention. Im Modell der liberalen Demokratie ist dies die notwendige Ergänzung der demokratischen Teilhabe an den öffentlichen Angelegenheiten durch die selbstverantwortlichen Bürger. T.H. Marshall hat in diesem Zusammenhang von den für die individuelle Freiheit notwendigen Rechten gesprochen: der persönlichen Freiheit, der Rede-, Meinungs- und Religionsfreiheit, dem Recht auf Eigentum und wirtschaftliches Handeln (Vertragsfreiheit) sowie dem Recht auf gerechte Justiz, welche er gemeinsam einer ersten, *bürgerlichen* Komponente von Staatsbürgerschaft zuordnete. Hiervon grenzte er die Rechte auf öffentliche und politische Partizipation als Teil einer zweiten, *politischen* Komponente ab (Marshall 1992, S. 40). Offensichtlich trägt die Entwicklung des modernen Staates zur inhaltlichen Ausweitung des Konzepts der Staatsbürgerschaft und der Beziehung zwischen dem Staat und seinen Bürgern bei; das gilt insbesondere für den Sozial- bzw. Wohlfahrtsstaat. Das Verhältnis zwischen dem Staat und seinen Bürgern wird hier um besondere Rechte der Bürger auf staatlichen Schutz und die soziale Umverteilung von Einkommen ergänzt. Derartige Rechtsansprüche konstituieren eine weitere, nämliche die *soziale* Komponente der Staatsbürgerschaft. T. H. Marshall versteht darunter eine »ganze Reihe von Rechten, vom Recht auf ein Mindestmaß an wirtschaftlicher Wohlfahrt und Sicherheit, über das Recht an einem vollen Anteil am gesellschaftlichen Erbe, bis zum Recht auf ein Leben als zivilisiertes Wesen entsprechend der gesellschaftlich vorherrschenden Standards. Die am engsten mit ihm verbundenen Institutionen sind das Erziehungswesen und die sozialen Dienste.« (Marshall 1992, S. 40). Schließlich erscheint es angesichts dieser Feststellung für die weitere Analyse nützlich, zwischen den eher aktiven und den tendenziell passiven Komponenten der Staatsbürgerschaft zu differenzieren: Die aktiven, d. h. zu Eigenaktivität berechtigenden Komponenten umfassen die Individualrechte und -freiheiten in einem von staatlichen Eingriffen freien Bereich – eben jene, die Marshall als »bürgerlich« bezeichnet – sowie die politischen Rechte und Freiheiten im Bereich des öffentlichen Lebens. Dem stehen die passiven Komponenten gegenüber, die sich als Anspruch auf Sozialleistungen und den Schutz des Staates darstellen. Hier ist es der Staat und nicht der Bürger, der den aktiven Part übernimmt.

2. Die demokratische Adelsrepublik: Die kollektive politische Staatsbürgerschaft vor den Polnischen Teilungen

Um zur polnischen Verfassungsentwicklung zurückzukehren, soll nun das Augenmerk auf die bis 1795 existierende Erste Polnische Republik gerichtet werden. Dieses politische Gebilde ist für die polnische Verfassungsgeschichte von eminenter Bedeutung nicht zuletzt deshalb, weil es sich uns in seiner Spätphase als Adelsrepublik darstellt, basierend auf der so genanten »Adelsdemokratie«, welche zwar vom modernen Staat weit entfernt war, ebenso weit aber auch von den angrenzenden absolutistischen Monarchien. Noch 1791, vier Jahre vor der dritten und damit endgültigen Teilung des Staates durch Preußen, Habsburg-Österreich und Russland wurde am 3. Mai in Warschau die erste geschriebene Verfassung Polens ausgerufen, die zugleich die erste schriftlich fixierte Verfassung Europas war. Diese so genannte Mai-Verfassung spielte zwangsläufig nur eine indirekte Rolle, sie wirkte bis in die jüngste Vergangenheit als ein die Nation um ein demokratisches Ethos einigendes Symbol. Ebenso interessant sind jedoch die älteren, verfassungs*ähnlichen* Bestimmungen der Ersten Republik, welche mit ihren zwar nur impliziten, dafür aber in der Alltagspraxis umgesetzten Vorstellungen von Staatsbürgerschaft nicht nur das damalige, sondern seither jegliches Verfassungsdenken in Polen stark beeinflusst haben. Im Kern zu nennen ist das eingangs erwähnte kollektiv-bürgerliche Ethos: Viele Untersuchungen über die »Solidarność«, 1980/81 mit zehn Millionen Mitgliedern die größte demokratische Bewegung nicht nur Polens, sondern auch Europas, verweisen auf starke Ähnlichkeiten ihrer Symbolik, ihres politischen Handelns und Denkens mit denen der zwei Jahrhunderte zurückliegenden Adelsrepublik.

Die Adelsrepublik war eine Wahlmonarchie, wobei die öffentlichen Rechte nur für den Adel galten. Dieser Adel war jedoch nicht so exklusiv, wie man sich das heute vorstellen möchte; die ständischen Schranken waren verhältnismäßig durchlässig, die Zusammensetzung multiethnisch: Der Adel bestand aus Polen, Litauern, Ruthenen, Ukrainern, Tataren und Juden. Er war vielsprachig und multireligiös, vor dem öffentlichen Gesetz jedoch gleich. Überdies war er außerordentlich zahlreich und wirtschaftlich sehr heterogen. Er machte mehr als zehn Prozent der Gesamtbevölkerung aus, umfasste gar 25% der katholischen Bevölkerung; 60% der polnischen Adligen waren ohne Landbesitz (Walicki 1991, S. 13). Diese Zahlen veranschaulichen, dass die polnische Nobilität einen überwiegend

›plebejischen‹ Charakter hatte. Allerdings verfügte selbst der ärmste Angehörige des Adels, unabhängig von seinem jeweiligen wirtschaftlichen Status, über alle öffentlichen Rechte, passive wie aktive, konnte seine jeweilige Wählerschaft auf lokaler und gesamtstaatlicher Ebene vertreten (in den Landtagen, ›sejmiki‹, und im Reichstag, ›sejm‹) und war nicht nur am Gesetzgebungsprozess beteiligt, sondern konnte als Abgeordneter des Reichstags dort jedes Gesetz auch blockieren *(liberum veto)*, den Monarchen wählen und selbst als Monarch gewählt werden. Die Zahl der rechtlich gleich gestellten Bürger erscheint mit 10% aus heutiger Sicht nicht groß. Sie ist aber im Vergleich mit den nur gerade 3,2% wahlberechtigter Bürger in England 1832 und den 1,5% in Frankreich zur Zeit von Louis Philippe beachtlich. Wie schon erwähnt, war diese Nobilität – zusätzlich zu ihrer intern differenzierten Struktur – nicht nach unten abgeschlossen: Die Erhebung in den Adelsstand aufgrund von Dienst und Verdienst waren nicht selten. Außerdem wurden in der zweiten Hälfte des 18. Jahrhunderts staatsbürgerliche Rechte, vor allem die Rechte auf Teilhabe an der Regierung, auch an Mitglieder anderer Stände verliehen, was dann oft wiederum zur Verleihung auch des Adelstitels führte – ein Verfahren, das am Ende praktisch institutionalisiert war.

Die charakteristische Ausgestaltung der bürgerlichen Rechte und Freiheiten durch die Erste Republik hatte einen starken Einfluss auf die Entwicklung des modernen Konzepts von Staatsbürgerschaft, der Nation und des modernen Nationalbewusstseins, in positiver wie auch negativer Hinsicht (Walicki 1991, S. 25ff.). Das positive Erbe besteht vor allem in der Idee der universalen Gleichheit einer demokratischen Wählerschaft – über alle ethnischen, religiösen, sprachlichen und sozialen Barrieren hinweg. Dazu gehört auch die Souveränität des berechtigten Kollektivs, hier also der als Nation verstandenen Adelsgemeinschaft, gegenüber der Staatsmacht, mit der sich aus ihr ableitenden republikanischen Verantwortung dieses Souveräns für sämtliche nationalen Angelegenheiten, und schließlich die (regionale) Selbstverwaltung. Diese institutionellen Bestimmungen hatten eine starke ethische Komponente: Auch die umstrittenste Institution der ersten Republik, das *liberum veto*, habe auf der moralischen Verpflichtung eines jedes Parlamentsmitglieds basiert, sich für das Wohlergehen des ganzen Landes einzusetzen (Ogonowski 1975). Dabei handelte es sich um ein allgemeines, jedem Abgeordneten zustehendes Vetorecht, das dann nicht nur die Verhinderung des betreffenden Gesetzes, sondern die Annulierung sämtlicher Beschlüsse des laufenden Reichstags zur Folge hatte. Dahinter stand ursprünglich der Einstimmigkeitsgrundsatz, der wiederum voraussetzte, dass der politische Wille einmütig wäre; ebenso, wie es Rousseau in seinem Entwurf des Gesellschaftsvertrages vorgesehen hatte – und Rousseau hat auch tatsächlich in diesem Zusammenhang über die polnische Regierung geschrieben.

Im politischen Denken Polens führte all dies dazu, dass auch die später entstehende moderne Nation als moralische Gemeinschaft begriffen wurde, in der sich Minderheiten, ganz zu schweigen von Einzelpersonen, dem Willen der Mehrheit, später dann, wie weiter unten gezeigt wird, dem ›nationalen Interesse‹ zu beugen hatten. Bereits die Probleme der Adelsrepublik hatten jedoch gezeigt, dass eine solche republikanische ›Gemeinschaft‹ Schwierigkeiten bei der Bestimmung des Mehrheitswillens haben würde, weil Beschlüsse tendenziell nicht qua parlamentarischer Prozedur Normativität erlangten, sondern der Mehrheitswille moralische und axiomatische Geltung beanspruchen konnte.

Die Idee der Nation als einer Moralgemeinschaft wurde in der jüngeren polnischen Geschichte mehrfach wieder belebt: nicht nur während der Teilungszeit oder in der Zeit zwischen den Weltkriegen, sondern auch im letzten Jahrzehnt kommunistischer Herrschaft, und zwar offiziell unter dem Schlagwort der »moralisch-politischen Einheit« der sozialistischen Gesellschaft, wie sie von der kommunistischen Partei propagiert wurde. Auch heute spielt sie in den politischen Auseinandersetzungen eine wichtige Rolle.

Diese Traditionen prägten das politische Selbstverständnis der Polen und machten sie besonders sensibel für Fragen der Würde und Souveränität der demokratischen Nation. Allerdings zeigt sich hier auch, dass die herkömmliche polnische Auffassung von Staatsbürgerschaft, bürgerlichen Rechten und Freiheiten eine sehr antiindividualistische Komponente enthielt. Die oben erwähnten demokratischen Rechte gehörten einer einzelnen Klasse, dem Adel. Wenn einige polnische Autoren jener Zeit die Rechte ›niederer‹ Klassen befürworteten, dann sprachen sie sich für spezifische ›Klassenrechte‹ aus, nicht für Universalrechte, die jedem Individuum zustünden. Deshalb konzentrierten sie sich auf die *kollektive* Teilhabe am öffentlichen Leben und auf die Gleichstellung von Klassen, den Bauern oder Städtern. Dieses Gleichheitskonzept war mit der Idee einer positiven, kollektiven Freiheit der Teilhabe an der Regierung verbunden und entsprach der oben erwähnten »antiken Freiheit«. Was jedoch fehlte, war die liberale Idee einer negativen Freiheit *vom* Staat sowie die bürgerlichen Individualrechte und -freiheiten im privaten, hauptsächlich ökonomischen Bereich. Dies aber war nicht nur für die Entwicklung des Kapitalismus wichtig, sondern auch für die Entstehung bürgerlicher Attribute, wie der Entschlossenheit, Entscheidungen auf der Grundlage eigener, individueller und rationaler Überlegungen mit Blick auf die eigenen, persönlichen Mittel umzusetzen.

Im öffentlichen Bereich, der Sphäre politischer Partizipation, konnte das überzogene Prinzip der Einmütigkeit zu einem Konformitätsdruck und zu einem moralischen Druck der Mehrheit gegen nichtkonformistische Meinungen und Handlungen führen, wenn diejenigen, die sich dem Mehrheitswillen und den allgemein herrschenden Auffassungen nicht unterwerfen wollten, moralischem Zwang ausgesetzt wurden. Diese antiindividualistische Komponente in der Auffassung von Staatsbürgerschaft und Nation entwickelte in dem Moment ein gefährliches Potenzial, da Einstimmigkeit aufgrund der gegensätzlichen wirtschaftlichen und ethnischen Interessen nicht mehr herstellbar war.

Im Sinne dieser kollektivistischen Verfasstheit der ersten Republik argumentierten polnische Intellektuelle und Adlige, dass die Freiheit in Polen größer sei als beispielsweise in England. Damit hatten sie aber nur die politische Partizipation am öffentlichen Leben und ausschließlich die öffentlichen Rechte der Adligen im Blick. Im individuellen und privaten Bereich waren jedoch im Gegenteil persönliche Entscheidungsfreiheit, Verantwortung und Pflichten sehr viel stärker beschränkt. Von großer Bedeutung für spätere Konzeptionen der Staatsbürgerschaft und ihrer institutionellen Umsetzung bleibt, dass in Polen auch wirtschaftliche Tätigkeiten nicht im Rahmen von individuellen Interessen und Gewinnen, sondern im Paradigma nationaler Pflichten betrachtet wurden – als ›selbstverständliche‹ Arbeit für das Wohlergehen der Nation.

Die kollektivistischen Elemente waren für den Erhalt der nationalen Einheit und Identität im 19. Jahrhundert von entscheidender Bedeutung, als Polen seine politische Souveränität verlor. Sie wurden von Vorstellungen der Romantik (charakteristisch ebenfalls für das restliche Mitteleuropa, insbesondere für Deutschland) bestärkt und gefestigt, welche die Nation als kulturelle Einheit und nicht als politische Organisation betrachteten (Walicki 1982). In Polen legitimierten diese Auffassungen die Praxis der nationalen Aufstände gegen die Teilungsmächte, wie sie vor allem im russischen Teilungsgebiet zu einer eigenen Tradition wurden. Und schließlich führten sie zu Vorstellungen von nationalen Rechten trotz Fehlens eines eigenen Staates und förderten im Zusammenhang mit der eintretenden Ethnisierung des Nationsbegriffs im letzten Drittel des 19. Jahrhunderts auch konkurrierende Ansprüche der bisher in der Adelsrepublik integrierten ethnischen Minderheiten: Litauer, Ukrainer und Ruthenen.

3. Bürgerliche und staatliche Pflichten im Kontext des nationalen Interesses: Die polnische Verfassungssituation zwischen den Weltkriegen

Nach der Wiedererlangung der eigenen Staatlichkeit und Souveränität 1918 wurden in der Zwischenkriegszeit zwei Verfassungen in Kraft gesetzt: die demokratische März-Verfassung von 1921 (1926 ergänzt) und die halbautoritäre April-Verfassung von 1935. In beiden wurden die Funktionsprinzipien dieses immer noch multinationalen, multiethnischen und multireligiösen Nationalstaats definiert. Doch diese Prinzipien standen nun im Kontext neuer Ideologien, die sich auf den Schutz der ›realistisch verstandenen‹ nationalen Interessen konzentrierten, sowie im neuen gesellschaftlichen und politischen Kontext des Sozialstaates. Grundsätzlich führte die März-Verfassung in Polen die parlamentarische Demokratie ein, mit einer starken Position des ›Sejm‹ (Parlaments) bei gleichzeitig schwacher Stellung des Präsidenten. Insofern stellte sie eine Fortsetzung des parlamentarischen Regierungssystems der Ersten Republik dar, wo dem alten Reichstag ein faktisch machtloser König gegenüberstand. Die öffentlichen Rechte wurden nun allen Bürgern garantiert – ohne jede Diskriminierung; man führte auch das aktive wie passive Frauenwahlrecht ein. Das Prinzip der Nichtdiskriminierung wurde in mehreren Verfassungsbestimmungen bekräftigt. Artikel 95 bestimmte, dass die Republik Polen in ihrem gesamten Staatsgebiet das Leben, die Freiheit und den Besitz aller Bürger schützt, und zwar unabhängig von deren Herkunft, Nationalität, Sprache, Rasse oder Religion. In Artikel 96 wurde der Nichtdiskriminierungsgrundsatz noch einmal direkt betont, hier bezogen auf staatliche Behörden. Die Artikel 10, 109 und 110 widmeten sich den Minderheitenrechten und dem staatlichen Schutz von gesellschaftlichen Organisationen ethnischer und religiöser Minderheiten. Die Artikel 111 bis 116 definierten die Religionsfreiheit und die Nichtdiskriminierung religiöser Minoritäten. Allerdings wurde der römisch-katholische Glaube als Konfession der überwältigenden Mehrheit der Nation und als Religion bezeichnet, die den »ersten Platz unter gleich gestellten Konfessionen« einnimmt.

Die Präambel der März-Verfassung berief sich auf universale, nicht spezifisch nationale Werte: die »ewigen« Grundsätze von Recht und Freiheit und die Notwendigkeit, die Entwicklung der Republik zum Wohle der »ganzen wieder erwachenden Menschheit« zu fördern. Diese Präambel versprach auch die Gleichheit aller Bürger zu schützen, ihre Arbeit zu achten und sie zu schützen. Doch unter dem Titel »Allgemeine Pflichten und Rechte der Bürger« wurden nicht primär die Rechte, sondern die Pflichten der Bürger aufgezählt. So sprach etwa der Artikel 93 von der Pflicht, die legitime Regierung anzuerkennen und den Staat bei der Erfüllung seiner Aufgaben zu unterstützen, wie auch von der Pflicht zur gewissenhaften Erfüllung öffentlicher Aufgaben durch die Bürger. Noch kennzeichnender war der Artikel 94, der neben der Schulpflicht die Pflicht der Eltern postulierte, ihre Kinder zu guten Bürgern des Vaterlands zu erziehen.

Neben den neuen sozialen Garantien, welche die Staatsangehörigkeit mit Ansprüchen auf staatliche Fürsorge verband, beinhaltete die Verfassung die staatliche Pflicht moralischer und religiöser Fürsorge für solche Bürger, die sich in Krankenhäusern, Kasernen, Gefängnissen, Besserungsanstalten oder Waisenhäusern unter direktem staatlichen Einfluss befanden. Charakteristischerweise wurden die sozialen Rechte als Ansprüche auf *staatliche* Fürsorge definiert, und nicht auf einer abstrakteren Ebene als universale Rechte auf einen angemessenen Lebensstandard (im Sinne T.H. Marshalls) oder als vom Staat unabhängige, weil unveräußerliche Menschenrechte.

Die demokratische Verfassung von 1921 hatte also einen stark kollektivistischen Zug und viele Verfassungsbestimmungen einen programmatischen und nicht eigentlich juristischen Charakter. Die Verfassungsbestimmungen zur Gleichbehandlung nationaler und ethnischer Minderheiten fanden keine Entsprechung in Form von Ausführungsgesetzen. Deutlich wird auch die Vorstellung vom Staat als einem moralischen Gebilde, wenn etwa vom »vereinten und unabhängigen Vaterland« in der Präambel der Verfassung die Rede ist. Dieses »Vaterland« hatte das Recht, sich in die Privatsphäre, in das Familienleben einzumischen und zu beurteilen, ob die Kinder als gute Bürger erzogen wurden. Dieses »Vaterland« – oder einfacher gesagt, die Regierung – hatte durchaus auch moralische und nicht nur rein administrative Pflichten.

Im Hinblick auf individuelle und ökonomische Aspekte von Staatsangehörigkeit enthielt die Märzverfassung umfassende Bestimmungen zum Eigentumsschutz. Artikel 99 handelte dabei vom Schutz jeglicher Art von Eigentum, nannte also persönliche Besitzrechte in einem Atemzug mit dem kollektiven Eigentum gesellschaftlicher Organisationen, Institutionen, örtlicher Regierungen (Kommunaleigentum) und dem Staatseigentum. Weiter garantierte die Verfassung alle liberalen Freiheiten – allerdings mit einer wichtigen Einschränkung: Der Handel mit Grundbesitz blieb genehmigungspflichtig. In dem eben erwähnten Artikel 99 definierte die März-Verfassung Grundbesitz als einen der wichtigsten Grundpfeiler von Nation und Staat. Daher durfte Land nicht zum Gegenstand des freien Handels werden. Auch hier traten wieder interne Spannungen auf, da diese Bestimmungen mit den ebenfalls garantierten Rechten auf wirtschaftliche Tätigkeit, dem Besitzrecht und der Vertragsfreiheit kollidierten.

Darin dokumentiert sich die ambivalente Haltung der März-Verfassung zur Privatsphäre. Zum einen war diese Gegenstand staatlicher Interventionen und staatlicher Fürsorge – entweder im Familienleben oder im wirtschaftlichen Handeln der Bürger. Zum anderen fehlte eine explizite Eigentumsgarantie, da das Konzept des persönlichen Besitzes viel zu eng gefasst war. Hieraus wird ersichtlich, dass die März-Verfassung von einer besonderen (Verfassungs-)Tradition beeinflusst wurde: der kollektiven Sorge um das Wohl der Nation. Sie betonte die politische Bedeutung der Staatsbürger als Mitglieder der Nation und ihre Zugehörigkeit zur Moralgemeinschaft.

Es ist jedoch zu beachten, dass die März-Verfassung neben der politischen eine weitere Sphäre bürgerlichen Handelns stark förderte: die Entwicklung gesellschaftlicher Vereinigungen und bürgerlicher Selbstverwaltung. Unabhängig von der politischen Praxis, die einige Gruppen von Bürgern ungleich behandelte – unmittelbar nach dem Ersten Weltkrieg vor allem die Deutschen (Brubaker 1996, S. 107ff.), später Ukrainer, Ruthenen und Juden –, wurden die bürgerlichen und religiösen Organisationen von ethnischen und religiösen Minderheiten vom Staat geschützt und unterstützt.

Wie sah es zu jener Zeit mit dem Nationalismus aus? Józef Piłsudski, die prominenteste politische Persönlichkeit der Zwischenkriegszeit, wird mit der Bemerkung zitiert, dass er auf einem Bahnhof namens »Sozialismus« in einen polnischen Zug eingestiegen und an der Station »Nationalismus« wieder ausgestiegen sei; damit bezog er sich auf die starke Zunahme nationalistischer Tendenzen im Laufe der 1920er Jahre. Um die Frage nach dem polnischen Nationalismus aus verfassungshistorischer Perspektive zu beurteilen, sollte man sich allerdings die immer wieder geäußerte Kritik am institutionellen Arrangement der März-Verfassung in Erinnerung rufen: Dem starken Parlament, das zunehmend von Partikularinteressen dominiert war, stand, wie bereits erwähnt, ein schwacher Präsident gegenüber – und dies in einer Situation wachsender wirtschaftlicher Spannungen und Ungleichheiten. Parteipolitische Auseinandersetzungen machten unter diesen Voraussetzungen den Staat unregierbar, so die Gegner der Verfassung. Sie stellten den Konzepten, die sich auf die ethischen Aspekte der Staatsbürgerschaft und der Beziehung zwischen dem Staat und seinen Bürgern sowie damit verbunden auf die parlamentarische Dominanz im Entscheidungsprozess stützten, Vorstellungen entgegen, die den Primat des starken Staates und die Neudefinition der Staatsbürgerschaft im Sinne einer endlich »realistisch« einzuschätzenden Staatsräson hervorhoben. Derartige Ideen wurden vor allem von der politischen Partei der Nationaldemokraten vorgebracht, insbesondere von ihrem Führer Roman Dmowski. Das nationale Interesse zu verteidigen, bedeutete nach Auffassung dieses Politikers, nicht blind der Mehrheit und den Wünschen der Bürger zu folgen, sondern dem »objektiven« nationalen Interesse, in einer Situation, in welcher sich jeder Staat in einem ständigen Kampf mit den anderen Nationen befinde, einem Kampf, bei welchem die Stärkeren über die Schwächeren siegten. Des Weiteren bedeutete die Verteidigung des Nationalinteresses keinesfalls, im Namen bestimmter moralischer Rechte oder Grundsätze wie etwa des Minderheitenrechts die eigene Nation zu schwächen. Im Gegenteil, es bedeutete, die dominante nationale Gruppe und die dominante Kultur, d. h. also die ethnischen Polen und die polnische Kultur und Sprache, in den internationalen Beziehungen, die durch Stärke und Schwäche bestimmt seien, zu schützen (Dmowski 1908, S. 235f.). Vor diesem Hintergrund wurde die Vorstellung eines nationalen, kollektiven Egoismus formuliert, als das Recht einer jeder Nation, sich für diesen dauerhaften Kampf zu wappnen. Im multiethnischen Polen hieß dies, die nationalen Ansprüche anderer ethnischer und nationaler Gruppen, vor allem in Extremsituationen, in denen das Nationalinteresse bedroht war, zu unterdrücken (Dmowski 1938).

Bürgerliche Freiheiten hatten sich dem Wohl oder dem Interesse der Nation unterzuordnen. Kollektive Vorstellungen der polnischen Verfassungsgeschichte wurden gegen politische Freiheiten ausgespielt, die man einschränken konnte, sofern es das Nationalinteresse verlangte. Und dieses sollte definiert werden mit Blick auf die internationale »geopolitische« Situation.

Die Ideen der Nationaldemokraten stellten in der Diskussion über öffentliche Freiheiten und Staatsbürgerschaft im Polen der Zwischenkriegszeit ein wichtiges Element dar. Die halbautoritäre April-Verfassung, die 1935 in Polen verkündet wurde, nahm derartige Konzepte auf. Der Präsident war nur gegenüber »Gott und der Geschichte« verantwortlich, der Staat besaß Interventionsrechte für das gesamte gesellschaftliche Leben, als dessen Basis er galt (Art. 4). Die wichtigste Bestimmung dieser Verfassung, Art. 5, legte fest, dass die bürgerlichen Freiheiten durch das Allgemeinwohl begrenzt seien. Art. 7 legte fest, dass das Recht der Bürger, sich an öffentlichen Angelegenheiten zu beteiligen, nach ihrem Engagement und ihrem Dienst im öffentlichen Bereich bemessen würde, und Art. 6 definierte als wichtigste bürgerliche Pflichten Staatstreue und die bewusste Erfüllung der vom Staat auferlegten Pflichten. Darüber hinaus durfte nach diesen Verfassungsbestimmungen kein Handeln staatlichen Zielen, wie sie in den staatlichen Gesetzen niedergelegt waren, zuwiderlaufen, und in Situationen von Ungehorsam sah die Verfassung die Anwendung staatlicher Gewalt vor (Art. 10).

In der April-Verfassung wurden die Bürger eher als Untertanen des Staates denn als unabhängige Träger von Rechten vorgestellt. Als vorrangiges Ziel wurde das Staatswohl definiert. Die traditionelle Vorstellung von Staatsbürgerschaft im Sinne der Teilhabe am öffentlichen Leben wurde nicht nur außerordentlich eingeschränkt, sondern umdefiniert in Richtung auf erwartetes Engagement und Pflichterfüllung, deren Einforderung und Beurteilung staatlicher Auslegung unterworfen waren. Staatlicher Entscheidungsspielraum bestand im ganzen Bereich gesellschaftlichen Engagements und bürgerlicher Pflichten und – noch wichtiger – im Falle bürgerlichen Ungehorsams gegenüber dem Staat. Der Regierung wurde damit die Möglichkeit eröffnet, diese Verfassungsbestimmungen nicht nur gegen die demokratische Opposition, sondern auch gegen Minderheiten zu wenden, mit der Begründung, ihr Handeln laufe dem allgemeinen, d. h. nationalen, Wohl und den staatlichen Zielen zuwider. Allerdings beharrte die April-Verfassung grundsätzlich auf dem Prinzip der Gleichbehandlung und führte an, dass weder Herkunft noch Glaube, Geschlecht oder Nationalität als Grundlage für Einschränkungen des

Rechtes auf Partizipation in öffentlichen Angelegenheiten dienen dürfe (Art. 10.2). Doch diese Verfassungsbestimmungen waren wenig mehr als Absichtserklärungen.

4. Von Bürgern zu Untertanen zu Bürgern: Die Staatsbürgerschaft in den jüngsten polnischen Verfassungen

Nach Rogers Brubaker ist das neue Europa durch die Trennung der Nationen gekennzeichnet (Brubaker 1998). In Polen vollzog sich dies nach 1945, als der wiederhergestellte Staat entsprechend den Beschlüssen von Jalta (Westverschiebung und Bevölkerungsaustausch) als multinationales Gebilde zu existieren aufhörte und stattdessen ein national, kulturell und sprachlich homogenes Land wurde. Es zeigte sich, dass ethnische Aspekte der Staatsbürgerschaft im Polen nach der Konferenz von Jalta unwichtiger wurden, als sie es je in der Vergangenheit gewesen waren, und auch weniger relevant als in anderen mitteleuropäischen Staaten. Zwar bestanden Fragen dieser Art fort, wie beispielsweise im Fall der Schlesier, die zur Beantragung der polnischen Staatsangehörigkeit erst beweisen mussten, dass sie keine ›Verräter‹ waren (d. h. dass sie nicht die deutsche Volksliste unterschrieben hatten); oder im Fall der Lemken, einer ethnischen Minderheit, die der Kollaboration mit der ukrainisch-nationalen Partisanenarmee (UPA) beschuldigt wurde und vom Südosten Polens in die neu zu besiedelnden Westgebiete vertrieben worden war. All diese Probleme wurden im Sinne einer stark homogenisierenden Ideologie marginalisiert und verschwanden rhetorisch unter dem Deckmantel der »internationalen Solidarität der werktätigen Klassen«, welche keine Nationalitätenfragen kennt.

Die politischen, bürgerrechtlichen wie auch neuerdings wieder die nationalen Aspekte der Staatsbürgerschaft haben dennoch nichts an Aktualität eingebüßt: Das kommunistische, aber auch das postkommunistische Erbe führten dabei teilweise zu neuen, zusätzlichen Problemstellungen. Der abschließende Teil dieser Darstellung wird vor diesem Hintergrund die entstehenden Schwierigkeiten bei der Neudefinition von Staatsbürgerschaft nach fast einem halben Jahrhundert kommunistischer Verfassungswirklichkeit in Polen skizzieren, und zwar vor dem Hintergrund der älteren Tradition – den schon vor 1945 beobachteten kollektivistischen Elementen – und der später erfolgten Verwandlung der Bürger in Konsumenten der »sozialistischen Wohlfahrt«, die von jeglicher Verantwortung gegenüber Staat oder Gesellschaft entmündigt waren. Die entscheidenden Fragen wie auch die Konflikte und Widersprüche, welche die Diskussion der Staatsbürgerschaft in Polen gegenwärtig begleiten, sind folgende:

- Gesellschaftliche Rechte werden als Gruppenprivilegien begriffen.
- Ethnische Komponenten tauchen plötzlich wieder auf. Sie werden angefacht durch die Debatte über die Teilhabe an Privatisierung und Restitution von verstaatlichtem Eigentum – dem wichtigsten und möglicherweise sehr lukrativen Aspekt der postkommunistischen Veränderungen.
- Die Beziehung zwischen dem Staat und seinen Bürgern ist vom kommunistischen Erbe belastet.

Nach den Jahrzehnten der kommunistischen Herrschaft wird die Beziehung Staat – Bürger als eine Beziehung zwischen der Nation, d. h. den als Kollektiv definierten Bürgern, und dem ›feindlichen‹ Staat verstanden – eine Eigenart der sozialen und politischen Wahrnehmung, die für Polen in speziellem Maße zu vermuten ist, nachdem 1980/81 mit der Gründung der Gewerkschaft und sozialen Bewegung »Solidarność« auch eine die breite Bevölkerung involvierende institutionelle Entsprechung entstand. Paradoxerweise ist dieser Staat, obwohl er feindlich erscheint, doch gleichzeitig Quelle von Zuwendungen und Ansprüchen. Zudem gilt er allgemein als verschwenderisch und korrumpiert. Diesen Staat zu betrügen, wird daher nicht als Verbrechen angesehen, geschweige denn als Sünde, sondern als Tugend, mit deren Hilfe man in den Genuss weiterer Privilegien kommt. Erschwerend kommt hinzu, dass die heutige Beurteilung des bisherigen und die Neuformulierung des neuen Staatsbürgerrechts auf das Engste mit finanziellen Interessen der Bürger zusammenhängt. Die Debatten über die entsprechenden Definitionen haben entscheidenden Einfluss auf den Modus von Privatisierung und Restitution (Rückgabe an ehemalige Privateigentümer) von bisherigem Staatsbesitz.

Solche Fragen begleiteten die Diskussion um die neue, 1997 verabschiedete polnische Verfassung und das so genannte »Gesellschaftsprojekt«, das von der »Solidarność« entwickelt und dem parlamentarischen Entwurf gegenübergestellt wurde. Sie spielen auch bei der Novelle des neuen Staatsbürgerrechtes eine Rolle, die sich zur Zeit auf der parlamentarischen Agenda befindet. Die Frage nach sozialen Rechten und die Definition des Verhältnisses Bürger – Staat wurde nicht nur wegen der enormen wirtschaftlichen Veränderungen zum Problem, sondern auch wegen der grundsätzlichen Herausforderungen, mit denen sich die nun als (kapitalistischer) Sozialstaat definierte Republik Polen konfrontiert sieht. Das kommunistische Erbe trägt zu diesen Herausforderungen in Form psychologischer und kultureller Folgen des »sozialistischen Sozialstaates« bei: Weil die Bürger, ihrer individuellen wirtschaftlichen Interessen beraubt, sich daran gewöhnen mussten, passiv auf staatliche Hilfe in Form von (nicht nach Leistung vergebenen) Löhnen und Erteilung von Privilegien nach Maßgabe ideologischer Dienstfertigkeit zu warten, erscheinen das Leistungsprinzip und Momente der Eigeninitiative, welche auch der »Sozialstaat« in den Vordergrund stellt, vielen als moralisch nicht zumutbar.

Zusätzlich wird dieses »Homo-Sovieticus-Syndrom« in Polen ergänzt durch das Erbe des kollektiven Kampfes gegen den Staat, der als ausbeuterisch und feindlich betrachtet wurde. Damit verknüpft war die Erfahrung der Bürger, dass nicht individuelle Leistungen, sondern nur kollektiv gegen den Staat gerichtete Aktionen zu einer Besserung der Lebenssituation führten – in Form derartig erkämpfter zusätzlicher Zuteilungen und Privilegien. Der neuen polnischen Verfassung wurde unter dem Druck solcher kollektiver, organisierter Interessen eine ganze Reihe sozialer Rechte eingeschrieben, die in einigen Fällen rein programmatischen Charakter haben, wie etwa das Recht auf eine gesunde Umwelt oder das Recht auf eine kostenlose akademische Ausbildung.

Hinsichtlich der Rolle und der Stellung des Staates fällt auf, dass sich die Verfassung in weit geringerem Maße mit den bürgerlichen Pflichten und stattdessen viel stärker mit den staatlichen Pflichten gegenüber dem Bürger beschäftigt als je zuvor in der polnischen Geschichte, mit Ausnahme des kommunistischen Systems. Das Bürger-Konzept der neuen polnischen Verfassung ähnelt eher dem sozialistischen Modell mit seinen Anrechten auf staatliche soziale Zuwendungen als dem republikanischen Verständnis von Bürgerschaft in der Zwischenkriegszeit. Letzteres bezog sich ja auf moralische Pflichten und Verantwortlichkeiten des Bürgers gegenüber dem Staat. Wie auch andere Sozialstaaten, so steht der polnische heute der Notwendigkeit gegenüber, die Verantwortung für das Wohlergehen der Bürger mit der Gesellschaft selbst zu teilen, vor allem mit Wohlfahrtsorganisationen und -vereinen sowie den örtlichen Behörden. Polen versucht daher, das gesamte institutionelle Arrangement sozialen

Schutzes neu zu strukturieren und auf diese Weise die bisher direkt an den Staat gerichteten kollektiven Forderungen durch das Fördern einer intermediären gesellschaftlichen Ebene (Zivilgesellschaft) abzumildern.

Die Spannung zwischen Verfassung und organisierten Interessen ist auch spürbar im Bereich der Privatisierung und Restitution, da diese Prozesse potenziell (je nach Auslegung) mit den Bestimmungen zur demokratischen Rechtsstaatlichkeit kollidieren: der Gleichbehandlung und Nichtdiskriminierung sowie dem Schutz des Privateigentums. Diese universalen Grundsätze, wesentliche Basis für eine zivilgesellschaftliche Konstituierung des Bürgerstatus, werden durch die in Polen traditionell verbreitete Vorstellung einer Bürgerrolle qua Mitgliedschaft im nationalen Kollektiv in Frage gestellt. In der heute in Polen geführten politischen Debatte stehen kollektive Interessen sehr oft im Zentrum, und ihre Formulierung ist entsprechend häufig mit nationalistischen Argumenten verknüpft. Die dem in den Diskussionen um die Transformation entgegengehaltene Politik der Liberalisierung und die liberale bis libertäre Rhetorik des ›freien Marktes‹ mit ihrem individualistischen Verständnis von Staatsbürgerschaft werden weder von der neuen Verfassung noch von rechtlichen Bestimmungen oder gesellschaftlichen Anschauungen unterstützt. Eine Analyse rechtlicher Bestimmungen und der öffentlichen Diskussion zeigt Erstaunliches: Die tatsächlich mehr oder weniger liberale Wirtschaftspolitik wird mit nationalistischen Werten verbunden. Konzeptionell und praktisch wird eine Verbindung von Nationalismus und Liberalismus gesucht (Szacki 1999).

5. Privatisierung und Restitution: Ein wichtiger Kontext für die gegenwärtige Diskussion um Staatsbürgerschaft [1]

Wie in anderen postkommunistischen Ländern erwies sich auch in Polen die Privatisierung nicht nur als ökonomische, sondern auch als wichtige politische Frage. Die Diskussion über die Privatisierung wie auch die Regulierungsmaßnahmen der entsprechend eingeleiteten Programme förderten starke Gruppeninteressen zutage; verschiedene kollektive Akteure beanspruchten für sich eine privilegierte Position. Im Gegensatz zum tschechischen, anfänglich auch zum slowakischen Modell der so genannten Gutschein-Privatisierung, bei welcher auf Basis staatsbürgerlich begründeter Gleichbehandlungspostulate frei anlegbare Anteilscheine gleichmäßig an alle Bürger ausgeteilt wurden, erstritten sich in Polen die jeweiligen bis dato privilegierten Gruppen Kollektivbeteiligungen an konkreten Objekten: Beschäftigte von zu privatisierenden Unternehmen sicherten sich dabei einen kostenlosen Anspruch auf bis zu 20% der ausgegebenen (Aktien-)Anteile. Damit bleiben in Polen Personen, die zufälligerweise nicht (mehr) in einem zu privatisierenden Unternehmen arbeiten, zum Beispiel alle an den Universitäten oder Schulen Beschäftigten, von einer Beteiligung am Privatisierungserlös ausgeschlossen und können nur über den freien Markt Aktienanteile erwerben. Diese Form der Belegschaftsprivatisierung hatte ihre Wurzeln wohl in der jüngeren polnischen Geschichte und der speziellen Rolle, welche Arbeitnehmer und Gewerkschaften dabei gespielt hatten; auf jeden Fall illustriert sie die wesentlich kollektivistischere anstelle einer individualistischen Herangehensweise an das Problem der Verteilung von Staatseigentum. Organisiertes Gruppeninteresse konnte sich also gegen die universalistisch formulierten Verfassungsgrundsätze einer Gleichbehandlung und Nichtdiskriminierung aller Staatsbürger durchsetzen.

Solch ein kollektivistischer bis kommunitaristischer Umgang mit Eigentum und dem Schutz von Eigentumsrechten wird in der Diskussion über die Restitution von enteignetem Besitz noch deutlicher. Diese rechtspolitische Frage wird bereits seit 1989 diskutiert, als bei den Reformgesprächen am runden Tisch die ersten halbdemokratischen Wahlen auf den Juni desselben Jahres angesetzt wurden (welche sich in ihrer Konsequenz als die polnische Wende erwiesen). Seitdem hat sich die Frage nach einer allgemeinen und umfassenden Regulierung der Restitution als so schwierig und kontrovers erwiesen, dass Polen – neben Kroatien – das einzige postkommunistische Land ist, in dem dazu bis heute keine umfassende Gesetzesvorlage verabschiedet wurde. Dem polnischen Parlament lagen seit 1989 immerhin rund 15 Entwürfe dafür vor; der bislang letzte, von der Regierung formulierte Entwurf wird gegenwärtig in der für die Restitutionsfrage zuständigen parlamentarischen Haushaltskommission diskutiert.

Die verschiedenen Vorschläge spiegelten nicht nur die gegensätzlichen Ansichten der wichtigen politischen Parteien wider, sondern vor allem die öffentliche Sorge um die kollektivistischen Aspekte von Eigentum und Eigentumsrechten als nationaler und nichtpersönlicher Angelegenheit. Fast alle dem Parlament bislang vorgelegten Entwürfe knüpfen das Recht auf Rückgabe verstaatlichten Besitzes an die polnische Staatsbürgerschaft und an einen Wohnsitz in Polen. Damit werden persönliche Eigentumsrechte sowie Ansprüche auf Kompensation für die Verletzung dieser Rechte mit einem kollektiven Element verknüpft, dem der Nationalität. Eine solche Herangehensweise an Eigentumsrechte ist an sich schon fragwürdig, mit Sicherheit jedoch lässt sie sich nicht mit dem liberalen Konzept individueller Menschen- und Bürgerrechte in Einklang bringen. Von vornherein provozierte sie Fragen nach ihrer Verfassungsmäßigkeit, vor allem mit Blick auf die Verfassungsgrundsätze der Nichtdiskriminierung und Gleichbehandlung. Sie wurde daher von Polen angegriffen, die entweder ihre polnische Staatsbürgerschaft überhaupt verloren hatten (z. B. infolge der teilweisen Zwangsausbürgerung von Emigranten durch die volkspolnischen Behörden), oder von solchen, die als Ergebnis des Zweiten Weltkriegs ihren Wohnsitz plötzlich außerhalb (das heißt östlich) des neuen Staatsgebietes hatten.

Der dem Parlament von der Regierung vorgelegte aktuelle Vorschlag von 1999 definiert die Ansprüche auf Restitution auf denkbar detaillierte Weise und beschäftigt sich so auch mit den problematischen Fragen der Beziehung zwischen Vermögensrückgabe und Staatsangehörigkeit. Der Entwurf sieht vor, dass derjenige, der am Tag der Enteignung polnischer Bürger war, sowie seine Nachkommen Ansprüche geltend machen können. Allerdings wurden diese umfassenden Vorschläge von den Abgeordneten bekämpft und abgelehnt. In einer Debatte über den Regierungsentwurf änderte die parlamentarische Haushaltskommission Anfang Januar 2000 die vorgeschlagenen Formulierungen ab und bekräftigte erneut die Auffassung, dass nur Personen mit Wohnsitz in Polen restitutionsberechtigt seien. Dieser Schritt führte bei der polnischen Diaspora zu heftigen Protesten. In einem in den polnischen Medien heftig diskutierten Brief an den Kommissionsvorsitzenden Tomasz Wójcik erinnerte der Congress of Polish-Americans (KPA) die Warschauer Abgeordneten daran, dass viele Polen nicht freiwillig ins Ausland gegangen, sondern aus ihrem Heimatland vertrieben worden seien; so etwa, als man nach der Verhängung des Kriegsrechts im Dezember 1981 viele internierte »Solidarność«-Aktivisten unter Druck dazu brachte, das Land mit einem so genannten »Ausreise-Pass« zu verlassen, der zu einer erneuten Einreise nicht mehr berechtigte. Oder nach den März-Unruhen von 1968, als unliebsame Intellektuelle, vor allem jüdischer Herkunft, schlicht »hinausgeworfen« wurden. Viele Polen gingen auch ins Exil, weil sie nach 1944 durch das kommunistische

Regime potenziell gefährdet waren, nicht zu sprechen von jenen, die nach 1939 in den sowjetischen Gulag verschickt wurden und so bald nur irgend möglich oft eher in den Westen zu entkommen suchten als zurück ins nun sowjetisierte Polen. Der Brief erinnerte die polnischen Parlamentarier auch an die Juden polnischer Staatsangehörigkeit und an jene Offiziere der polnischen Armee, die im Westen gekämpft und durch ein kommunistisches Dekret ihre Staatsangehörigkeit verloren hatten.

Darüber hinaus haben Auslandspolen, die – auf welche Weise auch immer – ihre polnische Staatsangehörigkeit eingebüßt oder aufgegeben haben, nun große Schwierigkeiten, diese wiederzugewinnen, weil das alte, noch aus den 60er Jahren stammende und 1997 lediglich ergänzte Staatsbürgergesetz Emigranten noch immer als Verräter behandelt[2]. Diese Diskussion und die allgemeinen Auffassungen bezüglich der Staatsbürgerschaft sagen einiges aus über die Tiefenstrukturen des politischen Bewusstseins im heutigen Polen. Mit Blick auf die Geschichte ist es nur schwer zu begreifen, dass ausgerechnet jenen die Staatsangehörigkeit vorenthalten wird, die gegen die Unterdrücker kämpften, die politisch verfolgt waren und denen eben jene Staatsangehörigkeit durch ein Regime entzogen wurde, welches doch heute allgemein als Unrechtsherrschaft begriffen wird. Genauso kann man sich kaum vorstellen, dass das Eigentum dieser Personen nun einfach verkauft oder sonst wie an neue Eigner übertragen wird, während die ehemaligen Besitzer aufgrund der kommunistischen Gesetzgebung, die ihre Entsprechung auch in den Nachfolgeregelungen wieder finden, erneut ihrer Ansprüche beraubt werden.

Schlussfolgerungen

Die Diskussion um Staatsbürgerschaft in Polen geht lange vor die Zeit der Proklamation moderner Verfassungen zurück. Sie setzte sich nach 1795 im geteilten Polen, wenn auch abgeschwächt, fort und erfuhr in den 1920er Jahren eine starke Wiederbelebung. In dieser Debatte war die Idee der ›Citizenship‹ mit der Vorstellung kollektiver Pflichten der Bürger gegenüber dem Staat verknüpft. Auch wurden die kollektivistischen, nicht die individualistischen Elemente von Staatsbürgerschaft betont; des Weiteren enthielten die Konzepte immer auch eine stark moralische Komponente.

In dieser Kontinuität ist mit der Entwicklung nach dem Zweiten Weltkrieg und neuerdings nach 1989 ein teilweiser Bruch zu verzeichnen. Dabei lässt sich einerseits in den kollektivistischen Elementen die nach wie vor ungebrochene alte Linie beobachten. Andererseits spielen im gegenwärtigen Konzept moralische Momente, die in Polen einst als überaus wichtig galten, erstmals kaum mehr eine Rolle: Die Ansprüche der Menschen und Zuwendungen von Staatsseite werden kaum mehr mit Leistung und Verdienst verbunden, sondern vielmehr mit der reinen Tatsache des Wohnorts im Staatsgebiet sowie den kollektiven Interessen all jener, die in der postkommunistischen Umwälzung eine aktive Rolle spielen.

Aus dem Englischen übersetzt von Jürgen Scheunemann und Lukas Imhof.

Anmerkungen:

1 Dieser Abschnitt basiert auf der Forschung zu Privatisierungsprogrammen, die in Zentraleuropa nach dem Zusammenbruch des Kommunismus unternommen wurden (Alexander/Skąpska, 1994), sowie auf aktuellen Studien zur Restitution von Eigentum, an denen die Autorin beteiligt ist. Das komparative deutsch-polnische Forschungsprojekt zur Restitution wird von der Volkswagen-Stiftung gefördert; seine Teilnehmer sind: Mark Blacksell, Grzegorz Bryda, Hartmut Haeussermann, Birgit Glock, Jaroslaw Karsten Keller, Grażyna Skąpska.

2 Gesetz vom 15. Februar 1962 zur polnischen Staatsbürgerschaft, Dz. U. vom 21. Februar 1962, Nor. 10, Pos. 49, ergänzt Dz. U. 1997, Nr. 114, Pos. 739, und von 1998, Nr. 106, Pos. 668.

Literatur:

Alexander, G. S./Skąpska, G. (Hg.) (1994): A Fourth Way? Privatization, Property and the Emergence of New Market Economies, New York/London.

Brubaker, Rogers (1996): Nationalism Reframed, Cambridge.

Brubaker, Rogers (1998): Narody i obywatele w Europie środkowej (Nationen und Bürger in Zentraleuropa), Polnische Ausgabe, Warschau.

Constant, Benjamin (1819): O wolności nowoczesnej w porównaniu z wolnością starożytnych (Über die moderne Freiheit im Vergleich zur Freiheit der Antike), Warschau.

Dmowski, Roman (1908): Niemcy, Rosja i kwestia polska (Deutschland, Russland und die polnische Frage), Lwow.

Dmowski, Roman (1938): Pół-polacy (Halbpolen) in: Pisma, t.III, Tschenstochau.

Habermas, Jürgen (1993): Obywatelstwo i to żsamość narodowa (Bürgerschaft und nationale Identität), Polnische Ausgabe, Warschau.

Maritain, Jacques (1993): Człowiek i państwo (Mensch und Staat), Polnische Ausgabe, Krakau.

Marshall, Thomas H. (1992): Staatsbürgerrechte und soziale Klassen, in: ders., Bürgerrechte und soziale Klassen, Frankfurt/Main/New York, S. 33–94.

Ogonowski, Zbigniew (1975): W obronie *liberum veto* (Eine Verteidigung des *Liberum veto*), Człowiek i światopogląd, Nr. 4.

Rousseau, Jean Jacques (1968): The Social Contract, Harmondsworth.

Skąpska, Grażyna (1994): Beyond Constructivism and Rationality of Discovery: Economic Transformation and Institution-Building Process, in: G. S. Alexander/G. Skąpska (Hg.): A Fourth Way? Privatization, Property and the Emergence of New Market Economies, New York/London.

Szacki, Jerzy (1999): Liberalizm a nacjonalizm (Liberalismus und Nationalismus) in: J. Miklaszewska (Hg.): Liberalizm u schyłku XX wieku Wydawnictwo, Krakau.

Walicki, Andrzej (1991): Trzy Patriotyzmy (Drei Patriotismen), Warschau.

Walicki, Andrzej (1982): Philosophy of Romantic Nationalism. The Case of Poland, Oxford.

Staatsbürgerschaft und nationale Identität

Die Erfahrung der baltischen Staaten*

Falk Lange

Zur historischen Entwicklung. Von der Zwischenkriegszeit zur Sowjetisierung

Die unabhängigen Republiken Estland, Lettland und Litauen mussten, um in der Zwischenkriegszeit in den Völkerbund aufgenommen zu werden, eine für die damalige Zeit sehr liberale Minderheits- und Staatsangehörigkeitsgesetzgebung annehmen. Obwohl der Erste Weltkrieg bereits zu bedeutenden demographischen Veränderungen geführt hatte, erwies sich die Vergabe der Staatsangehörigkeit durch die jungen baltischen Staaten nicht als das ausgemachte Politikum, als das es sich in den 90er Jahren darstellen sollte. Die Staatsangehörigkeit war nach dem Modell einer Nulloption allen im Baltikum lebenden Einwohnern für einen begrenzten Zeitraum zugänglich, jedoch optierte nach dem Ersten Weltkrieg auch eine gewisse Zahl von Minderheitenvertretern für die Staatsangehörigkeit anderer Länder.

Estland, Lettland und Litauen wurden nach dem Ende des Ersten Weltkrieges als liberale parlamentarische Demokratien etabliert. Die Situation zu Beginn der 20er Jahre war durch zersplitterte Parlamente, in denen viele kleine Parteien vertreten waren, durch instabile Regierungen und häufige Regierungswechsel geprägt. Für die Minderheiten bestand die Möglichkeit, sich nach den Prinzipien der kulturellen Autonomie zu organisieren. Aber nur einige Minderheitengruppen, unter ihnen die deutschbaltische, konnten sie nutzen, da ein hohes Maß an Eigeninitiative und -organisation gefragt war, um die notwendigen finanziellen und personellen Ressourcen in der Minderheitengemeinschaft zu finden. Im wirtschaftlichen Sektor war die Lage der Minderheiten z. T. sehr kompliziert, da sich besonders die polnische Minderheit in Litauen und die Deutschbalten in Estland und Lettland nach den Landreformen der frühen 20er

Jahre, welche die Zerschlagung der deutsch-baltischen und polnischen Güter zur Folge hatten, ökonomisch neu orientieren mussten.

Im Laufe der Zwischenkriegszeit führten die instabile politische Lage und die schwierigen wirtschaftlichen Verhältnisse zu einer wachsenden Unzufriedenheit unter der Bevölkerung dieser Länder, insbesondere unter den Titularnationen. Diese fühlten sich nach wie vor ökonomisch gegenüber den Minderheiten benachteiligt, während die politische Macht in der Hand einer relativ kleinen politischen Elite dieser Titularnationen lag. Die Staaten und Regierungen waren, wie auch anderswo in Mittel- und Osteuropa, nicht in der Lage, die Probleme im Rahmen der existierenden demokratischen Verfassungen zu lösen. Die Suche nach neuen Modellen des politischen Ausgleichs ließ führende Politiker, die bereits an der Wiege der demokratischen baltischen Staaten gestanden hatten, diese in autokratische Regime verwandeln.

In Litauen entwickelte Antanas Smetona ab 1926 ein Regierungssystem, das im Baltikum wohl am eindeutigsten autoritäre Züge annahm. 1934 usurpierte auch Karlis Ulmanis in Lettland die Macht, ohne auf großen Widerstand zu stoßen. Estland blieb bis zum Ende der 30er Jahre unter Konstantin Päts das am wenigsten autoritäre Regime, obwohl auch hier, unter dem Eindruck der zunehmenden Aggressivität des ›Dritten Reiches‹, Vorbehalte insbesondere gegenüber den Deutschbalten als einer möglichen ›Fünften Kolonne‹ gehegt wurden. Diese Vorbehalte waren aber in Lettland viel ausgeprägter, wo Ulmanis einen Ausweg aus den wirtschaftlichen und politischen Problemen des Landes u.a. in einer Politik des ›Lettland den Letten‹ sah. Diese Politik ging einher mit einer zunehmenden wirtschaftlichen Begünstigung der Titularnationen.

In keinem der Staaten kam es aber zur Bildung von ›staatstragenden‹ Parteien, häufig wurde die Parteientätigkeit sogar stark eingeschränkt oder völlig verboten. Das Militär und die örtlichen freiwilligen Milizen waren sicherlich nicht der Politik einer ›starken Hand‹ abgeneigt, aber ihre Bedeutung in den drei Staatswesen war relativ beschränkt. Vielmehr nutzten Smetona, Ulmanis und Päts die komplizierte internationale politische und wirtschaftliche Lage Ende der 20er und zu Beginn der 30er Jahre, um, mit Charisma und reicher persönlicher Erfahrung ausgestattet, die Titularnationen gegen »fremde Einflüsse und fremden Druck« um sich zu scharen.

An dieser Stelle muss darauf hingewiesen werden, dass die Behauptung, es habe sich im Baltikum um ›faschistische‹ Regime gehandelt, falsch ist. Zumindest in den 20er Jahren und insbesondere in Estland und Lettland war die Behandlung der Minderheiten entsprechend der akzeptierten Normen dieser Zeit beispielhaft.

Die Sowjetisierung des Baltikums ab 1940, verstärkt nach dem Rückzug der deutschen Truppen 1944, ging einher mit Deportationen und der Zerschlagung des Rückgrates der baltischen Gesellschaften, der freien Bauernschaft, durch die Kollektivierung. Auch die städtische Elite unterschiedlicher Nationalitäten hatte durch repressive Maßnahmen beider Okkupationsregime, des nationalsozialistischen deutschen und danach des stalinistisch-sowjetischen, einen furchtbaren Aderlass erlitten.

Seit den 50er Jahren wurde auf der Basis der bereits relativ hoch entwickelten Industrie in Estland und Lettland eine Industrialisierung vorangetrieben, die bald das örtliche Arbeitskräftepotenzial ausgeschöpft hatte und eine massive Migration von Arbeitskräften auslöste. Der hohe Grad der Industrialisierung und die im Unionsmaßstab – trotz Kollektivierung – hoch entwickelte Landwirtschaft begründeten einen, für sowjetische Verhältnisse, hohen Lebensstandard im Baltikum, der wiederum Arbeitskräfte aus anderen Unionsrepubliken anzog. Auch Militärs, die in ihrer aktiven Dienstzeit im strategisch wichtigen Baltikum stationiert waren, siedelten sich aufgrund des relativ hohen Lebensstandards nach ihrer Pensionierung in den drei Republiken an. Nur Litauen bildete eine gewisse Ausnahme, da die Sowjetführung in Moskau offensichtlich dieses Land aufgrund seiner traditionell stärkeren landwirtschaftlichen Prägung als weniger geeignet für eine Industrialisierung ansah. Außerdem gelang es der litauischen kommunistischen Führung, die Migration nach Litauen unter Kontrolle zu halten.

Nach dem Verständnis der nach 1940 eingewanderten Bewohner des Baltikums zogen sie nur innerhalb der UdSSR von einer Sowjetrepublik in eine andere um. Für diesen Umzug hatten sie eine Erlaubnis durch die sowjetischen Staatsorgane erhalten, und nach dem Umzug fühlten sie sich nicht als Einwohner eines anderen Staates, noch viel weniger als ›Zivilokkupanten‹, auch wenn ihre Ansiedlung im Baltikum diesen völkerrechtlichen Tatbestand erfüllen sollte.

Infolge dieser massiven Migrationsströme, die Hunderttausende erfassten, wie auch durch die Kriegsverluste, die Deportationen in den Osten der UdSSR und die Flucht vieler Balten nach dem Westen veränderte sich die demographische Situation, insbesondere in Estland und Lettland in einem Maß, das spätestens Mitte der 80er Jahre Esten und Letten befürchten ließ, Minderheiten in ihren eigenen Ländern zu werden. Gleichzeitig war es zu einer ›Russifizierung‹ des gesellschaftlichen Lebens gekommen, die nicht nur Teile der Funktionärseliten der Republiken betraf, sondern auch die Nutzung der estnischen und lettischen Sprache im täglichen Leben häufig erschwerte und manchmal unmöglich machte. Als Gegenreaktion zu diesen Entwicklungen muss auch die Etablierung der Volksfronten im Baltikum gesehen werden, die zwar ursprünglich zur Unterstützung der Reformen Gorbatschows gegründet worden waren, sich aber zunehmend als treibende Kraft einer politischen, sozialen und kulturellen Bewegung verstanden. Ihr Ziel war anfänglich ein höheres Maß an Souveränität, und später die Unabhängigkeit.

Das Staatsangehörigkeitsproblem nach der Wiedererlangung der Unabhängigkeit

Die Volksfronten versprachen in allen drei Ländern auch den Einwohnern, die nicht zu den Titularnationen gehörten, die Staatsangehörigkeit der um ihre Unabhängigkeit ringenden Republiken, um diese zur Unterstützung dieser Bestrebungen zu bewegen oder zumindest als mögliche Instrumente einer unionstreuen Politik zu neutralisieren. Etliche Minderheitenvertreter waren aktiv in den Volksfronten und teilten die Überzeugung großer Teile der baltischen Elite, dass die Reformbestrebungen nur in von der Sowjetunion unabhängigen Staatswesen zu realisieren seien. Andere wiederum leisteten Widerstand gegen die Auflösung der UdSSR. Dieser Widerstand führte letztlich zur Gründung der so genannten ›Interfronten‹ und zur Unterstützung des Putschversuches vom August 1991 durch Teile der Kommunistischen Parteien.

Das Versprechen, die Staatsangehörigkeit automatisch zu vergeben, wurde aber nur in Litauen erfüllt, dessen ethnische Zusammensetzung solch eine Entscheidung auch erleichterte. In Estland und Lettland wurden Staatsangehörigkeitsgesetze in den Jahren nach der Wiedererrichtung der Unabhängigkeit angenommen, denen u.a. die Befürchtung eingeschrieben war, dass große Teile der nach 1940 eingereisten Bevölkerung als ›Fünfte Kolonne‹ für ein mit baltischer Unabhängigkeit unzufriedenes Russland agieren könnten. Die Staatsangehörigkeit und ihre Verleihung wurde auch als Teil eines rechtlichen Verständnisses gesehen, welches von der Staatskontinuität der baltischen Republiken trotz sowjetischer Okkupation ausging. In diesem Sinne wurden Estland, Lettland und Litauen nicht neu gegründet, sondern die Republiken wurden wiedererrichtet. Seit 1940 war ihre Fähigkeit, souverän zu handeln, zwar stark eingeschränkt bzw. unmöglich, aber sie hatten nicht aufgehört zu existieren. Die Staatsangehörigkeit war somit auch Ausdruck der eigenen nationalen und kulturellen Identität.

Automatisch erhielten die Staatsangehörigkeit deshalb nur Personen, die 1940 bereits in Estland und Lettland ansässig waren, oder deren Abkömmlinge. Diese Regelung machte zwar auch Hunderttausende Minderheitenvertreter zu Staatsbürgern, fasste aber gleichzeitig die Mehrzahl der nach 1940 eingereisten Bewohner Estlands und Lettlands in die Gruppe der Fremden oder Nichtstaatsbürger zusammen.[1] Diese Gruppe musste, mit wenigen Ausnahmen, einen Einbürgerungsprozess durchlaufen. Die Einbürgerung wurde durch die Behörden Estlands und Lettlands als eine Voraussetzung für einen ständigen Aufenthalt angesehen. Wie sich später erweisen sollte, schien gerade diese Annahme voreilig gewesen zu sein.

Anfänglich schien ein nicht unerheblicher Teil der Esten und Letten auch noch Hoffnungen auf eine Emigration dieser Einwohner – sei es nach Russland oder in den Westen – zu hegen. Bis Mitte der 90er Jahre wurden solche Hoffnungen aber zerschlagen, denn zu diesem Zeitpunkt war es offenbar geworden, dass in Zukunft nur noch eine geringe Zahl von Nichtstaatsbürgern das Land in Richtung Osten oder Westen verlassen würde. Die Mehrzahl wollte in Estland und Lettland arbeiten und leben.

Die zu diesem Zeitpunkt angenommenen Staatsangehörigkeitsgesetze stellten bestimmte Anforderungen an die Einwohner, die Staatsbürger werden wollten. In beiden Ländern wurden Kenntnisse der Sprache, der Geschichte und der Verfassung sowie ein Eid auf die Verfassung als Grundvoraussetzung zur Einbürgerung gefordert; außerdem mussten bestimmte Anforderungen hinsichtlich der Dauer des Aufenthaltes in Estland und Lettland erfüllt werden.[2] Die Prüfungen wurden insbesondere in der Gemeinschaft der Nichtstaatsbürger als zu kompliziert und zu schwierig perzipiert. Von den Kandidaten für die Staatsangehörigkeit, die letztlich den Einbürgerungsprozess durchliefen, hatte aber bisher eine überwiegende Mehrzahl keine Probleme, die Prüfungen zu bestehen.

In Lettland wurde darüber hinaus ein so genanntes ›Fenstersystem‹ eingeführt, das bis zum Jahre 1998 die Einbürgerung bestimmter Altersgruppen, beginnend mit der jüngeren Generation, ermöglichte.

Die Flut von Bewerbungen für die Staatsangehörigkeit Estlands oder Lettlands, von vielen erwartet, stellte sich aber nicht ein. Viele Nichtstaatsbürger blieben passiv, und selbst diejenigen, die das Recht zur Einbürgerung hatten, nutzten diese Möglichkeit nicht. Die Gründe liegen für viele in der unzureichenden Beherrschung der estnischen und lettischen Sprache, den als schwer wahrgenommenen Prüfungen und den relativ geringen Vorteilen einer Staatsangehörigkeit im Vergleich zu den Nachteilen (z. B. höhere Visakosten für Reisen nach Russland, Wehrpflicht für männliche Bewerber etc.). Ganz sicher spielte auch der Umstand eine Rolle, dass nur wenige Nichtstaatsbürger eine emotionale Verbindung zu den Staatswesen Estlands und Lettlands aufgebaut hatten. Die Loyalitäten sind stärker ausgeprägt gegenüber der Stadt und der Region, in der man lebt, mit der man sich verbunden fühlt und die man als Heimat nach der Auflösung der UdSSR betrachtet.

Die Nichtstaatsbürger argumentieren, dass insbesondere die Pflicht zum Erlernen der estnischen und lettischen Sprache, die nur relativ wenige Vertreter dieser Gruppe im Jahre 1989 beherrschten, einen gewissen Druck ausüben würde, um auszureisen oder sich zu assimilieren. Manche von ihnen kommentieren die Gesetzgebung in dem Sinne, dass Esten und Letten die Nichtstaatsangehörigen von der Beteiligung an der Privatisierung und an anderen Transformationsprozessen, an denen nur Staatsangehörige beteiligt werden, fern zu halten suchen.

Esten und Letten wiederum betrachten die relative Unwilligkeit der Nichtstaatsbürger, sich einbürgern zu lassen, und die z. T. weiterhin zu beobachtende Ablehnung der estnischen und der lettischen Sprache als Indiz, dass viele Nichtstaatsbürger noch nicht reif seien, um in die Gemeinschaft der Staatsbürger aufgenommen zu werden.

Gegenwärtige Probleme

Selbst nach der Liberalisierung der Staatsangehörigkeitsgesetze in beiden Ländern 1998/99,[3] die eine verstärkte Einbürgerung insbesondere in Lettland zur Folge hat, bleibt jedoch ein bedeutender Teil der Nichtstaatsbürger skeptisch gegenüber den Staaten, in denen sie leben. Diese Skepsis spiegelt sich im Besonderen in der Diskussion zu den Staatssprachen-, Bildungs- und Wahlgesetzen wider.

Ein Blick auf die Debatten des Gesetzgebungsprozesses beweist, dass die Frage der Staatsangehörigkeit und die Auseinandersetzung um diese eher als das ›Kurieren von Symptomen denn der Krankheit‹ zu sehen ist. Wie ist das zu verstehen?

Die wirkliche Trennungslinie zwischen den Gemeinschaften verläuft im landläufigen Verständnis nicht zwischen Staatsangehörigen und Nichtstaatsangehörigen, sondern zwischen kulturell und sprachlich unterschiedlichen Gruppen, von denen die eine langfristig dominant gewesen und die andere es geworden ist. Diese Auffassung lässt sich wie folgt beschreiben: Estnisch- oder lettischsprachige Russen, die keine Staatsangehörigen sind, sich aber eindeutig loyal zum estnischen oder lettischen Staat bekennen, sind völlig akzeptiert. Seit der Liberalisierung der Staatsangehörigkeitsgesetze haben sie außerdem die Möglichkeit, sich jederzeit einbürgern zu lassen. Staatsbürger aber, die nur rudimentäre Kenntnisse der Staatssprache besitzen, sind für die Titularnationen eine fragwürdige Erscheinung. Im Verständnis vieler Esten und Letten sind Sprache und Kultur entscheidend, nicht aber Farbe und Status des Passes.

Daher sollen, nach diesem Verständnis, die Staatssprachen-, Bildungs- und Wahlgesetze dafür sorgen, dass die jüngere Generation der Minderheitenvertreter die Staatssprache in der Schule erlernt, eine dieses Ziel unterstützende Sprachumgebung geschaffen wird und Politiker, die die Staatssprache ablehnen oder nur notgedrungen gelernt haben, nicht in repräsentative Organe der Staaten gewählt werden können. Häufig wird auch die Beherrschung und Nutzung der Staatssprache durch Minderheitenvertreter als Ausdruck der Loyalität zum Staat gewertet.

Repräsentanten der Minderheiten legen ihren Argumentationsmustern den Status quo der späten Sowjetzeit zu Grunde. Dieser Status verpflichtet die Staaten, nach dem Verständnis der Minderheitenvertreter, zur vereinfachten Vergabe der Staatsangehörigkeit und zur Aufrechterhaltung eines weit reichenden Bildungswesens für die Minderheiten. Dieser Status quo ist Teil einer politischen Realität, in der Estland und Lettland ihre Unabhängigkeit wiedererlangt haben. Um ihn zu verändern und gleichzeitig die legitimen Rechte und Bedürfnisse von Mehrheit und Minderheit zu beachten, bedarf es politischen Fingerspitzengefühls, Weitsicht und Visionen, die hin und wieder in diesen Ländern zu fehlen scheinen. Es bedarf außerdem eines ausgeprägten demokratischen Verständnisses, des Willens, die Geschichte des letzten Jahrhunderts objektiv zu bewerten, und des Bewusstseins, dass sowohl die Rechte der Titularnationen als auch der nationalen Minderheiten auf Bewahrung ihrer nationalen Identität respektiert werden müssen. Zudem muss akzeptiert werden, dass dieser Transformationsprozess nur langfristig und nicht über Nacht zu einer integrierten Gesellschaft führen wird.

Einbürgerung ohne langfristige Integration ist unmöglich. Die Integration sollte aber bewusst als Prozess verstanden werden, der für das Wohlergehen, die Stabilität und langfristige demokratische Entwicklung der Gesellschaften notwendig ist. Es sollte niemals der Eindruck entstehen, dass er stattfindet, um internationalen Druck zu vermindern oder die Staaten der EU zu befriedigen. Er ist notwendig, um wirtschaftlich und politisch die Transformationsprozesse erfolgreich weiter zu gestalten. Bei der wichtigen Rolle, die beispielsweise Minderheitenvertreter in der Wirtschaft Estlands und Lettlands spielen, ist eben diese Integration von ausschlaggebender Bedeutung für den ökonomischen Erfolg der Transformation. In den letzten Jahren wurden besonders in den Köpfen bereits große Erfolge erzielt, denn mehr und mehr Esten und Letten sowie Vertreter der Minderheiten sind sich der Bedeutung des Integrationsprozesses bewusst geworden.

An dieser Stelle soll nur kurz auf zwei wesentliche externe Faktoren in der Frage der Staatsangehörigkeit eingegangen werden: auf Russland und seine Politik zum Schutz der ›Russischsprachigen‹ im Baltikum und auf die Politik des ›Westens‹.

In Russland existiert eine weitgehend einheitliche öffentliche und politische Auffassung hinsichtlich der Behandlung der ›Russischsprachigen‹ in Estland und Lettland. Diese wirft beiden Staaten eine diskriminatorische Politik vor, die ihren vehementesten Ausdruck in der Gesetzgebung und Praxis bezüglich Staatsangehörigkeit, Sprache, Bildung und Wahlen findet. In Estland und Lettland versteht der größte Teil der Titularnationen diese Anschuldigungen als Versuch, die beiden Staaten im Orbit Russlands zu halten und ihr ›Abdriften‹ nach Westeuropa zu verhindern. Gleichzeitig werden politisch aktive Vertreter der Minderheiten häufig als Sprachrohr dieser russischen Politik verstanden.

Wenn man fragt, was die Öffentlichkeit in Mittel- und Westeuropa über das Baltikum weiß, spielt landläufig die Minderheitenfrage eine sehr wichtige Rolle. Die öffentliche Meinung im Westen muss auch als ein Faktor in der Diskussion um den zügigen Beitritt beider Länder zu EU und NATO gesehen werden. Die Beitrittsdiskussion hat sich in den letzten Jahren intensiviert, und der Beitrittsprozess hat sich beschleunigt. Seit der zweiten Hälfte der 90er Jahre beanspruchte die Frage der Behandlung der Minderheiten in diesem Prozess einen wichtigen Platz. Bereits seit der Wiederherstellung der Unabhängigkeit spielte dieses Problem eine Rolle im Europarat und der Organisation für Sicherheit und Zusammenarbeit in Europa (OSZE). Während EU und NATO den Integrationsprozess eher wohlwollend verfolgen, waren diese Organisationen aktiv an der Ausarbeitung einer liberaleren Gesetzgebung in den letzten Jahren beteiligt. NATO und EU sowie deren Mitgliedsstaaten haben sich bereit erklärt, die baltischen Staaten zu einem bestimmten Zeitpunkt aufzunehmen. Wenn auch auf der Seite dieser Organisationen, insbesondere der EU, noch etliche Vorbereitungen für die Aufnahme zu treffen sind, so bleibt doch der Beitritt zu diesen beiden Organisationen die Priorität baltischer Außenpolitik. Gleichzeitig wird die Aufnahme – besonders in die EU – an die Erfüllung bestimmter Bedingungen, auch in der Behandlung nationaler Minderheiten, gekoppelt. Daher haben sich diese Kriterien in den letzten Jahren als wichtiger Stimulus für Estland und Lettland erwiesen, um den Integrationsprozess voranzutreiben.

Wichtige Determinanten der Entwicklung der Staatsangehörigkeitsfrage sind die Haltungen, Positionen und Emotionen der Titularnationen und der Nichtstaatsangehörigen. Große Teile der Nichtstaatsangehörigen fühlen weder eine emotionale Verbindung zu Russland noch zu Estland oder Lettland. Dies trifft sicherlich nicht auf alle Nichtstaatsbürger zu. Auf beiden Seiten des Spektrums, das mit dem Oberbegriff ›Nichtstaatsbürger/-angehörige‹ überschrieben wird, gibt es bedeutende Randgruppen. Die eine wird gebildet von der jüngeren Generation im Allgemeinen und der Intelligenz im Besonderen, die in beiden Ländern geboren, erzogen und ausgebildet wurden. Ihre Muttersprache mag Russisch sein, und sie mögen sich mit der russischen Kultur identifizieren, sie mögen sogar durch die frühere Gesetzgebung etwas verprellt worden sein, aber diese Gruppe ist prinzipiell zur Integration bereit. Ihre Integration kann aber nur gelingen, wenn eine verständnisvolle Sprach- und Bildungspolitik verfolgt wird. Um diese Gruppe zu vergrößern, bedarf es zunehmender Anstrengungen im Rahmen der nationalen Bildungs- und Integrationsprogramme, gerade auch hinsichtlich der Staatssprachen.

Eine zweite Gruppe am anderen Ende des Spektrums sind diejenigen, die den Wechsel vom Sowjetpatriotismus hin zum Gefühl einer russischen Diaspora durchlebt haben. Sie identifizieren sich mit der Idee eines imperialen Russland von vor 1914 und finden zum Teil Gehör in der russischen Presse der beiden Länder. Unter ihnen sind viele Menschen der älteren Generation.

Die Titularnationen werden ihrerseits geprägt durch den Umstand, dass sie so genannte ›späte Nationen‹ sind. Der Vergleich u.a. mit Finnland drängt sich sicher dem ausländischen Beobachter immer wieder auf, wird aber auch häufig im Baltikum selber angestellt. Während sich aber Finnland trotz entscheidender politischer Veränderungen, von denen etliche wie der Bürgerkrieg und der Verlust Kareliens nach dem Winterkrieg durchaus traumatischen Charakter hatten, nicht nur kulturell, sondern auch politisch und sozial zu einer stabilen und demokratischen Gesellschaft entwickelte, wurde diese Entwicklung im Baltikum durch die Ereignisse nach 1940 unterbrochen. Die Entwicklung der nationalen Identität oder, wie es im Sowjetjargon hieß, »die Pflege der nationalen Traditionen« konnte sich nur auf kulturellem Gebiet eine gewisse Nische bauen. Auf politischem und sozialem Gebiet wurden diese Entwicklungen dramatisch modifiziert bzw. unterbrochen, und daher findet heute in erster Linie eine Rückbesinnung auf die Traditionen der Zwischenkriegszeit statt. In dieser Rückbesinnung spielt das Verständnis Estlands und Lettlands als Nationalstaat der Esten und Letten eine herausragende Rolle. Die Realität ist heute, und war selbst in der Zwischenkriegszeit, eine andere: Alle baltischen Staaten sind multinational. Der Westen erwartet nun von den Titularnationen, im Verständnis ihrer Staaten einen großen Sprung zu machen, um die Perzeption, welche manchmal die Verhältnisse vor 1940 in romantischer Verklärung zum Maßstab nimmt, der Realität des beginnenden 21. Jahrhunderts anzupassen. In ihrer Tragweite und Bedeutung stellt diese Forderung für die baltischen Staaten eine große Herausforderung dar, und sie haben es verdient, vom Westen in der Erfüllung dieser Aufgabe unterstützt zu werden.

Anmerkungen:

* Der Autor möchte Herrn Botschafter Timo Lahelma, Herrn Egils Levits, Richter am EuMGH, und Herrn Henrik Eberle für ihre konstruktiven und hilfreichen Bemerkungen zum Text dieses Beitrages danken. Die in diesem Beitrag geäußerten Meinungen und Ansichten sind ausschließlich die des Autors und spiegeln nicht die offizielle Position der OSZE oder des OSZE-Hochkommissars für Fragen der nationalen Minderheiten wider.

1 Während der Begriff »Fremder« in der estnischen Gesetzgebung genutzt wird, wurde der Begriff »Nichtstaatsbürger« in der lettischen Gesetzgebung zur Beschreibung der Gruppe von Einwohnern benutzt, die eine ständige Aufenthaltserlaubnis, aber keine Staatsangehörigkeit besitzen. Siehe auch Fremdengesetz der Republik Estland, in Kraft getreten am 12.07.1993, Art. 3 und 4, Riigi Teataja, RT I 1997, 50, 548, und Gesetz der Republik Lettland zum Status von ehemaligen Staatsbürgern der UdSSR, die nicht Staatsbürger Lettlands oder eines anderen Staates sind, in Kraft getreten am 9. Mai 1995, Art. 1 und 4, Latvijas Vestnesis, LV 1995, 63, 6. Zur Vereinfachung wird in diesem Aufsatz in der Folge für beide Länder von Nichtstaatsbürgern gesprochen.

2 Siehe Staatsangehörigkeitsgesetz der Republik Estland, Riigi Teataja, RT I 1995, 12, 122, und Staatsangehörigkeitsgesetz der Republik Lettland, Latvijas Vestnesis, LV 1994, 17.

3 Änderungen zum Staatsangehörigkeitsgesetz der Republik Lettland, Latvijas Vestnesis, LV 1998, 315/316, 32, und Änderungen zum Staatsangehörigkeitsgesetz der Republik Estland, Riigi Teataja, RT I 1998, 111, 1827.

4. Aktuelle Probleme von Angehörigkeit und Teilhabe

Nationale Minderheiten als Herausforderung für die Demokratiefestigkeit einer Gesellschaft

Egils Levits

In diesem Beitrag soll versucht werden, den Zusammenhang zwischen der Stellung und Behandlung der nationalen Minderheiten sowie der Festigkeit der demokratischen Gesellschaftsordnung zu skizzieren. Dabei soll das grundrechtlich geschützte allgemeine Persönlichkeitsrecht des Einzelnen im Mittelpunkt der Betrachtungen stehen. Um nicht einer Begriffsverwirrung Vorschub zu leisten, sollen in diesem Beitrag die Begriffe »Mehrheit« und »Minderheit« lediglich im numerischen, nicht im qualitativen Sinne verwendet werden.

I. Mehrheit und Minderheit in der Demokratie

Die Demokratie setzt die Existenz einer Mehrheit und einer Minderheit voraus. Eine einheitliche, homogene, einstimmige Gesellschaft, die sich nicht in »Mehrheit« und »Minderheit« teilen lässt, ist eine totalitäre Gesellschaft. Sie ist das genaue Gegenteil der Demokratie. Die Existenz von Majoritäten und Minoritäten ist eine Realität, die in jeder Gesellschaft empirisch festgestellt werden kann, während die totalitäre Vorstellung von Gesellschaft als einer Einheit gleich gesinnter Individuen eine Utopie ist, die sich selbst mit Hilfe allumfassender Gewalt nicht erreichen lässt. Der Grund dafür ist die Individualität der Menschen, die Einzigartigkeit einer jeden Person, die nicht nur eine philosophisch-normative Kategorie, sondern wohl auch eine anthropologische Charaktereigenschaft des Menschen ist. Die persönliche Erfahrungsgeschichte eines jeden Einzelnen, die prinzipielle Fähigkeit zur Autonomie (Freiheitsfähigkeit) führen zur natürlichen Vielfalt der Gesellschaft. Sobald die Mitglieder einer solchen ›vielfältigen‹ Gesellschaft nach einer ihrer Eigenschaften oder ihrer Einstellungen gefragt werden, bildet sich in der Regel eine Mehrheit und eine Minderheit heraus. Nur ausnahmsweise könnte das Resultat auch Einstimmigkeit sein.

Die Demokratie als Gesellschaftsordnung akzeptiert die Individualität des Menschen und damit die Vielfältigkeit der Gesellschaft. Das ist die vorpolitische, anthropologische Vorgegebenheit, die nicht in Frage gestellt wird. Die Demokratie ist eine darauf basierende politische Ordnung, die nach Gerechtigkeit strebt. Wegen der Grundsätzlichkeit dieser Vorgegebenheit, die durch das Scheitern aller totalitären Experimente bestätigt wird, ist man bestrebt, die demokratische Gesellschaftsordnung als ›natürlich‹ zu betrachten. Hier ist allerdings Vorsicht geboten, denn dieses gilt nur gegenüber der totalitären Utopie. Die Akzeptanz der Individualität des Einzelnen und die daraus resultierende Vielfältigkeit der Gesellschaft als vorpolitische Vorgegebenheit teilt die Demokratie aber auch mit verschiedenen Formen der autoritären Gesellschaft.

Der Unterschied hierbei liegt in dem Element der Gerechtigkeit. Die Schlussfolgerungen in Bezug auf die Gerechtigkeit, die in einer demokratischen und einer autoritären Gesellschaft aus der Individualität des Menschen und der Vielfalt der Gesellschaft gezogen werden, sind grundverschieden. Spätestens hier zeigt sich, dass die Demokratie nicht allein auf die numerische Feststellung von Mehrheit und Minderheit beschränkt ist, sondern darüber hinaus auch eine ethisch-normative Seite enthält. Bereits Aristoteles sprach davon, dass die Demokratie als Gesellschaftsform sowohl als »gut« wie auch als »schlecht« beurteilt werden kann.

Man könnte behaupten, dass es die Aufgabe einer ›guten‹ Demokratie sei, die vielfältige Gesellschaft auf solche Weise in einer ethisch-normativen Gerechtigkeitsordnung einzubetten, dass für die (allermeisten) Mitglieder dieser Gesellschaft die (größtmögliche) Zufriedenheit erreicht wird. Die Geschichte zeigt, dass sich diese vielleicht optimale Gesellschaftsordnung nicht von selbst einstellt, sondern in einem historischen Lernprozess entsteht. Es scheint, dass dort, wo dies annähernd (beileibe nicht ideal) gelungen ist, vor allem in den westlichen Industrieländern, die »öffentliche Zufriedenheit« im Vergleich zu anderen Gesellschaftsformationen wohl tatsächlich am größten ist, was sich durch Indizien wie hohe Zustimmung zu dieser Gesellschaftsordnung, relative Abwesenheit von gewaltsamen Auseinandersetzungen, verminderte Notwendigkeit der öffentlichen Kontrolle usw. belegen lässt. Einschränkend muss allerdings hinzufügt werden, dass dieser Vergleich nur bei solchen Gesellschaften standhält, die ebenfalls auf einer gewissen Stufe wissenschaftlich-technischer und ökonomischer Entwicklung stehen, denn es ist vorstellbar, dass die »öffentliche Zufriedenheit« in traditionellen bzw. tief religiösen Gesellschaften, die in der Regel eine ausgeprägt autoritäre Gesellschaftsform haben, ebenfalls sehr hoch ist.

II. Minderheiten als Folge bestimmter Fragestellungen

In einer ›guten‹ Demokratie kommt es darauf an, wie die ethisch-normative Gerechtigkeitsordnung beschaffen sein soll, damit sowohl der Mehrheit als auch der Minderheit Gerechtigkeit widerfährt, was die Voraussetzung für die angestrebte größtmögliche öffentliche Zufriedenheit ist. Die Kategorien »Mehrheit« und »Minderheit« sind nicht permanent vorhanden, sondern treten – bzw. werden bewusst oder sichtbar – nur bei bestimmten Fragestellungen auf. Sie sind Antworten auf eine bestimmte Frage. Wird die Frage nicht gestellt, gibt es keine Antwort, folglich keine Mehrheit und Minderheit.

Insoweit ist die Existenz von politisch relevanten Minderheiten abhängig von bestimmten Fragestellungen, die als gesellschaftlich relevant betrachtet und gestellt werden. Ob eine solche Frage gestellt wird, hängt selbst wiederum von der sozialen Wahrnehmung und ihrer Verknüpfung mit politischen, rechtlichen oder sozialen Folgen ab. So kann zum Beispiel die Frage, ob jemand blond oder dunkelhaarig ist, die Gesellschaft in Mehrheit und Minderheit teilen. Diese Fragestellung ist jedoch nicht gesellschaftlich relevant mit politischen, rechtlichen oder sozialen Folgen verknüpft. Anders dagegen die vom naturwissenschaftlichen Standpunkt sehr ähnliche Fragestellung nach der Hautfarbe, die die betroffene Gesellschaft in Mehrheit und Minderheit teilt und die in der Geschichte der Neuzeit Kriege, Revolutionen, gewaltsame und gewaltlose Emanzipationsbewegungen hervorgerufen hat. Ein Mittel, das Minderheitenproblem, besonders bei nationalen Minderheiten, zu »managen« – sowohl im Sinne der Feststellung als auch im Sinne der Nichtwahrnehmung –, ist daher die Fragestellung. Wie noch erläutert wird, existieren für das *Framing* des Problems in der staatlichen Praxis zwei gegensätzliche Modelle.

III. Minderheitenschutz

Ist die – gesellschaftlich relevante – Minderheit durch eine entsprechende Fragestellung einmal festgestellt, so stellt sich die Frage nach ihrer Behandlung. Die antike griechische Demokratie kannte (im Idealfall) nur die Herrschaft der Mehrheit. Dennoch gab es auch hier ein Mindestmaß an Rechtssicherheit für diejenigen, die bei einer Frage in der Minderheit geblieben waren. Es bestand Grundkonsens darüber, dass die Mündigkeit und damit die Politikfähigkeit der Bürger, die zum *Demos* gehörten, unantastbar war: Die Mehrheit konnte der Minderheit nicht die Bürgerrechte entziehen. Ansonsten war aber die Minderheit der Mehrheit zumindest rechtlich ausgeliefert. Zwar verhinderte in der Regel die Vernunft – vor allem die Furcht vor einem Bürgerkrieg –, dass die Mehrheit ihre Rechtsmacht ausnutzte und Beschlüsse fasste, die für die Minderheit unerträglich waren. Im Grundsatz jedoch galt das von (Pseudo-)Demosthenes formulierte, auf die Mehrheit gemünzte Prinzip der absoluten Souveränität des Volkes: »Das Volk von Athen hat die höchste Verfügungsgewalt über alle Dinge in der Stadt und das Recht, zu tun, was immer es will.«

Für die moderne Demokratie westlichen Typus gilt ebenfalls das Grundsatzprinzip der Herrschaft der Mehrheit. Dieses mathematisch-politische Prinzip ist jedoch – wie oben bereits erwähnt – von einer ethisch-normativen Gerechtigkeitsordnung umgeben, welche dieses vielfach durchbricht und modifiziert. Das heutige westliche Demokratiemodell ist keine gnadenlose Mehrheitsherrschaft, sondern ein filigranes System der austarierten Mehrheitsherrschaft und des Minderheitenschutzes. Es handelt sich um konstitutionelle Demokratie (mit oder ohne geschriebene Verfassung), die die Herrschaft der Mehrheit an bestimmte Rechte bindet und durch diese Rechte einschränkt.

Eines der wichtigsten Elemente dieses Rechtssystems, das die Macht der Mehrheit bändigen und in konstruktive Bahnen lenken soll, sind die Grundrechte (Menschenrechte). Diese zielen auf den Schutz des einzelnen Menschen vor der Gesellschaft. In die Kategorien »Mehrheit« und »Minderheit« übertragen, bedeutet der Grundrechtsschutz den Schutz der kleinstmöglichen Minderheit gegen die größtmögliche Mehrheit. Insoweit ist der Grundrechtsschutz des Einzelnen immer auch ein Minderheitenschutz. Die Rechtfertigung für die Beschränkung der Mehrheitsherrschaft und ihrer Bindung an das Recht, insbesondere die Grundrechte und den sich daraus ergebenden Minderheitenschutz, ergibt sich sowohl aus rationalen als auch aus ethisch-normativen Überlegungen. Zu den rationalen Überlegungen zählt zum Beispiel die Minderung des Konfliktpotenzials innerhalb einer Gesamtgesellschaft, indem jedem Einzelnen ein gewisser Raum an persönlicher Freiheit und Sicherheit zugesprochen wird. Die ethisch-normativen Überlegungen knüpfen vor allem an die ethisch begründete Unantastbarkeit der Individualität des Einzelnen an.

IV. Minderheit und demokratische Grundwerte

Für die Beurteilung der Minderheitensituation in der modernen demokratischen Gesellschaft ist es notwendig, die Bedeutung der ethisch-normativen Grundwerte hervorzuheben. Diese sind außerrechtliche Basis und Legitimationsgrundlage für die rechtliche Regelung und Ausgestaltung der Grundrechte in der Verfassung, in anderen Rechtsakten und in der täglichen Verwaltungs- und Gerichtspraxis.

Dennoch erschöpft sich eine effektive konstitutionelle Demokratie, ein wirksames Minderheitenschutzsystem, nicht in rechtlichen Regelungen und ihrer möglichst reibungslosen Exekution in der staatlichen Praxis. Die Rechtspraxis allein ist nicht ausreichend, um eine gut funktionierende moderne Demokratie zu gewährleisten, denn die staatliche exekutierte Grundrechtspraxis kann nur den minimalen Grundrechts- und damit auch Minderheitenschutz herstellen. Die Grundrechtsnorm, dass die Würde des Menschen unantastbar ist, verliert zwar nicht rechtlich, aber sozial an Gehalt, wenn sich jemand dadurch gestört fühlt, dass ein anderer fremdländisch aussieht, und sich vielleicht sogar im Vorbeigehen zu einer beleidigenden Äußerung hinreißen lässt (von Gewaltexzessen gar nicht zu reden).

Für eine gut funktionierende, moderne Demokratie gehört es sich daher, dass die Grundwerte von den allermeisten, möglichst von allen Mitgliedern der Gesellschaft internalisiert und in ihrer täglichen Wahrnehmung wie auch in ihren Handlungen beachtet werden. Sie gelten als Richtlinien für das Handeln des Einzelnen gegenüber seinen Mitmenschen. Es könnte allerdings gefragt werden, ob die Forderung nach einem (weitgehenden) Wertekonsens nicht totalitär ist, denn gerade die totalitäre Gesellschaftsordnung verlangt die Homogenität ihrer Mitglieder, natürlich auch hinsichtlich ihrer Wertordnung. Dieser Vergleich hinkt jedoch. Der demokratische Wertekonsens bezieht sich lediglich auf *prozessuale* Spielregeln, deren Aufgabe es ist, die Individualität des Einzelnen in der Gesellschaft zu stärken und die daraus resultierende Vielfalt der Gesellschaft zum Vorteil eines jeden Einzelnen zu nutzen. Um dieses Ziel zu gewährleisten, ist eine Verständigung über Spielregeln (möglichst von allen Beteiligten) erforderlich. Der erstrebte Konsens in der totalitären Gesellschaftsordnung ist dagegen nicht prozessualer, sondern *materieller* Natur, er strebt gerade die Liquidierung der Individualität des Einzelnen und die Herstellung einer homogenen Gesellschaft an. Daher hat der notwendige – und legitimerweise von jedem einzufordernde – demokratische Wertekonsens nichts mit der Inanspruchnahme des Einzelnen in der totalitären Gesellschaft zu tun.

V. Einstellungsminderheit und Eigenschaftsminderheit

Ein genauerer Blick in die Realität der modernen Demokratien zeigt, dass der Umgang mit Minderheiten wesentlich von ihrer Erscheinungsform abhängt. Wie bereits ausgeführt, gibt es keine ›abstrakten‹ Minderheiten, sondern nur Minderheiten als Folge bestimmter Fragestellungen, die in einer Gesellschaft als relevant betrachtet und deshalb mit (positiven oder negativen) Folgen verknüpft werden. Je nach Unterscheidungskriterium ergeben sich zwei Arten von Minderheiten:

Die eine Art von Minderheiten bezieht sich auf Fragestellungen, deren Gegenstand die Einstellungen der Menschen sind. Diese könnten deshalb als *Einstellungsminderheiten* bezeichnet werden. Sie beziehen sich vor allem auf politische, soziale und weltanschauliche Fragestellungen, die von der inneren Überzeugung der Menschen abhängen. Die Hauptcharakteristik der Einstellungsminderheiten ist, dass im Prinzip fast jeder in die Situation kommen kann, einer solchen Minderheit anzugehören. So kann jeder, der eine bestimmte Partei unterstützt, in die Minderheit (Opposition) kommen, jemand, der Atomtechnik ablehnt, kann mit dieser Überzeugung in die Minderheit geraten usw. Die weitere Charakteristik der Einstellungsminderheit ist, dass es für die Mitglieder der jeweiligen Minderheit relativ leicht ist, diese Minderheit individuell zu »verlassen« und sich der Mehrheit anzuschließen. Das gilt aber auch umgekehrt. Eine entsprechende Meinungsänderung und der »Austritt« aus oder »Beitritt« zur Minderheit werden von der Gesellschaft als normal akzeptiert. Eine moderne Demokratie bietet durch den Grundrechtsschutz den Einstellungsminderheiten ein sehr hohes Maß an Sicherheit, sodass diejenigen, die zu der (augenblicklichen) Minderheit gehören (sofern diese Minderheit sich nicht außerhalb des demokratischen Wertekonsenses stellt), keine negativen Auswirkungen auf ihre Person und ihre soziale Stellung befürchten müssen. Sie können sich weiterhin aus der Minderheitsposition heraus bemühen, künftig zur Mehrheit zu werden.

Die andere Erscheinungsform der Minderheit könnte *Eigenschaftsminderheit* genannt werden. Sie ist das Ergebnis von Fragestellungen, deren Gegenstand faktisch unabänderliche Eigenschaften des Menschen (z.B. Hautfarbe, Rasse, Herkunft, Geschlecht, sexuelle Orientierung) oder der durch Erziehung und Erfahrung angeeignete »kulturelle Überbau« des Menschen sind (z.B. Sprache, ethnische und kulturelle Identität, Tradition, Religion, soziale Stellung u.ä.). Die Hauptcharakteristik der Eigenschaftsminderheit ist, dass diese immer Minderheit bleibt und niemals die Chance hat, Mehrheit zu werden. Die andere Charakteristik ist, dass es für die Mitglieder dieser Minderheit weitgehend unmöglich ist, die Minderheit zu verlassen und sich der Mehrheit anzuschließen, oder dieses nur unter sehr großen Schwierigkeiten, etwa um den Preis der individuellen Selbstverleugnung (z.B. erzwungene sprachliche oder kulturelle Assimilierung), möglich ist.

Die Eigenschaftsminderheit bleibt somit immer eine Minderheit mit demselben Mitgliederbestand. Die Angehörigen der Mehrheit können die Erfahrungen einer solchen Minderheit nicht teilen. Da aber die Entscheidungen in der Demokratie bei der Mehrheit liegen, ist der Anreiz relativ gering, von sich aus zu einer positiven Einstellung zu der Minderheit zu kommen bzw. einen besonderen Schutzmechanismus für sie einzurichten. Die Motivation dafür könnte in ethisch-normativen Gerechtigkeitsüberlegungen liegen. Deren Gewicht reicht aber oft nicht aus, um eine solche Entscheidung herbeizuführen. Das hängt allerdings von dem Grad der Internalisierung des demokratischen Wertekonsenses ab. Es ist somit ein Indiz für die größere Demokratiefestigkeit einer Gesellschaft, wenn die Mehrheit »aus freien Stücken«, nur aufgrund ethisch-normativer Überlegungen, zu einer positiven Haltung zur Eigenschaftsminderheit kommt. Andererseits könnte auch besonders aggressives Verhalten der Minderheit die Mehrheit zu einer entsprechenden Entscheidung zwingen. Daher ist das Verhältnis einer Eigenschaftsminderheit zur Mehrheit oft spannungsgeladener als das einer Einstellungsminderheit.

Als typischer Fall der Eigenschaftsminderheit wird im Weiteren die nationale Minderheit betrachtet, die durch mehrere der genannten Merkmale gekennzeichnet ist (in der Regel Sprache, kulturelle Identität, Tradition, oft auch Rasse und Hautfarbe, teilweise Religion). Wie bereits oben ausgeführt, bietet eine moderne, konstitutionelle Demokratie dem Einzelnen einen Schutzmechanismus in Gestalt der Grundrechte an, der ihm Sicherheit und Raum für die Entfaltung seiner Individualität bietet. Dabei brauchen die Angehörigen der fest gefügten Eigenschaftsminderheiten, für die es unmöglich oder sehr schwierig ist, die Minderheit zu »verlassen«, und die keine Möglichkeit haben, später der Mehrheit anzugehören, einen weitergehenden Schutz als die Angehörigen der weniger fest gefügten Einstellungsminderheiten.

VI. Staatliche Förderungspflicht der nationalen Minderheiten

Ein Blick in die Verfassungen der europäischen Staaten zeigt, dass überall das Grundrecht auf Gleichheit vor dem Gesetz und das Verbot der Diskriminierung zum Kernbestand des Grundrechtskatalogs gehören. Zu den verbotenen Unterscheidungskriterien gehören meistens sowohl die nationale oder ethnische Zugehörigkeit als solche wie auch ihre einzelnen Komponenten wie z. B. die Sprache, Religion usw. Daraus folgt, dass die individuelle Schlechterbehandlung von Angehörigen der nationalen Minderheiten grundrechtlich verboten ist. Es scheint, dass das Verbot der Schlechterbehandlung auf der Ebene der staatlichen Rechtspraxis in Europa auch annähernd gewährleistet ist (zum Sonderproblem der Einwandererminderheit siehe unten). Vor dem Hintergrund der geschichtlichen Erfahrungen muss diese Errungenschaft der modernen Demokratien gebührend gewürdigt werden. Doch um das Bedürfnis der nationalen Minderheiten nach Gleichstellung zu befriedigen, reicht es nicht aus, ihre Mitglieder vor Schlechterbehandlung durch den Staat zu schützen.

Die Angehörigen der Mehrheitsnation kommunizieren mit ihrer Umwelt in derselben Sprache und Kultur, deren Träger sie sind. Bei Angehörigen der nationalen Minderheit besteht aber ein Unterschied zwischen ihrer eigenen Sprache und Kultur und der Sprache und Kultur, in der sie mit der (Gesamt-)Gesellschaft kommunizieren. Sie brauchen deshalb zugleich auch eine innergemeinschaftliche Kommunikation, um das Verhältnis zwischen dem Einzelnen und der Gemeinschaft genauso ›komfortabel‹ zu gestalten wie bei den Angehörigen der Mehrheit. Um für sie das kommunikative Element ihrer nationalen Eigenart, ihrer Sprache und Kultur zu gewährleisten, bedarf es besonderer Anstrengungen. Dazu gehören etwa Unterricht der (oder in der) Muttersprache, Vereine, Presse, bei kompakten Siedlungsgebieten auch visuelle Erkennungsobjekte (z. B. Straßenschilder), die das kommunikative Umfeld herstellen, welches den Angehörigen der Minderheit genauso ein Heimatgefühl vermittelt wie den Angehörigen der Mehrheitsbevölkerung, für welche dieses eine Selbstverständlichkeit ist.

Daraus folgt, dass es für die Angehörigen der nationalen Minderheiten nicht ausreicht, vor der Schlechterbehandlung durch den Staat geschützt zu werden. Der Staat muss positive Anstrengungen machen, um der Minderheit zu helfen, das kommunikative Umfeld ihrer Sprache und ihrer Kultur nach Möglichkeit aufrechtzuerhalten. Damit soll der Staat dazu beitragen, die situativ bedingte ›natürliche Ungleichheit‹ für die Angehörigen der Minderheit auszugleichen.

Wenngleich generell eine grundrechtliche positive Pflicht des Staates zur Förderung der nationalen Minderheiten festgestellt werden kann, so kann es nicht einheitlich bestimmt werden, welche Maßnahmen der Staat zur Erfüllung dieser Pflicht treffen muss. Entscheidend sind die Umstände des Einzelfalles. Diese können nicht nur von Staat zu Staat, sondern auch innerhalb eines Staates von Minderheit zu Minderheit variieren. Dabei müssen sowohl konkrete Umstände auf der Seite der Minderheit (z. B. die zahlenmäßige Größe, kompakte oder verstreute Siedlungsweise, die Intensität des eigenen Sprach- und Kulturerhaltungswunsches etc.) als auch auf der Seite des Staates (z. B. seine finanzielle Leistungsfähigkeit, die Proportionalität zwischen den finanziellen Anstrengungen und dem Ergebnis usw.) berücksichtigt werden. Gewisse Richtlinien bietet u. a. die Rahmenkonvention des Europarates über den Schutz von nationalen Minderheiten von 1994 an. In der Regel kommt es auf das Ergebnis der Verhandlungen zwischen den Vertretern der Minderheit und der Regierung an.

VII. Grundrechtliche Situation der nationalen Minderheiten in Europa

Nimmt man die – über das mehr oder weniger in der Praxis realisierte Diskriminierungsverbot hinausgehende – staatliche Förderungspflicht zum Ausgangspunkt für die Beurteilung der Grundrechtssituation nationaler Minderheiten, so können die europäischen Staaten in drei Gruppen eingeteilt werden:

Zu der ersten Gruppe gehören Staaten, die sich weigern, die Frage nach der nationalen Zugehörigkeit zuzulassen und dadurch die Antwort zu erhalten, dass es in dem betreffenden Staat nationale Minderheiten gibt. Die Weigerung, diese Frage zu stellen, wird mit einer extensiven Auslegung des Gleichheitsgebotes und des Diskriminierungsverbotes begründet, wonach die Anerkennung der Existenz verschiedener Ethnien im Lande automatisch ihre Ungleichbehandlung zur Folge hätte. Durch das Leugnen der Existenz nationaler Minderheiten wird versucht, eine Diversifizierung oder gar Spaltung der dem Ideal der Homogenität verpflichteten politischen Nation zu verhindern. Diese Auffassung übersieht jedoch, dass es nicht Sache der Gesamtgesellschaft oder des Staates ist, die Frage nach der nationalen Zugehörigkeit eines Einzelnen oder einer Gruppe zuzulassen oder zu verbieten. Es ist ausschließlich das Recht des Einzelnen bzw. der Gruppe, sich über seine Sprache oder Kultur oder nationale Zugehörigkeit zu definieren. Das ergibt sich aus dem Persönlichkeitsrecht des Einzelnen. Zudem ist weder eine Sprache noch eine Kultur, noch die Zugehörigkeit zu einer nationalen Minderheit per se etwas Abwegiges oder Kontraproduktives, was es zu verbieten oder zu verbergen gilt.

Die ideologisch bedingte offizielle Weigerung, nationale Minderheiten »anzuerkennen«, ist objektiv realitätsfremd – mit allen daraus resultierenden Folgen für eine solche Politik. Wichtiger ist, dass es sich hierbei um eine dauerhafte Verletzung des Persönlichkeitsrechts des Einzelnen handelt, der sich als zu dieser Minderheit zugehörig betrachtet. Diese repressive Politik bewirkt, dass ein Teil der Angehörigen der nationalen Minderheiten dem staatlichen Assimilationsdruck nachgibt und sich der Mehrheit anpasst, ein anderer Teil sich radikalisiert und auch vor Gewalt nicht zurückschreckt. Eine direkte oder indirekte Homogenisierung der Bevölkerung durch permanente Verletzung des Persönlichkeitsrechts des Einzelnen lässt sich auch unter Berufung auf das Ideal einer (sprachlich und kulturell) einheitlichen politischen Nation in einer demokratischen

Gesellschaftsordnung nicht rechtfertigen. Deshalb muss die Grundrechtssituation in diesen Staaten in Bezug auf nationale Minderheiten als unbefriedigend betrachtet werden. Es handelt sich hier um ein ernsthaftes Demokratiedefizit.

Eine zweite Gruppe von Staaten verhindert nicht die »Eigenkonstituierung« der nationalen Minderheiten und leugnet auch nicht ihre Existenz. Ihre Mitglieder können alle bürgerlichen Freiheiten – Vereinsrecht, Pressefreiheit, Erziehungs- und Privatschulrecht u. a. – zum Zwecke des Aufbaus und der Unterhaltung ihres kommunikativen Umfeldes nutzen. Es gibt jedoch keine grundrechtliche Verbürgung der positiven Attitüde, also der Förderungspflicht des Staates gegenüber der Minderheit (oder nicht gegenüber allen nationalen Minderheiten). Dadurch können die nationalen Minderheiten – durch allgemeine Grundrechte geschützt – ihre sprachliche und kulturelle Eigenart (auch im öffentlichen Raum) als private Angelegenheit pflegen. Eine echte Gleichstellung im Vergleich zu der Mehrheitsbevölkerung wird wegen der staatlichen Ignoranz der unterschiedlichen kommunikativen Situation jedoch nicht erreicht. Deshalb entspricht die grundrechtliche Situation hier nicht ganz den Anforderungen, die ein demokratischer Staat in Bezug auf nationale Minderheiten erfüllen sollte.

Schließlich sind in einer dritten Gruppe von Staaten (dazu gehören alle osteuropäischen Staaten und einige wenige westeuropäische Staaten) im Grundrechtsteil der Verfassung die spezifischen, auf ihre tatsächliche Gleichstellung abzielenden Rechte der nationalen Minderheiten anerkannt und die positive Förderungspflicht des Staates explizit oder implizit verbürgt. Daher ist aus verfassungsrechtlicher Sicht nur hier die Grundrechtssituation der nationalen Minderheiten als befriedigend zu bezeichnen.

Wie bereits ausgeführt, muss die staatliche Förderungspflicht der Situation der jeweiligen Minderheit angemessen ausgestaltet sein. Inwieweit dies der Fall ist, kann nicht generell festgestellt werden, denn die tatsächliche Situation variiert von Staat zu Staat und von Minderheit zu Minderheit. Während in einigen Staaten die Situation der Minderheiten den grundrechtlichen Vorgaben durchaus entspricht, klafft in anderen Fällen zwischen den Minderheitenrechten in der Verfassung und der tatsächlichen staatlichen Politik eine große Lücke.

Abschließend bleibt festzustellen, dass die grundrechtliche Situation der nationalen Minderheiten in Europa nur in einem Teil der Staaten den

Prinzipien der demokratischen Gesellschaftsordnung, insbesondere dem grundrechtlich geschützten Prinzip der Achtung der Persönlichkeit des Individuums, entspricht.

VIII. Sonderproblem der Einwandererminderheiten

Bisher werden als »nationale Minderheiten« in der Regel nur die Staatsbürger des jeweiligen Staates verstanden, die sich ethnisch von der Mehrheitsbevölkerung unterscheiden. Ausländer fallen fast durchweg nicht darunter. Dadurch werden die dauerhaft im Lande lebenden Ausländer von der gleichberechtigten Teilnahme an der Gesellschaft ausgeschlossen. Sie sind nicht Teil des *Demos*. Sie sind nicht Teil der Mehrheit oder der Minderheit, sondern sind mitten in der Gesellschaft lebende Außenstehende. Diese Situation erscheint bis heute selbstverständlich. Es ist jedoch interessant, sich die historische Entwicklung des demokratischen Selbstverständnisses in Bezug auf die Inklusion in bzw. Exklusion vom *Demos* zu vergegenwärtigen. Den Gründervätern der ersten modernen Demokratie – den USA – erschien es selbstverständlich, die (bis heute textlich unveränderten) Verfassungssätze über Demokratie und Grundrechte mit der Sklaverei zu vereinbaren. In Europa erschien es selbst für überzeugte Demokraten bis in die ersten Jahrzehnte des letzten Jahrhunderts selbstverständlich, die Hälfte der Bevölkerung – die Frauen – vom *Demos* fern zu halten. In vielen lateinamerikanischen Staaten wurden bis in die Mitte des 20. Jahrhunderts die Analphabeten vom Wahlrecht ausgeschlossen. Die Südstaaten der USA haben bis Mitte des 20. Jahrhunderts und Südafrika bis Anfang der 90er Jahre die nichtweiße Bevölkerung von der Mitgliedschaft im *Demos* ausgeschlossen.

Heute sind in den demokratischen Staaten alle Bewohner eines Staates Mitglieder des Demos – ausgenommen Ausländer. Diese Selbstverständlichkeit beginnt langsam zu bröckeln. Es ist durchaus denkbar, dass nach einiger Zeit die Argumente, die zur Verteidigung der Exklusion der dauerhaft im Lande lebenden Ausländer angeführt werden, genauso wenig überzeugend erscheinen werden wie heute die Argumente zur Exklusion der oben genannten Gruppen in den angeführten historischen Vorstufen der modernen Demokratie.

Ein wichtiger Aspekt des vielschichtigen Problems der Stellung der

Ausländer ist der Aspekt der (nationalen) Minderheit. Die Einwanderer stellen *de facto* neue nationale Minderheiten dar. Das Problem der Multikulturalität, des Zusammenlebens der verschiedenen ethnischen Gruppen, existiert bereits, auch wenn man es formell nicht anerkennen will. Die soziale Wirklichkeit verlangt aber nach positiven rechtlichen und politischen Lösungen, die kompatibel mit der demokratischen Gesellschaftsordnung sein müssen.

Aus der Sicht des grundrechtlich geschützten Persönlichkeitsrechts ergibt sich kein Unterschied, ob jemand rechtlich Staatsbürger oder Ausländer ist. Der Anspruch auf Achtung und Schutz der Persönlichkeit gilt gleichermaßen für alle. Die verbreitete Vorstellung vom Ausländer als »Gast« trügt: Wenn jemand auf Dauer in einem Staat lebt, sollen seine Ansprüche auf Gleichbehandlung und Respekt seiner Persönlichkeit (seiner Individualität einschließlich seiner nationalen Eigenart) im aktuellen Augenblick nicht geringer sein als bei den übrigen Mitgliedern der Gesellschaft. Dies gilt auch dann, wenn er die Verbindungen zu seinem Herkunftsstaat weiterhin pflegt und plant, später zurückzukehren. Das Persönlichkeitsrecht entfaltet seine Wirkungen im Hier und Jetzt. Eine Differenzierung der Effektivität des Persönlichkeitsschutzes nach der Herkunft der Menschen bzw. seiner nationalen Zugehörigkeit (oder der rechtlichen Eigenschaft der Staatsbürgerschaft) ist nicht zulässig.

Daraus folgt, dass es im Prinzip keinen grundsätzlichen Unterschied zwischen dem erforderlichen grundrechtlichen Schutz des Persönlichkeitsrechts von Angehörigen der alteingesessenen Minderheiten und der neuen Einwanderungsminderheiten gibt. Hier wie dort ist, um eine wirkliche Gleichstellung mit der Mehrheitsbevölkerung hinsichtlich der Entfaltungsmöglichkeiten ihrer Individualität zu erreichen, eine positive staatliche Förderung erforderlich. Genauso wie bei den alteingesessenen Minderheiten muss es auch bei den Einwanderungsminderheiten allerdings zunächst bei der Feststellung der Notwendigkeit einer positiven, aus dem Grundrecht des Persönlichkeitsrechts und dem Grundrecht auf Gleichheit fließenden staatlichen Förderungspflicht bleiben. Die einzelnen Maßnahmen hängen dagegen von der besonderen Situation der jeweiligen Einwanderungsminderheit und des entsprechenden Staates ab. Die Erforderlichkeit und Eignung der Förderung muss im konkreten Einzelfall mit der Leistungsfähigkeit des Staates in ein vernünftiges Verhältnis gebracht werden. Im Vergleich zu den alteingesessenen Minderheiten konnte sich hier eine andere Gewichtung der staatlichen Förderung (zumindest bezüglich der ersten Generation der Einwanderer) ergeben: Neben der Förderung des kommunikativen Umfeldes der Einwandererminderheit (Sprache, Kultur) sollte der Schwerpunkt der Förderung überwiegend auf speziellen integrativen Maßnahmen liegen, damit die Angehörigen der Einwandererminderheit vollwertig an der Gesellschaft des neuen Heimatlandes partizipieren können.

Einige Einwandererminderheiten stammen aus Ländern, die keine demokratische Tradition kennen. Deshalb kann es für Teile der Einwandererminderheit schwierig sein, den demokratischen Wertekonsens zu akzeptieren. Das gilt vor allem für die Akzeptanz der prinzipiellen Pluralität der demokratischen Gesellschaft, für die Kultur des Diskurses, für die Gleichberechtigung der Geschlechter usw. Der demokratische Wertekonsens gilt jedoch ausnahmslos für alle Mitglieder der Gesellschaft. Niemand kann unter Berufung auf seine Kultur von der Beachtung dieser Prinzipien befreit werden. Die Forderung an die Angehörigen der Minderheit, sich gegebenenfalls an die demokratische Kultur und den Wertekonsens ihrer neuen Heimatländer anzupassen, ist deshalb legitim. In den Fällen, in denen die Ursache für die Schwierigkeit der Übernahme und Internalisierung dieses demokratischen Wertekonsenses in dem politischen oder kulturellen Hintergrund der Einwandererminderheit liegt, erscheinen – neben den für alle geltenden repressiven Begrenzungen zum Schutze der demokratischen Gesellschaft – zusätzlich besondere Maßnahmen zur bewussten Vermittlung dieses Wertekonsenses und der darauf beruhenden demokratischen politischen Kultur angebracht.

Es scheint, dass in keinem europäischen Staat eine positive Förderungspflicht gegenüber den neuen Einwanderungsminderheiten direkt aus den in der Verfassung enthaltenen Grundrechten abgeleitet wird. Die meisten Staaten tun sich schwer damit anzuerkennen, dass sie faktisch zu Einwanderungsstaaten geworden sind und dass die Einwanderer zudem neue nationale Minderheiten mit eigenen Menschenrechtsansprüchen bilden. Eine Reihe von europäischen Staaten (z.B. die skandinavischen und die baltischen Staaten) versuchen allerdings auf einfachgesetzlicher Ebene, dem Gleichstellungsanspruch der Angehörigen der Einwanderungsminderheiten durch eine integrative, aber nicht assimilatorische Politik Rechnung zu tragen. Sie haben erkannt, dass die fortschreitende partielle Inklusion der Einwandererminderheiten im *Demos* nicht nur aus dem Selbstverständnis der demokratischen Prinzipien folgt, sondern dass dadurch auch das Konfliktpotenzial in der Gesellschaft abgebaut wird.

IX. Sonderproblem der »untypischen« Identitäten

Die nationale Identität und die sie bildenden Merkmale (Herkunft, Sprache, Kultur, zum Teil Rasse, Religion usw.) eines Menschen sind Teil seiner Persönlichkeit. Während die genannten Merkmale meistens »feste« Eigenschaften sind, ist die daraus gezogene Schlussfolgerung – die Selbstdefinition der eigenen nationalen Zugehörigkeit – eine »psychologische« Tatsache. Da diese Tatsache von der Gesellschaft als relevant betrachtet wird, werden die Mitglieder der Gesellschaft dazu angehalten, eine solche nationale Selbstdefinition bewusst oder unbewusst vorzunehmen. Dass diese Fragestellung von der Gesellschaft als relevant betrachtet wird, ist allerdings nicht selbstverständlich. Sie ist ein Ergebnis des bürgerlichen Nationalismus des 19. Jahrhunderts. Vor dem Zeitalter des Nationalismus, aber auch danach in bestimmten Regionen und in bestimmten Schichten, war diese Fragestellung (bzw. die damit verknüpften Folgen) von weit geringerer Bedeutung. Heute, im Zeitalter der Globalisierung und der grenzüberschreitenden Massenmigration, nimmt die Bedeutung des Nationalstaates klassischer Prägung ab. Mit der Diversifizierung des modernen Lebens, in dem jeder immer mehr Rollen spielen muss, nimmt zugleich auch die Bedeutung der nationalen Identität als eines die Persönlichkeit prägenden Merkmals ab. Dieser generelle Trend zeigt sich besonders deutlich bei der schnell wachsenden Bevölkerungsschicht, die dem Globalisierungstrend folgend zum Studium, zur Arbeit oder als Familienangehörige für kürzere oder längere Zeit ins Ausland zieht. Die Aus- und Einwanderung gehört zur Lebensplanung und ist oft nicht mehr nur ein einmaliger Vorgang.

Die Multikulturalität bzw. Multinationalität der Gesellschaft entsteht nicht allein durch die Einwanderung von »Trägern« einer bestimmten Kultur. Ein relativ neues Phänomen ist die zunehmende Multikulturalität ein und derselben Person, die die unterschiedlichen Erfahrungen summiert und bewusst in die Persönlichkeit integriert. Die Multikulturalität bzw. Multinationalität einer Person entsteht aber oft auch bei Angehörigen von Minderheiten, die sowohl in der Minderheits- als auch in der Mehrheitskultur »zu Hause« sind. Dies könnte sogar als der Idealfall einer integrierten, aber zugleich selbständigen nationalen Minderheit gelten. Vielfach wird der Betreffende sich nicht alleine zur Minderheit, sondern zugleich auch zur Mehrheitsnation zugehörig fühlen. Daraus folgt, dass im Zusammenhang mit dem Thema der nationalen Zugehörigkeit auch Personen mit einer mehrfachen nationalen Zugehörigkeit bzw. Selbsteinordnung, Personen mit unklarer Selbsteinordnung, aber auch solche Personen berücksichtigt werden müssen, die eine solche Einordnung als irrelevant betrachten und ablehnen. Diese heterogene Gruppe von »untypischen Identitäten«, die nicht in das traditionelle Schema der Zuordnung des Einzelnen zu bestimmten nationalen Einheiten passt, hat ebenfalls Anspruch auf grundrechtlichen Persönlichkeitsschutz. Der Anspruch auf Persönlichkeitsschutz erstreckt sich in diesem Fall allerdings nicht auf eine staatliche Förderung, denn es handelt sich hier nicht um eine Situation der »natürlichen Ungleichheit«, die es durch besondere Fördermaßnahmen auszugleichen gilt. Es geht hier um die Zulassung und um den Respekt vor der doppelten oder sonstigen »untypischen« nationalen Identität. Der Respekt vor dem Persönlichkeitsrecht fordert in diesen Fällen konkret, dass jedermann seine Verbindungen zu bestimmten Staaten und nationalen Gemeinschaften – auch rechtlicher Art – selbst bestimmen kann. Dies bedeutet, dass es nicht verboten werden darf, sich zugleich zu zwei oder mehr nationalen Zugehörigkeiten zu bekennen. Derjenige, der dies nicht wünscht, darf aber auch nicht nach seiner nationalen Zugehörigkeit gefragt werden.

Niemand darf vor die Frage »entweder – oder« gestellt werden, denn dadurch wird man gezwungen, einen Teil seiner Persönlichkeit »abzustreifen« oder zu verleugnen. Deshalb ist das Verbot oder die Erschwerung der mehrfachen Staatsangehörigkeit, wodurch die selbstbestimmten mehrfachen Bindungen des Einzelnen mit »untypischer Identität« rechtlich gesichert und dokumentiert werden, unter dem Gesichtspunkt des Persönlichkeitsrechts bedenklich. In den meisten europäischen Staaten gibt es hinsichtlich der selbstbestimmten mehrfachen nationalen Zugehörigkeit oder der Nichtzugehörigkeit keine besonderen Probleme. Dennoch gibt es einige Staaten, in denen die nationale Zugehörigkeit im Pass eingetragen wird. In einigen anderen Staaten wird wiederum die mehrfache Staatsangehörigkeit nicht anerkannt oder ihre Beibehaltung ungebührlich erschwert.

X. Nationale Minderheit und Grundwerte

Die Betrachtung der Problematik der nationalen Minderheiten unter dem Gesichtspunkt der Grundrechte, vor allem des Persönlichkeitsrechts, beleuchtet das Verhältnis des Staates zu den Minderheiten, denn die Grundrechte gelten vornehmlich im Verhältnis zwischen dem Einzelnen und dem Staat. Die Lebenssituation der Angehörigen von nationalen Minderheiten hängt jedoch nicht allein von der Haltung des Staates ihnen gegenüber ab, sondern genauso oder noch mehr von der Haltung der Gesamtgesellschaft, also der anderen Individuen. Das Leben von Angehörigen der Minderheit ist trotz der in der Verfassung verbürgten Grundrechte bedroht, wenn die Gefahr besteht, dass ihre Mitmenschen eine Hetzjagd wegen ihres fremdländischen Aussehens veranstalten. Es kommt daher wesentlich darauf an, dass die Grundwerte, die »hinter« den geschriebenen Grundrechten stehen, von der Gesellschaft, möglichst von allen ihren Mitgliedern, auch verinnerlicht sind, sodass das Persönlichkeitsrecht der Angehörigen von nationalen Minderheiten, von dem hier vornehmlich die Rede war, nicht allein »von Staats wegen«, sondern aus innerer Überzeugung akzeptiert und respektiert wird. Es scheint, dass die Situation in dieser Hinsicht wohl in keinem Land Europas gänzlich befriedigend ist.

Die auf die Minderheit bezogenen Grundwerte werden von drei Gruppen bedroht und ausgehöhlt:

Erstens, es existieren überall kleine Gruppen, die aus Überzeugung diese Grundwerte ablehnen, dem völkischen Homogenitätsideal anhängen und die genügend Hass entwickeln, um Gewalt gegen nationale Minderheiten (vor allem Einwandererminderheiten) anzuwenden. Es ist erstaunlich, dass diese aggressiven Gruppen gerade in den etablierten westeuropäischen Demokratien vermehrt zum Vorschein kommen.

Zweitens, ein erheblicher Prozentsatz der Bevölkerung, mitunter sogar die Mehrheit, begegnet den Minderheiten – und hier wiederum vor allem den Einwandererminderheiten – mit Unbehagen. Manche empfinden »klammheimliche Freude« über die Gewalttaten der ersten Gruppe. Die verschiedenen Ängste dieser Gruppe werden auf die Minderheiten projiziert. Es ist wichtig, dass die Politik diese Ängste – es handelt sich meistens um Probleme des sozialen Abstiegs – ernst nimmt und die sie verursachenden Probleme managt. In dem hier zu behandelnden Kontext ist aber wichtig festzustellen, dass bei dieser eher großen Bevölkerungsgruppe die demokratischen Grundwerte nicht fest genug internalisiert sind. Das Verhältnis zu nationalen Minderheiten, vor allem zu den Einwanderern, kann als »Lackmus-Test« dienen, um das Potenzial abzuschätzen, welches – unter bestimmten Umständen – bereit wäre, den demokratischen Grundkonsens zu verlassen.

Schließlich sei noch auf eine dritte Gruppe verwiesen. Es handelt sich hierbei um Politiker von an sich demokratischen Parteien, die diese Ängste durch offene oder subtile Infragestellung des Persönlichkeitsrechts von Angehörigen der Minderheiten zu eigenen Gunsten mobilisieren. Das geschieht oft durch entsprechende Sprachregelungen, die andere Menschen als »Belastung«, »Problem«, »Gefahr«, »Fremdkörper« u. ä. charakterisieren und damit an deren Seinsberechtigung Zweifel schüren. Dadurch werden sie indirekt in die unwürdige Lage gebracht, sich für ihre Existenz schuldig zu fühlen. Eine tatsächliche politische Umsetzung der verbalen Angriffe auf die Minderheiten, meistens in scheinheiliger Form getarnt, erfolgt zwar selten. Langfristig wirkt sich solcher Populismus aber negativ auf den demokratischen Grundkonsens der Gesellschaft und damit auf die Demokratiefestigkeit des entsprechenden Staates aus.

XI. Ein neues Grundrecht auf Toleranz?

Bei der Frage der nationalen Minderheiten geht es im Kern um die *Seinsberechtigung* des anderen. Die bedingungslose Akzeptanz der Seinsberechtigung des anderen ist das zentrale Element des demokratischen Grundkonsenses, d. h. der »prozessualen« Prinzipien, die eine demokratische Gesellschaftsordnung ermöglichen. Eine offene oder versteckte, gewaltsame oder gewaltlose, bewusste oder unbewusste negative Haltung zu den Minderheiten allein und gerade aufgrund ihrer nationalen Eigenart oder eines ihrer Elemente (Rasse, Sprache, Kultur etc.) ist daher ein untrügliches Zeichen für mangelnde Demokratiereife des Einzelnen und der gesamten Gesellschaft. Das Gebot der Akzeptanz der Seinsberechtigung des anderen bezieht sich uneingeschränkt auf die immanenten Eigenschaften der Person (insbesondere seiner Rasse, Sprache, Kultur, kurzum: seiner körperlichen, psychologischen und »kulturellen« Eigenschaften). Das Gebot der Akzeptanz bezieht sich aber auch – bis zur Grenze der berechtigten Interessen anderer – auf die Handlungen des anderen. Bewegt sich eine Person innerhalb dieses »Akzeptanzgebots«, und fühlt sich trotzdem jemand davon gestört, muss er sich fragen lassen, ob seine Einstellung richtig ist oder ob er seine Einstellung ändern muss.

Eine solche Toleranz ist einer der wichtigsten Grundwerte der demokratischen Gesellschaft. Auf der Ebene der verfassungsmäßigen Grundrechte ist das Recht des Einzelnen auf Toleranz nicht ausdrücklich erwähnt. Es kann aber als ein Grundprinzip aus dem allgemeinen Persönlichkeitsrecht, Gleichheitsgebot und Diskriminierungsverbot abgeleitet werden. Dennoch wirkt in dem gegenwärtigen Grundrechtssystem ein solches Toleranzprinzip in erster Linie gegenüber dem Staat und erst mittelbar zwischen den einzelnen Mitgliedern der Gesellschaft.

Angesichts der zunehmenden Interdependenz der Individuen und der dadurch bedingten Verdichtung der Gemengelagen zwischen den Interessen der einzelnen Mitglieder der Gesellschaft gewinnt der Grundwert der Toleranz als eine erfolgreiche Strategie des Zusammenlebens immer mehr an Bedeutung. Es könnte daher darüber nachgedacht werden, diesem Grundwert auch sichtbar eine rechtliche Dimension zu verleihen und ihn zu einem selbständigen Grundrecht zu erheben. Das kann sowohl durch eine entsprechende Verfassungsänderung oder – viel einfacher – durch die Rechtsprechung erfolgen (wobei sowohl in der Rechtsprechung des Europäischen Gerichtshofs für Menschenrechte als auch vieler europäischer Verfassungsgerichte dafür bereits eine tragfähige juristische Grundlage entwickelt worden ist).

Im Unterschied zu dem heutigen, aus Persönlichkeitsrecht und anderen Grundrechten abgeleiteten Grundprinzip der Toleranz müsste das selbständige Grundrecht auf Toleranz nicht nur im Verhältnis zwischen dem Einzelnen und dem Staat, sondern auch unmittelbar zwischen Privatpersonen gelten (die sog. Drittwirkung). Das Grundrecht auf Toleranz dürfte natürlich nicht nur auf das Verhältnis gegenüber den Angehörigen einer nationalen Minderheit beschränkt bleiben. Bei diesem Vorschlag geht es darum, diesen bereits bestehenden, der demokratischen Gesellschaft immanenten Grundwert sichtbarer zu machen und durch Verleihung des Charakters eines selbständigen Grundrechts zu stärken. Dies könnte ein kleiner Beitrag zur Festigung des demokratischen Grundkonsenses sein. Darüber könnte in mittelfristiger Perspektive nachgedacht werden.

Was heißt denn hier fremd?

Staatsangehörigkeit zwischen Ethnizität – Identität – Nationalität

Georgios Tsapanos

I.

Der Sieger des 50-km-Skimarathons der Weltmeisterschaften im finnischen Lahti freut sich im schönsten Bayerisch über seinen Sieg. Der Mann heißt Johann Mühlegg und stammt aus dem Allgäu – aber bei der Siegerehrung wird die spanische Flagge gehisst. Johann Mühlegg ist nämlich spanischer Staatsangehöriger und damit einer von vielen in der Welt des Sports, bei denen Nationalität und Staatsangehörigkeit nicht (mehr) übereinstimmen. Bekannt werden meist nur die Fußballspieler: Sean Dundee, Oliver Neuville oder Paolo Rink zum Beispiel; sie sind nicht die einzigen.

Staatsangehörigkeitsrechtliche Probleme werden im Sport, besser gesagt: im Spitzensport, meist sehr pragmatisch gelöst. Das liegt im nationalen Interesse des jeweiligen Landes, für dessen Farben der Sportler künftig starten wird, und soll sich nach Möglichkeit im Medaillenspiegel niederschlagen. Aber das nationale Interesse an der Einbürgerung von Ausländern beginnt nicht beim Sport, ebenso wenig, wie es dort endet. Oder etwa doch? Das Ende 1999 noch gültige Staatsangehörigkeitsrecht stammte in seinen Grundzügen und vor allem in seiner Philosophie noch aus dem Jahre 1913, was auch in seinem offiziellen Namen zum Ausdruck kam: Reichs- und Staatsangehörigkeitsgesetz. Von Pragmatismus konnte grundsätzlich keine Rede sein. Obwohl sich seit 1913 vieles getan hatte (vor allem die Möglichkeit, einen Rechtsanspruch auf Einbürgerung zu erlangen, wirkte sich in den 90er Jahren positiv auf die Einbürgerungsstatistiken aus), wurden die Signale, die das Reichs- und Staatsangehörigkeitsgesetz samt den Einbürgerungsbestimmungen im Ausländergesetz (§§ 85 bis 91 AuslG a. F.) aussandte, von zahlreichen Experten auf die Formel gebracht: »Anstatt für die Einbürgerung zu werben, läuft vieles nach der Melodie: ›Wenn wir tatsächlich keinen Grund finden, um deinen

Einbürgerungsantrag abzulehnen, dann bürgern wir dich in Gottes Namen ein.‹« Gegen die Reform dieses Staatsangehörigkeits- und Einbürgerungsrechts strengten die Unionsparteien, die bis dahin jedweder Sympathien für plebiszitäre Elemente unverdächtig gewesen waren, Anfang 1999 eine Unterschriftenkampagne an, die zumindest billigend in Kauf nahm, als Plebiszit *gegen* Ausländer missverstanden werden zu können. Zum Teil sahen CDU und CSU in der emotional und auch irrational aufgeladenen Frage, wer Deutscher sein und wie er dies werden könne, eine reelle Chance auf so etwas wie Wiedergutmachung für die zwar nicht unerwartete, aber als traumatisch empfundene Niederlage bei der Bundestagswahl 1998. Zum Teil förderte die von SPD und Bündnis 90/DIE GRÜNEN geplante Reform tatsächlich tief sitzende Irritationen zutage, die bis weit in die Wählerklientel der Sozialdemokratie reichten.

Der erste Entwurf des Bundesinnenministers Otto Schily kehrte einen bisherigen Grundsatz deutscher Einbürgerungspolitik ganz einfach um: Hatte es bisher immer gelautet: »Die Vermeidung von Mehrstaatigkeit ist uns wichtiger als die Einbürgerung selbst langjährig in Deutschland lebender Ausländer«, so sollte nun gelten: »Die Einbürgerung dieser Ausländer, die dies oft nur noch dem Namen nach und von Rechts wegen sind, ist uns wichtiger als die Vermeidung von Mehrstaatigkeit.« Zu keinem Zeitpunkt ging es um ein etwaiges »Recht auf doppelte Staatsangehörigkeit«. Wer sich lieber unter Aufgabe seiner bisherigen Staatsangehörigkeit einbürgern lassen wollte, sollte dies auch weiterhin tun. Nur all denjenigen, welchen die Aufgabe der bisherigen Staatsangehörigkeit Probleme rechtlicher, wirtschaftlicher oder auch emotionaler Art bereitete und sie letztlich von der Einbürgerung absehen ließ, sollte dieser Schritt, im wohlverstandenen besten Interesse der Noch-Ausländer wie auch Deutschlands, erleichtert werden. Es ging um nichts anderes als um die Erleichterung der Einbürgerung unter Hinnahme von Mehrstaatigkeit.

Doch in der öffentlichen Debatte wandelte sich unter dem Schlagwort vom »Doppel-Pass« das, worum es ging, sehr rasch. Für öffentliche Aufregung sorgte nicht mehr die Tatsache, dass viele Einwohner Deutschlands letztlich keine gleichberechtigten Mit-Bürger waren, weil sie sozusagen eine Staatsangehörigkeit zu wenig besaßen, sondern der Umstand, dass sie nach der Einbürgerung eventuell eine Staatsangehörigkeit zu viel besitzen könnten. Den tatsächlich in der deutschen Bevölkerung weit verbreiteten Unmut gegen diese als vermeintliche Privilegierung der Ausländer wahrgenommene Möglichkeit aufgreifend, war die Kampagne der

Unionsparteien zunächst gegen die Einbürgerung unter Hinnahme von Mehrstaatigkeit gerichtet; dass es bereits ca. 2,5 Millionen deutsche Staatsangehörige mit einer bzw. mehreren weiteren Staatsangehörigkeiten gab, dass die Tendenz zur Mehrstaatigkeit aufgrund zunehmender internationaler Verflechtungen und nicht zuletzt binationaler Ehen zunimmt, dass die eventuelle andere Staatsangehörigkeit eines Deutschen in Deutschland keine effektiven Auswirkungen hat, all das wurde in den Hintergrund gedrängt. Nicht zuletzt aufgrund der interessegeleiteten Informationspolitik im Rahmen der Kampagne wandelte sich aber auch deren wahrgenommene Zielrichtung: Bald wurde nicht die Vermeidung der Einbürgerung unter Hinnahme von Mehrstaatigkeit als primäres Ziel empfunden, sondern die Vermeidung der Einbürgerung selbst. Eine Wahrnehmung, der, selbst wenn sie von der Union so nicht beabsichtigt gewesen sein sollte, durch die Argumentation an den Hunderten von Info-Ständen in den Fußgängerzonen Vorschub geleistet wurde.

Besonders deutlich wird dies an einem sehr häufig verwendeten und in seiner Konstruktion wie Intention exemplarischen Argument: Doppelstaater hätten das Recht, in weitaus umfangreicherem Maße ausländische Familienangehörige nach Deutschland nachziehen zu lassen, als dies »einfachen« Deutschen möglich wäre. Ohne Kenntnis der Rechtslage wirkt dieses Argument so, als solle ein bisheriger Nachteil der Ausländer nun durch einen Vorteil zu Lasten der Deutschen ausgeglichen werden. Eine Gleichberechtigung würde somit erneut nicht erreicht. Ein Blick ins Ausländergesetz offenbart allerdings rasch, dass dieses Argument einer rechtlichen Prüfung nur äußerst bedingt standhält, und auch dort nicht im Sinne derer, die es ins Feld führten: § 23 Abs. 1 des Ausländergesetzes gestattet den Zuzug dem ausländischen Ehegatten eines Deutschen, dem ausländischen minderjährigen, ledigen Kind eines Deutschen und dem ausländischen Elternteil eines minderjährigen, ledigen Deutschen zur Ausübung der Personensorge, soweit der Deutsche seinen gewöhnlichen Aufenthalt im Bundesgebiet hat. Andere Familienangehörige können nur in den eng umschriebenen Ausnahmesituationen des § 22 Ausländergesetz nachziehen, der im selben Umfang für den Zuzug zu Ausländern maßgeblich ist, die ihren rechtmäßigen Aufenthalt im Bundesgebiet haben. Deutsche Staatsangehörige sind im Hinblick auf den Familiennachzug gegenüber ausländischen Staatsangehörigen nur insofern besser gestellt, als sie weder ausreichenden Wohnraum noch das Vermögen, ihren Lebensunterhalt selbst bestreiten zu können, nachweisen müssen. Und natürlich benötigen deutsche Staatsangehörige auch keine unbefristete Aufenthaltserlaubnis beziehungsweise keine Aufenthaltsberechtigung, die für ausländische Staatsangehörige ebenfalls zu den Anspruchvoraussetzungen zählen.

Daraus folgt aber eindeutig, dass die rechtliche Besserstellung deutscher Staatsangehöriger aufgrund der *deutschen* Staatsangehörigkeit erfolgt und nicht aufgrund der oder einer eventuell zusätzlichen *anderen* Staatsangehörigkeit. Selbst wenn das Argument, Doppelstaater dürften im weitaus umfangreicheren Maße ausländische Familienangehörige nachziehen lassen, zutreffend wäre (was es, wie gesagt, nicht ist), so dürften sie dies wiederum allein aufgrund der deutschen und nicht aufgrund einer zusätzlichen anderen Staatsangehörigkeit. Wer also dieser Logik folgend einen umfangreicheren Familiennachzug mit den Mitteln der Einbürgerungspolitik verhindern will, muss nicht nur die Einbürgerung unter Hinnahme von Mehrstaatigkeit ablehnen, sondern die Einbürgerung als solche.

II.

Dass Deutschland kein Einwanderungsland sei, war spätestens Ende der 70er Jahre eine Lüge wider den Augenschein. Dass diese Entwicklung so nicht geplant war, weder auf Seiten der deutschen Arbeitsverwaltung noch auf derjenigen der »Gastarbeiter«, spielt für den tatsächlichen Verlauf der Entwicklung nur insofern eine bedeutsame Rolle, als die beiderseitige Lebenslüge den beiderseitigen Prozess der Integration (unabhängig davon, was man darunter verstehen will) nachhaltig behinderte.

Die Folge waren eine Reihe von Versäumnissen, Fehlern und Unterlassungen auf beiden Seiten. Die Probleme beginnen bereits bei und mit den Begriffen: »Gastarbeiter« – abgesehen davon, dass man von solchen Gästen eben nicht nur implizit erwartet, dass sie nach einer gewissen Zeit (in diesem speziellen Fall: nach getaner Arbeit) wieder »nach Hause« gehen: Zeichnen sich Gäste eigentlich nicht gerade dadurch aus, dass sie *nicht* arbeiten müssen? »Ausländische Mitbürger« – verschleiert dieser Euphemismus nicht gerade, dass ausländische Staatsangehörige schon aus rechtlichen Gründen gerade dies, nämlich Mit-Bürger, nicht sein können? »Migrantinnen und Migranten« – ist es nicht eher so, dass die allermeisten als Ausländer bezeichneten Einwohner Deutschlands weder ein- noch aus-, noch überhaupt wandern, sondern einfach hier sind, und das bereits in der zweiten, dritten und manchmal bereits in der vierten Generation?

Begriffe aber haben nicht nur im Hinblick auf die Fremdwahrnehmung, sondern auch im Hinblick auf die Selbstwahrnehmung der Ausländer in Deutschland etwas mit Begreifen zu tun. Es wird wohl kaum eine Selbstorganisation von »Migrantinnen und Migranten« geben, deren Mitglieder sich selbst nicht als Einwanderer oder Abkömmlinge von Einwanderern in Deutschland verstehen. Ungleich schwieriger wird es aber, Vertreterinnen und Vertreter derjenigen zu finden, die sich im Umkehrschluss auch als Auswanderer aus den jeweiligen Herkunftsländern ihrer Eltern und Großeltern verstehen. Dafür gibt es eine Vielzahl von Gründen: den niemals wirklich aufgegebenen Rückkehrwunsch der ersten und manchmal noch zweiten Generation, die immer wiederkehrenden politischen wie öffentlichen Debatten über eine Reduzierung der Ausländerzahlen durch Rückführung bis in die Mitte der 80er Jahre hinein, die ganz aktuelle Sorge über die Entwicklung des Rechtsextremismus in Deutschland und die Angst, selbst Opfer einer fremdenfeindlich, rassistisch oder rechtsextremistisch motivierten Straftat zu werden. So nachvollziehbar jeder einzelne solcher Hintergründe auch sein mag, ändert dies nichts an der Feststellung, dass durch die mangelhaft ausgeprägte Selbstwahrnehmung als Auswanderer das Einrichten in der neuen – wie in solchen Situationen immer: auch schwierigen – Heimat auf Umwegen und manchmal auch nur auf Abruf erfolgte. Ironischerweise wird diese Unentschiedenheit entgegen den Realitäten der eigenen Situation heute durch die fortschreitende politische Einigung im Rahmen der Europäischen Union, durch die immer größer und günstiger werdenden Möglichkeiten des Reisens und nicht zuletzt durch die technische Entwicklung der Telekommunikation aufrechterhalten.

Dass diese Lebenssituation des verewigten ›Dazwischen‹ auch ihre Auswirkungen auf die Einbürgerungsbereitschaft hat, liegt auf der Hand. Viel bemerkenswerter ist, dass die Vertreterinnen und Vertreter der großen Mehrheit der Migranten-Selbstorganisationen vor diesem Hintergrund im Rahmen der Debatte um die Reform der Staatsangehörigkeit eine nur scheinbar zur Argumentation der ausdrücklichen Gegner der Reform konträre Position eingenommen haben. Nur scheinbar deshalb, weil sich beide Positionen gegenseitig inhaltlich bedingen, sich mehr noch komplementär zueinander verhalten haben – und es bis zum heutigen Tag tun.

Aus dem »*Keine* Einbürgerung unter Hinnahme von Mehrstaatigkeit« der einen wurde das »Einbürgerung *nur* unter Hinnahme von Mehrstaatigkeit« der anderen. Beide Haltungen kranken an einer absichtsvollen Überbetonung des Nebenaspekts der Mehrstaatigkeit gegenüber der eigentlichen Hauptsache, der Einbürgerung als solcher. Eine Überbetonung, die sich ihrerseits in beiden Fällen aus einer tatsächlichen Überbewertung der Mehrstaatigkeit, besser gesagt, der bisherigen Staatsangehörigkeit, speist. Dreh- und Angelpunkt der Auseinandersetzung war an der Oberfläche nicht mehr der Erwerb der deutschen Staatsangehörigkeit, sondern die Beibehaltung der bisherigen anderen, was beinahe zwangsläufig in einen Teufelskreis mündete, aus dem es für beide Seiten kein Entrinnen mehr gab: Wenn den einen die Aufgabe der bisherigen Staatsangehörigkeit so wichtig war (mal als praktischer Loyalitätsbeweis, nicht selten aber auch als Unterwerfungsgeste gemeint), dann wollten die anderen schon allein deshalb nicht darauf verzichten. Wollten diese (durchaus auch als »Rückversicherung«) nicht auf die bisherige Staatsangehörigkeit verzichten, so war dies für die Ersteren Grund genug, auf deren Aufgabe zu bestehen. Und immer so weiter. Aus dem Versuch, ein rechtliches, technisches oder eben emotionales Problem auf dem Weg zur Einbürgerung aus dem Weg zu räumen, war eine Frage des Bekenntnisses zur Nation, der eigenen (kulturellen wie ethnischen) Identität, letztlich gar eine Glaubensfrage geworden.

Weil aber Staatsangehörigkeit zuerst und zuletzt die rechtliche Anbindung des Einzelnen an einen jeweiligen Staat inklusive der damit einhergehenden Rechte und Pflichten gegenüber diesem Staat sowie die Schutz- und Fürsorgepflichten des Staates gegenüber dem Einzelnen regelt und nicht etwa automatisch auch die emotionale Bindung des Einzelnen zu einem jeweiligen Staat (auch und gerade im Sinne von Nation) determiniert, ist Staatsangehörigkeitsrecht immer dann überfordert, wenn es zur Klärung von solchen Bekenntnis- und/oder Glaubensfragen herangezogen wird. Die junge türkische Schülerin, die im Verlauf einer Diskussion meinte, sie müsse die türkische Staatsangehörigkeit beibehalten, um auch nach außen ihre ethnische Herkunft und kulturelle Identität dokumentieren, ja demonstrieren zu können, mutet und traut der Farbe des Passes mehr zu, als diese tatsächlich zu leisten vermag, ebenso wie ihr deutscher Mitschüler, der ihr daraufhin die Einbürgerung aufgrund ihrer offensichtlich mangelnden Hinwendung zur deutschen Kultur und Wesensart verweigern würde.

Stolperstein ist hier nicht etwa, dass man keine Integrationserwartungen (auch im Sinne von Anpassungserwartungen) formulieren darf, sondern, dass es so gut wie unmöglich ist, den Kernbereich einer bestimmten Kultur bereits im Allgemeinen mit einem gewissen Anspruch auf Exaktheit und darauf aufbauend auf Allgemeingültigkeit zu definieren. (Um wie viel aussichtsloser ist dieses Unterfangen, wenn man es mit einem multikulturellen Land wie Deutschland zu tun hat; wobei es vollkommen ausreicht, das Multikulturelle auf die wechselseitigen Befremdungen zwischen, sagen wir einmal, Friesen und Franken, Sachsen und Rheinländern oder Schwaben und Badenern zu beschränken.) Sobald man das auch noch im Besonderen mit Bezug auf Staats- und selbst Nationengrenzen versucht, befindet man sich endgültig auf dem sprichwörtlichen verlorenen Posten. Das wirklich Problematische an dem von dem Vorsitzenden der CDU/CSU-Bundestagsfraktion in die Diskussion eingebrachten Begriff der »deutschen Leitkultur« ist nicht so sehr, dass es sich dabei um eine Worthülse handelt; zu dieser Leitkultur Deutschlands zählt beispielsweise die Demokratie, die Rechtsstaatlichkeit, das Sozialstaatsgebot, die Gewährung von Schutz und Hilfe für Staaten und eben auch Einzelpersonen in Not, die Gleichheit eines jeden vor dem Gesetz und die Gleichheit der Geschlechter, Überzeugungen und religiösen Bekenntnisse. Niemand würde ernsthaft im Namen eines – dann mit Sicherheit falsch verstandenen – Toleranzgebotes fordern, auf die Umsetzung dieser Werte im eigenen Land und auf deren Propagierung überall dort, wo sie sich noch nicht durchgesetzt haben, zu verzichten. Aber es kommt eben darauf an, wie und von wem eine solche Leitkultur definiert wird. Gleichzeitig lässt die Offenheit dieses Begriffs auch Raum für Interpretationen und Konnotationen, die mit den grundlegenden Werten des Grundgesetzes wenig zu tun haben, umso mehr aber damit, »den Ausländern« deutlich zu machen, wer hier die Definitionshoheit, sprich, das Sagen, hat. Und unabhängig davon, ob Friedrich Merz das so gemeint hat oder nicht, genau so haben Befürworter wie Gegner die Sache mit der Leitkultur primär verstanden.

III.

Nicht nur, aber auch aufgrund der geschickten Instrumentalisierung der Debatte um die längst überfällige Reform des Staatsangehörigkeitsrechts (die alte Bundesregierung hatte bereits selbst mehrere Anläufe dazu angekündigt, hatte diese aber in jeweils unterschiedlichen Phasen der Vorbereitungen abgebrochen) konnten CDU und FDP die hessischen Landtagswahlen im Februar 1999 für sich entscheiden. Die für die Beschlussfassung des neuen Staatsangehörigkeitsrechts notwendige Bundesratsmehrheit war damit nicht mehr gegeben. Es war ein Kompromissentwurf notwendig geworden, den auch eine in ihren Mehrheitsverhältnissen veränderte Länderkammer mit tragen würde. Dieser Kompromiss lief letztlich hauptsächlich darauf hinaus, dass das Prinzip der Einbürgerung unter Aufgabe der bisherigen Staatsangehörigkeit bestehen blieb. Da gerade dieses Prinzip bei zahlreichen Befragungen von potenziell Einbürgerungswilligen immer wieder als der Haken bezeichnet wurde, wegen dem sie von einem Einbürgerungsantrag absähen, war die Enttäuschung auf Seiten der Befürworter der Reform natürlich sehr groß. Unverständlicherweise führte diese Enttäuschung nun aber zu einer absurden Situation, die man, würde es sich hier nicht um eine wirklich wichtige Angelegenheit handeln, beinahe als Witz bezeichnen könnte: Zuerst hatten die Gegner eines neuen, modernen Staatsangehörigkeitsrechts erbittert dagegen gekämpft; nun, da es in Kraft getreten war, schienen manche seiner grundsätzlichen Befürworter auch die entschiedensten Gegner in ihrer Ablehnung des Gesetzes noch übertreffen zu wollen – wenn auch unter umgekehrten Vorzeichen, aber nicht selten ebenfalls unter absichtlicher Ignorierung des Gesetzestextes.

Ein – durchaus repräsentatives – Beispiel: In der »tageszeitung« stand zu lesen: »Wer schließlich auf Sozialhilfe oder Arbeitslosenhilfe angewiesen ist – selbst wenn die Ursache nicht im eigenen Verschulden liegt –, kann sich seinen Antrag sowieso sparen: Einbürgerung ausgeschlossen. Diese Vorschriften sind schlicht skandalös.« Gut gebrüllt – aber eben völlig daneben. Wie so oft, hätte auch hier ein Blick ins Gesetz die Urteilsfindung erleichtert. § 85 des Ausländergesetzes bestimmt unter anderem zwar, dass der Einbürgerungsbewerber »den Lebensunterhalt für sich und seine unterhaltspflichtigen Familienangehörigen ohne Inanspruchnahme von Sozial- oder Arbeitslosenhilfe bestreiten« können muss. Aber bereits einen Absatz weiter unten steht zu lesen, dass von dieser Voraussetzung eben abgesehen wird, »wenn der Ausländer aus einem von ihm nicht zu vertretenden Grund den Lebensunterhalt nicht ohne Inanspruchnahme von Sozial- oder Arbeitslosenhilfe bestreiten kann«.

Aber auch im Verlauf zahlreicher Informationsveranstaltungen zum neuen Staatsangehörigkeits- und Einbürgerungsrecht wurden Regierungsvertreter immer wieder mit vermeintlich unhaltbaren Bestimmungen des Gesetzes konfrontiert, die sich im Gesetzestext selbst nicht oder zumindest so nicht wieder finden lassen. In den Fällen, in denen man diese Missverständnisse und Fehlinformationen richtig stellen kann, ist das halb so schlimm. Doppelt so schlimm ist es aber in den weitaus zahlreicheren Fällen, in denen das aus zahlreichen Gründen nicht möglich ist: weil die Leute Informationsveranstaltungen gar nicht erst besuchen oder weil die offiziellen Informationsmaterialien sie nicht erreichen und sie deshalb fehlerhaften Darstellungen Glauben schenken müssen. Um es auf den Punkt zu bringen: Die weit verbreitete Enttäuschung über die nicht erfolgte Umsetzung der Einbürgerung unter genereller Hinnahme von Mehrstaatigkeit auf der einen sowie Fehl- und Desinformation auf der anderen Seite haben gemeinsam zu der Wahrnehmung geführt, im deutschen Staatsangehörigkeitsrecht habe sich im Grunde gar nichts verändert. Nichts könnte jedoch von der Wirklichkeit weiter entfernt sein.

Das von der Regierungskoalition mit Zustimmung des Bundesrates beschlossene und seit dem 1. Januar 2000 in Kraft befindliche neue Staatsangehörigkeitsgesetz hat zu der bedeutendsten und – man kann dieses Wort tatsächlich ohne Scheu verwenden – revolutionärsten Veränderung geführt, seit es in Deutschland überhaupt so etwas wie ein Staatsangehörigkeitsrecht gibt: der Einführung des Erwerbs der deutschen Staatsangehörigkeit bei und durch Geburt im Inland, auch wenn weder der Vater noch die Mutter des Kindes selbst deutsche Staatsangehörige sind. Mit anderen Worten: der Ergänzung des bisher allein geltenden *Ius sanguinis*-Prinzips um das des (modifizierten) *ius soli*. Weil der Prophet im eigenen Lande aber bekanntlich nicht gehört wird, zählt es wohl zu den weiteren Ironien dieser Entwicklung, dass die tatsächliche Bedeutung der Reform – außer vielleicht von deren Gegnern – am ehesten im Ausland wahrgenommen wird. So kennt beispielsweise der Enthusiasmus T. Alexander Aleinikoffs (er ist der Leiter des Staatsangehörigkeitsprogramms der Washingtoner Carnegie Stiftung) kaum Grenzen: »Wenn in Deutschland die Einführung des ›ius soli‹ möglich ist, dann ist im Staatsangehörigkeitsrecht zukünftig alles möglich!«

Aber auch ohne interessengeleitete Übertreibungen kann man die Bedeutung der Einführung des *ius soli* in Deutschland gar nicht hoch genug ein-, geschweige denn überschätzen. Sie wird das Konzept, die Wahrnehmung und die Konnotationen dessen, was zukünftig »deutsch« ist und was nicht, nachhaltig verändern. Und auch die Selbst- und Fremdwahrnehmung der Ausländerinnen und Ausländer wird eine andere werden. Mittelfristig wird man in Deutschland über Fragen des Staatsangehörigkeits- und auch des Ausländerrechts in ganz anderer, bisher ungewohnter Art und Weise und vor allem in einer ganz anderen Atmosphäre diskutieren, als man es 1999 noch erleben musste. Woraus sich dieser Optimismus speist? Zum einen werden auch die Gegner einer erleichterten Einbürgerung und des Geburtserwerbs der deutschen Staatsangehörigkeit auch für im Inland geborene Kinder von Ausländern merken, dass in den nächsten Jahren Hunderttausende Kinder ausländischer Eltern als deutsche Staatsangehörige in Deutschland geboren und aufwachsen werden, ohne dass das den mitunter tatsächlich beschworenen Untergang des Abendlandes bedeuten wird. Zum anderen werden diese Kinder mit ihrer Volljährigkeit auch aktive Wahlbürger sein, nicht mehr Objekte, sondern Subjekte der Politik sein. Wer in Zukunft ihre Zustimmung zu Programmen und ihre Stimmen bei Wahlen bekommen will, wird sich eine Politik, einen Wahlkampf auf dem Rücken und auf Kosten von Ausländern nicht leisten können und wollen. Und das wird für alle Parteien des demokratischen Spektrums gelten, die sich nicht zuletzt auch durch die aktive Teilhabe dieser dann erwachsenen Kinder verändert haben werden. Sie werden nicht etwa »fremder« geworden, sondern weitaus besser in der Lage sein, die Vielfältigkeit, die Deutschland bereits heute widerspiegelt, auch in sich selbst zu repräsentieren.

Ein Jahr nach dem Inkrafttreten des neuen Rechts, ein Jahr nach einer oft zermürbend geführten Debatte darum ist es selbstverständlich noch zu früh für abschließende Bewertungen jeder Art. Der Funke der Reform scheint aber allen Unkenrufen zum Trotz übergesprungen zu sein. Vor allem in den Groß- und Mittelstädten ist die Zahl der Einbürgerungsanträge gestiegen. Der obligatorische Sprachtest, mit dem neuen Recht nun ebenfalls Bestandteil der Voraussetzungen der Anspruchseinbürgerung, scheint weniger Menschen zu schrecken oder schrecken zu müssen, als es viele Lobbyisten vorausgesagt und befürchtet hatten. Überhaupt der Sprachtest: Während die einen tatsächlich so tun, als sei es eine unmoralische Zumutung, von einem Einbürgerungsbewerber deutsche Sprachkenntnisse zu verlangen, *und* als seien die Ausländer in Deutschland in ihrer Mehrheit kaum eines deutschen Wortes mächtig, möchten die anderen den Sprachtest als »Eintrittskarte« verstanden wissen, diese so teuer wie möglich verkaufen und auf diese Weise die Intention des Gesetzes in ihr Gegenteil verkehren. Beide Haltungen sind falsch, jede auf ihre eigene, ganz spezielle Weise. Die meisten Ausländerinnen und Ausländer gehen mit der Frage des Sprachtests deutlich pragmatischer um (pragmatischer auch als so manche Bundesländer, die sich leider nicht auf eine einheitliche Durchführung dieses Tests haben einigen können). Die Beherrschung der deutschen Sprache, bereits das Bemühen darum, ist die eine Integrationsanstrengung, die in den Augen der Mehrheitsgesellschaft noch vor der Einbürgerung selbst die höchste Anerkennung genießt. Und sie ist die Fähigkeit, die am nachhaltigsten die von allen Seiten immer wieder geforderte Teilhabe der Menschen garantiert, Schutz vor Diskriminierungen im Alltag bietet oder zumindest eine deutlich verbesserte Möglichkeit, sich dagegen zur Wehr zu setzen, darstellt sowie erst die Voraussetzungen schafft, damit *die* Ausländerinnen und Ausländer ihre Interessen gemeinsam formulieren und vertreten können, weil es *die* Ausländerinnen und Ausländer in Wirklichkeit gar nicht gibt und niemals geben wird; in welcher Sprache sollten sich Spanier mit Griechen, Türken mit Polen oder Franzosen mit Vietnamesen verständigen, wenn nicht auf Deutsch? Und wer wüsste das nicht besser als eben die Ausländerinnen und Ausländer, die so genannten Migrantinnen und Migranten.

Während es also an der ›Sprachfront‹ etwas mehr Gelassenheit zu geben scheint, erhitzt ein anderer Aspekt nach wie vor die Gemüter. Gemeint sind die so genannten »Paragraph-40b-Kinder«. Das sind die Kinder ausländischer Eltern, die am 1. Januar 2000 noch nicht zehn Jahre alt waren und deren Eltern (oder zumindest ein Elternteil) bei der Geburt der Kinder die Voraussetzungen für den Geburtserwerb der deutschen Staatsangehörigkeit nicht erfüllten. Ihnen ermöglicht das neue Staatsangehörigkeitsrecht ebenfalls, die deutsche Staatsangehörigkeit zu erhalten, aber eben nachträglich und nur auf Antrag ihrer Eltern. Die Bundesregierung hat vor, die Antragsfrist dafür, die ursprünglich bis zum 31. Dezember 2000 lief, um zwei Jahre zu verlängern sowie die Verwaltungsgebühren zu senken, damit noch mehr Eltern von dieser Möglichkeit Gebrauch machen können, die für sich selbst eine Familieneinbürgerung nicht in Betracht ziehen. Und nichts spricht weniger gegen eine Antragstellung als die gesetzliche Verpflichtung, dass sich alle diese Kinder, die entweder mit dem Tag ihrer Geburt oder auf dem Wege des § 40b Staatsangehörigkeitsgesetz nicht nur die deutsche, sondern natürlich auch die Staatsangehörigkeit ihrer Eltern erhalten, mit Erreichen des 18. Lebensjahres für eine der beiden Staatsangehörigkeiten entscheiden müssen. Denn erstens sind es die Kinder selbst, die nun als Erwachsene eigenverantwortlich und basierend auf ihren bisherigen Erfahrungen und Überlegungen diese Entscheidung treffen. Und zweitens macht es einen großen Unterschied, ob sich jemand mit 18 dafür entscheiden soll, deutscher Staatsangehöriger zu *werden* oder eben deutscher Staatsangehöriger zu *bleiben*.

IV.

Ob Staatsangehörigkeit allein identitätsbildend wirkt und zu einer emotionalen Bindung an den neuen Staat führt, sozusagen abstrakt, über die jeweiligen Grenzen des persönlichen Um- und Erlebnisfeldes hinaus, lässt sich pauschal natürlich weder behaupten noch belegen, das Gegenteil aber ebenfalls nicht. Diese Entwicklung ist wie ihr Ausbleiben von einer Vielzahl individueller Faktoren abhängig, die sich sozusagen chaotisch verhalten. Und auch die exakt identischen Entwicklungslinien müssen bei zwei unterschiedlichen Individuen nicht zu denselben Ergebnissen führen.

Aber natürlich ist die eigene Argumentation, wie jede politische Argumentation, abhängig und geprägt vom eigenen Erleben, Denken und Wollen. Ich erlaube mir deshalb an dieser Stelle einen Exkurs zu meinem Verhältnis zu Deutschland anhand einer kürzlich stattgefundenen Befragung zur eigenen Haltung in Sachen Deutsche Einheit, weil ich nicht als vermeintlich objektiv hinstellen möchte, was sich zutiefst subjektiven Erfahrungen verdankt (wie es Objektivität sowieso höchstens in Abwesenheit eines Beobachters geben kann):

Vorausgesetzt, er fällt nicht auf einen Sonntag und man gehört zu denjenigen, die an einem Sonntag nicht arbeiten müssen, dann ist der 3. Oktober, der Tag der Deutschen Einheit, der Tag, an dem man nicht zur Arbeit muss. Und wer wüsste einen freien Tag nicht zu schätzen, selbst wenn man diesen Tag nicht zum Einkaufen oder nutzen kann.

Als Antwort zu kurz? Die Frage lautete: »Was bedeutet Ihnen der 3. Oktober?«, liest sich aber eigentlich: »Was bedeutet Ihnen die Deutsche Einheit?« Sie akademisch, abstrakt, vom eigenen Selbst abgesehen zu beantworten, ist zwar möglich, aber reichlich uninteressant und nicht zuletzt unehrlich. Die Frage zielt, zu Recht, auf Bekenntnisse, im Positiven wie im Negativen: Wem der Tag der Deutschen Einheit etwas bedeutet, dem muss die deutsche Teilung etwas bedeutet haben. Ab jetzt deshalb alles nur noch in Ich-Form.

Als ich geboren wurde, stand die Mauer in Berlin seit dreieinhalb Jahren. Dass es die DDR gab, war für mich eine Selbstverständlichkeit, und ich kannte während meiner Kindheit und Jugend niemanden, für den es anders war. Eigentlich war diese Deutsche Demokratische Republik für mich eher Ausland als es beispielsweise Frankreich, Italien oder England, aber auch Polen, Ungarn oder Bulgarien gewesen waren. Ohne genau zu wissen, woher sie eigentlich kam, war die Ent- und Befremdung im Hinblick auf dieses andere Deutschland groß. Später, während des Studiums der Politischen Wissenschaften in München – wo die Offenheit der deutschen Frage immer groß geschrieben wurde –, habe ich immer dafür plädiert, diese DDR auch de jure anzuerkennen. Nicht aus Überzeugung, sondern weil man sie de facto nun einmal nicht wegargumentieren konnte. Mit einer wie auch immer gearteten Sympathie für den Staat und die Gesellschaftsordnung der DDR hatte das nichts zu tun; und ich schreibe diesen Satz nicht nur hier hin, weil dies das übliche, politisch korrekte *ceterum censeo* an dieser Stelle ist. Inzwischen war ich nämlich auf Klassenfahrt in Berlin gewesen, und diese hatte mich mit meinen Klassenkameraden im Bus über die »deutsch-deutsche« Grenze gleich hinter Hof geführt. Vielleicht muss ich hinzufügen, dass mich Grenzen jedweder Art nervös machen, aber diese Mischung aus Beton, Stacheldraht, Maschinenpistolen, Observierungstürmen, scharfen Hunden, maskenhaften Grenzsoldaten und permanentem Ausnahmezustand – die, wie ich gelernt hatte, nach den Worten des Bundesverfassungsgerichts keine andere Qualität hatte als etwa der Übergang von Baden-Württemberg nach Bayern oder von Nordrhein-Westfalen nach Niedersachsen – war kaum erträglich. Die Atmosphäre begründeter Dauerdepression im damaligen Ostberlin besorgte den Rest. Ich war froh, in diesem Land nicht leben zu müssen, und konnte jeden verstehen, der es verlassen wollte. Dass sich zu meinen Lebzeiten etwas an seiner Existenz ändert, habe ich ebenso für unmöglich gehalten wie die Existenz der DDR bis in alle Ewigkeit. Deutschland, das war für mich immer die Bundesrepublik Deutschland. Die Deutsche Demokratische Republik, das war irgendetwas anderes. In meinem persönlichen Deutschland-Bild spielte sie auf jeden Fall keine Rolle. Der 17. Juni, der ehemalige Tag der Deutschen Einheit, war der Tag, an dem ich nicht zur Schule gehen musste und der später an der Universität vorlesungsfrei war. Und wer wüsste einen freien Tag nicht zu schätzen ...

Meine Eltern waren zwei Jahre vor meiner Geburt nach Deutschland eingewandert. Dass sie das getan hatten, wussten sie damals noch nicht. Wie viele »Gastarbeiter« vor und nach ihnen träumten sie von der Rückkehr nach Griechenland, das für sie immer Heimat geblieben ist. Für mich war Heimat Deutschland, Baden-Württemberg, Schwaben, Bad Wimpfen. In dieser liebenswürdigen Kleinstadt, die eher ein zu groß geratenes Dorf ist, bin ich aufgewachsen. Sie, ihre Menschen und deren Denkungsart haben mich weit mehr beeinflusst, als es meine griechische Abstammung, Staatsangehörigkeit und Nationalität, meine makedonische Ethnizität jemals getan haben. Dass meine Eltern dies in großer Trauer und Wut über ihren ›Fehler‹, in Deutschland geblieben zu sein, zugelassen haben, war, das weiß ich heute, nicht selbstverständlich. Dass sie, als sie erkannt hatten, dass ich »deutsch« geworden war, so bald es nach damaligem Recht möglich war, die Einbürgerung beantragt haben, war es erst recht nicht. Für beides bin ich meinen Eltern, neben vielen anderen Dingen, sehr dankbar. Ich bin schwäbischer, als es mir selbst manchmal lieb ist. Für Bad Wimpfen, Schwaben, Baden-Württemberg und Deutschland hege ich – und zwar in dieser Reihenfolge – patriotische Gefühle. Das mag zwar nicht in Übereinstimmung mit so manchen Theorien zur Multikultur stehen, wird aber dadurch nicht anders. Probleme sollen damit diejenigen haben, denen das Schwierigkeiten bereitet.

Seit dem 3. Oktober 1990 ist Deutschland größer geworden. Das Datum ist staatlich verordneter Feiertag geworden. Mein Tag der Deutschen Einheit ist es nach wie vor nicht. Der 9. November ist es viel eher. Wie es der Zufall will, feierten wir am 9. November 1989 in München den Geburtstag einer Kommilitonin, die aus Berlin stammte. Als wir von der Maueröffnung erfuhren, haben wir es zunächst für die Ente des Jahres gehalten und sind kurz darauf nach Berlin gefahren. Die alles überwältigende Rührung, die mich in Berlin überfiel, werde ich niemals vergessen. Dass der 9. November als deutscher Feiertag zu allerlei Missverständnissen geführt hätte, steht natürlich außer Frage. Ihn nicht trotzdem, sondern gerade wegen der mit diesem Datum verbundenen Widersprüche dazu zu erklären, das hätte mir Respekt abgenötigt. Verteidigt hätte ich eine solche Entscheidung, wo immer es nötig gewesen wäre.

Inzwischen scheint die Euphorie einer lang anhaltenden Katerstimmung gewichen zu sein. Die Ossis. Die Wessis. Die Kosten. Die Larmoyanz der Ersteren. Die Arroganz der Letzteren. Der Rechtsextremismus natürlich. Schenkt man manchem Medienbild Glauben, so scheinen sich die alten Länder und ihre Bewohner und die fünf neuen und deren Bewohner gegenseitig fremder zu sein, als es uns die Rückseite des Mondes ist. Dafür immer neue Belege zu finden, sichert im kleinen wie im großen Kreis meist klammheimliche, manchmal sogar offene Zustimmung. Wer vom Gegenteil zu berichten weiß, erntet im besten Fall ein ungläubiges Lächeln.

Nach meinem Eindruck ist das größer gewordene Deutschland rascher und nachhaltiger Normalität geworden, als es Lobpreiser wie Nörgler offenbar jemals für möglich gehalten hätten. Das ist nicht nur von Vorteil, verzerrt es doch die Wahrnehmung mancher Probleme, die noch aus der Ausnahmesituation herrühren und mitunter zu Annahmen jenseits jeglicher Proportion führen. Dass aber die Lösungen praktischer Probleme, selbst wenn sie verzerrt wahrgenommen werden, viel eher den Lauf der Dinge bestimmen als das oft befürchtete und manchmal herbeigesehnte nationale Pathos, steht auf angenehme Weise im Widerspruch zu jenen, die die Nation so gern im Munde führen. Mit jedem Jahr, das verstreicht, wird der 3. Oktober auf diese Weise – vorausgesetzt, er fällt nicht auf einen Sonntag und man gehört zu denjenigen, die am Sonntag nicht arbeiten müssen – zu einem Tag, an dem man nicht arbeiten oder zur Schule gehen muss. Und wer wüsste einen freien Tag nicht zu schätzen ...

Ob ich anders darüber denken würde, wäre ich nicht seit meinem 13. Lebensjahr deutscher Staatsangehöriger, kann ich im Nachhinein natürlich nicht sagen. Ich weiß aber, dass diese Tatsache mich immer beruhigt hat.

V.

Die Debatte um das Staatsangehörigkeitsrecht, das Werben um die Einbürgerung, die Auseinandersetzungen um die Fragen und Bedingungen der Zugehörigkeit kommen, so hört man immer wieder, in Deutschland zu spät. Die politische Vertiefung der Europäischen Union in Verbindung mit ihrer anstehenden territorialen Ausdehnung nach Osten und der bald mit konstitutiver Qualität versehenen Unionsbürgerschaft werde die Frage der nationalen Staatsangehörigkeit links und rechts zugleich überholen. Das mag in gewisser technischer Weise zutreffen. Tatsächlich ist das Interesse an der Einbürgerung, ob nun vereinfacht oder überhaupt, äußerst gering, weil dieser Schritt für die Betreffenden nur eine geringfügige Ausweitung ihrer Rechte und Verbesserung ihrer Rechtsposition mit sich brächte – Ausweitungen, die sie in den nächsten Jahren sowieso und wahrscheinlich zu Recht erwarten.

Aber auch wenn diese Debatten *in* Deutschland zu spät kommen mögen, *für* Deutschland kommen sie genau zum richtigen Zeitpunkt. Denn sie zwingen alle Beteiligten nicht nur, darüber nachzudenken, wer unter welchen Bedingungen deutscher Staatsangehöriger werden kann und soll. (Nicht wenige sind der Auffassung, der heftige Streit um die Reform des Staatsangehörigkeitsrechts sei nur entflammt und die Kampagne der Unionsparteien habe nur gegriffen, weil es auch um die erleichterte Einbürgerung von türkischen und anderen Staatsangehörigen islamischen Glaubens ging.) Sie zwingen auch, darüber nachzudenken, welches denn die grundlegenden Werte und Normen in Deutschland sein sollen, an denen sich alle Einbürgerungswilligen orientieren, zu denen sie sich bekennen müssen. Die Debatte darum, wer deutscher Staatsangehöriger sein soll, ist auch eine Debatte darüber, was für einem Deutschland er angehören soll. Von all ihren integrationspolitisch wichtigen Aspekten einmal abgesehen, ist es dieser Umstand, der Fragen zum Staatsangehörigkeitsrecht am Beginn des 21. Jahrhunderts so spannend und so aktuell macht. Wir sind alle noch lange nicht am Ende dieser gemeinsamen Erkundung.

Zu den Autorinnen und Autoren

John Breuilly ist Professor für Neuere Geschichte und Direktor des Department of Modern History der Universität Birmingham. Seine aktuellen Forschungen liegen im Bereich der Vergleichenden Kulturgeschichte des 19. Jahrhunderts. Er hat unter anderem veröffentlicht *Nationalism and the State*, Manchester/Chicago [2]1993 (deutsch: *Nationalismus und moderner Staat: Deutschland und Europa*, Köln 1999); *The Formation of the First German Nation-State, 1800–1871*, London 1996.

Rogers Brubaker ist Professor für Comparative/Historical Sociology an der Universität von Kalifornien in Los Angeles. Sein Forschungsinteresse gilt Nation, Nationalismus und Ethnizität im modernen Europa. Neuere Veröffentlichungen sind *Nationalism Reframed: Nationhood and the National Question in the New Europe*, Cambridge/New York 1996; *Citizenship and Nationhood in France and Germany*, Cambridge, Mass., Harvard University Press 1992 (deutsche Übersetzung: *Staats-Bürger: Deutschland und Frankreich im historischen Vergleich*, Hamburg 1994).

Christoph Conrad, Dr. phil., ist geschäftsführender Leiter des Zentrums für Vergleichende Geschichte Europas. Zu seinen Forschungsschwerpunkten gehören die Geschichte von Meinungs- und Marktforschung und die Entwicklung von Wohlfahrtsstaaten im internationalen Vergleich. Neuere Veröffentlichungen sind (Hg. zus. mit Martina Kessel): *Kultur & Geschichte. Neue Einblicke in eine alte Beziehung*, Stuttgart 1998; (Hg. zus. mit Manfred Hildermeier und Jürgen Kocka): *Europäische Zivilgesellschaft in Ost und West*, Frankfurt/Main 2000.

Ute Gerhard ist Professorin für Soziologie mit dem Schwerpunkt Frauenforschung an der Universität Frankfurt/Main. Sie hat unter anderem veröffentlicht *Gleichheit ohne Angleichung. Frauen im Recht*, München 1990; (Hg.), *Frauen in der Geschichte des Rechts. Von der Frühen Neuzeit bis zur Gegenwart*, München 1997; *Atempause. Feminismus als demokratisches Projekt*, Frankfurt/Main 1999.

Dieter Gosewinkel, Dr. phil., ist Privatdozent für Neuere Geschichte an der Freien Universität Berlin; er arbeitet zum Thema Staatsangehörigkeit und Einbürgerung in vergleichender Perspektive. Neuere Publikationen dazu: *Untertanenschaft, Staatsbürgerschaft, Nationalität. Konzepte der Zugehörigkeit im Zeitalter des Nationalstaats: Anmerkungen zur Begriffsgeschichte in Deutschland, Frankreich, England und den USA*, in: Berliner Journal für Soziologie 4 (1998), S. 507–522; *Citizenship and Nationhood: The Historical Development of the German Case*, in: Ulrich K. Preuss/Ferran Requejo (Hg.): European Citizenship, Multiculturalism, and the State, Baden-Baden 1998, S. 125–135; *Einbürgern und Ausschließen. Die Nationalisierung der Staatsangehörigkeit vom Deutschen Bund zur Bundesrepublik Deutschland*, Göttingen 2001 (erscheint im Juli).

Jürgen Kocka, Dr. Drs. h. c., ist Professor für Geschichte der Industriellen Welt an der Freien Universität Berlin und Präsident des Wissenschaftszentrums Berlin für Sozialforschung. Er hat zuletzt veröffentlicht *Vereinigungskrise. Zur Geschichte der Gegenwart*, Göttingen 1995; *The difficult rise of a civil society: Social history of modern Germany*, in: Mary Fulbrook/John Breuilly (Hg.): German History since 1800, London 1997, S. 493–511; *Industrial Culture and Bourgeois Society. Business, Labor, and Bureaucracy in Modern Germany*, New York/Oxford 1999; (Hg. mit Manfred Hildermeier und Christoph Conrad): *Europäische Zivilgesellschaft in Ost und West*, Frankfurt/Main 2000; (Hg. mit Claus Offe) *Geschichte und Zukunft der Arbeit*, Frankfurt/Main/New York 2000.

Falk Lange ist seit Oktober 1998 Berater des OSZE-Hochkommissars für Fragen der nationalen Minderheiten und war zuvor Mitglied der OSZE-Mission in Lettland. Seine Forschungsschwerpunkte sind Geschichte und Politik des Baltikums und Osteuropas, OSZE/KSZE sowie nordeuropäische Sicherheitspolitik. Er hat unter anderem publiziert *The OSCE Missions to the Baltic States*, in: OSCE Yearbook 1997, Baden-Baden 1998, S. 115ff.; *The Baltic States and the CSCE*, in: Journal of Baltic Studies 3 (1994), S. 233ff. (deutsch: *Die baltischen Staaten und die KSZE*, in: Osteuropa 3 (1994), S. 232ff.).

Egils Levits, Dr. jur., ist seit 1995 Richter am Europäischen Gerichtshof für Menschenrechte in Straßburg, davor war er Stellvertretender Ministerpräsident und Justizminister Lettlands, Botschafter in Bonn und Wien. Seine wissenschaftlichen Schwerpunkte sind Staats- und Verwaltungsrecht, insbesondere Grundrechte, Rechtsvergleich und Probleme der Transformation des politischen und rechtlichen Systems in Osteuropa. Außerdem ist er Berater und Gutachter für den Erweiterungsprozess der Europäischen Union.

A. N. Medushewskij, Prof. Dr. habil., ist Verfassungshistoriker an der Akademie der Wissenschaften in Moskau. Neuere Veröffentlichungen sind *Demokratiia i avtoritarizm: rossiiskii konstitutsionalizm v sravnitel'noi perspektive*, Moskau 1998; *Utverzhdenie absoliutizma v Rossii: sravitel'noe istoricheskoe issledovanie*, Moskau 1994; (zus. mit Andrei Nikolaevich): *Istoriia russkoi sotsiologii*, Moskau 1993.

Bernd Schulte, Dr. jur., ist Wissenschaftlicher Referent am Max-Planck-Institut für ausländisches und internationales Sozialrecht in München. Seine Forschungsinteressen gelten dem Sozialrechtsvergleich entwickelter Industriestaaten, namentlich der Mitgliedstaaten der Europäischen Union. Ausgewählte Publikationen sind (Hg.): *Soziale Sicherheit in der EG: Textsammlung mit Einführung und Bibliografie*, München 1997; (Hg. zus. mit Lothar Frank und Heinz-Dietrich Steinmeyer): *Internationales und Europäisches Sozialrecht*, Neuwied (u. a.) 1996; (Hg. zus. mit Peter Clever): *Bürger Europas*, Bonn 1995; (Hg. zus. mit Bernd von Maydell): *Zukunftsperspektiven des Europäischen Sozialrechts*, Berlin 1995; (Hg. zus. mit Bernd von Maydell): *Treatment of third country nationals in the EU and EEA member states in terms of social security law*, Leuven 1995.

Günter Seufert, Dr. phil., ist stellvertretender Direktor am Orient-Institut der Deutschen Morgenländischen Gesellschaft und koordiniert derzeit ein von der Europa-Kommission finanziertes zweijähriges Projekt über Nationalismus und Zivilgesellschaft in der Türkei, das in Kooperation mit dem Institut Français d'Etudes Anatoliennes, Istanbul, durchgeführt wird und in dem türkische, österreichische, französische und deutsche Forscher zusammenarbeiten. Zu seinen Publikationen gehören: *Politischer Islam in der Türkei: Islamismus als symbolische Repräsentation einer sich modernisierenden muslimischen Gesellschaft*, Stuttgart/Istanbul 1997; *Café Istanbul: Alltag, Religion und Politik in der modernen Türkei*, München 1997 ([2]1999); (Hg. mit Jacques Waardenburg): *Islam und Europa, Beiruter Texte und Studien*, Bd. 82; *Türkische Welten*, Bd. 6, Istanbul/Stuttgart 1999; (Hg. Stefanos Yerasimos/Karin Vorhoff), *Civil Society in the Grip of Nationalism: Studies on Political Culture in Contemporary Turkey*, Istanbul/Würzburg 2000.

Grażyna Skąpska, Dr. phil., ist Professorin für Soziologie an der Jagellonen-Universität in Krakau; im Sommersemester 1999 war sie Gastprofessorin an der Universität Trier. Neuere Veröffentlichungen sind *A Fourth Way? Privatization, Property, and the Emergence of New Market Economies*, New York 1994; *Społeczne role prawników: sędziów, prokuratorów, adwokatów*, Warschau 1989.

Yasemin Nuhoglu Soysal war 1995 bis 1998 John L. Loeb Professor am Department of Sociology der Harvard University, seit Herbst 1998 ist sie Senior Lecturer am Department of Sociology der University of Essex. Sie veröffentlichte unter anderem *Limits of Citizenship. Migrants and Postnational Membership in Europe*, Chicago 1994; Staatsbürgerschaft im Wandel. *Postnationale Staatsbürgerschaft und Nationalstaat in Europa*, in: Berliner Journal für Soziologie 2 (1996), S. 181–189.

Holm Sundhaussen, Dr. phil., Mitglied des Direktoriums des Zentrums für Vergleichende Geschichte Europas, ist Professor am Arbeitsbereich Geschichte und Kultur am Osteuropainstitut der Freien Universität Berlin. Er hat unter anderem veröffentlicht *Historische Statistik Serbiens 1834–1914. Mit europäischen Vergleichsdaten*, München 1989; *Experiment Jugoslawien. Von der Staatsgründung bis zum Staatszerfall. 1918–1991*, Mannheim u. a. 1993; *Ethnonationalismus in Aktion. Bemerkungen zum Ende Jugoslawiens*, in: Geschichte und Gesellschaft 20 (1994), S. 402–423.

Georgios Tsapanos ist Jurist und Persönlicher Referent der Parlamentarischen Staatssekretärin beim Bundesminister des Innern. Er ist mit Cornelia Schmalz-Jacobsen und Holger Hinte Coautor der Veröffentlichung *Einwanderung, und dann?: Perspektiven einer neuen Ausländerpolitik*, München 1993.

Patrick Weil ist Professor für Geschichte an der Universität Paris I (Sorbonne) und dort Direktor des Zentrums für Politische Studien über Immigration, Integration und Bürgerschaft (CEPIC). Sein aktuelles Forschungsinteresse gilt dem Vergleich europäischer und amerikanischer Immigrationspolitik. Zu seinen Veröffentlichungen zählen *La France et ses étrangers: L'aventure d'une politique de l'immigration depuis 1938*, Paris 1995; *Rapports au premier ministre: mission d'étude des legislations de la nationalité et de l'immigration*, Paris 1997; (Hg. zus. mit Randall Hansen): *Towards a European Nationality. Citizenship, Immigration and Nationality Law in the EU*, Houndsmill 2000.

Zentrum für Vergleichende Geschichte Europas (ZVGE)

Unter der Leitfrage »Zivilgesellschaft als Projekt« widmet sich dieses Forschungszentrum der vergleichenden Geschichte Ost- und Westeuropas vom 18. bis zum 20. Jahrhundert. Im Mai 1998 hat die Arbeit des ZVGE begonnen, das von der Freien Universität Berlin und der Humboldt-Universität zu Berlin als interuniversitäre Arbeitsgruppe getragen wird. Es wird für fünf Jahre von der VW-Stiftung finanziert.

Aufgaben und Ziele: Mit dem Fall der Mauer und dem Umbruch von 1989 bis 1991 ist die Unterteilung Europas in West und Ost fragwürdig geworden. Dies betrifft auch die Geschichtswissenschaft, in der die Teildisziplinen der westeuropäischen, der deutschen und der osteuropäischen Geschichte immer noch stark abgegrenzt sind. Um diese Barrieren zu überwinden, wurde 1997/1998 in Berlin das Zentrum für Vergleichende Geschichte Europas (ZVGE) gegründet, das von der Volkswagen-Stiftung großzügig gefördert sowie von der Freien Universität Berlin und der Humboldt-Universität in Form einer interuniversitären Arbeitsstelle getragen wird. Damit entsteht – zunächst für fünf Jahre – ein international orientiertes Forschungs- und Kommunikationszentrum. Das Projekt geht auf einen Antrag der Historiker Jürgen Kocka und Holm Sundhaussen von der FU Berlin, Hartmut Kaelble von der HUB und Manfred Hildermeier von der Universität Göttingen zurück, die das Zentrum gemeinsam leiten.

Schwerpunkte der Forschung: Die folgenden vier Themenfelder stehen im Mittelpunkt: 1) Europäische Öffentlichkeit (verantwortlich: H. Kaelble); 2) Der Diskurs des Nationalen und gesellschaftliche Identitätsbildung (H. Sundhaussen); 3) Politische Herrschaft, Modernisierung und partizipatorische politische Kultur (M. Hildermeier); 4) Bürger, Bürgerlichkeit und Einstellungen zur Arbeit seit dem 18. Jahrhundert (J. Kocka). Angestoßen werden sollen zum einen Forschungen, die diesen Leitfragen in konkreten, lokal und regional differenzierten Milieus nachgehen; zum anderen werden Tagungen organisiert sowie eine Buchreihe mit Synthesen gefördert, die den verstreuten Forschungsstand zu umfassenden Problematiken bündeln und im Vergleich analysieren.

Methoden: Methodisch stehen der historische Vergleich sowie die Beziehungs- und Transfergeschichte im Vordergrund. Inhaltlich geht es in erster Linie um die Entstehung und Entwicklung, Krisen und Perspektiven der Zivilgesellschaft in den verschiedenen Teilen Europas einschließlich Russlands. Unter diesem Leitbegriff sollen Prozesse, räumliche Dimensionen und Bruchstellen der europäischen Geschichte der letzten beiden Jahrhunderte untersucht werden, ohne dass ein westeuropäischer ›Normalweg‹ vorausgesetzt wird. Die Zusammenarbeit von historisch arbeitenden Wissenschaftler/innen aus verschiedenen Teilen Europas sowie die Konfrontation unterschiedlicher Denkweisen sollen zu einer produktiven Auseinandersetzung mit dem Projekt ›Zivilgesellschaft‹ im Medium der historischen Reflexion beitragen.

Europa als Ganzes denken: Das ZVGE will aktuell und historisch Europa als Ganzes denken. Bei allen Arbeitsvorhaben werden die konzeptuellen und empirischen Herausforderungen an eine transnationale Geschichtswissenschaft mitbedacht. Der europäische Handlungs- und Erfahrungsraum, die auf ihn bezogenen Praktiken der Kommunikation, Projektion und Deutung werden selbst zum Gegenstand (so etwa bei der Konferenz »Mental Maps« über die Konstruktion von Räumen und Grenzen oder bei der Tagung »Identitäten jenseits der Nation« über Akteure und Institutionen einer transnationalen Öffentlichkeit).

Konkret heisst dies, dass unterschiedlich spezialisierte Historiker/innen und Sozialwissenschaftler/innen aus Ost und West an diesem neuen Zentrum zusammentreffen, sich austauschen und gemeinsame Fragestellungen verfolgen. Außerdem fördert das Zentrum Doktoranden mit Stipendien, bietet Postdocs und Habilitanden mit eigenen Projekten ein anregendes Umfeld und unterhält ein Gästeprogramm. Eine dichte Folge von internationalen Tagungen und jährliche Sommerkurse widmen sich der Bearbeitung und methodischen Weiterentwicklung der vier Themenfelder. Während des Semesters findet jeden Montag ein Colloquium statt, das häufig prominente Gäste aus den USA und Europa als Redner gewinnen kann. Zur Durchführung dieses weit gespannten Programms arbeitet das ZVGE auch mit verschiedenen Partnern zusammen, insbesondere mit privaten Stiftungen und international interessierten Forschungsinstituten (wie dem Centre Marc Bloch in Berlin, dem Zentrum für Zeithistorische Forschung in Potsdam oder dem Herder-Institut in Marburg).